# 공학교육 교수자를 위한
# 공학교수 학습 평가의 실제

Teaching, Learning and Assessment Strategies
for Engineering Educators

책임저자 최유현(충남대학교 사범대학 기술교육과 교수)

공동저자 김태훈(충남대학교 사범대학 전기 · 전자 · 통신공학교육과 교수)
강경균(충남대학교 공학기술교육연구실 연구원)
김동하(충남대학교 공학기술교육연구실 연구원)
김선희(충남대학교 직업기술교육연구실 연구원)
김윤희(충남대학교 공학기술교육연구실 연구원)
류승민(충남대학교 컴퓨터교육연구실 연구원)
박기문(충남대학교 공학교육혁신센터 전임연구원)
박천봉(충남대학교 공학기초소양연구실 연구원)
이규녀(충남대학교 산업기술연구소 전임연구원)
이정균(충남대학교 공학기술교육연구실 연구원)
임병웅(충남대학교 컴퓨터교육연구실 연구원)
채정배(충남대학교 공학기초소양연구실 연구원)
최유경(충남대학교 직업기술교육연구실 연구원)

## 공학교육 교수자를 위한 공학교수 학습 평가의 실제

발 행 일 2009년 10월 30일 초판 1쇄
책임저자 최유현
공동저자 김태훈 강경균 김동하 김선희 김윤희 류승민 박기문
박천봉 이규녀 이정균 임병웅 채정배 최유경
발 행 인 김준호
발 행 처 한티미디어
총 괄 오성준
마 케 팅 최윤석 임종민
편 집 장혜미
관 리 전보라

등 록 제15-571호
주 소 서울시 마포구 연남동 570-20
전 화 02)332-7993~4
팩 스 02)332-7995
인 쇄 이산문화사
가 격 20,000원
홈페이지 www.hanteemedia.co.kr

ISBN 978-89-91182-91-2 93530

# 머리말

공학은 인류의 역사에 있어서 매우 중요한 역할을 해 왔으며, 미래에도 공학의 발전과 혁신은 계속될 것이다. 세계 선진 각국은 창조적이고 경쟁력을 갖춘 엔지니어를 양성하는데 다방면의 노력을 다하고 있다. 우리나라도 국가적 차원에서 공학교육 혁신의 미래적 전망과 비전을 가지고 각 공과대학의 교육 혁신과 경쟁력 강화에 매우 적극적인 노력을 하고 있다.

우수한 공학도를 길러내기 위해서는 훌륭한 시설, 교육과정, 교육환경의 인프라가 갖추어져야 함은 물론, 공학도를 양성하는 공학 교수자의 '가르치는 능력'도 매우 중요한 요인이 되고 있다.

오늘날 의미 있는 교육 이론은 이미 '가르치는 교육'의 패러다임이 아니라 '배우는 학습'의 패러다임으로 바뀌고 있다. 결국 잘 가르치는 일에 있어서 '학습자가 의미있는 지식과 능력을 가지도록 촉진시켜 주느냐'하는 교육 기획과 조력이 매우 중요하며 이와 같은 역할을 해야 하는 구성 촉진자(facilitator)로서의 교수자를 요구하고 있다.

따라서 공과대학에서 교육의 핵심적 주체인 공학 교수자의 수업 능력의 제고와 학습 행위를 돕는데 도움이 되는 교수-학습 모형과 전략이 필요하다. 이에 공학교육의 새로운 방법론 및 패러다임에서 활용 가능한 교수-학습 전략들을 고안하고 이를 활용할 수 있는 능력 배양이 우선적으로 요구된다.

이 교재에는 공학 교수 학습 및 평가 모형을 문제해결적 접근 모형, 협동적 접근 모형, 사고활용 중심 기법과 전략, 그리고 학습과 통합적으로 전략화하는 평가 전략을 포함한 네 가지 범주를 중심으로 각각의 모형과 전략을 논의하였다.

첫째, 문제해결적 접근의 모형과 전략은 구성주의적 학습 철학의 과정과 절차를 반영한 모형들로써 문제중심 학습(Problem Based Learning), 프로젝트중심 학습(Project-Based Learning), 문제해결 학습(Problem Solving Learning), 설계중심 학습(Design Based Learning)을 중심으로 모형과 전략들을 소개하였다. 이들이 지향하는 공통점도 있지만, 활용과 전략의 차이점도 간과할 수 없다. 이들 모형들은 주로 공학교육에서 매우 중요한 학습 절차의 지향점을 잘 반영해 주고 있다.

둘째, 협동적 접근의 모형과 전략으로써 사회적 구성주의에 입각한 '사회적 담론'의 지식 구성 측면에서, 공학기술의 팀워크에 기반한 학습 수행에 있어서 의미있는 보상중심 협동학습, 과제중심 협동학습 등을 망라하여 STAD, TGT, Jigsaw Ⅰ, Ⅱ, Ⅲ, Co-op Co-op, Double Expert Group Jigsaw, Partner Expert Group Jigsaw, Co-op Jigsaw Ⅰ, Ⅱ 등의 모형들을 제시하였다. 한편, 교수자의 협동적 교수전략으로써의 팀티칭도 함께 다루었다.

셋째, 최근에 공학교육은 창의적 공학설계와 문제해결에서 창의적 아이디어의 생성과 생산된 아이디어의 분석과 평가가 매우 중요하다. 따라서 학습 모형이라기 보다는 사고활용 기법으로 확산적 사고 기법과 수렴적 사고 기법을 공학교육에 활용한다면 보다 혁신적으로 새로운 아이디어가 창안되고 보다 분석적으로 의사를 결정할 수 있는 전략들을 수업에 활용할 수 있을 것이다.

넷째, 공학교육의 학습과 더불어 학습자 평가의 중요한 증거자료의 수집 방법과 평가 전략을 추가적으로 다루었다. 즉, 공학교육에서의 수행중심 평가 모형과 전략, 수행중심 평가 방법: 증거수집 방법, 포트폴리오 평가 모형과 전략, 그리고 Rubrics 개발 및 활용 등에 대하여 제시하였다.

또한, 이 교재가 공학 교수자의 실제적 핸드북으로 활용되기 위하여 각 모형과 전략은 '이론', '특징', '절차', '모형 도식' 및 '공과대학 적용사례' 등의 내용 중심으로 집필하였다.

공학교육 혁신의 방법론적 가이드가 될 이 교재가 공학교육 수업 혁신에 작은 밑거름이 되길 바란다. 이 교재의 출판에 연구의 동인이 되고 기획에 도움을 준 충남대학교 공학교육혁신센터에 감사를 드리고, 아울러 깊은 애정으로 출판을 해주신 한티미디어에 감사를 드린다.

2009년 10월

최유현(대표 저자)

# CONTENTS

## Ⅰ. 공학 교수·학습·평가의 지향



## Ⅱ. 문제해결 접근의 모형과 전략



## Ⅲ. 협동적 접근의 모형과 전략

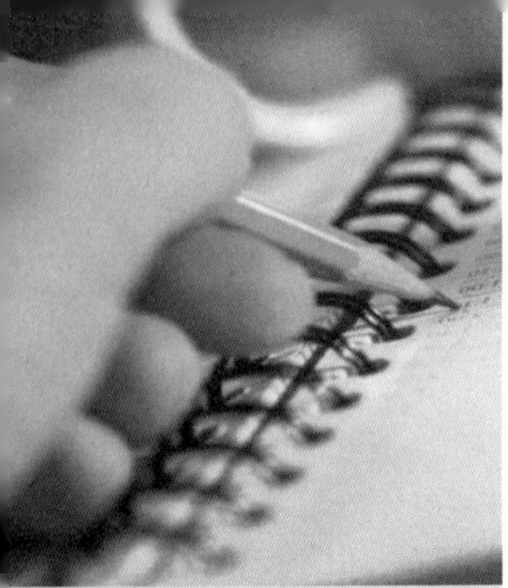

## Ⅳ. 사고활용 기법과 전략



## Ⅴ. 학습평가전략

# Chapter Ⅰ
# 공학 교수 · 학습 · 평가의 지향

1. 공학교육의 이해
2. 공학 교수 · 학습 · 평가의 성찰과 지향

# 1. 공학교육의 이해

## ◆ 공학 교육의 태동과 흐름

21세기 지식정보화 사회로 바뀌면서 공학 교육에 대한 흐름이 점차 바뀌어 가고 있다. 종래에는 공과대학에서 대부분의 교수들이 교육(education)보다는 연구(research)에 지나칠 정도로 치중하여 왔으며(김진수 · 최유현 · 김수경, 2008), 각 산업체에서도 해당 분야에 대한 전문적 지식이 있는 기술 인력을 요구하였다. 하지만 오늘 날의 지식기반사회는 어떠한가? 공과 대학 졸업생들에게 기술 인력이 아닌 지식기반사회의 기반이 되는 지식창출의 역할을 기대하고 있는 실정이다. 이러한 점에서 공학 교육의 태동과 그 흐름이 어떻게 흘러왔는지 알아볼 필요가 있다.

공학의 영어 표현은 engineering이며, engineering의 어원은 engineer에서 나왔다. engineer는 라틴어인 ingeniatorem(무엇을 만드는 데 재주가 있다는 의미)에서 유래되었으며, 영어의 엔진(engine)도 같은 어원을 가지고 있다. 따라서 영어의 engineer라는 단어는 무엇을 만드는 데 재주가 있는 사람과 엔진을 다루는 사람을 동시에 의미한다. 엔지니어링은 19세기 이후 물질과 에너지를 이용해서 인간에게 유용한 구조, 기계, 상품을 만드는 과학이란 의미로 개념화 되었으며, 공과대학은 College of Engineering 및 Faculty of Engineering로 정의되기 시작했다.

그림 I-1 Lazare Carnot(1753~1823)

근대 공학의 출발은 18세기로 거슬러 올라가는 데 그 시초는 1747년에 설립된 프랑스의 토목학교(cole des ponts et Chaussees: Ponts et Chaussees)이다. 그 후 1794년에 프랑스 혁명 정부는 에콜 폴리테크니크(cole Polytechnique)가 설립되었고 이 학교는 엔지니어 카르노(Lazare Carnot)와 수학자 몽주(Gaspard Monge)에 의해 학생들에게 수학, 물리학, 화학과 같은 과학 교육을 강조하였다. 이렇게 18세기 프랑스에서 교육받은 엔지니어들의 주요계층은 군인이었으며, 해당되는 병과는 공병(工兵, military engineers)들이었다. 이와 비슷한 시기에 영국에서도 엔지니어를 왕립 군사 아카데미에서 배출하였다.

나폴레옹 전쟁이 끝나고 19세기 전반부 동안 유럽의 엔지니어들이 군사적 작업만 해

왔기 때문에 사람들은 엔지니어를 곱지 않은 시선으로 보게 되었다. 그 후 엔지니어들은 자신을 군사 엔지니어(military engineer)와 반대되는 의미로 민간 엔지니어(civil engineer)라고 부르기 시작하였다. 현재 이 의미는 civil engineering이 도시토목공학이라고 번역되지만 원래는 '군대'와 반대되는 '민간'이라는 뜻에서 유래되었다. 더불어 엔지니어들의 최초의 조직은 1818년 영국에서 결성된 토목공학자협회(Institution of Civil Engineers)이다.

19세기부터 20세기 중엽까지 공학 학회나 대학의 공학교육에서 가장 중요한 이슈는 현장에서의 경험과 과학적 훈련을 통한 숙련된 기술이었다. 유명한 엔지니어들은 대학에서 공학 교육을 받았던 사람이 아니었다. 오히려 이들은 작업장(workshop)과 현장(field)에서 교육을 받았고, 나중에 자신의 작업장을 세워 후대 엔지니어들을 교육시켰다. 이런 엔지니어들은 과학적 지식보다는 현장에서의 경험과 숙련을 강조하였다. 반면에 19세기 중엽 이후 공학은 대학에 서서히 자리를 잡았고, 공대 교수는 과학적 교육과 실험실 교육을 강조하였다. 이러한 교수방법은 많은 논쟁거리가 되었고 대다수 학교는 과학교육과 현장 교육을 혼합하는 형식으로 타협점을 찾았다. 엔지니어링 교육에서 과학식 교육이 우위를 점하기 시작한 것은 제2차 세계대전 이후였다. 2차 세계대전이 레이더, 원자탄, 암호 해독, 컴퓨터와 같은 과학기술로 종식되었다는 것을 모든 사람들이 인식하게 되면서 공학교육은 수학, 물리, 화학과 같은 과학을 강조하였다. 2차 세계대전 이전의 공과대학은 학사와 석사 학위 과정 밖에 없었지만, 과학 교육과 훈련을 강조하면서 박사(Ph. D.)과정까지 확대되기 시작하였다. 더불어 공과대학의 교수들도 현장 경험이 많은 사람보다는 공학박사 학위 취득자들 중에서 이론적 기여가 많은 사람이 배출되었다(공학기술과 인간사회, 2005).

최근에는 공학 교육을 받은 엔지니어들이 실제 생산 현장에서의 문제를 해결할 수 있는 능력을 갖추지 못하고 배출된다는 많은 비판이 있었다. 대학은 이러한 비판을 수용해서 공학 교육에서 추상적인 과학적 문제 해결 능력보다는 현장에서 활용되는 실무 능력과 함께 의사소통, 경영, 협동, 팀워크와 같은 능력을 강조하는 경향을 보이고 있는 실정이다(한국공학교육학회, 2005). 아울러 지식기반 사회에서 기술의 발전이 점차 가속화됨에 따라 대학 학부에서 전문적 지식을 가르치려 하기보다는 학문융합 측면의 전문적 기초이론과 기본적인 공학문제 해결능력 배양에 중점을 두는 것이 중요하다.

## ◆ 공학 교육에서의 수업목표

미국 공학한림원의 보고서에서 "모든 교육시스템이 처한 환경이 다르기 때문에 한 개의 정답이 없다"의 의미는 공학 교육의 목표가 개방형 문제(Open-ended problem)에서 모든 가능성을 고려한 창의적인 해결책을 요구하는 것으로 받아들여질 수 있다. 과거 공학 교육의 목표가 교수자의 입장만 고려하거나 공학적 문제에 대해 닫힌 문제(Close-ended problem)의 표준화된 문제 해결책 만을 제시하여 왔다. 이로 인해 공대 졸업생들이 이론적으로 알고 있음에도 불구하고 현실적 맥락에서 발생하는 갖가지의 공학적 문제해결에 상당한 애로사항과 제한요소를 느끼고 심지어는 문제에 대한 인식조차 하지 못하는 경우가 많았다. 이러한 관점에서 "공학 교육의 목표가 무엇을 추구해야 하는가?"에 대해 제고해 보아야 한다.

Mager(1962)는 수업 목표는 교수자의 행동이 아닌 학생의 행동으로 진술되어야 한다고 강조하였다. 이를 공학 교육에 접목해보면 (1)학습자가 그 목표에 도달했음을 보여주려 할 때 해야 하는 것을 설명해야 하고, (2)조건을 설명해야 하며, (3)접근 가능한 수행이 어떻게 판단되는지를 보여주어야 한다. 또한 일반적 공학 교육에서의 목표를 행동적 목표와 비행동적 목표로 구별할 수 있다. 행동적 목표는 해당 과목에 대해 교수가 성취하고자 하는 것이며, 비행동적 목표는 학생이 학습의 증거로서 나타나도록 기대하는 교수 성과로 말할 수 있다.

Adams와 Munsterman(1977)의 "교수자의 교수방법"은 학생들의 행동적 목표 이해 정도에 따라 달라져야 하고 학생을 효율적으로 보조하게 될 방법적 측면에서 목표에 도달하도록 항상 노력해야 한다고 주장하였다.

이러한 점을 볼 때 공학 교육에서 교수들이 자신이 전공한 지식을 단선적인 인지적 관점에서 제공하기 보다는 교수방법적 측면에서 학생들이 학습목표에 대하여 이해하고 있는지 그리고 이해하고 있다면 얼마만큼이나 이해하고 있는지를 점검 한 후, 행동적·비행동적 목표를 구별하여 공학교육에 교수방법을 적용하여야 한다.

ABET 2000에서 공학 전공 졸업생들에게 요구하는 학습 성과의 각 문장을 살펴보면 정부 기관, 전문 기관, 기업 등에서 필요로 하는 공과대학 졸업생의 기준에 대해 명료하게 제시한다. 학습 성과란 공학전공 대학생이 졸업할 때 기대되는 능력의 목록으로 "Y의 문맥 안에서 X를 하기 위한 능력을 표현하거나 그것 자체를 내포한다."라고 말할 수 있는데 이는 X는 능력의 총체이고, Y는 여러 단계로 된 특정 공학 시스템 원칙으로 요구되는 능력(skill), 즉 지식과 이해라는 원리 안에서 이루어지는 것으로 이해할 수 있다.

**표 Ⅰ-1** EC 2000의 Section Ⅱ에 프로그램 학습 성과 목록

| 공학 프로그램은 졸업생들이 다음과 같은 능력이 있음을 증명해야만 한다. |
|---|
| (a) 수학, 과학, 공학 지식을 응용할 수 있는 능력 |
| (b) 데이터를 분석하고 해석하는 능력뿐만 아니라 실험을 설계하고 구현하는 능력 |
| (c) 요구에 부응하는 시스템, 부품, 공정을 설계할 수 있는 능력 |
| (d) 학제적 팀에서 활동할 수 있는 능력 |
| (e) 공학문제를 인식하며 공식화(formulation)하고 해결할 수 있는 능력 |
| (f) 전문적이고 윤리적인 책임의 이해 |
| (g) 효과적으로 의사를 전달할 수 있는 능력 |
| (h) 거시적 관점에서 공학적 해결방안이 끼치는 영향을 이해할 수 있는 능력 |
| (i) 평생학습의 필요성 인식과 평생학습을 할 수 있는 능력 |
| (j) 경제, 경영, 환경, 법률 등 시사적 논점에 대한 기본 지식 |
| (k) 공학실무에 필요한 기술, 방법, 최신 공학 도구를 사용할 수 있는 능력 |

그리고 행동적 목표와 비행동적 목표간 차이를 "공학 도면(engineering graphics)"사례를 통해 알아보면 다음과 같다.

**표 Ⅰ-2** 공학 도면의 행동적 목표와 비행동적 목표 진술

| | |
|---|---|
| 비행동적 목표 | 공학 도면 과정의 학습을 마치면, 학생은 컴퓨터 이용 설계 소프트웨어 제품을 사용하는 방법을 알고 있다. |
| 행동적 목표 | 공학 도면 과정의 학습을 마치면, 학생은 컴퓨터 이용 설계 소프트웨어 제품을 사용하여 선 객체의 다양한 표현을 그릴 수 있다. |

Mansfield(1979)는 학생들의 조건(상태), 행동 그리고 표준에 의해 학습 목표를 정의하였는데 이를 '라플라스 변환(Laplace Transform)'에 적용하기 위한 목표는 다음과 같다.

**목표 1**

조건– 하나의 수업을 마칠 때, 학생

행동– 선형 미분방정식을 변환할 수 있을 것이다.

표준– 4학년까지

**목표 2**

조건– 하나의 수업을 마칠 때, 학생

행동– 라플라스 변환의 역을 찾을 수 있을 것이다.

표준– 되풀이되지 않는 1차 방정식과 2차 방정식을 하면서

Waina(1996)는 전기학과 자기학의 기본 개념 과목에서의 행동적 목표를 "학생은 특정한 단순 시스템의 수행 결과를 예언할 수 있어야 하고 특정한 수행을 달성하는 단순 시스템을 설계할 수 있어야 한다."고 제시하였다.

수업목표 측면에서 보면 공학 교육(수업)을 마친 후 학생들의 실제 행동으로 변화되어야 한다. 하지만 공대 졸업생이 학습 목표에 명시되는 의도된 행동이나 정도가 각 학생마다 다를 수 있다는 점을 교수자는 알아야 한다. 교육의 효과라는 것은 학생들이 고정되거나 주어진 수준과 정도에 의해 학습되지 않는다는 것이다. 따라서 학생들의 학습 결과들에 대하여 많은 혼란이 있을 수 있지만 가급적이면 실제적 맥락에서 공학과 관련한 문제해결이 가능하도록 학습목표를 설정해야 한다.

표 Ⅰ-3은 미국의 엔지니어 협회에 등록하기 위한 요구사항을 Bloom의 인식에 기초하여 공학 교육 사례를 기술한 것으로, ABET 목표와 동일하다. 이러한 목표들은 일반적으로 가르치는 것과 관련되고(Cohen과 Manion, 1997) 측정할 수 있는 행동적 목표들로 기술되어 있다.

**표 Ⅰ-3** 인식 영역에서의 공학 교육 사례

| 인지영역 | 기초적인 전기 과목에 관한 사항 |
|---|---|
| A. 지식<br>특정(세부적인) 지식<br>용어<br>특정사실<br>세부적으로 다루기 위한 방법<br>관례<br>경향과 순서<br>범주의 분류<br>준거<br>방법론 | 사실을 기억하는 것 |

| | |
|---|---|
| 한 분야에서 보편화, 개념화<br>원리와 일반화<br>이론과 구조 | |
| B. 이해 지적 능력과 기능<br>번역<br>해석<br>예측 | 전선에 전자 흐름을 이해하고 전자의 흐름을 방해하는 저항을 이해하고, 에너지 소실의 원인을 이해하기. Ohm의 법칙은 단일 저항에 적용하기 |
| C. 적용 | 쌍 루프 안테나(double loop)를 위한 Kirchoff 법칙 전기 회로망 시스템으로 회로(순환)를 해결하기 위해 Ohm의 법칙을 적용하기 |
| D. 분석<br>요소 분석<br>관계 분석<br>조직적 원리의 분석 | 교수자가 준 이전의 예제없이 2개 이상의 다중망 방정식(균등)을 풀기 위해 키르히호프의 법칙 적용하기 |
| E. 종합<br>특정한 전달/전파/전도의 생성<br>계획 또는 적절한 조작들의 생성<br>개념적 관계들로부터 유도 | 교수자의 도움 없이 Node전압 분석법과 같이 일반화된 해결 방법을 유도하기 |
| F. 평가<br>내재적 증거 관점에서 판단<br>외재적 증거 관점에서 판단 | 몇 가지 대안을 결정하기<br>가장 효율적인 문제 해결을 제공하기<br>경제적이고 사회적인 영향을 포함하는 다른 설계 고려사항에 기초한 질적인 가치 판단하기 |

공학을 가르치는 교수방법과 학습 성과의 사이에서 영향을 미치고 있는 목표의 개념은 유사하다. 공학 교육 목표에서의 잘못된 선입견은 학습 성과의 저조에 많은 영향을 미치는데 아래와 같은 사례를 보면 알 수 있다.

- 일부 교수와 학습자는 창조성을 방해한다.
- 학습을 하는데 있어서 "도전정신을 상실"하게 한다(challenge out).
- 요구되는 시간과 노력에 대한 가치가 없다.
- 과목의 특정한 부분에 집중하도록 이끌고, 학생들로 하여금 "큰 그림"을 놓치게 한다.
- 학생의 사고력(intelligence)을 무시한다. 기계적이고 비인간적으로 보인다.

공학 교육의 목표 달성 여부는 목표 진술과 교수방법의 적용에 달려 있다고 해도 과언이 아니다. 따라서 공학 교육에서 올바른 목표들을 설정함으로써 일어날 수 있는 학습자의 긍정적 행동 변화에 유념하여 목표 설정을 하여야 한다. 올바른 학습 목표를 진술함으로써 나타날 수 있는 학생들의 변화는 다음과 같다.

- 주제의 상대적인 중요성과 수업 시간의 배분에 대하여 비판적으로 평가하기가 가능하다.
- 조금 더 많이 열려있고 솔직한 교실 분위기, 그리고 조금 더 긍정적이고 정직한 교수와 학생의 관계를 만드는데 기여할 수 있다.
- 학생들의 관심을 학업에 초점을 맞추도록 할 수 있다.
- 시험과 학점에 대한 걱정을 줄여줌으로써 창조성을 떨어뜨리기보다 촉진할 수도 있다.
- 교수 양식과 학습 양식에서의 개인 차이를 정확히 판단하고 잘 활용하도록 한다. 그것은 성과(product)를 명시하고 있고 개개 교수 또는 학습자가 목표를 향하여 나아가는 과정을 선택하는 것을 가능하게 해준다.

이러한 관점에 미국의 Rose Hulman 기술연구소에서는 엔지니어로 등록하기 위한 기준과 경로를 설계(능력 매트리스 평가)하여 과학, 공학, 수학과 신입생 교육과정에 적용하고 있다(Anderson외 1996; Floyd, 1997).

**표 Ⅰ-4** 공인 엔지니어(Chartered Engineer)로 등록하기 위한 기준과 경로

| 공학 문제의 분석과 해결을 위한 이론적이고 실제적인 방법을 적절하게 적용하기 |
|---|
| 이것은 다음과 같은 능력을 포함한다.<br>• 문제의 복잡성을 확인하는 능력<br>• 모델에 적절한 이론적이고 실제적인 방법을 정의하는 능력<br>• 문제 해결을 위한 전략을 정의하는 능력<br>• 설계 개발, 현실화와 연속적인 개선을 위한 적절한 선택을 종합하는 능력<br>• 선택을 만들고, 공학, 환경, 상업적 제한과 갈등을 정식으로 인정하는 능력<br>• 구현하고 성과를 평가하는 능력 |

출처 : 미국 엔지니어링 협회, 1996

교수자는 공학 교육 목표를 설정함에 있어 학생들이 모든 강의실 활동이나 과정에서 의도하지 않은 결과를 가지고 올 수 있다는 것을 알아야 한다. 그것들은 때로 학습을 향상시킬지도 모르고 때로는 학습을 방해할지도 모른다. 이처럼, 학습목표가 달성되었는지 아닌지를 교수가 평가할 때는 실제로 무엇이 학습되었는지를 알고 있어야 하고 그것이 가치가 있는 것인지도 알아야 한다.

또한 최근 한국공학교육인증원(ABEEK, 공인원)에서 공학 관련분야의 지속적인 교육개혁과 엔지니어의 자질 향상을 도모하고자 강조하고 있는 것은 공학 기초가 튼튼한 유연한 공학 전문인의 배출이다. 그러므로 교과과정을 교과목의 전문화와 아울러 기초과학이 건실하고 현장의 변화에 신속히 대응할 수 있는 다양성 있는 엔지니어의 육성을 목표로 하고 있다. 이에 따라 공대 교수는 교과목의 목표 설정시 시대적 흐름을 인식하고 공대 졸업생이 현실적 맥락의 공학 문제해결을 할 수 있도록 교과목에서의 목표를 재검토하여야 한다.

## ◆ 공학 교육에서의 교수방법

Guskey(1982)의 3개 대학 180개 강의실에서 수행된 결과에 의하면 수강하는 대학생이 그 수업목표의 달성 여부를 설명하는데 있어서 가장 중요한 요인은 교수라고 언급하였다. 이 말은 교수가 스스로 아무리 뛰어나고 능력이 있을지라도 교수와 학생들의 지식 전달체제인 교육방법의 중요함을 역설한다. 그렇다면 어떻게 하면 교수가 가지고 있는 전문적 지식을 학습자에게 전달할 수 있을까? 이 문제의 해결을 위해 예전부터 많은 연구가 진행되어 현재는 공학 교육에 구성주의 학습환경(constructivist environment)을 강조하기까지 이르고 있다.

1972년에 미국의 일부 공학자는 공학 교육에서 구성주의를 포함시킬 것을 권고하였고, 그 중 일부 공학자는 이 논의의 쟁점인 교수의 논리적 인식론(defensible epistemology)을 가져야만 한다고 주장하였다. 당시 Cambridge 철학 사전에는 윤리, 수학의 철학에 관한 구성주의의 언급은 있었지만 공학에서의 구성주의의 정의와 Von Glasersfeld[1])와 같은 구성주의를 제안한 사람에 관한 내용은 전혀 없었다. 그럼에도 불구하고 구성주의는 과학 및 공학 교육에서 강력하게 추진되었다.

Matthews(1994)는 1987년 첫 국제 학회에서부터 구성주의에 관한 주제로 200개 이

---

1) 지식은 개인에 의해 구성되는 것이라는 데서 출발하며(Glasersfeld, 1995) 특히 지식 구성에서의 내적 심리적 과정에 초점을 두고 있다.

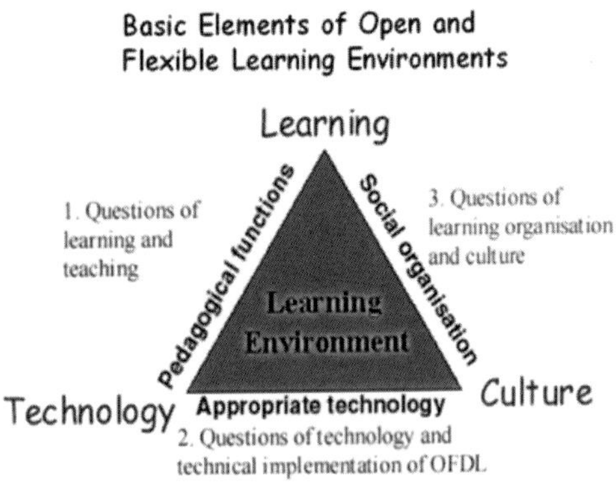


그림 Ⅰ-2 공학 교육학습환경 여건

상의 논문을 발표하였는데 이 논문들에서 다수의 학생이 과학적 개념과 원칙에 어려움을 갖는다는 잘못된 인식을 가지고 있음을 지적하였다. 과학교육에서 과학의 역사와 철학의 역할에 관심을 가졌던 Matthews(1994)는 과학을 가르치는 교수의 양성과정에서 과학의 역사와 철학이 중요한 구성요소가 되어야 한다고 주장하였다. 이는 전문가로서 교수들이 직접적으로 쓰이든 쓰이지 않든지에 관계없이 그들 과목의 역사적 · 철학적 지식을 가져야만 한다는 것에 의미를 두고 그들의 과목을 가르치기를 요구하는 것보다 더 많이 알아야 할 의무가 있음을 언급하였다.

공학 교육자들은 사실주의(현실주의)와 경험주의에 관해 깊이있는 의사소통과 토의를 할 수 있어야만 하는데, 이는 비록 현재의 자기주장과는 다르지만 Einstein, Leibniz[2], Mach[3], Newton 그리고 Plank와 같은 사람들의 서로 다른 견해를 받아들일 수 있는 의사소통 능력을 갖추어야 한다는 것을 의미한다.

Piaget는 "인간적인, 개인적인, 지적인 구조는 그들의 행동으로부터 비롯된다(Matthews, 1994, p.138)"에서 모든 인간 학습의 양상에 관해 점차 나아지도록 하는 일반적인 인식력(cognitive faculty)이 있으며, 이러한 개념 발전은 아동기에 형성된 구조로부터 비롯된다고 하였다. 이에 따른 심리학적 교수학습 측면에서의 핵심은 다음과 같다.

1. 지식은 환경으로부터 수동적으로 받아들여지는 것이 아니라, 과제를 인식함으로써 능동적으로 구성된다.
2. 알게되는 것은 그 사람의 경험적인 세계를 조직하는 적응 가능한 과정이다. 그것은 인지하는 사람의 지식성 밖의 예전에 존재하는 세계와 독립적으로 발견되지 않는다(Lerman, 1989, Matthews에 의해 인용, 1994, p. 141).

Glasersfeld(1993)는 "사실(fact)은 우리들에 의해 만들어지며, 그것은 우리의 경험의 방식이다."라고 하여 "사실(fact)"은 우리와 별개로(독립적으로) 존재한다는 사실주의(현실주의)의 견해에 반대하였다. 또한 Driver(1995)는 "학습에 있어서 중점은 외부 현실과의

2) 독일의 철학자 · 수학자 · 자연과학자 · 법학자 · 신학자 · 언어학자 · 역사가. 수학에서 미적분법의 창시.
3) 오스트리아의 물리학자, 마하(유체(流體)의 속도와 유체 속에서 음속(音速)의 비 또는 유체가 정지해 있을 때는 물체의 속도와 유체 속에서 음속의 비)의 개념 도입.

일치에 있는 것이 아니라, 학습자에 의해 일관성 있고 유용한 도식의 구성이다."라고 강조하면서 지식에 관한 교수와 학습의 개념화가 중요하고 학생이 교수가 무엇을 하는지를 정확히 따라하는(모사, replication)것으로부터 학생 스스로 경험을 성공적으로 조직하는 것에 중점을 두어야 한다고 강조하였다.

이는 공학 교육에서 교수(teaching)와 무엇이 학습되었는가(what is learned)는 행동 프로그램이 되어야지 지식의 조직체(syllabus)가 되어서는 안 됨을 지적하고 있다. Driver와 Bell(1986)은 교수-학습의 중요성을 다음과 같이 언급하였다.

- 학습 성과는 학습환경뿐만 아니라 학습자의 지식에 의해서도 좌우된다.
- 학습은 의미의 구성을 포함한다. 의미는 의도하지 않았어도 그들이 보거나 들은 것으로부터 학생에 의하여 구성된다.
- 의미의 구성은 연속적이며 적극적인 과정이다.
- 학습자는 그들의 학습에 관한 최종적인 책임을 갖는다.

Atman과 Nair(1992)는 공학 교육에서 학습자는 그들이 배운 "그들 자신만의 의미를 만든다."고 주장하였다. 공과 대학생에게 교수가 단순히 지식을 전달하는 행동으로 여기는 것이 아니라 교수에 의해 받아들여지는 실재를 받아들이는 것이다. 따라서 지적 모델에 의한 복잡한 기술적 현상을 이해하도록 학생을 돕는 코칭(coaching)과 소크라테스의 질문법(Socratic questioning)과 같은 교수방법의 적용이 공과 대학에서도 고려해야 된다고 언급하고 있다.

이와 같이 공학교육에서의 교수방법은 닫힌(closed-ended) 문제해결에 중점을 둔 인위적인 방법 및 평가에 의존하기 보다는 학생이 진정한 공학교육 학습을 수행하는 능력에 접근하는 진정한 학습환경(Authentic learning environment)이 되도록 조성되어야 한다. 이러한 점에서 Matthews(1994)는 교수자의 잘못된 생각을 스스로 발견하였을 때 교수자는 과연 무엇을 어떻게 해야 하는가?에 관한 문제를 제기하였다. 이것이 기존 방식과는 다른 틀(framework)로 인정 될 수 있는가? 교수는 학생의 이해(understanding)를 바꾸기 위해 시도 하였는가?에 대해 심사숙고하여야 함을 주지시켰다.

## ◆ 공학 교육의 교수자 역할

Courter(1996)는 공학 교육의 설계과정에서 만약 TQM(종합품질관리, Total Quality

Management)의 원리를 적용한다면 교수자들의 의식변화를 아래와 같이 혁신적으로 바꾸어야 한다고 주장하였다.

① 교수중심에서 학생중심으로의 과정설계
② 활동이후의 학생활동에 대한 교수의 평가에서 실시간 피드백
③ 개인보다는 팀으로의 초점 변화
④ 내용숙달에서 학습숙달
⑤ 강의에서의 교수로부터 학습의 조력자로서의 교수(Fraser 등, 1994)

영국의 Thompson과 McChesney(1999)는 "교수자의 역할은 개인과 팀 활동이 원활하도록 하는 분위기를 제공하여야 한다. 이는 학생과 교수 사이의 상호작용을 동반하여 학습을 도모한다."라고 언급하면서 학생들이 공학에 관해 자기 확신을 가지도록 해야 한다고 하였다. 이는 프로젝트를 포함한 설계연구에서 교수의 역할은 코치(coach)또는 매니저(manager) 그리고 촉진자(facilitator)와 같이 다양한 의미를 내포하고 있다. 또한 각종 프로젝트 수행에 있어서 교수는 때로는 학생과 그 요소들 사이의 교섭자 역할을 하여야 한다. 이때 교수가 매니저, 촉진자가 역할을 하는 경우에는 내용 지식을 상세화하도록 학생들에게 요구되거나 기대하지 않아야 한다. Mines의 Colorado학교에서는 교수들에게 새로운 역할인 코치와 같은 역할을 요구하면서 교수들은 학생들이 학습하는 동안 학업에 관해 간섭하지 않는 것을 배워야 했으며 교수 스스로 또는 학생이 계획한 대로 되지 않아서 좌절할 때 대처하는 것을 배워야만 했다(Olds, Pavelich, and Yeats, 1990).

MIST(Manchester Institute of Science and Technology)의 Thompson(1993)은 "교수의 매력적인 접근은 교수들이 학생들의 '활동' 속으로 빠져드는 것이다. 교수학습의 개념은 학생 활동 안으로부터의 건설적인 활동이며 교수가 설계 경험을 공유하고 학생들이 스스로의 해결책을 찾도록 돕는 것이다. 하지만, 학생들의 팀 프로젝트 활동시 교수가 해결책을 바로 제공하는 것은 피해야 한다."고 주장하였다.

Courter(1996)는 교수들과 개인 프로젝트 팀들이 학습공동체로 변화하고 학생 팀 안에서의 긍정적인 주요 요인이 "교수는 학생 동료이다."는 것을 제시하였다. 이는 공대생들의 팀 프로젝트 활동시 4학년 공대 학생들이 팀내 조언을 주도하며, 그들의 교수와는 편한 의사소통을 원한다는 것이다. Courter의 연구는 패러다임 전환에 있어서 교수 학습에 관한 새로운 접근인 팀 단위로 행동적 표현을 하는 실천적 공학 교육을 제시하였다. 예를 들어, 학습한 가장 기초단계에 있어서의 학습 목표는 다음과 같다.

첫 번째 학기에 "공학 입문"의 교육목표

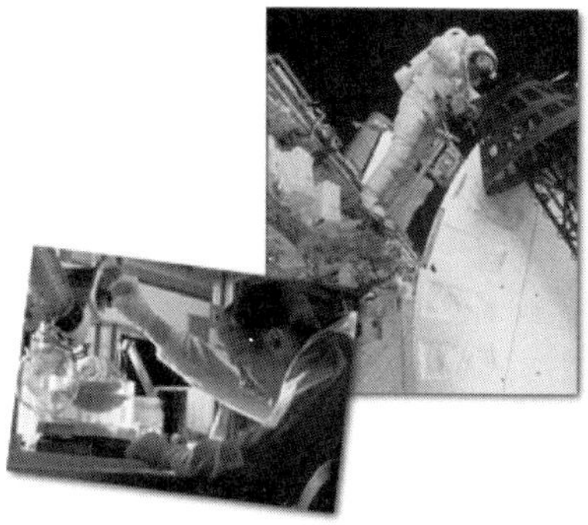

그림 Ⅰ-3 공학에서의 팀워크

- 팀에서 긍정적으로 학습하기
- 공학원리와 공학언어 학습하기
- 찾고, 이해하고, 그리고 여러 종류의 정보를 활용하기
- 고객에 대하여 알기: 휠체어 사용자와 빌딩 관리자
- 설계를 효율적으로 전달하기
- 설계환경을 이해하기(사업, 법적요건, 사회)
- 설계과정과 학습에 관하여 개인적으로 기록하기

두 번째 학기에 "공학 입문" 교육목표

- 학생들 스스로 지식을 형성하는 방법에 대해 이해하고 팀에서 학습하기(팀활동)
- 학생들에게 성공적인 경험의 과정을 위한 기회를 제공하기
- 공학이 수반하고 이루어낼 것에 관한 느낌(직접경험)을 학생들이 가지도록 하기
- "실제"고객에 관한 "실제" 설계프로젝트에 관한 설계과정 기술을 개발하기
- 프로젝트에서 실제 요구되는 하드웨어와 소프트웨어를 사용을 위한 기술개발하기
- 학생들이 수학, 과학, 그리고 기술과정 사이의 연관성을 볼 수 있도록 공학 커리큘럼을 위한 환경개발하기
- 직업으로서의 공학에 대한 자신감 향상하기
  (특히 공학 교육의 활동 속에서 거의 지식과 경험이 없는 학생들)

이는 상당히 주목할 만한 변화이지만 이 외 다른 변화도 있다. 교수가 학생 동기를 향상하도록 돕는 학생들의 요구에 주목하기 시작하기 했다는 점이다. 학습자 습득이 내용 습득보다 더 중요하게 되었고, 교육과정은 교수 중심에서 학생 중심으로 변하였다는 것이다. 그리고 교수는 전문지식에 대한 강의 위주에서 탈피하여 안내자, 그리고 지식의 정보원이기보다 조언자로 바뀌고 있다는 것을 의미한다. 더불어 과정이 결과만큼이나 중요함을 인식하고 학생들의 학습을 향상시킬 기본 평가 전략의 가치에 대해 교수 스스로 질문해 보아야 한다.

## ◆ 공학 교육의 방법과 간학문성

2005년 5월에 개정된 공학교육인증제도(KEC 2005)는 공학교육의 수요자(산업체, 학생, 지역사회 등)의 요구사항과 학생의 특성(자질, 태도, 학업수행 능력)을 반영하여 교육목표 및 학생의 학습성과 목표설정, 평가에 대한 순환적 자율개선형 공학교육체제 구축과 더불어 교수자들의 교수방법 또한 많은 변화를 요구하고 있는 실정이다. 특히 KEC 2005 적용 이후 공학교육인증의 학교수 및 프로그램수가 크게 증가하여 우리나라 공과대학이 글로벌 시대에 발맞추어 노력하고 있다.

그러므로 각 대학의 교수자들은 진부한 교수 방법론에 적용되었던 교수학습 원리는 지양하여야 할 과제이다. 지식정보사회에서 해당 교과목의 전문지식을 수강하는 학생들을 수요자 측면에서 전혀 고려하지 않고 일률적인 강의법 진행을 하기보다는 다양한 교수학습법을 적용하여야 함은 당연하다고 할 수 있다. 따라서 교수들은 학생의 입장에서 어떻게 하면 학습 목표를 달성하기 위해 어떠한 교수방법을 적용하는 것이 나은지 항상 고민해야 한다.

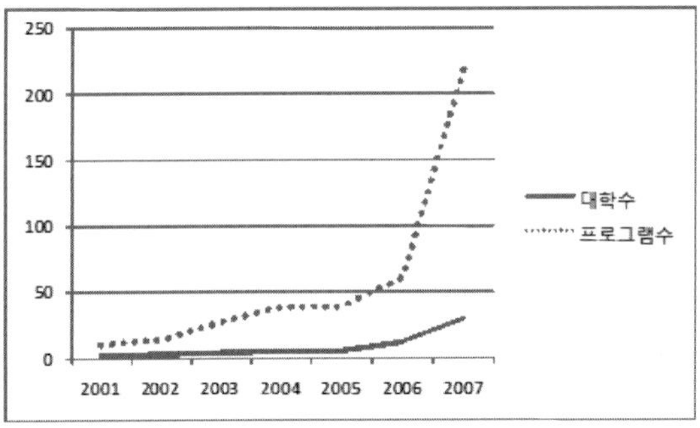


**그림 Ⅰ-4 KEC 2005의 인증 대학수와 프로그램 수**

미국의 대다수 공학 교육에서는 수업을 위해 주로 행정대학(Business school)이나 의과대학(Medicine school)에서 넓게 사용되어 지고 있는 사례연구 기법을 활용한다. 1960년부터 약 30개 공학 대학에서는 공학 교육의 교수 방법 적용시 사례연구법(Case study)을 활용하고 있으며, 이들 중 대략 15개 대학에서는 그 사례연구가 학생들에게 상당한 도움이 될 수 있다고 제시하였다. 또한 이러한 방법들이 전통적인 수업에서보다 학생들로 하여금 동기를 더욱 유발시킨다는 것이 약 15개 대학에서 보고되었다(Fuch, 1968). 영국의 Cranfield 공학 교육 기관, 미국의 로즈-헐먼 공학 교육 기관에 있는 사례연구 센터가 있다. 또한 사례들만 구성된 교재를 발간되기도 하였다(Fuchs and Steidel, 1973; Petroski,

1995; Vesper, 1975).

Vesper & Adams(1969)는 공학에 있어서 사례 연구의 활용에 따른 두 가지 장점을 제시하였다. 첫째, 사례 연구와 사례 문제들은 실제의 실습과 관계되거나 또는 발생했던 실제 공학적 문제에 기초를 두고 있기 때문에 이러한 것들은 실제적 맥락에서의 공학 교육이 가능하다는 것이다. 둘째, 사례 문제와 사례 연구들을 통해 학생들이 개념을 이해하는데 많은 도움이 된다는 것이다. Anwar & Ford(2001)[4]는 전기공학 학생들이 실생활(real-life)에 개념을 적용하도록 가능하게 한 사례를 제시하였다. 더불어 사례연구가 개념을 이해하는데 수월했다는 연구결과를 보고하였다.

"ACME 바이오테크 사(社)는 다양한 지리학적 분야에 여러 개의 설비들을 갖추고 있다. 그 설비들 중 하나에서 물은 우물로부터 공급된다. 전기 모터에 의해 구동되는 물 펌프는 아래에 같이 설명되어 있듯이 시스템에 압력을 가한다. 그 모터와 와이어링(wiring)은 그림에서 보여진다. 그 시스템에는 3가지의 변화가 있어야 한다."

1. 전기 모터를 교체(replacement)할 필요가 있다.
2. 모터 가까이에 긴급 정지 스위치가 설치되어야 한다.
3. 모터의 전원을 ON으로 변환할 수 있는 메커니즘이 물 펌프 가까이에 설치되어야 한다.

이러한 문제를 해결하기 위해서는 학생들은 하나 이상의 원리와 지식이 필요한 경우가 많다. 따라서 학생들은 다음과 같은 이해와 능력을 갖추어야 한다.

- 공학적 판단에 지대한 영향을 주는 비기술적 외력(non-technical)
- 공학적 판단에 지대한 영향을 주는 기술적 외력(technical external force)
- 공학 실습(engineering practice)에서의 팀워크와 의사소통의 중요성
- 비구조화된 상황에서 문제를 해결할 수 있는 기준 확립
- 복합적으로 주어진 기준으로부터 선별할 수 있는 분석력
- 학습 상황과 관련된 적극적인 활동

4) 이 과정에 대한 두 가지의 보고서가 있다. Anwar,(2001)과 Anwar & Ford(2001)이 그것이다. 이들은 ACME 바이오 테크 사(社)에 근거한 다른 사례들을 제시했다. 전자(Anwar)는 또한 technical writing에 대한 사례도 다루었다.

공학적 사례연구에서 공학을 전공하지 않는 학생들을 포함시켜 팀 프로젝트를 수행하는 경우가 발생한다. 사례 연구에서 그룹별 활동을 할 때 "실무 엔지니어들이 실제 맥락(작업장)에서 겪게 되는 시나리오를 발표"하는 사례뿐만 아니라 토의를 촉진시키고 이를 통한 의사소통 기법이 향상된다는 것을 알 수 있다.

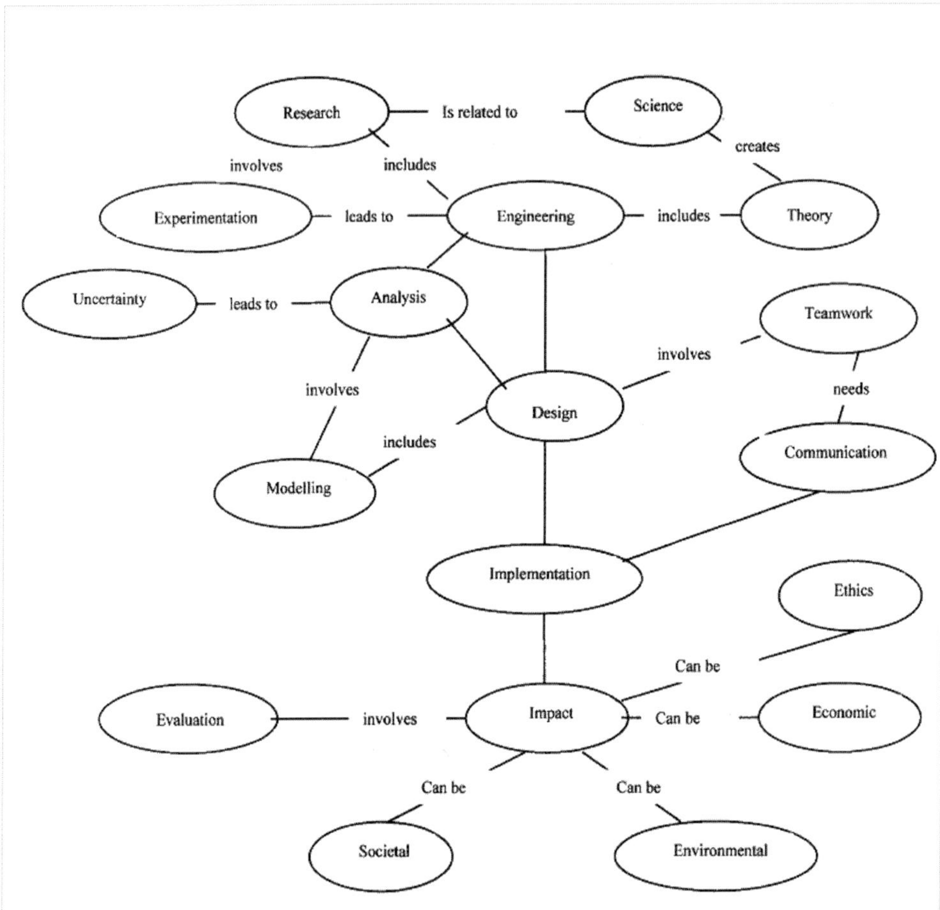


그림 Ⅰ-5 공학 교육을 위한 구성 요소의 마인드 맵

협동학습 프로젝트 활동의 의미는 2~3명의 구성원으로 이루어져 프로젝트 수행되는 캡스톤(Capstone) 프로젝트와는 다르다. 전통적인 캡스톤 디자인(Capstone Design)은 세 가지 교육적 목표의 원리를 통합하는데 이 원리들은 시스템 수준(Level) 설계의 최적화, 실시간 설계의 제약(constraints), 그리고 소프트웨어의 신뢰성과 정확성이다. 이와 달리 협동학습을 위한 교육적 목표는 팀 지향적 설계의 팀 구성, 다양한 분야를 아우르는 동시적이고 연속적인(Concurrent & Sequential) 설계 수행이다. ABET이나 ABEEK의 기준에 볼 수 있듯이, 우선적인 목표는 학생들이 공학 설계를 성취하기 위한 협력(Concert)에 있어서 학문적 연구 수행이 표면적으로는 어떻게 다른지를 올바르게 판단할 수 있도록 기회를 줄 수 있어야 한다는 것이다.

그림 Ⅰ-6 협동학습을 위한 강의실 환경

따라서 대학 저학년의 경우 협동학습 프로젝트를 통해 실제 문제(사례)의 중심으로 한 교수방법(PBL, Problem Based Learning)을 적용하여 공학 프로젝트 수행 기술, 태도, 능력을 배양하고 학년이 올라갈수록 이를 바탕으로 공학 프로젝트 중심의 캡스톤 과정으로 지향하여야 한다. 아울러 공학 분야에서의 간학문성을 고려하여 다른 분야의 기술직 설계 반영에 관심을 가져야 한다.

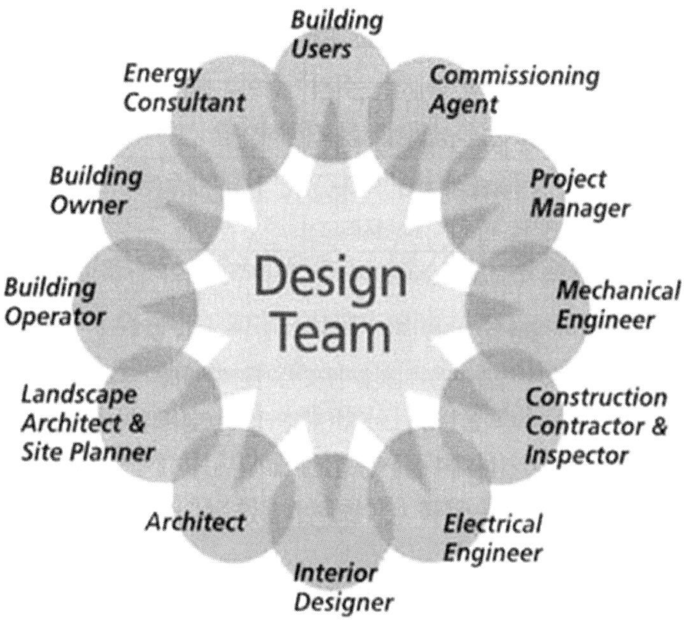


그림 Ⅰ-7 공학 교육(디자인팀)의 간학문성

## 2. 공학 교수 · 학습 · 평가의 성찰과 지향

### ◆ 공과대학에서의 가르치는 일의 재검토

Kolstoe는 대학교수법이란 책에서 '어느 누구도 다른 사람에게 가르칠 수 없다'고 역설하고 있다. 그의 의견은 전적으로 타당하다. 학생이 무엇을 잘 배웠다고 해도 교수의 능력이 뛰어나기 때문이라고만은 할 수 없다. 또 학생이 학습에 실패했다고 해서 그 책임을 전적으로 교수가 질 수 없다. 교수가 제공하는 것을 받아들일 것인지 말 것인지 하는 문제는 학생의 자유의지에 달려 있으며, 교수는 학생이 적극적으로 관심을 돌 릴 수 있도록 유도하는 것이 중요하다(박한준, 1995: 15).

지금까지 가르치는 일의 기본적 패러다임은 말 그대로 교수자가 가지고 있는 전문적 지식을 학습자에게 주입하는 방법을 오랫동안 사용해 왔으며, 그 과정에서 학습자는 매우 어렵게 지식을 구성해 왔다.

이러한 교육 방법의 반성과 성찰은 **구성주의적 학습환경**(constructivist environment)을 강조하게 이르렀다. 즉 교수자에게는 학습자의 지식 구성을 촉진시키기 위한 인지적 조언활동을 하는 **구성 촉진자**(facilitator)의 역할을 강조하고, 학습자에게는 스스로 문제를 자기의 것으로 여겨 능동적으로 문제를 해결하고 사고하는 문제 해결자(problem solver)로서의 역할을 강조하고 있다. 이는 교육 방법 변화에 있어서 가장 큰 패러다임 이동이며, 그 과정에서 새로운 교육 방법의 동향을 자기 주도적 학습(SDL; self directed leaning), 문제해결 학습(PSL; problem solving learning), 협동학습(cooperative learning), 프로젝트 학습(project leaning), 창의적 학습, 문제중심 학습, 문제중심 프로젝트(problem based project), 비형식적 학습(informal learning), 맥락적 학습(contextual learning), 동료중심 학습(peer based learning), 실천중심 학습(activity-based learning), 성찰적 실천을 통한 학습(learning through reflective practice) 등의 학습 전략들을 제시하고 있다.

훌륭한 교수, 질적인 수업의 성공 여부는 교수자의 연출과 기획에 따라 학생들이 어떻게 역동적으로 반응할 수 있는가의 문제가 중요하다고 본다. 즉 학생들이 수업에 능동적으로 참여하여 자기의 수행과제를 주도할 수 있고, 그 과정에서 학생들의 성취감은 물론 주어진 실제적 과제에 대하여서도 능동적인 문제해결 태도 형성을 가능케 한다.

같은 콘텐츠일지라도 지식을 전달하고 구성하는 전략에 따라 학습자의 흥미, 과제 수행 능력, 학습에 대한 몰입, 또 다른 문제의 도전, 그리고 21세기 지식 정보사회에서 필요한 창의력, 문제해결력, 의사결정능력, 의사소통 능력 등의 고등 사고 능력도 함께 성취될 수 있는 가능성을 충분히 가지고 있다.

비록 지난 10여년 동안 공학교육이 졸업자들의 기술과 능력에 중점을 두어왔지만, 이제는 새로운 패러다임으로 공학교육을 시도할 때이다. Smith & Waller(1997)는 다음 표와 같이 새로운 패러다임을 제시하였다(Smith, 2004).

□ 21세기 공학교육의 새로운 패러다임

| | 20세기 | 21세기 |
|---|---|---|
| 지식 | 교수가 학생에게 전달 | 교수와 학생의 밀접한 지식구성 |
| 학생 | 교수의 지식을 채우는 수동적 그릇 | 지식의 구성자, 발견자, 변형자 |
| 학습의 유형 | 암기 | 관계 |
| 교수의 목적 | 학생을 분류 | 학생들의 능력과 재능을 개발 |
| 학생의 목적 | 전공 내에서의 요구와 자격 획득 | 광범위한 학문세계에 대한 평생 교육의 관심과 성장 |
| 관계 | 교수－학생간, 학생들간의 비인간적 관계 | 교수－학생간, 학생간의 상호교류적 관계 |
| 맥락 | 경쟁/개별 | 협동학습, 교수간의 협력 팀 |
| 강의실 문화 | 동조/문화적 단일성 | 다양성과 개인적 존중/문화적 다양성과 공동체 |
| 능력 | 교수가 주도권 소유하고 통제 | 학생들의 학습권 강화 |
| 평가 | 규준지향평가/상대평가 수업 후 결과평가 | 준거지향평가/절대평가 수행 및 포트폴리오 등의 과정 지향 평가 |
| 지식의 방법 | 논리－과학적 | 이야기 |
| 인식 | 사실과 암기 | 구성, 탐구, 발명 |
| 기술 활용 | 연습과 실습 ; 교과서 | 문제해결, 의사소통, 협력, 정보접근과 표현 |
| 교수의 가정 | 어느 전문가든 가르칠 수 있다. | 교수는 복잡하고 주목할 만한 훈련이 필요하다. |

자료: Smith & Waller(1997).

여기서도 보면 관계에서는 비인간적 관계에서 협력적 관계로, 맥락에서는 경쟁/개별에서 협동학습과 교수간의 협력으로, 기술 활용에서는 연습과 실습에서 문제해결, 의사소통, 협력으로 중요한 패러다임이 이동하고 있음을 알 수 있다.

특별히 협력의 관점에서 20세기와 21세기의 패러다임 비교는 다음과 같다(Smith, 2004).

□ 협력에 관점에서 본 20세기와 21세기의 비교

| 특성 | 20세기 | 21세기 |
|---|---|---|
| 조직 | 피라미드 | 웹 또는 네트워크 |
| 집중경향 | 내부 | 외부 |
| 스타일 | 구조화 | 융통성 |
| 힘의 원천 | 안정성 | 변화 |
| 구조 | 자기 충족 | 상호의존 |
| 자원 | 물질 – 물리적 자산 | 비트 – 정보 |
| 조직 수행 | 수직적 통합 | 가치 통합 |
| 생산물 | 대중 생산 | 대량맞춤 (Mass Customization) |
| 범위 | 국내 | 글로벌 |
| 재정 | 분기별 | 실시간 |
| 투자 | 월별 | 시간 단위 |
| 전략 | 상의하달식 | 하의상달 |
| 리더쉽 | 지시적 | 감화(영감) |
| 작업자 | 고용자 | 고용자와 자유 계약 |
| 작업 기대 | 안전 | 개인 성장 |
| 동기 | 경쟁(to compete) | 구성(to build) |
| 개선 | 증가 | 혁신 |
| 작업 질 | 절충가능한 최선 | 절충안이 없음 |

자료: Byrne(2000).

이러한 패러다임 전환을 위하여 공학기술에서 실제적 맥락 상황하에서의 협력적 문제해결은 매우 중요하고도 핵심적인 학습 조직인 셈이다. 따라서 공학교육 차원에서 학생들의 창조적 문제해결, 의사결정능력, 의미있는 지식 구성, 의사소통능력, 팀워크, 리더쉽 등의 이해와 실천이 매우 중요하며, 이러한 능력을 많이 소유한 학생들이 더욱 경쟁력을 갖는 것이다.

## ◆ 공학교수-학습의 패러다임 변화 · 구성주의 학습

최근 우리의 교육이 여러 측면에서 교육의 변혁기를 맞아 몸살을 앓고 있으며, 그 변혁의 소용돌이에서 교실의 패러다임 전환으로도 볼 수 있는 일련의 현상들은 어떤 측면에서 구성주의적 논의와 밀접하게 관련된 것들이 많다. **구성주의적 학습환경**은 지식 구성의 주체로서의 '학습자', 학습자의 지식 구성을 돕는 구성 촉진자(facilitator)로서 '교수자', 실제적이고 학습자에게 적합한 과제의 교육과정 구성, 문제해결적이고 협동적인 교수-학습환경 등을 공통적으로 주장하고 있다(Brooks & Brooks, 1993; 김신곤·권기, 1998; 강인애, 1998; 최유현, 1999).

전통적인 대학 교수 방법의 개선을 위해서는 **대학 교수자의 하고 있는 일(teaching)에 대해 문제의식**을 갖지 않으면 안 된다. 자신이 하고 있는 일을 비판적으로 성찰하고, 자신의 교수활동에 내재된 논리와 배경을 성찰(reflection)하며, 학생들로 하여금 자신들이 갖는 경험과 배경 그리고 삶의 목적에 따라 교육 속에서 보다 능동적인 의미형성(active meaning-making)을 이룰 수 있도록 하려는 교수 활동에 대한 관점의 변화가 필요하다고 하겠다. 최근 이러한 입장에서 교수자의 **성찰적 탐구(reflective inquiries)**를 강조하는 논의들이 활발하게 이루어지고 있는바(Osterman, 1993; Zeichner & Liston, 1996; Henderson, 1996; Parker, 1997 등), 이들의 논리는 교육활동 속에서 교수자의 성찰(reflection)과 실천(action)이 함께 어우러질 때 대학교육의 개선은 물론 교육과 사회의 개선이 가능하며, 나아가 학생들에게는 보다 능동적이고 개인적인 참여와 의미 창출의 기회를 제공하는 교육, 즉 구성주의적 교육(constructionist educational services)이 가능할 수 있다고 보는 것이다.

성찰적 교수론(reflective teaching)의 전통은 멀리 Dewey의 반성적 사고론(How we think: A restatement of the relation of reflective thinking to the educational process, 1933)으로부터 출발한다고 보겠지만, 보다 구체적으로는 Schon의 "성찰적 실천가(reflective practitioner)"에 관한 두 권의 저서(1983, 1987)에서 다시 점화되었다고 할 수 있다.

Schon은 교육에 있어서의 기계적인 기술공학적(technical) 접근을 강력히 비판하면서 사회과학의 실천에 있어 행위(action)와 성찰(reflection)의 관련성을 강조하고, 자신의 행위가 있기 전과 이루어진 후에 그 행위에 대한 성찰(reflection on action)과 행위 도중에 이루어지는 끊임없는 성찰(reflection in action)의 과정이 실천의 개선과 발전을 가져오는 길이라고 강조하였다.

Schon의 이러한 성찰이론(reflective theory)은 곧 여러 분야에 영향을 주었으며, 교사교육의 분야에서는 Grimmett & Erickson(1988), Zeichner(1992), Tickle(1994) 등이 그 적용을 시도하였고, 교수활동의 측면에서는 Henderson(1996), Zeichner(1996), Parker(1997), Eby(1997) 등이 관련 저서를 최근에 출판하고 있는 상황이다.

교수자들은 학생들이 세계의 풍부함을 경험하도록 학생들에게 기회를 주어야 하고, 그들이 스스로 질문하고 스스로 답을 찾을 수 있는 권한을 주어야 하며, 그들의 복잡성을 이해할 수 있도록 자극을 주어야만 한다. Duckworth(1993)는 교수 활동에 대한 자신의 생각을 다음과 같이 기술하고 있다(Brooks & Brooks, 1993, 추병완·최근순(역), 1999: 16).

**나는 학생들에게 무언가에 대하여 생각할 상황을 제시하고 그들이 하는 것을 지켜본다. 내가 학생들에게 무엇을 하라고 말하기보다는 그들이 나에게 그들 스스로 무엇을 하는지를 말해준다.**

이 글은 구성주의적 학습환경에서의 교수자와 학습자의 역할에 대한 기본적인 아이디어를 제공하고 있다. 즉 전통적인 강의실의 경우, 교수자에게는 지식 전달자로서의 역할이, 학습자에게는 지식 수용자로서의 수동적인 역할이 강조된 반면, 구성주의 학습환경의 경우, 교수자에게 학습자의 지식 구성을 촉진시키기 위한 배려와 촉매적인 역할을 강조하게 된다.

교수자의 자신의 수업에 대한 탐구는 구성주의 수업의 최선의 실천(best practice)에서 가장 중요한 요체이다. 구성주의 수업은 학생의 역동적인 이해를 돕기 위해 계획되는 치밀한 교육활동으로 규정될 수 있다. Brooks와 Brooks(1993)는 구성주의 교육에 대한 조망을 다음과 같이 제공하였다.

**"구성주의는 전형적 수업에서의 전통적인 교수방법과 대조적이다. 전통적으로 학습이란 모방적인 한 활동이었고, 그리고 학생들에게 새로운 정보를 반복, 모방하도록 강요하는 것이었다. 반면에 구성주의 수업은 학생들로 하여금 새로운 정보를 내면화하고, 수정하고 재구성하도록 적극적으로 돕는 것이다(p. 15)."**

구성주의를 실천하는 **성찰적 교수자**(reflective teacher)는 수업의 목표에 비추어 교수방법을 적용하게 된다. **성찰적 교수자**는 결과보다는 수단만을 중시하는 기능주의 접근을 택하지 않는다. 기능주의(technicism)는 목적에 대한 진지한 성찰없이 상대적인 효과와 효율만을 생각하고 기능적 측면에만 초점을 맞춘다. 교수자가 구성주의 수업의 실천을 기능주의적으로 접근하는 것을 피하기 위해 구성주의 교육을 하려는 목표에 대한 성찰이 있어야 한다.

이러한 시각에서 가르친다는 것은 정보를 제공하고 학생들에 의해 기억되었는지를 검토하는 활동 이상이라는 사실이 인정되어야 한다. 대신 가르친다는 것은 학생들이 나름대로의 개인적인 의미를 구성할 수 있도록 학습 활동에 적극적으로 참여할 수 있는 상황을 제공하는 것이다. 따라서 잘 가르치기 위해서는 교수자에게 학생들의 의미 구성활동을 잘 파악할 수 있는 기회가 주어져야 할 것이다. 이는 학생들이 감각적으로 느끼고, 정신적으로 사고할 수 있는 활동을 지원하고 토론이나 대화가 이루어질 수 있는 사회적 상황을 제공함으로써 이루어질 수 있다(Wood, 1991, 조연주 외 역, 1997: 332-333, 재인용).

보다 구체적으로 구성주의 강의실의 교수-학습환경은 구체적인 상황, 협동적인 학습환경, 문제해결력, 창조와 구성, 학습과 통합된 다양한 과정지향적 평가 등으로 요약될 수 있다.

□ 전통적인 교수-학습환경과 구성주의 교수-학습환경의 비교

| 전통적인 교수-학습환경 | 구성주의적 교수-학습환경 |
|---|---|
| • 개별적 학습환경: 개인과제, 개인 활동, 개인의 성취의 중요성 강조 | • 협동학습환경: 다양한 견해에 대한 인식과 견해를 습득 |
| • 지식의 암기와 축적 | • 문제해결력, 사고력, 인지적 전략(how to learn)의 습득, 지식의 전이성 강조 |
| • 발견 | • 창조와 구성 |
| • 초역사적, 우주적, 초공간적 | • 상황적, 사회적, 문화적, 역사적 |
| • 학습자 학습 평가는 교수행위와 분리된 것이며 거의 검사를 통하여 수행된다. | • 학습자 학습 평가는 교수활동과 통합되어 이루어진다. |
| • 객관식 평가, 결과 평가 | • 다양한 형태(객관식, 주관식, 관찰, 포트폴리오, 프로젝트, 저널 등), 과정 중 지속적 평가 |

이상의 논의에서와 같이 구성주의적 교수자가 된다는 것은 쉬운 일은 아니며, 많은 부분에 있어서 방법이나 전략보다는 구성주의적 철학과 정신적 관점의 소유가 보다 구성주의적 교수자로의 변화에 보다 중요할 것이다. 즉, 구성주의 교수자는 학습자를 기본

적으로 세상에 관한 이론을 추구하는 **능동적인 사고자**(thinker)로서 배려하고, 학습자가 의미 있는 문제에 기초한 능동적인 탐구활동에 몰입하도록 배려하여야 할 것이다. 또한 구성주의적 교수자는 수업 주제에 관한 학습자 자신의 견해를 구성하도록 격려함으로써, 교수자의 역할이 학생의 학습을 도와주는 조언자, 촉매자, 구성촉진자로서의 기능을 수행해야 할 것이다. 여기서 학습의 주도권을 학습자가 갖는다는 의미는 교수자의 전문적이고 계획적인 배려에서 나오고 실제 강의에서도 성찰적 교수활동 또는 관찰이 요하므로 구성주의 교수자들에게 능동적이고 전문적인 자질이 더욱 요구된다고 볼 수 있다.

요약컨대, 구성주의적 관점에서 대학에서의 교수 활동은 적어도 다음 내용이 전제되어야 한다(최유현, 2004c).

첫째, 강의의 내용은 기초 개념보다 **전체 개념**(big concepts)을 강조하여 부분을 전체로 구성하여 제시한다. 즉 모든 지식과 과제는 항상 실제적 상황을 전제로 하여 전개되고, 다루는 과제도 실제로 사회에서 대면하게 될 성격과 특성을 지닌다.

둘째, 학습자는 기본적으로 세상에 관한 이론을 추구하는 **능동적인 사고자**(thinker)로서 인식해야 한다. 즉 학습자는 의미 있는 문제에 기초한 능동적인 탐구활동에 몰입하게 해야 한다.

셋째, 교수자는 수업 주제에 관한 학습자 자신의 견해를 구성하도록 격려하여야 한다. 즉 교수자는 학생의 학습을 도와주는 촉매자, **구성촉진자**로서의 기능을 수행한다.

넷째, 학습환경은 탐구 활동의 문제해결적 절차와 전략에 있어서 의미 있는 지식 형성에 도움을 주며, 사회적 담론을 중요시하려면 **협동적인 학습환경**을 장려해야 한다.

다섯째, 평가는 교수자의 학습자 수행 관찰, 학습자 전시, 포트폴리오 활용 등을 통한 **수업과 평가가 통합되는 맥락적인 학습** 행위가 이루어져야 한다.

이러한 맥락에서 보면 **구성주의적 학습환경**에서 공학교육의 방법론적 적용은 큰 의미가 있다고 보여진다.

## ◆ 공학 교수 · 학습 · 평가의 전략적 접근

공학교육 수업혁신을 위해서는 교육의 핵심적 주체인 공학 교수자의 수업 능력을 제고하여야 하며, 이를 위해서는 공학교육이라는 새로운 방법론의 패러다임에서 활용 가능한 교수 – 학습 전략들을 제시하고 이를 활용할 수 있는 능력을 배양하여야 한다.

이에 공학교육 수업을 크게 문제해결적 접근 모형, 협동적 접근 모형, 정보통신활용 교육, 사고활용 중심 기법과 전략, 그리고 학습과 통합되어 고민해야하는 학습평가 전략의 다섯 가지 범주로 구분하고 각각의 모형과 전략을 논의하였다.

첫째, **문제해결적 접근의 모형과 전략**은 구성주의적 학습 철학의 과정과 절차를 반영한 모형들로서 문제중심학습(Problem Based Learning), 프로젝트 중심 학습(Project-Based Learning), 문제해결학습(Problem Solving Learning), 설계 중심 학습(Design Based Learning)을 중심으로 모형과 전략들을 소개하였다. 이들은 공통 지향점을 갖고 있지만, 활용과 전략에 있어서 차이점도 발견된다. 이들 모형들은 주로 공학교육에서 매우 중요한 학습 절차의 지향점을 잘 대변해 주고 있다.

둘째, **협동적 접근의 모형과 전략**으로서 사회적 구성주의의 '사회적 담론'의 지식 구성 측면에서, 공학기술의 팀워크에 기반한 학습 수행에 있어서 유의미한 보상중심 협동학습, 과제중심협동학습 등을 망라하여 STAD, TGT, Jigsaw Ⅰ, Ⅱ, Ⅲ, Co-op Co-op, Double Expert Group Jigsaw, Partner Expert Group Jigsaw, Co-op Jigsaw Ⅰ, Ⅱ 등의 모형들을 제시하였다. 한편, 강의자의 협동적 교수전략으로서의 팀티칭도 함께 다루었다.

셋째, 공학교육의 교육 방법도 새로운 정보통신 기술의 발달과 더불어 **정보통신 활용 교육의 기술과 전략**인 e-Learning과 Blended Learning을 논의하였다. 이러한 전략들은 다른 학습 모형과 통합적으로 고려될 수 있을 것이다.

넷째, 최근에 공학교육에서는 창의적 공학설계 등이 강조되면서 창의적 아이디어의 생성과 생산된 아이디어에 대한 분석과 평가가 중요시되고 있다. 따라서 학습 모형이라기 보다는 **사고활용 기법**으로 확산적 사고 기법과 수렴적 사고 기법을 공학교육에 활용한다면 보다 혁신적으로 창안하고 보다 분석적으로 의사결정할 수 있는 전략들을 수업에 활용할 수 있을 것이다.

다섯째, 공학교육의 학습과 더불어 **학습자 평가에서 중요한 증거자료의 수집 방법과 평가 전략**을 추가적으로 다루었다. 즉 공학교육에서의 수행중심 평가 모형과 전략, 수행중심 평가 방법: 증거수집 방법, 포트폴리오 평가 모형과 전략, 그리고 Rubrics 개발 및 활용에 대하여 제시하였다.

이상에서와 같이 이 책에서 다루는 주제를 정리하면 다음과 같다.

| 접근 | 모형과 전략 |
|---|---|
| Ⅰ. 문제해결 접근의 모형과 전략 | 1. 문제중심학습(Problem Based Learning)<br>2. 프로젝트 중심 학습(Project-Based Learning)<br>3. 문제해결학습(Problem Solving Learning)<br>4. 설계 중심 학습(Design Based Learning) |
| Ⅱ. 협동적 접근의 모형과 전략 | 1. STAD<br>2. TGT<br>3. Jigsaw Ⅰ, Ⅱ, Ⅲ<br>4. Co-op Co-op<br>5. Double Expert Group Jigsaw<br>6. Partner Expert Group Jigsaw<br>7. Co-op Jigsaw Ⅰ, Ⅱ<br>8. Team Teaching |
| Ⅳ. 사고활용 기법과 전략 | 1. 확산사고기법 활용 학습<br>2. 수렴사고기법 활용 학습 |
| Ⅴ. 학습 평가 전략 | 1. 수행중심 평가 모형과 전략<br>2. 수행중심 평가 방법: 증거수집 방법<br>3. 포트폴리오 평가 모형과 전략 |

▶ 공학교육의 수업 혁신

## ◆ 공학 수업혁신을 위하여

공학 교육에서의 수업혁신은 무엇보다도 실제로 수행하게 될 자신의 직무 문제를 창의적으로 해결할 수 있는 토대를 마련해 줄 수 있다는데 큰 의의가 있다. 최근에 맞춤식 교육과 같이 당장 기업에서 투입 가능한 실무 중심의 교육을 선호하기는 하지만 궁극적으로 기업이 경쟁력을 갖기 위해서는 그 직무에서 발생하는 문제에 대한 대안을 마련하고 합리적인 절차로 최적의 대안을 찾는 창의적 인재와 문제해결력을 가진 인재를 필요로 한다.

Clark(1997)는 새로운 교육의 관점에서 기존의 교육적 한계들을 극복하거나 넘어서는 인식의 전환이 무엇보다도 시급하다고 전제하면서 다음 내용을 제시하였다.

- 내용을 넘어선 맥락을(context over content)
- 사실을 넘어선 개념을(concepts over facts)
- 대답을 넘어선 질문을(questions over answers)
- 지식을 넘어선 상상을(imagination over knowledge)
- 합리적 논리를 넘어선 직관을(intuition over rational logic)
- 등급화된 내용을 넘어선 발달적 의도를(developmental intent over graded content)
- 학습의 결과를 넘어선 학습의 과정을(the learning process over the product of learning)
- 정보의 양을 넘어선 정보의 질을(quality of information over quantity of information)

이러한 교육의 강조는 가르치는 일에 대한 교수자의 인식 변화와 전문적 자질을 요구하고 있다고 보여 진다. 이는 공학교육이 가지는 학습 전략적 측면도 중요하지만 공학교육이 합의하는 새로운 교육 방법의 패러다임 이동이라는 철학을 제공해 주고 있다고 보여 진다. 따라서 **성공적인 공학교육 수업혁신의 실천은 교수자의 마인드에서 출발**한다고 볼 수 있다.

## 참고문헌


김신곤· 권기(1998). 구성주의 수업체제에서의 교수방법 탐색. 교양논총. 6.

김진수 · 최유현 · 김수경(2008). 공과대학 교수들의 공학교육 연수실태와 요구분석 연구. 공학교육연구. 11(2).

김태우(2008). 글로벌 공학교육을 위하여. 공학교육, 15(2). 한국공학교육학회.

박한준(1995). 훌륭한 강의는 연출의 예술이다. 상경사.

서강대학교교수학습센터(2004). 명강의 첫걸음.

서윤호(2008). 공학 교육의 국제화와 창의적 공학 교육. 공학교육, 5(2). 한국공학교육학회.

숙명여자대학교교수학습센터(2004). 제1회 교수법 심포지엄.

심미자(2004). Teaching Portfolio 개발과 활용. 신임교수워크숍교재. 대학교수협의회. 15-32.

이병윤(2009). 지식서비스산업에서 전문인력의 중요성. 기술과 미래 11·12월. 한국산업기술재단.

이장규 외(2005). 공학기술과 인간사회. 한국공학교육학회.

최유현(2000). 포트폴리오 평가의 개념과 절차. 공학교육연구. 3(2). 71-83.

_____(2004a). 기술과 교육을 위한 학습과정으로서의 설계과정과 문제해결 비교 연구. 한국실과교육학회지. 17(3). 173-190.

_____(2004c). 포트폴리오를 활용한 기술과 교재연구 대학 강좌의 수업과 평가 전략. 충남대학교 교수-학습 방법 개선 세미나 자료집.

_____(2005a). 학 강좌의 수업과 평가 전략. 충남대학교 교수-학습 방법 개선 세미나 자료집.

_____(2005b). 기술교과교육학. 서울: 형설출판사.

(2008a). 공학기술과 팀워크. 지호.

_____(2008b). 공학교육 수업혁신을 위한 PBL. 부산공대 공학교육혁신세미나. 특강자료.

최유현(2008). 공학기술과 팀워크. 지호.

구글 http://imej.wfu.edu/articles/2000/2/01/images/fig08-constructivist.gif (그림2)

구글 http://www.eere.energy.gov/buildings/highperformance/images/design_team.jpg (그림7)

Adams, R. R., and R. E. Munserman(1997). The impact of behavioral objecttives on freshman engineering student. Engineering Education, 67.

Atman, C.J., and I. Nair (1996). Engineering in context: an empirical Study of freshman students' conceptual frameworks. Journal of Engineering Education, 85, (4), 31

7-326.

Bagulary, P.(2003). *Teams and Team-working.* Chicago, Ⅲ: MaGraw-Hill.

Courter, S. L. S., Millar, S. B., and L.Lyons (1998). From the student' s point of view: experiences in a freshman engineering design course. Journal of Engineering Education, 87, (3), 283-288.

Eide, A. R., Jenison, R. D., Mashaw, L.H., and Northup, L.L.(2002). *Introduction to Engineering Design & Problem Solving.* Boston: McGraw-Hill.

Glaser, R (1984). Learning and instruction: a letter for a time capsule in S. F. Chipman et al., (eds.) Thinking and Learning Skills, Erlbaum, Hillsdale, NJ.

Greenfield, L. B (1978) Student problem solving. Engineering Education, April 709-712.

Henderson, J. G.(1996). *Reflective teaching· Thc study of your constructivist practice.* Englewood Cliffs, NJ: Prentice Hall.

Katzenbach & D. Smith(1993). *The Wisdon of Treams: Creating the High-Performance Organization.* Cambrudge, M.A: Harvard Business School Press.

M. Akey., et al(2005). Engineering education. IEEE Press Editorial Board.

Mansfield, G(1979). Design your own min course. Engineering Education, 70(2).

Matthew, R. G. S and D. C. Hughes (1994). Getting at deep learning: a problem-based approach. Engineering Science and Education Journal. October 234-240.

McNeill, B. Bellamy, L. and Foster, S.(1995). *Introduction to engineering design.* Tempe: Arizona State University.

Olds, B. M., Pavelich, M. J., and F. R. Yeats (1990). Teaching the design process to freshmen and sophomores. Engineering Education, 80, (5), 554-560.

Sayers, S., Morley, J. & Barnes, B.(ed).(2002). *Issues in design and technology teaching.* Routledge, Falmer.

Slavin, R. E.(1990), *Cooperative Learning: Theory, Research and Practice.* Center for Research on Elementary and Middle Schools, The Johns Hopkins University.

Smith, K. A.(2004). *Teamwork and Project Management.* 2nd Ed. Boston: MaGraw-Hill.

Stewart, G. L., Manz, C. C. & Sims, Jr, H. P.(1999). *Team Work and Group Dynamics.* New York: John Wiley & Sons, INC.

Torp, L. & Sage, S.(1998). *Problems as Possibilities: Problem-Based Learning for K-12 Education.* Association for Supervision and Curriculum Development.

Wellins, R. S., Byham, W. C. & Willson, J. M.(1991). *Empowered Teams: Creating self-directed work groups that improve quality, productivity, and participation.* San Francisco, CA: Jossy-Bass Inc.

# Chapter Ⅱ
# 문제해결 접근의 모형과 전략

1. 문제해결학습(Problem Solving Learning)
2. 문제중심학습(Problem Based Learning)
3. 프로젝트 중심 학습(Project-Based Learning)
4. 설계 중심 학습(Design Based Learning)

## ◆ 배경과 동향

이 장에서는 문제해결 접근의 모형과 전략을 탐구한다. 문제해결 접근의 모형과 전략은 구성주의적 학습 철학의 과정과 절차를 반영한 모형들로서 **문제해결학습**(Problem Solving Learining), **문제중심학습**(Problem Based Learning), **프로젝트 중심 학습**(Project-Based Learning), **설계 중심 학습**(Design Based Learning)을 중점적으로 소개하고자 한다. 각각의 전략에 대한 이론, 특징, 절차, 모형 도식을 검토하고 각 전략에 대한 모형 적용 사례를 제시하여 각 전략 과정의 이해와 현장 적용 및 활용에 도움을 주고자 한다.

문제해결 접근의 문제해결학습, 문제중심학습, 프로젝트 중심 학습, 설계 중심 학습은 공통적인 지향점을 갖고 있지만 모형과 활용 측면에서 차이점도 발견된다.

이들 전략들의 공통점으로는 Dewey의 사상에 기초하고 있다는 점, 학습자가 학습의 주체라는 점, 협동을 통한 학습을 강조하고 있다는 점, 교사는 조언자로서의 역할로 참여한다는 점 등을 들 수 있다. 특히 문제해결 접근 전략에서 공통적으로 사상적 기초가 되고 있는 것은 **반성적 사고**이다. 듀이의 저서 '사고하는 방법'에는 사고의 문제를 발견하고 그 문제를 중시하고, 그 문제를 연속적으로 사고하는 것을 가리키는 것으로 현재 진행중인 미완결 사태와 관련하여 탐색적인 노력을 지속적으로 끊임없이 해나가는 과정에서 일어나는 것이 반성적 사고임을 설명하고 있다.

이들 전략들의 차이점을 살펴보면 다음과 같다. 먼저 **문제해결학습과 프로젝트 중심 학습은 네 가지 관점에서 차이점**을 확인할 수 있다. 첫째, 프로젝트에서 다루어지는 문제는 고도로 구조화된 문제이며 사고과정 중심의 문제해결학습에서 다루어지는 문제는 구조화가 잘 안된 문제이다. 둘째, 프로젝트 중심 학습에서는 결과를 보다 중시하지만 문제해결학습에서는 과정을 더욱 중요시한다. 셋째, 프로젝트 중심 학습에서는 산업과 관련된 재료, 공정, 공작능력 등을 강조하지만 문제해결학습에서는 문제를 해결하는 과정을 중시하고 있다. 넷째, 문제해결학습은 사고과정을 중시하지만 프로젝트법은 사고과정과 함께 반드시 행위를 수반함을 강조하고 있다.

문제해결학습과 문제중심학습은 그 개념을 혼용하기도 하는데 다음과 같이 구분할 수 있다. 문제중심학습은 교육과정 재조직자인 동시에 수업전략임을 강조하고 있다. 문제중심학습이 교육과정 설계조직자이고 수업전략이라는 의미는 교육과정 재구성을 통하여 학생들에게 유의미하고 교육과정을 잘 함의하는 문제를 재구성한다는 의미와, 그 문제를 해결하기 위한 문제해결적 접근을 다룬다는 의미를 모두 포함하고 있다(최유현, 2005). 문제해결학습은 수업전략의 의미보다는 문제해결의 과정에 초점을 두어 학습자에게 문제를 제시하고 그 문제를 해결하는 과정 그 자체의 학습을 강조한다는 점에서 문제중심학습과 차이가 있다.

문제해결학습과 설계 중심 학습도 차이점이 있다. 첫째, 설계문제의 유형은 문제해결의 한 유형으로 볼 수 있으며 특히 공학교육에서 적용 가능한 기술적 문제의 네 가지 유형 중에 설계문제가 포함되어 있다. 즉, 문제해결은 보다 일반적인 문제 중심이며, 설계과정은 설계 영역의 문제 중심이다. 둘째, 설계과정은 상호작용적인 의사결정을 강조하고 문제해결은 문제해결 과정을 강조하고 있으므로 문제해결학습과 설계 중심 학습의 차이점을 확인할 수 있다.

Paulline(1945)은 설계활동과 문제해결을 혼동하고 있다며 다음과 같이 **설계활동의 특성**을 제시하였다(최유현, 2005, 재인용).

첫째, 설계활동은 의도적 활동을 포함하고 적절한 결과를 이끌어내야 한다. 즉 설계활동은 의도적인 활동이지만 과제가 완성되었을 때 그 의도가 성취되었는지 반드시 평가되어야 한다. 이러한 관점에서 설계활동은 올바른 하나의 정답이 없는 문제해결과는 달리 순환적 과정을 의미한다.

둘째, 설계활동은 개인의 욕구와 기회에 대한 발명적인 응답을 의미한다. 모든 사람들은 개인적인 환경에서 개인적 방법으로 제한점과 가능성을 가지고 있으며, 설계활동이나 과제수행에서 일련의 패턴이 존재하지 않는다. 한 사람은 재료를 탐색하고, 또 한 사람은 기계적 메커니즘을 평가하고, 또 다른 사람은 종이에 구상활동을 한다.

셋째, 설계활동은 유목적적이고 생산적이다. 설계활동은 고객, 소비자, 후원자, 관리자로서 다른 사람들과 관련을 끊을 수 없다. 의사결정은 다른 사람들의 태도와 의견의 제한점 없이 결정되지 않는다. 설계는 다른 사람들을 위해 생성되고 목적과 의사결정은 인간 가치의 시스템 내에서 작동된다.

넷째, 설계활동은 총체적 · 통합적 활동이다. 설계활동은 많은 학문과 연결되어 있고, 여러 교육과정 교과의 통합적 영역이다. 설계활동은 개별적이고 독립적인 교과영역에서만 존재하지 않는다.

최유현(2004)은 그의 저서에서 문제해결에 대하여 사색적으로 가장 먼저 언급한 사람은 아리스토텔레스이며 본격적인 논의는 19세기 후반부터 20세기에 이르러서야 경험적 사고와 함께 시작되었음을 밝히고 있다.

20세기 초반 듀이에 의해서 반성적 사고로서 문제해결 과정이 철학적 토대를 마련하였으며 그 이후 논리적 분석방법에 의한 문제해결 접근과 관찰적 또는 실험적 분석방법에 의한 문제해결 접근을 통하여 문제해결 과정과 활동 내용을 자세히 밝히기 위한 시도를 하였다.

20세기 중반에 들어서는 문제해결에 대한 직접적인 관찰에 의해서 문제해결 과정을 개념화하기 위한 연구(Dunker, 1945), 탐색 행동에 강조를 둔 문제해결 행동 구분(Johnson, 1955), 문제해결에 필요한 능력의 요인 분석을 통한 문제해결 과정 구분(Merrfield 등, 1962)과 같이 문제해결 과정에 대한 연구들이 진행되었다.

1960년대 이후에는 인지적 정보처리 이론에 기초하여 인간의 문제해결 과정을 이해하는 것을 통해 컴퓨터 모델을 제작하려는 목적으로 문제해결이 어떻게 일어나는가에 대한 설명을 위한 연구들이 주를 이루었다.

1980년대에는 구성중의 입장을 반영한 연구들이 수행되었다. 구성주의 이론에 바탕을 두고 주로 정성적인 연구방법을 사용하여 학습자 개인의 문제해결 과정을 추적하는 것을 통하여 어떤 종류의 변인들이 어떻게 상호작용하는지를 밝히기 위한 목적으로 여러 연구들이 수행되었다.

최근에도 여전히 문제해결 접근에 따른 모형과 전략들은 주요한 교수학습 전략으로 인정되고 있으며 문제해결 과정에서의 능력에 대한 연구(Johnson, 1994; 김희필, 2004; Varnado, 2005), 문제해결에서의 평가에 대한 연구(MacPherson, 1998; Custer et al., 2001; 이한규, 2006), 문제해결 접근의 수업 전략 개발 연구(최유현, 1995, 2005b; 문대영, 2001), 실제적인 문제해결 과정에 대한 질적 연구(welch, 1996; 김태훈, 2007) 등 다양한 주제들을 대상으로 활발한 연구가 진행되고 있다.

# 1. 문제해결학습(Problem Solving Learning)

## 가. 이론

### 1) 문제(Problem)

거의 모든 인간의 인지활동이 문제해결 지향적이라 할 수 있으며, 인간의 사고과정이 바로 문제해결 과정이라고 할 수 있다. 따라서 인간의 문제해결 과정에 대한 이해를 높이기 위해서는 '문제(problem)'를 명확하게 정의할 필요가 있다.

Dewey(1910)는 '문제'를 학습사가 '곤란'에 직면할 때 문제가 생기는 것으로 보았고, Gagne(1985)는 학습자가 목표달성을 원하지만 실제로 그 목표를 달성하기 위한 방법을 모르고 있는 상태를 '문제'라고 정의하였다.

Newell과 Simon(1972)은 '어떤 사람이 무엇인가를 바라고 있지만, 그것을 달성할 수 있는 일련의 실행 순서를 즉각적으로 알지 못할 때 문제에 직면해 있는 것이라고 하였다. 또한 요구되는 목표는 아주 단순한 것일 수도 있고 보다 더 추상적일 수도 있다'라고 주장하였다.

Mayer(1983)는 여러 연구들을 참고하여, 일반적으로 '문제'에 관한 정의에는 첫째, 그 문제가 현재 어떤 상태로 존재하며(초기 상태), 둘째, 다른 어떤 상태로 변화되는 것이 요구되며(목표 상태), 셋째, 그 변화를 성취할 수 있는 직접적이고 분명한 방법이 없다(장애)는 세 가지 특징이 포함된다고 지적하였다. 여기서 초기 상태는 문제의 출발점에서 어떤 조건, 대상물, 그리고 정보 등을 지닌 상태를 말하며, 목표 상태는 문제의 최종 상태를 말한다. 사고 혹은 인지란 초기 상태로부터 목표 상태로 변경시키기 위해 요구된다. 장애는 문제 해결자가 문제의 정답이나 문제를 해결할 수 있는 일련의 정확한 행동 순서가 분명하지 않은 상태를 말한다.

Reitman(1965)은 초기 상태와 목표 상태가 세분화된 정도에 따라 문제를 ① 초기 상태와 목표 상태가 분명한 문제 ② 초기 상태는 분명하나 목표 상태가 불분명한 문제 ③ 초기 상태가 불분명하나 목표 상태는 분명한 문제 ④ 초기 상태와 목표 상태가 모두 불분명한 문제로 분류하였다. 이러한 Reitman의 분류는 문제의 구조적 변인 중에서 초기 상태와 목표 상태의 특성에 준거를 둔 분류 방법으로 동일한 문제라도 문제해결자의 출발점 지식의 정도에 따라 문제의 유형이 달라질 수 있다는 의미를 내포하고 있다.

그러나 일반적으로 모든 문제가 명확한 한계를 갖는 것은 아니기 때문에, Reitman이 제시한 범주의 어느 한 유형에만 해당되는 것은 아니며 오히려 여러 범주에 동시에 해당되는 경우도 많다.

Ernst와 Newell(1969)은 컴퓨터 시뮬레이션에 의한 문제해결을 기술하면서 문제의 구성요소로 시초의 상태, 목표 상태, 조작인 및 조작인의 제한 등의 네 가지를 제시하고 이에 따라 정의가 잘 된 문제와 제대로 정의가 되지 않은 문제로 구분하였다. 정의가 잘 된 문제는 구조화가 잘 되어 있는 문제라고도 한다. 이런 문제의 경우는 문제를 해결하는데 필요한 정보가 모두 주어진다. 다시 말하면 시초의 상태, 목표상태, 조작인 및 조작인 제한 등에 관한 정보들이 모두 제공된 다음 해결을 요구한다. 제대로 정의가 되지 않은 문제의 경우는 시초의 상태, 목표상태, 조작인 또는 이들의 어떤 조합에 대한 정보가 적게 주어지거나 또는 주어지지 않는다(김영채, 1999).

VanGundy(1981)는 문제를 구조화되지 못한 것에서 잘 구조화된 것으로의 연속선상에서 구분하고 있다.

① 가장 잘 구조화된 문제: 상대적으로 범위가 좁고 흔히 하나의 답만이 존재한다.
② 중간 정도 구조화된 문제: 한 가지 이상의 답이 존재하고 스스로의 발견 방법(heuristics)을 이용하여 해결 된다.
③ 구조화가 잘 안 된 문제: 여러 가지의 해결 방안이나 답이 존재한다.

이상의 내용들을 종합할 때, 보편적으로 문제란 곤란에 직면한 초기 상태와 도달해야 할 목표 상태 사이의 간격이 있는 것으로 정의할 수 있으며, 초기 상태와 목표 상태에 따라 여러 문제 유형으로 구분될 수 있음을 알 수 있다(김태훈, 2007).

Custer(1995)는 Newell과 Simon(1972)의 자원, 과정, 목표 등을 포함하는 문제 상황의 개념에 근거하여 문제를 사회/대인적 문제, 자연/생태적 문제, 기술적 문제 등과 같이 세 **'발명'**, **'설계'**, **'고장진단'**, **'절차'**의 네 가지로 분류된다.

가지로 구분하고 있다. 이중에서 기술적 문제는 공학자나 설계자의 직업적 접근에 따라 '발명'은 추상적 개념이 물리적 물체나 과정으로 변형될 때 일어난다. 이 세상은 창조적인 인간의 상상 속에 존재하는 물체들이 개발 과정을 통하여 유용한 형태로 바뀐 것들로 가득 차 있다. 발명의 중요한 예로는 먼저 에디슨의 백열등을 들 수 있으며, 증기기관, 자동차, 인공위성 등도 그 예로 들 수 있다. '설계'는 지향하는 목적을 성취하기 위하여 어느 정도의 제한사항 속에서 어떤 법칙을 실제 상황에 적용하는 것이다. 예를 들면, 건축가가 건물을 설계할 때 비용, 외관, 용도, 건물 내에서 일어날 활동의 형태 등을 고려하여야 한다는 것을 말한다. 실제로 인간이 만든 세계 내에서 우리가 경험하고 사용하는 모든 것은 설계 수준의 생산품으로 다시 표현된다. 설계 전문가는 엔지니어, 인테리어 디자이너, 건축가 등을 포함한다. **'고장 해결'**은 어떤 물건에 문제가 발생했을 때 행해지는 기술적 문제해결의 한 형태이다. 전등이 나갔을 때나 문이 움직이지 않거나 문에서 소리가 날 때, TV수신이 잘 안 되거나 컴퓨터가 바이러스에 걸렸을 때, 원인을 찾아내고 문제를 해결하기 위하여 고장해결이 행해진다. **'절차'**는 문제해결을 위한 순서를 계획하고 그것을 따르는 것이다. 절차에는 크리스마스 트리를 꾸미는 것과 같은 간단한 것에서부터, 테크니션과 조립공이 절단, 드릴링, 조립, 설치, 도색 등과 같은 자업의 순서에 대한 결정을 계획할 때 일어나는 문제해결의 형태까지 포함된다.

### 2) 문제해결(Problem Solving)

**문제해결**의 개념에 대해서는 여러 학자들에 따라 다양하게 정의되고 있는데, Newell & Simon(1972)은 문제해결을 하나의 과정 또는 문제를 해결하는데 사용된 일련의 행동으로 정의하였으며, Ausbel(1976)은 문제해결을 이전에 배운 규칙을 조합하는 방식을 발견하고 새로운 상황에 적용하는 것을 배우는 과정으로 보았다. Gagne(1977)는 문제해결이란 이미 배운 원리를 응용하며, 여러 가지 새로운 상황에서 당면하는 문제들에 대한 해결방안을 발견하는 것으로 정의하였다. 또한 NCTM(1980)은 문제해결이란 이미 알고 있는 지식을 잘 알지 못하는 새로운 장면에 적용하는 행위라고 할 수 있는데, 이것은 문제를 풀어 가는 데 있어서의 방법, 절차, 과정 등을 말하고 있는 것으로서 학습의 과정이라고 말하고 있다. James(1990)는 문제해결을 '곤란을 확인하고 해결 방법을 모색하고, 추측하고, 가설을 형성하고, 개선점을 찾고, 다시 검토하고, 최종적으로 결과를 평가함으로서 문제에 민감해지는 과정'이라고 정의하였다(최유현, 1995, 재인용).

그러나 이러한 문제해결에 대한 정의들은 문제해결을 하나의 과정으로서 접근을 하고 있을 뿐, 문제해결을 구성하고 있는 요소들을 정의 내리고 있지는 못하고 있다. 문제해결에 대한 과정적 접근은 문제해결에 영향을 미치는 여러 변인에 대하여 상대적으로 간과하게 되는 경향이 있다.

CRESST(National Center for Research on Evaluation, Standards, and Student Testing)

는 "문제해결은 문제해결자에게 명확한 해결 방법이 없을 때 목표를 성취하기 위한 인지과정이다."라고 정의 내리고 있는 Mayer(Mayer & Wittrock, 1996; Mayer, 1992)의 의견을 따르면서 문제해결과 관련있는 요소들을 제시하고 있다. 이들은 문제해결 요소를 구명하기 위하여 인지과학 분야 전문가들의 문헌 검토를 통하여 그림 Ⅱ-1에 보여지는 것과 같이 **내용 이해, 문제해결 전략, 자기 조절**의 세 영역으로 세분화하여 구분하고 있다. 즉, 성공적인 문제 해결자가 되기 위해서는 무언가를 알아야 하고(내용 지식), 지적 요령을 소유하여야 하며(문제해결전략), 문제해결에 대한 진척 정도를 계획하고 살펴볼 수 있어야 하며(초인지), 문제해결에 있어서 흥미를 가지고 있어야 한다(노력과 자기효능감)는 것이다(김태훈, 2001).

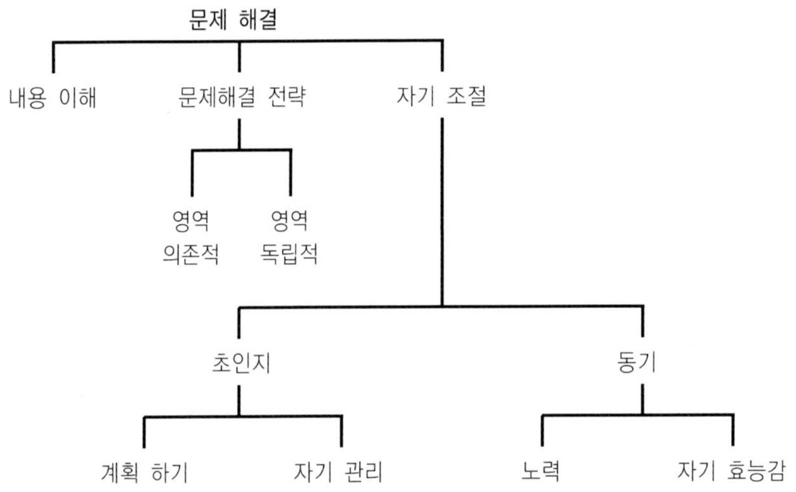


**그림 Ⅱ-1 CRESST의 문제해결 구성요소(김태훈, 2001, p. 12)**

문제해결에 있어서 문제의 영역에 대한 지식이 없으면 그 문제를 해결할 수 없음은 분명한 것이다. 전문가의 문제해결과 초심자의 문제해결이 상당히 다른 이유는 전문가가 문제의 영역에 대한 지식을 더 많이 갖고 있기 때문이라고 한다(Glaser, 1990).

문제해결 전략은 장애물을 극복하고 목표를 달성하는 데 필요한 절차이다. 이 문제해결 전략은 영역 특수적인 것으로, 특정 영역에서 개발된 특수 방법과 전략이 있는 반면 여러 영역에 걸쳐 효과적인 방법도 있다. 성공적인 문제 해결자일수록 특정 영역에 적합한 전략을 적용하며 더 발전된 전략을 사용한다.

문제해결자가 자신의 인지적 활동을 효과적으로 조절하는 능력인 자기조절은 문제

해결에서 중요한 요소이다.

계획하기는 주요한 자기조절 과정으로서 문제해결상황에서 잠재적으로 있을 수 있는 많은 실수를 피하기 위해 사용될 수 있다. 효과적인 계획은 상황과 목표가 요구하는 대로 계획들을 관리하고 수정하는 기술뿐만 아니라 행동을 미리 형성하는 능력도 요구한다.

숙련된 문제해결자들은 자발적으로 자기관리 활동을 많이 한다. 예를 들면, 자신의 지식에 대해 의문을 제기하고 더 다듬거나, 자신의 이해정도를 평가하고 확인하는 것 등이다(Palincsar & Brown, 1984).

개인의 인지과정에 작용하는 동기는 문제를 해결하는데 있어서 중요한 기능을 담당한다. 문제를 해결하는데 있어서 동기가 형성된 사람과 동기가 형성되지 않은 사람의 결과를 비교해 볼 때, 동기가 형성된 사람의 결과가 동기가 형성되지 않은 사람의 결과보다 더 우수하다는 것은 여러 연구에서 제시되었다.

노력이라 함은 학습자가 문제를 해결하는데 있어서 문제해결에 대한 신념을 가지고 지속적으로 집중하는 정도를 의미하며, 일반적으로 문제해결에 있어서 성공적인 문제해결자일수록 초심자보다 더 높은 노력의 정도를 가진다.

Bandura(1977)는 행동을 매개하는 인지적 자기평가(cognitive self-evaluation)의 기제로서 자기효능감의 개념을 제안했다. 그에 따르면 자기 효능감이란 과제를 해결하기 위해 자신이 가지고 있는 인지적, 사회적, 행동적 기능들을 통합하고 적용하는 기제로 구체적인 장면에서 과제를 일정 수준에서 수행할 수 있다는 자신의 능력에 대한 개인적인 신념으로 표출된다. 이러한 자기효능감은 개인에게 있어 동기 요소로 작용하여 개인의 행동 변화와 과제수행에 영향을 미친다고 하였다. Collins(1982)의 연구에 의하면 높은 자기효능감을 가진 학생들은 낮은 자기효능감을 지닌 학생들보다 문제를 더 정확히 해결하는 것으로 검증되었다.

### 3) 기술적 문제해결(Technological Problem Solving)

문제해결은 주어지는 문제의 내용에 따라서 일반적인 문제해결(general problem solving)과 특정 영역에서의 문제해결(domain-specific problem solving)로 분류할 수 있다. 일반적인 문제해결은 인지심리학 또는 문제해결 연구의 이상적이고 궁극적인 목표로써 문제해결의 일반 원리를 찾고자 하는 것이며, 특정 영역에서의 문제해결은 수학, 물리학, 기술학, 공학 등 특정 분야와 관련된 문제의 해결로서 수학교육, 물리교육, 기술교육, 공학

교육 등 각 교육 분야에서의 중요한 연구 과제라고 할 수 있다.

특정 영역에서의 문제해결 중에서 기술적 문제에 초점을 맞추어 한정하고 있는 문제해결을 **'기술적 문제해결'**이라 한다(Halfin, 1973; Hill & Wicklein, 1999; Hutchinson & Hutchinson, 1991; Hutchinson & Karsnitz, 1994; ITEA, 2000; Todd, 1990).

기술적 문제해결은 일반적인 특성과 독특한 특성으로 구성되어있다(Custer, 1995; Jereb, 1996; Johnson, 1989). 모든 문제는 초기 상태, 또는 "무엇인가?"라는 진술문, 해결 경로, 목표 상태 또는 무엇을 요구하는가라는 진술을 포함한다(Newell & Simon, 1972). 또한 문제해결은 창조성, 혁신, 끈기 등과 같은 개인적 특성을 포함하는 과정이므로 기술적 문제해결과 일반적 문제해결의 공통점으로 볼 수 있다(Custer, 1995). 그러나 모든 문제가 기술적인 구성요소를 가지는 것은 아니며, 기술적인 요소를 포함하고는 있지만 기술적 문제라 볼 수는 없는 경우도 있다. 다양한 사고와 주기적인 과정을 촉진하는 능동적인 학습 상황에서 수조작을 수반하는 기술적인 문제 해결은 하나의 정확한 답만을 산출하지는 않는다(Davis et al., 1997). 따라서 다른 방법으로 같은 해결책에 도달 할 수 있으며 다양한 방법들이 적용될 수 있으며 다양한 접근 방법들이 적용될 수 있다(Hill & Wicklein, 1999; Johnson, 1994, 1996; Maley, 1986; Pucel, 1995; Savage & Sterry, 1990; Tidewater Technology Associates, 1986; Waetjen, 1989; Wicklein, 1986; Wright et al., 1993).

기술적 문제해결에서 주요한 문제해결 접근은 '설계'이다. 모든 기술적인 문제가 설계 문제만은 아니지만 설계는 기술적 개발의 핵심적인 문제해결 과정으로 고려되고 있으며, 설계 또는 문제해결 과정에 대한 교양은 제품이나 시스템을 만들기 위해 수행되는 과정에 대한 친숙도 뿐만 아니라 인지적, 절차적 지식을 요구한다(ITEA, 2000).

기술적 문제 해결은 학생들에게 간학문적 기능을 연습할 수 있는 기회를 주게 된다. 예를 들어, LaPorte와 Sanders(1996)는 기술, 과학, 수학의 연계 활동을 개발하였다. 특히 교사의 자원은 기술, 과학, 수학의 연계활동과 관련되어 있다. 현재의 교육과정과 직업적 개발 노력은 참 학습과 문제기반의 교수방법을 통하여 문제해결능력을 개발하기 위한 방향으로 나아가고 있다(Custer et al., 2001). 또한 문제 확인 능력 개발과 적절한 의사 결정 능력은 기술적 문제 해결 활동에서 중심이 되는 것이며 추상적인 아이디어를 실제의 형태로 변형하여 만드는 것은 문제해결에 있어서 자신감을 갖게 한다(Custer, 1999).

또 다른 문헌에서도 기술적 문제 해결의 독특한 구성요소를 제안하고 있다(Billet, 1994; Custer, 1995; Bosworth & Savage, 1994). 대부분의 이론적인 문제가 사고와 관련 있는 반면, 기술적이거나 실제적인 문제는 사고에 기반 하는 '행위'와 관련되어 있다. 또한 기술적인 문제는 항상 다차원적이라 할 수 있다. 최적의 방법으로 기술적인 문제를 푸는 것은 적절한 기술과 기술적 정책을 고려하는 것만으로 충분하지 않고 구체적인 문제의 해결을 위해 다른 조직적, 경제적 법칙들을 고려해야 한다.

경제와 산업의 관점에서 체계적으로 인지하고, 정의하고, 해결책을 이끌어내는 능력은 기술적 내용에 초점을 맞추고 있어 직업적으로 특히 중요하다. 예를 들어 자동차 정비공은 구성요소나 시스템의 결함에 대해 고장해결이나 분석을 할 수 있어야 한다. 의학 전문가는 규칙적으로 정확한 의학적 진단을 내리는데 가장 중요한 요소가 무엇인지 결정하는 문제에 직면한다. 기술자는 어떤 제조 방법이 물건을 생산하는데 있어서 품질의 저하 없이 가장 경제적인 방법인지를 결정하는 데에 있어서 다양한 요소를 고려해야 한다. 현실을 반영하는 모든 문제는 확실한 해결책을 얻지 못하는 개방형 해결책을 포함한다.

Hartwick(1994)과 Robey(1994)는 또 다른 기술적 문제 해결의 특징이 목표이거나 요청되는 종료 상태가 항상 특정하거나 명백하지 않다고 주장한다. 결과적으로, 그들의 연구는 문제해결자가 기본적으로 가설 생성과 실험을 통해서 문제 해결책에 접근해야 한다는 결론을 내렸다. Jereb(1996)은 이 전제에 대해서 반박하고, 기술 기반 문제는 목표 상태가 대부분 초기 상태에서 알려진다고 주장하였다. 다만 대부분의 기술적인 문제의 경우, 출발상황과 요청되는 결말 상태를 알고 있지만 이런 두 가지 상황 사이의 필요한 변환 활동을 알지는 못 한다고 하였다. 또한 목표 정의가 본질적으로 구체적이지 못한 기술적 문제의 특성화를 위해 Polya(1957)의 발견적 사고 안내자를 이용하여 접근하였다. Polya(1957)는 무엇을 요구하는지 명확하게 파악하기 위한 문제 이해가 문제 해결책에 있어서 기본적인 것이라고 조언하였다. 그는 이것이 알지 못하는 변수와 이용 가능한 데이터 사이의 관계를 확인하기 위한 시도에 의해 성취 될 수 있다고 제안했다.

이상의 내용을 정리할 때, 기술적 문제해결은 실세계와 관련이 있으며 추상적인 아이디어를 실제 형태로 변환하는 활동과 같이 사고에 기반한 행위와 관련이 있음을 알 수 있다. 또한 독특한 기술적 문제공간을 가지며 간학문적인 접근이 가능하고 목표 상태가 명확하지 못하며 하나의 정답만을 요구하지 않는다는 특성을 가지고 있다. 이러한 특성들은 일반적인 문제해결들과 구분되는 것이다(김태훈, 2007).

### 4) 효율적인 문제해결자

김태훈(2007)은 기술적 문제해결에 있어서 **효율적인 문제해결자**가 가지는 특징을 특성을 규명하였다. 효율적인 문제해결자는 문제해결 활동의 발생 빈도, 재료 확인하기 활동, 해결 방안 모형화하기 활동, 문제점 확인하기 활동, 결과 평가하기 활동, 탐색 단계의 소요 시간, 실행 단계의 발생 빈도, 탐색 단계와 평가 단계 간의 이동에 있어서 비효율적인 문제해결자와 구분되는 특성을 갖고 있음을 확인하였다.

효율적인 문제해결자가 가지는 구체적으로 살펴보면 다음과 같다.

첫째, 효율적인 문제해결자는 여러 문제해결 활동들의 상호작용적인 수행을 많이 함으로써 기술적 문제의 효율적인 해결을 이끌어 낸다.

둘째, 효율적인 문제해결자들은 주어진 재료의 특성 파악을 통하여 적절한 용도를 결정함으로써 보다 나은 문제해결 결과를 이끌어낸다.

셋째, 효율적인 문제해결자들의 경우 해결 방안을 구체적인 형태로 만들어 가며 탐색하는 활동에 많은 시간을 소비함으로 보다 효율적인 결과를 이끌어 낸다.

넷째, 효율적인 문제해결자의 경우 문제해결 과정 중에 발생하는 문제점에 대해 주의를 기울이고 그 원인을 정확하게 파악함으로써 문제점에 대한 근본적인 해결방안으로 제시하여 보다 효율적인 결과를 이끌어 낸다.

다섯째, 효율적인 문제해결자의 경우 탐색 단계에 많은 시간을 투자하여 보다 안정적이고 효율적인 해결 방안을 찾아냄으로써 보다 효율적인 결과를 이끌어 낸다.

여섯째, 효율적인 문제해결자는 해결 방안에 대한 잦은 평가와 그리고 평가 결과를 반영한 해결 방안에 대한 빈번한 탐색을 통하여 보다 나은 문제해결 결과를 이끌어 낸다.

이러한 효율적인 문제해결 결과를 바탕으로 **학습자들의 문제해결 활동에 대한 지도 방안**을 마련하면 다음과 같다.

첫째, 한 문제해결 활동의 지속적인 수행보다는 다양한 문제해결 활동간의 상호작용적인 수행을 강조한다.

둘째, 문제해결을 위해 주어진 재료들의 특성을 충분히 파악한 후 문제해결 활동을 수행할 수 있도록 지도한다.

셋째, 문제의 해결 방안을 머릿속에서 생각하기 보다는 구체적인 형태의 모형으로 만들어가며 아이디어를 개선할 수 있도록 지도한다.

넷째, 문제해결 과정 중에 발생하는 문제점들에 대해서 그 원인을 정확하게 파악하고 근본적인 해결방안을 제시하여 해결 할 수 있도록 지도한다.

다섯째, 해결 방안을 탐색하는 활동에 보다 많은 시간을 투자함으로써 효율적인 해결방안을 도출할 수 있도록 지도한다.

여섯째, 제시되는 해결 방안에 대한 탐색과 평가를 강조하여 보다 효율적인 해결 방안을 제시할 수 있도록 지도한다.

## 나. 특징

결과보다는 사고과정을 더욱 중요시여기고 있는 문제해결학습이 효과적인 교수학습 방법으로서 가지는 장점은 다음과 같다(이무근 외, 2005).

첫째, 학습자들이 문제에 당면하게 되면, 그 문제해결을 위한 흥미를 유발시키고, 사고하며, 평가하고 추리하여 결단을 내리는 능력을 계발시킨다.

둘째, 문제해결을 위해 적용되었던 사실이나 지식은 실제적인 경험을 하였기 때문에 오랫동안 파지된다.

셋째, 문제해결학습은 어떤 자료로부터 추리를 할 수 있는 충분한 기회를 제공한다.

넷째, 문제해결학습은 장차 직면하게 도리 문제에 관하여 해결하려는 태도, 즉 문제를 의식하고, 질문하고, 비교하며, 의문을 갖는 태도를 기른다.

다섯째, 문제해결학습은 집단의 노력에 의한 해결 기회도 가지므로 민주적인 태도를 갖게 한다.

여섯째, 문제해결은 전통적으로 내려오는 보수적인 사고에 대하여 도전적인 능력을 키워준다.

## 다. 절차

새로운 문제가 발생하였을 때 그 문제를 해결하는 과정에서 이루어지는 학습법을 문제해결학습이라 한다. 이러한 문제해결 학습은 Dewey의 반성적 사고과정에 기초하고 있다. Dewey의 반성적 사고 과정은 다음과 같다(류창열, 2004).

① 곤란의 인식: 곤란을 느끼고 문제해결의 필요에 따라 해결의 방향을 찾으려고 노력한다.

② 곤란의 검토: 직접 경험한 곤란을 그 장면에 대한 관찰을 통해서 지적으로 반

성하고 해결할 문제나 곤란점을 찾아 문제의 위치를 정하고 정의를 내린다.

③ 가능한 해결방안의 제시: 문제해결에 대한 시안이 제시된다. 문제해결에 대한 자기 나름의 가능한 해결안, 즉 주관적 해결체계를 말한다. 해결 시안을 한 가지가 될 수도 있고 여러 가지가 도리 수도 있다. 이 시안이 근거를 가진 것이면 문제해결의 가능성을 갖게 된다.

④ 제언(암시)의 추리에 의한 검토: 추리에 의하여 시안을 검토한다. 제시된 시안의 여러 가지 관계가 추리에 의하여 판단되고 시안의 가능성 즉, 문제해결의 가능성을 현실적으로 검토한다.

⑤ 시안의 수용, 거부에 대한 새로운 관찰과 시험: 관찰이나 실험에 의하여 시안이 수용되는가 또는 거부되는가를 판단한다. 즉, 가설의 검증 단계이다. 시안이 수용되면 문제가 해결되고, 거부되며 새로운 방법으로 시안을 만들고 그에 따라 검증하는 단계를 다시 거친다.

반성적 사고과정에 더해서 제시되고 있는 일반적인 문제해결학습은 다음과 같은 단계로 진행된다(류창열, 2004).

① 문제의 인식: 이 단계에서는 문제의 본질을 충분히 인식해야 한다는 것이다. 학습자 자신이 문제를 발견하고 선택하고 또는 교사가 문제를 제시하고 설명하여 학습자들이 문제를 충분히 파악하도록 해야 한다.

② 해결 방법의 계획: 문제가 결정되면 문제의 종류나 성질에 따라서 소집단별로 나누어 어떻게 문제를 해결할 것인가에 대한 계획을 수립하는 것이다. 또한 어떠한 자료를 어떠한 순서에 따라 수집할 것인가, 그것을 어떠한 방법으로 전개할 것인가 등의 계획을 세운다.

③ 자료 수집 및 조사 연구: 학습계획에 따라 또는 각자가 분담한 분야에 따라 개인 또는 공동으로 문제해결에 필요한 자료 즉, 참고문헌, 실험결과, 실측결과, 사물관찰 등의 자료를 수집하고 조사를 한다.

④ 해결방법의 결정: 수집된 자료를 분석하고 종합하여 몇 가지 해결방법을 선정한다. 이때 선정의 기준이 되는 것으로는 목적 달성 가능성, 해결 방법의 적합성, 경제성, 효율성 등이 있다. 몇 개의 해결방법 중에서 선정 기준에 가장 적합한 방법을 채택한다. 채택된 해결방법은 학습자들의 의견을 반영하여 검토, 수정, 보완을 한다.

⑤ 해결방법의 적용: 문제 사태에 채택한 해결방법으로 적용하여 문제를 해결한다.
⑥ 결과 평가: 학습 결과를 소집단별로 발표하게 하고 나머지 집단은 비평을 하여 결과를 평가한다. 발표할 때에는 각종 보조자료를 준비하여 효과적으로 발표하고 발표를 한 후에 질의 응답, 토의, 비판, 반성이 이루어져야 한다.

학습법으로서의 접근과 아울러 전문가의 견해나 이론적 내용을 바탕으로 또는 실증적인 연구를 통해 여러 연구자들이 제안한 기술적 문제해결 과정에 대한 모형들도 문제해결학습에 적용할 수 있다.

기술적 문제해결 과정은 확산적 사고과정 및 수렴적 사고과정을 수반하게 되는데 이러한 과정은 문제를 인식하고 주어진 조건에 대한 해석과 아울러 목표와의 관련성을 해석하게 되며, 이를 바탕으로 문제의 해결 방안을 찾기 위한 일련의 과정으로 이루어지게 된다. 이러한 기술적 문제해결 과정은 주요 과정들에 대한 구분에 따라 여러 학자들에 의하여 다양한 단계를 가지게 된다.

기술적 문제해결 과정은 전통적인 문제해결 과정과 비슷하게 보이나 해결 방안을 찾기 위한 절차가 다르며 다양한 경로를 통하여 해결 방안을 도출한다는 점에서 차이를 보인다.

Waetjen(1989)은 그림 Ⅱ-2와 같이 문제를 정의하기, 문제를 재구성하기, 해결방안을 분리하기, 계획을 적용하기, 계획을 재구조화하기, 해결방안을 종합하기의 6단계로 구성되는 모형을 제시하였다. 이 모형은 각 단계 간의 상호 관계를 표현하고 있으며 특히 여섯 단계로 고정시키지 않고 경우에 따라서는 다섯 번째 단계를 생략할 수 있게 하였다는 것에서도 의미를 찾을 수 있다.

Daiber 등(1991)은 기술적 문제해결 전략으로 'SEARCH' 모형을 제시하였다.

① 스스로 문제를 진술하기(State the problem in your own words)
② 아이디어와 정보를 탐색하기(Explore ideas and information)
③ 가장 좋은 해결 방법을 적용하기(Apply your best solution)
④ 문제가 해결 되지 않은 경우 재시도하기(Retry if it does not work)
⑤ 아이디어 변경과 재순환하기(Change ideas and recycle)
⑥ 다른 학습에 적용하기(Hook ideas into other learning)

'SERCH' 모형은 6단계로 구성이 되어 있으며, 가장 좋은 해결 방법을 적용한 후 그 결과에 따라 단계 이동을 달리하고 있다. 결과가 만족스러운 경우 다른 학습에 적용하기 위한 단계로 이동을 하며, 만족스럽지 못한 경우 재시도하거나 다른 해결 방안을 시도하기 위한 이동을 표현하고 있다.

Varnado(2005)는 선형연구물들의 분석을 통하여 '문제 인식 및 정의하기', '관련 정보 연구 및 분석하기', '해결방안 모색 및 실행하기', '해결방안 평가 및 수정하기'와 같은 공통요인을 추출하고 이를 바탕으로 기술적 문제해결 과정(그림 Ⅱ-3 참조)과 **기술적 문제해결 전략**(표 Ⅱ-1 참조)을 제시하였다.

**표 Ⅱ-1** 기술적 문제해결 전략(Varnado, 2005; 이한규, 2006, 재인용)

| 기술적 문제해결 단계 | 문제해결 전략 |
|---|---|
| 문제인식 및 정의 | · 질문: 무엇이 문제인가?<br>· 질문: 이 문제에서 제공된 정보는 무엇인가?<br>· 문제를 간략하게 한다.<br>· 문제의 요소를 제시하는 도표를 그린다.<br>· 계획을 고안한다. |
| 관련정보의 연구 및 분석 | · 질문: 유사한 문제를 알고 있는가?<br>· 질문: 문제의 일부를 해결할 수 있는가?<br>· 적절한 자원들을 활용한다. |
| 문제의 해결방안 모색 및 실행 | · 질문: 한 가지 이상의 해결방안이 있는가?<br>· 해결방안을 개발한다.<br>· 질문: 최상의 해결방안은 무엇인가? |
| 가장 최선의 해결방안 평가 및 수정 | · 결과를 확인한다.<br>· 문제점을 수정 보완한다. |

김태훈(2007)은 기술적 문제해결 관련 선행 연구의 분석과 전문가들의 검토를 통하여 제작 과정을 수반하는 기술적 문제 유형에 적합한 기술적 문제해결 과정을 제시하였다(표 Ⅱ-2 참조). 이 모형에서는 각각의 기술적 문제해결 단계별로 각 단계에 해당하는 기술적 문제해결 활동들을 제시하였다. 기술적 문제해결 과정은 '문제이해(Understanding)', '해결방안의 탐색(Exploring)', '실행(Trying out)', '평가(Evaluating)'의 4단계로 제시하였다. 문제이해 단계는 주어진 문제를 읽고 확인하며 자신의 이해하는 의미

로 재표현하는 활동으로 구성된다. 해결방안의 탐색 단계는 주어진 재료를 확인하고 사전 지식을 활용하며 해결 방안에 대한 모색과 스케치, 모형 만들기 및 모형 수정하기 활동으로 구성된다. 실행단계에서는 만들기를 계획하고 계획에 따라 제작하며 제작 과정중에 발생하는 문제점을 확인하고 수정하는 활동들로 구성된다. 평가 단계는 해결 방안 및 모형, 문제의 원인, 원형, 결과에 대한 평가활동을 포함하고 있다.

**표 Ⅱ-2** 기술적 문제해결 과정(김태훈, 2007)

| 문제해결 단계 | 문제해결 활동 |
|---|---|
| 문제 이해<br>(Understanding) | 문제 확인하기 |
| | 문제 구체화하기 |
| 해결방안의 탐색<br>(eXploring) | 재료의 확인하기 |
| | 사전 지식 활용하기 |
| | 해결 방안 모색하기 |
| | 해결 방안 스케치하기 |
| | 해결 방안 모형화하기 |
| | 해결 방안 가다듬기 |
| 실행<br>(Trying out) | 만들기 계획하기 |
| | 만들기 |
| | 문제점 확인하기 |
| | 수정하기 |
| 평가<br>(Evaluating) | 해결 방안 평가하기 |
| | 모형 평가하기 |
| | 문제 원인 평가하기 |
| | 원형 평가하기 |
| | 결과 평가하기 |

## 라. 모형 도식

### 1) Waetjen(1989)의 기술적 문제해결 모형

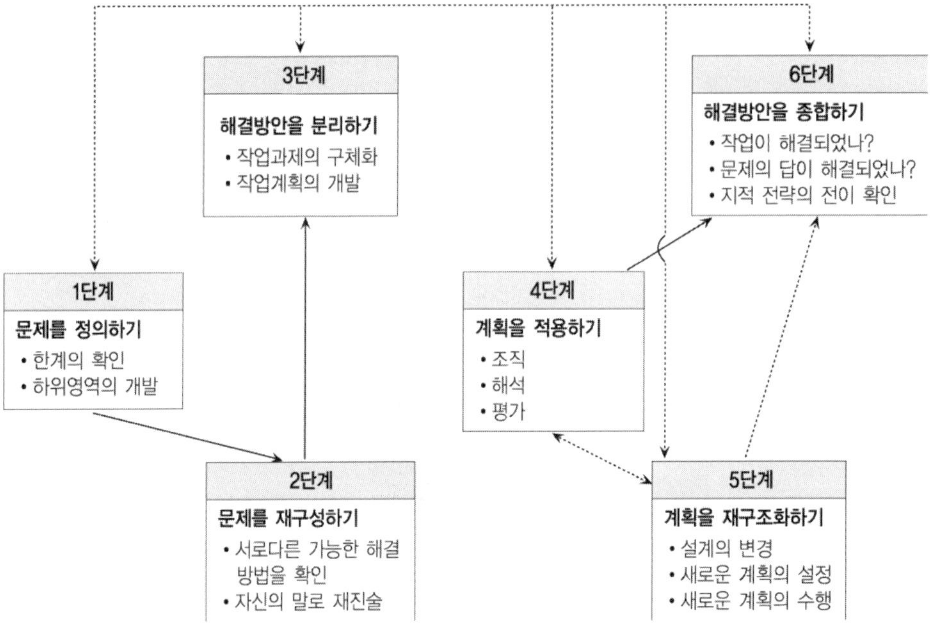


그림 Ⅱ-2 기술적 문제해결 모형(Waetjen, 1989)

### 2) Varnado(2005)의 기술적 문제해결 과정

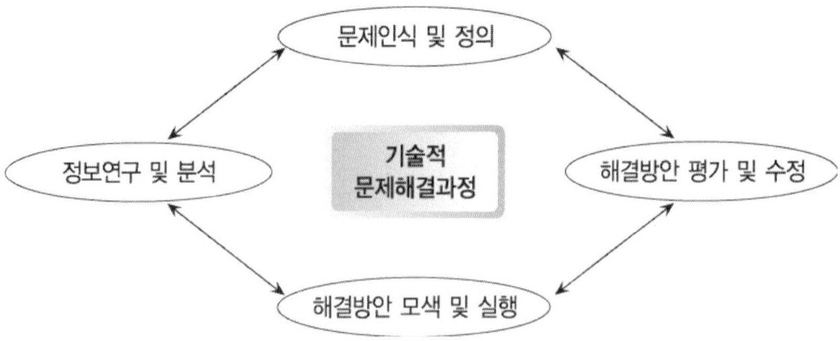


그림 Ⅱ-3 기술적 문제해결 과정(Varnado, 2005)

## 마. 모형 적용 사례

다음의 문제를 활용하여 위의 모형에 적용해 보도록 한다.

**표 Ⅱ-3** 우주선 전이실 통신장치 설계하기

### 우주선 전이실 통신장치 설계하기

[문제상황]

1) 전이실에 아주 근접해서 작업하는 모든 승무원들은 전이실을 사용할 때, 안쪽과 바깥쪽 문의 위치, 그리고 전이실의 기압 상태를 반드시 확인해야 한다. 전이실의 안전한 작동을 확인하는데 필요한 모든 정보를 나타내는 우주선 안팎의 신호(sign)를 보여주는 스위치와 램프 시스템을 설계하고 주어진 재료와 공구를 사용하여 시뮬레이션 모형을 만드시오.

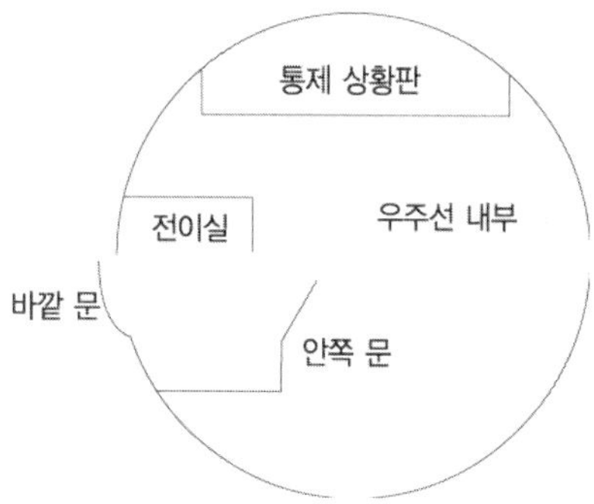


[요구사항]

1) 다음의 절차를 모두 만족하여야 한다.

가) 우주선으로부터 우주 공간으로 나가기

① 안쪽 문을 역기 전에 바깥쪽 문이 닫혔는지를 확인하시오.

② 바깥쪽 문이 닫혀있는 경우에만 안쪽 문을 여시오.

③ 전이실로 들어가시오.

④ 안쪽 문을 닫으시오.

⑤ 전이실의 기압을 낮추시오.

⑥ 바깥쪽 문을 여시오.

⑦ 우주 공간으로 나가시오.

⑧ 바깥쪽 문을 닫으시오.

⑨ 전이완료.

〈표 계속〉

나) 우주 공간에서 우주선으로 들어가기

① 바깥쪽 문을 열기 전에 안쪽 문이 닫혔는지를 확인하시오.

② 안쪽 문이 닫혀 있을 경우에 바깥쪽 문을 여시오.

③ 전이실로 들어가시오.

④ 바깥쪽 문을 닫으시오.

⑤ 전이실의 기압을 높이시오.

⑥ 안쪽 문을 여시오.

⑦ 우주선으로 들어가시오.

⑧ 안쪽 문을 닫으시오.

⑨ 전이 완료.

2) 전이실 오작동의 경우 필요한 메시지나 경보등도 설치되어야 한다.

3) 주어진 재료와 공구만 이용하여야 한다.

[재료 및 공구]

- 브레드 보드
- Push switch
- Slide switch
- 저항: 200 Ω, 330 Ω, 470 Ω
- 발광소자(LED): 빨강, 노랑, 푸른색
- 건전지(9V)와 스냅
- 리드선
- 전기 인두, 받침대, 땜납
- 골판지
- 접착 테이프
- Tester 등

우주선 전이실 통신장치 설계하기 문제를 적용한 문제해결학습은 다음과 같다.

**표 Ⅱ-4** 문제해결학습 적용 사례

| 구분 | 교수자 | 학습자 | 소요 시간 |
|---|---|---|---|
| 강의 전 | · 문제해결학습을 적용할 강의내용을 확인한다.<br>· 강의의 학습목표를 달성할 수 있는 문제를 제작 또는 선택한다.<br>· 문제의 유형에 적합한 문제해결 모형을 준비한다.<br>· 문제해결에 도움이 되는 사항을 알려준다. | - | - |
| 도입 | · 문제해결에 필요한 선행 학습내용에 대해서 간단하게 복습한다.<br>· 문제에 가장 적당한 문제해결 과정을 소개한다. [Waetjen의 모형, Varnado 모형 등]<br>· 팀을 구성한다. | · 선행 학습내용에 대해서 복습한다.<br>· 문제해결 과정 소개를 경청한다.<br>· 팀을 구성한다. | 0.5h |
| 실행 | · 문제를 제시한다.<br>· 문제를 해결하는 활동을 자기주도적으로 수행할 수 있도록 유도한다.<br>· 문제해결 활동 중 분위기가 흐트러지지 않도록 지도한다.<br>· 문제해결에 어려움을 겪는 학생들에게는 적절한 조언을 제시한다. | · 도입에서 소개받은 문제해결 과정에 맞추어 문제해결을 수행한다. | 3h |
| 평가 | · 문제해결 결과에 대해서 팀별 발표를 한다.<br>· 교수자의 평가와 자기평가, 동료평가를 수행한다.<br>· 평가 결과를 수합하여 결과를 발표하며 총평을 제시한다. | · 문제의 요구사항을 만족시켰음을 실연을 통하여 발표한다.<br>· 타 팀의 발표를 경청하며 자신의 팀과 비교하며 평가한다. | 0.5h |

# 2. 문제중심학습(Problem Based Learning)

## 가. 이론

문제중심학습(Problem Based Learning; PBL)은 학습자들에게 실제적인 문제(과제, 시나리오, 혹은 이야기)를 제시하여 학습자들이 문제를 해결하기 위해 공동으로 문제 해결 방안을 논의한 후 개별학습과 협동학습을 통해 공동의 해결안을 마련하는 과정에서 학습이 이루어지는 학습자 중심의 학습환경이자 모형이다.

PBL은 1960년대 중반 미국의 McMaster University 의과대학으로부터 출발한 새로운 학습 패러다임으로서, 의과 대학 교수로 있는 Barrows가 의학 현장에서 일어나는 실제적인 문제들과 해결책을 학생들에게 효과적으로 가르치기 위한 방법을 고안하면서 시작되었다. 이후, 1970년대와 1980년대를 거쳐 실제적인 문제를 해결하는 방법의 효과성이 입증되어 그 적용이 점점 확산되어 건축학, 경영학, 교육학, 초·중등학교의 장면에까지 널리 확산되고 있다(Camp, 1996).

PBL은 실생활 문제와 복잡하고 혼란스러운 문제해결을 탐구하기 위한 경험적 학습(정신적, 수공적 활동)에 초점을 둔다. 또한 PBL은 교육과정 재조직자(curriculum organizer)인 동시에 수업전략(instructional strategy)이다(Torp & Sage, 1998). 이러한 정의에서 보면 PBL은 실생활적 맥락에 기초를 둔 교육과정 통합 및 문제해결적 수업전략의 면에서는 구성주의적 학습환경에 기초하고 있고, 하나의 단순한 수업전략을 넘어서 교육과정 설계 전략까지 그 정의에 포함시키고 있다.

PBL은 단 한가지의 형태만 있는 것이 아니라 해결해야 할 과제, 각 학교에 따른 교과과정 구조, 학생과 교사의 역할 등에 따라 다양한 형태의 모형이 있을 수 있으며, 각 교육기관의 목적과 성격에 따라 여러 형태로 발전하고 있다. 다만, 강의 중심이 아니라, 실제적인 성격의 문제(과제)를 중심으로 학생들이 주도적인 역할로 학습 전 과정을 이끌어가기 때문에 학습자의 적극적이고 주도적인 참여, 활동, 발표가 있는 환경 전반을 포함할 수 있다.

PBL에서 문제(problem)는 매우 중요한 의미를 갖는다. PBL이 교육과정 설계 조직자이고 수업전략이라는 의미는 바로 이 '문제'와 밀접히 관련되어 있기 때문이다. 즉 교육과정 재구성을 통하여 학생들에게 유의미하고 교육과정을 잘 함의하는 '문제'를 재구성한다는 의미와, 그 문제를 해결하기 위한 문제해결적 접근을 다룬다는 의미를 모두 포함하고 있다.

구성주의의 구체적인 교수-학습 모형으로서 PBL의 교수-학습 원칙은 구성주의의 학습 원칙을 그대로 반영하고 있다. 우선, 지식은 구성되어지는 것이라는 전제하에, 학습자들의 선수지식, 관심으로부터 출발하여 학습과정과 내용에 있어서 전적인 주도권을 지닌다는 점, 학습의 전개가 학습자와 매우 밀접한 관련성과 의미를 지닌 '문제'로부터 이루어진다는 점, 학습자들이 경험하는 구체적인 경험을 성찰적 사고를 통해 일반화한다는 점, 학습의 활성화를 위한 '사회적' 요건으로서 소그룹을 중심으로 하는 협동학습환경으로 진행된다는 점, 교수자는 학습자료 제공자, 학습진행의 보조자, 학습자들의 메타인지적 사고의 촉진자, 학습자들의 인지적, 정서적 발달을 돌봐주는 자로서의 역할을 한다는 점 등이 그것이다.

이러한 구성주의적 학습 원칙을 근거로 하는 PBL은 그 수업방식의 결과로서 학습자의 학습에 대한 흥미, 관심의 증가, 자율적 학습인의 태도, 협동적 학습인의 태도를 기대한다. 그러나 이 외에도 PBL을 다른 구성주의적 교수-학습 모형들과 구분시켜주는 점은, PBL은 학습자들의 '문제해결 능력'에 좀 더 초점을 둔다는 것이다. PBL에서 다루는 문제는 여러 요인이 섞여서 매우 복잡하며 비구조적인 것이 특성이다. 따라서 이런 문제해결 과정을 더욱 용이하게 하기 위해서는 구체적인 문제해결도구가 있어야 한다.

## 나. 특징

PBL은 학습자, 교육과정, 교수자의 관점에서 다음 세 가지 특징을 지닌다(Torp & Sage, 1998; 최유현, 2003: 23에서 재인용).

- **학습자**들은 문제 상황에서 주도권을 잡고 능동적으로 학습한다.
- 전체적이고 맥락적인 문제를 중심으로 교육과정을 재구성을 통하여 학생들에게 자신의 과제로 몰입하고 관련이 있는 학습을 추구한다.
- **교수자**는 학생들의 깊은 수준의 이해를 촉진시키기 위하여 그들의 탐구를 안내하고 사고를 조력하는 학습환경을 창조한다.

## 다. 절차

PBL에서 문제 설정을 위한 교육과정 설계(problem design)는 중요한 의미를 지니고 있는데 교육과정은 물론 다른 여러 가지 정보자료를 반영하는 노력이 필요하다. 이 문제 설계의 가장 기본적인 전제는 문제의 구조화가 잘 안된 문제의 설정이다.

| 잘 구조화되지 않은 문제 (ill-structured problem) | × | 학습자 흥미 (seeds of interest) + 유의미한 기본개념 (significant concepts) + 실생활 관련 (real-world connections) | = | 효과적인 학습기회 (powerful opportunities for learning) |
|---|---|---|---|---|

**그림 Ⅱ-4** PBL의 기본 과정(Torp & Sage, 1998)

PBL의 구조는 '팀학습'과 '자기주도적 학습(Self-Directed Learning: SDL)'으로 나누어진다. 우선 과제(문제)가 주어지면 팀으로 나누어 각 팀 안에서 그 과제를 통해 자신들이 학습하게 될 '학습목표'를 결정하도록 한다. 이전과 달리 학습자들로 하여금 자신들이 주어진 과제를 통해 학습하고자 하는 것을 스스로 결정함으로서 구성주의에서 말하는 학습자 주도적 학습의 첫 단계를 실천한다.

학습목표를 팀별로 결정하고 나서는 주어진 과제(문제)를 '가정/해결안(ideas)', '알고 있는 사실들(facts)', 그리고 '더 알아야 할 사항들(learning issues)'의 세 단계에 따라 진행시킨다(표 Ⅱ-5 참고). '가정/해결안(issues)'이라는 것은 주어진 과제를 해결했을 때의 상태, 혹은 해결안 등을 일컫는다.

**표 Ⅱ-5** PBL에서 문제 해결을 위한 과정

| 가정 /해결안 (Ideas) | 이미 알고 있는 사실들 (Facts) | 더 알아야 할 사항들 (Learning Issues) |
|---|---|---|
| | | |

### 1) PBL 모형의 탐색

한편, PBL 모형은 Barrows가 적용·발전시킨 Barrows와 Myers(1994)의 모형, Illinois의 IMSA(1994) 모형, Delisle(1998) 모형, Torp & Sage(1998)이 널리 알려져 있다(Delisle, 1997).

이 중 Delisle(1998)은 PBL 모형을 교육과정 설계 및 학습 과정으로 대별하고 전략을 논의하였다. 표 Ⅱ-8은 Delisle(1998)의 전략을 재정리한 것이다.

Barrow & Myers(1994)는 PBL의 학습 과정을 수업 전개, 문제 제시, 문제 후속 단계, 결과물 제시 및 발표, 문제 결론과 해결 이후로 구분하여 다음과 같이 제시한 바 있다.

이 모형은 몇 명으로 구성된 소집단에 튜터가 배당된 후, 실제 또는 가상의 환자에 대한 병의 증세를 듣고 나서 학생들은 환자의 병을 진단하고, 처방을 내리기 위하여 각자 맡은 부분에 자료를 수집하고 연구한다. 다시 집단 협동학습을 통하여 지료의 유용성을 평가하고, 문제점을 다시 찾아 빈복과정을 거친다. 문제를 해결하는 데 보통 1주에서 3수 정도 걸린다. 이런 모형은 PBL 프로그램 개발에 도움이 될 수 있다.

**표 Ⅱ-6** Barrows와 Myers의 PBL 모형(1994)

<table>
<tr><th colspan="4">수업 전개</th></tr>
<tr><td colspan="4">1. 소개</td></tr>
<tr><td colspan="4">2. 학습 분위기 조성(교사/tutor의 역할 소개 등)</td></tr>
<tr><th colspan="4">문제 제시</th></tr>
<tr><td colspan="4">1. 문제 제시</td></tr>
<tr><td colspan="4">2. 문제의 내면화</td></tr>
<tr><td colspan="4">3. 제출해야 할 과제물에 대한 설명</td></tr>
<tr><td colspan="4">4. 과제 분담</td></tr>
<tr><th>아이디어(가설)</th><th>사실</th><th>학습과제</th><th>활동계획</th></tr>
<tr><td>학생들은 주어진 문제에 대하여 원인과 결과, 가능한 해결책 등을 추측한다.</td><td>생성된 가설을 뒷받침하기 위하여 탐구를 통해 얻어진 중요한 정보들을 종합한다.</td><td>학생들은 주어진 문제를 해결하기 위하여 알거나 이해해야 할 필요가 있는 내용에 대하여 기록한다.</td><td>문제해결에 필요한 활동계획을 세운다.</td></tr>
<tr><td colspan="4">5. 문제로부터 추론: 칠판에 적힌 다음 사항에 대해 내가 해야 할 것을 생각한다.</td></tr>
<tr><th>아이디어(가설)</th><th>사실</th><th>학습과제</th><th>실천계획</th></tr>
<tr><td>확대/집중</td><td>종합/재종합</td><td>규명/정당화</td><td>계획의 공식화</td></tr>
</table>

〈표 계속〉

| 문제 제시 |
|---|
| 6. 가능성 있는 결과로서의 수용 |
| 7. 학습주제의 설정/분담 |
| 8. 자료의 확인 |
| 9. 차시 계획 |
| **문제 후속 단계** |
| 1. 자료의 활용과 비판 |
| 2. 문제에 대한 재평가 |

칠판에 적힌 다음 사항에 대해 내가 해야 할 것을 생각한다.

| 아이디어(가설) | 사실 | 학습과제 | 활동계획 |
|---|---|---|---|
| 수정 | 새로운 지식의 적용과 재종합 | (필요하다면) 새로 규명한다. | 결정사항에 대해 재설계한다. |

| 결과물 제시 및 발표 |
|---|

| 문제 결론과 해결 이후 |
|---|
| 1. 지식의 추상과 요약(정의, 도표, 목록, 개념, 개요, 원리 등의 개발) |
| 2. 자기평가(조원들의 조언을 들은 후) |
| 문제를 통하여 논리적으로 생각하였는가? |
| · 훌륭한 자료를 활용하기 위하여 정보를 찾아내었는가? |
| · 자신의 과제 수행이 그룹에 도움이 되었는가? |
| · 지식의 습득 또는 심화가 이루어졌는가? |

출처: Savery, J., & Duffy, T.(1995). Problem Based Learning: An Instruction model and its constructivist framework. Educational Technology, 35(5). p. 35.

싱가포르의 Temasek Politechnik의 PBL 센터에서 다음과 같은 PBL 모형을 제안하였다. 이 모형은 튜터의 역할을 매우 강조하고 있는데, 학습 과정을 통해 점점 학습자의 책임감이 확대되는 수업 방법이다(민동준 외, 2004: 7-9 재인용).

**표 Ⅱ-7** Temasek Politechnik의 PBL 모형

| | |
|---|---|
| 1. 문제의 제시 | - 가능한 아이디어들 생성<br>- 알고 있는 모든 사실들 나열<br>- 학습 이슈(Learning Issues) 결정<br>- 활동계획에서 역할과 과제를 분배 |

〈표 계속〉

| | |
|---|---|
| 2. 문제 만남<br>(Client Interface) | - 가능한 아이디어의 생성 및 수정<br>- 문제에 관해 얻은 중요한 사실들 나열<br>- 학습 이슈 결정<br>- 행동계획의 역할과 과제 나눔 |
| 3. 문제의 확인과 규명<br>(Problem Identification) | - 새로운 아이디어, 사실, 학습 이슈 논의<br>- 실행 계획의 규칙과 과제 분배<br>- 학생들에 의해 문제 요약<br>- 학생들의 수집 자료 배분 |
| 4.수행(Commitment) | - 문제에 관한 가능한 'Big Ideas' 스크린<br>- 학습 쟁점들이 형태를 갖춤<br>- 행동계획에서의 역할과 과제 분배<br>- 예상되는 학습 성과로 학생들에 의한 수행<br>- 학생들이 사용하기로 한 수업자료 발표 |
| 5. 자기 주도적 학습<br>(Self-Directed Learning) | - 연구수행(Conduct Research)(optional)<br>- 새로운 정보와 지식을 그 문제에 적용<br>- 자료 규명 및 사용<br>- 새로운 정보와 지식을 그 문제에 적용 |
| 6. 진단적 토의<br>(Diagnostic Discussion) | - 학습 자료 규명<br>- 학습 자료에 대한 비판<br>- 적절한 유인물을 서로 분배<br>- 새로운 지식의 관점에서 새로운 가능한 아이디어 생성 및 교정<br>- 아이디어를 바꿀 새로운 정보 논의<br>- 필요에 따라 새로운 학습 이슈 규명<br>- 행동 계획에서의 규칙과 과제 분배<br>- 새로운 정보와 문제를 문제에 적용 |
| 7. 자기주도적 학습<br>(Self-Directed Learning)<br>(선택적) | - 5에서 대략적인 자기 주도적 학습이 반복<br>- 결정하는데 필요한 정보 수집 |
| 8. 의사결정(Decision) | - 학습자가 문제 요약<br>- 학습 성과 결정 |
| 9. 제작과 생산 | - 계획이나 전략적인 자료 사용 및 생산 |
| 10, 11, 12 제시<br>(Presentation) | - 프레젠테이션을 하며 이 과정을 통해 사업 환경에 적절한 직업적 에티켓이 나타남<br>- 프레젠테이션 후에 교수자는 학습자에게 즉각적 피드백을 해 줌 |
| 13. 개념지도<br>(Concept Map) | - 학생들은 문제에 대한 이해(정의, 개념, 원리)를 나타내는 Mind Map, Flow Chart, Diagrams, Concept Map을 그린다. |
| 14. 평가 | - 학습자 평가(Self Assessment)<br>- 튜터 평가(Tutor Assessment)<br>- 동료 평가(Peer Assessment) |

**표 Ⅱ-8** 재구성한 Delisle(1998)의 PBL 전략

| 1 PBL 교육과정 설계 과정 | 2 PBL의 학습 과정 |
|---|---|
| 1. 내용과 기능의 선택 | 7. 문제와 연결하기 |
| 2. 활용 가능한 자료의 선택 | 8. 문제 구조화하기 |
| 3. 문제 진술하기 | 9. 문제로의 초대 |
| 4. 동기 부여 활동의 선택 | 10. 문제의 재정의 |
| 5. 핵심 질문의 개발 | 11. 제품 제작 또는 수행하기 |
| 6. 평가 전략의 결정 | 12. 문제 수행의 평가 |

Torp & Sage(1998)은 PBL의 전략을 문제 설계(problem design)와 문제 실행(problem implementation)의 과정으로 구분하여 다음 그림과 같이 제시하였다. 이들의 PBL 전략 중에서 수업 실행을 구조화하면 다음 그림과 같이 제안될 수 있다.

| | | | |
|---|---|---|---|
| 가치있는 문제의 선택 | · 구상<br>· 교육과정 중 주제찾기<br>· 지식이 필요한 직관 | · 현재 사건으로부터 생각 구성<br>· 학생들의 흥미와 학습 특성 | 문제설계 |
| | 문제선택 | | |
| PBL 학습 전략 개발 | · 결정<br>· 결과, 문제 범위 결정<br>· 문서개발, 문제진술, 수행평가 개발 | · 학생의 역할과 상황결정<br>· 개발 | |
| | 전략 정리 | | |
| 교수·학습안 만들기 | · 정의 내리기<br>· 교수·학습의 일련의 여러 가지 일들<br>· 적절한 통합된 수업<br>· PBL 단원 시간 결정 | · 주기적·통합적 평가 | |
| | 학생들 준비시키기 | | 문제적용 |
| 핵심적인 교수·학습 조력하기 | · 문제 만나기<br>· 우리가 알고 있는 것, 알 필요가 있는 것, 아이디어 확인하기<br>· 문제진술 정의<br>· 가능한 해결책 결정<br>· 문제해결발표(수행평가) | · 정보를 모으고 공유<br>· 최적의 해결책 결정<br>· 해결책의 성찰 | |
| | 학생들 조력하기 | | |
| 평가와 수업의 통합 | · 주기적인 평가(문제진술, 마음지도)<br>· 적용된 수업 문제의 과정에 필요한 것 | | |

**그림 Ⅱ-5** PBL의 전략

| 교수학습활동 | |
|---|---|
| 조력자로서의 교사<br>· 학습자들을 준비시키기(선택)<br>· 문제 만나기<br>· 우리가 아는 것, 알 필요가 있는 것, 우리의 아이디어 확인하기<br>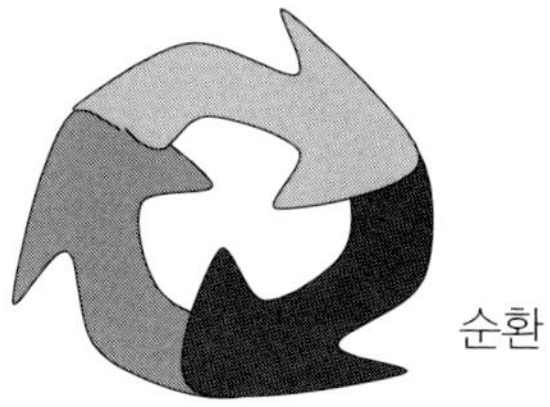<br><br>· 문제진술 정의하기<br>· 정보를 수집하고 나누기<br>· 가능한 해결책을 만들기<br>· 최적의 해결책 결정하기<br>· 해결책 발표하기(수행평가)<br>· 문제보고 | 수업과 평가의 통합 |
| 학 생 조 력 하 기 | |

**그림 Ⅱ-6** Torp & Sage(1998)의 PBL 수업 실행과정

**그림 Ⅱ-7** Torp & Sage(1998)의 PBL의 전략

위의 PBL 전략 중에서 수업 실행(교수-학습 조력하기)의 절차를 다음과 같이 제안하였다.

- 학습자들을 준비시키기(선택)
- 문제 만나기
- 우리가 아는 것, 알 필요가 있는 것, 우리의 아이디어 확인하기
- 문제진술 정의하기

- 정보를 수집하고 나누기
- 가능한 해결책을 만들기
- 최적의 해결책 결정하기
- 해결책 발표하기(수행평가)
- 문제보고

### 2) 공학교육을 위한 PBL의 모형

앞서 논의한 PBL의 모형들은 대체로 복잡한 절차와 구조를 가지고 있으나 크게 두 가지 절차를 생각해 볼 수 있다. 그 하나는 **교수자의 '문제 구성하기' 단계와 그 문제를 바탕으로 학습자가 문제를 해결하는 '문제 해결하기'로 대별**하여 다음 그림과 같이 PBL을 적용할 수 있다.

| 문제 구성하기 | | 문제 해결하기 |
|---|---|---|
| 1 학습 주제의 분석<br>2 활용가능한 자료 선택<br>3 핵심 문제 개발<br>4 동기 부여 활동 선택<br>5 문제 상황 구조화<br>6 평가 전략 결정 | ➡ | 1 문제 정의<br>2 정보 수집<br>3 해결방안의 탐색과 창안<br>4 해결방안의 선정<br>5 해결방안의 구체화<br>6 실행(제작 및 수행)<br>7 발표와 평가<br>8 적용과 성찰 |
| 교수자의 문제 설계 단계 | | 학습자의 문제해결 단계 |

**그림 Ⅱ-8** 공학교육을 위한 PBL 모형

## 라. 모형 도식

### 1) 공학 교육을 위한 PBL 과정 - 교수자의 문제 설계 단계

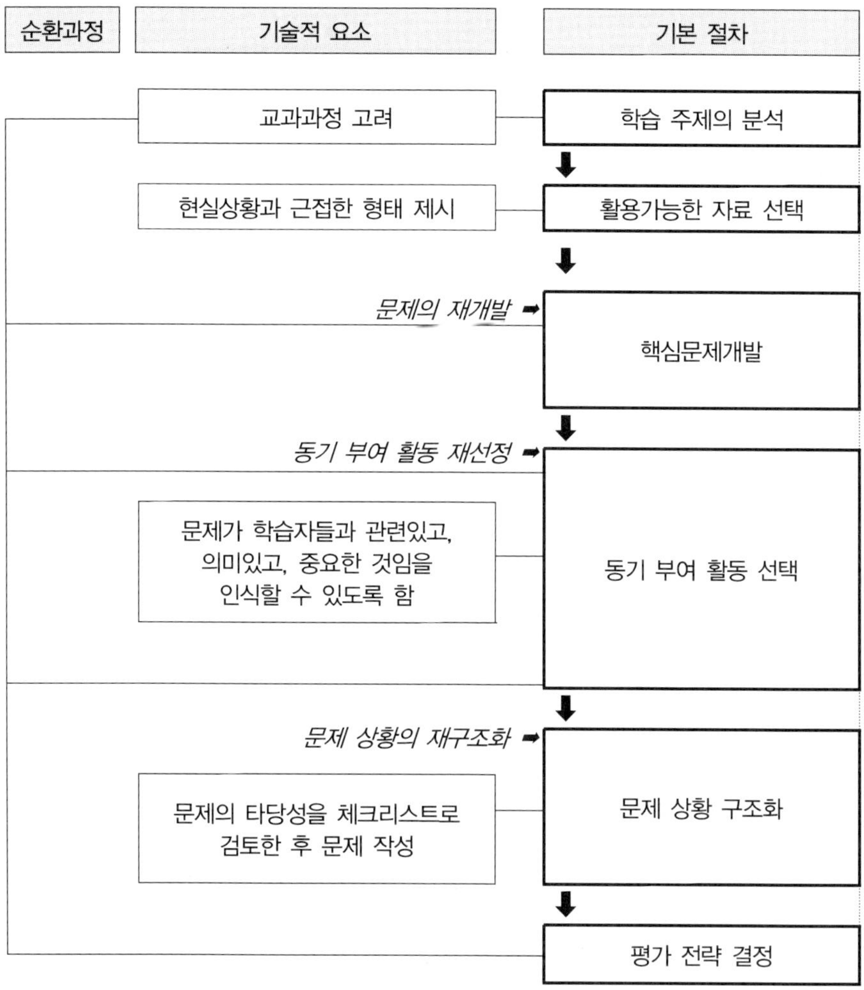


**그림 Ⅱ-9** 공학 교육을 위한 PBL 과정 - 교수자의 문제 설계 단계

특히 학습자의 문제해결하기는 상호관계 등의 보다 상세한 전략이 필요한데, 그 모형은 다음과 같이 제안한다. 이는 이미 개발되어 있는 기술적 문제해결 모형(최유현, 2004a)을 재구조화한 것이다.

### 2) 공학 교육을 위한 PBL 과정 – 학습자의 문제 해결 단계

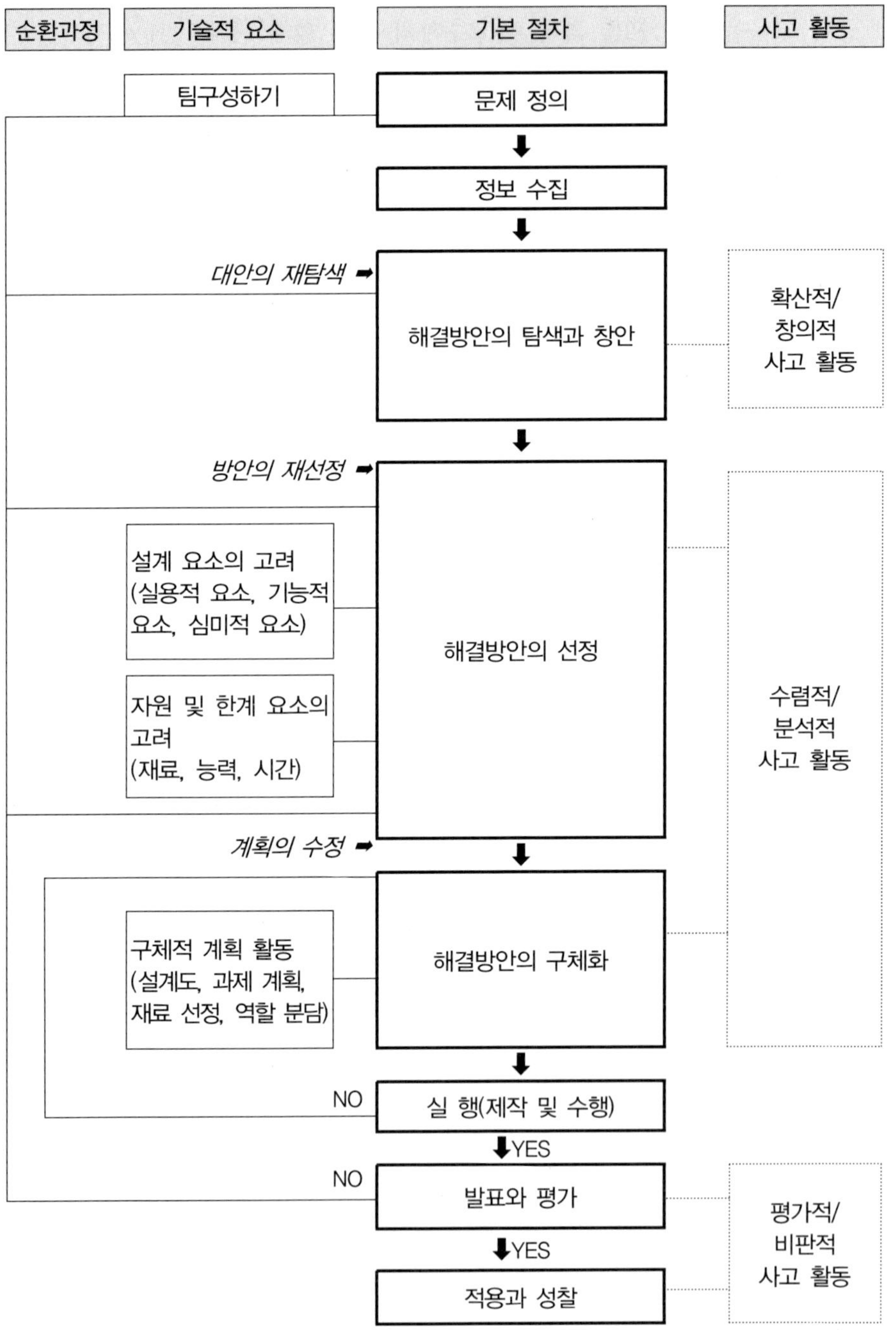


그림 Ⅱ-10 공학 교육을 위한 PBL 과정 – 학습자의 문제 해결 단계

첫째, 이 연구에서 구안된 PBL은 기본적으로 '기본 절차, 기술적 요소, 사고 활동, 순환 과정 네 가지 구조의 다차원적 모형이다. 특히 사고 활동의 반영은 구체적으로 문제해결과정에서 확산적 사고(창의력), 수렴적 사고(의사결정력), 비판적 사고(평가 능력)가 어떻게, 어느 단계에서 반영되거나 조작되는지 확인하기 위해서이다. 사고과정에 대한 자세한 내용은 뒤에 사고활용 교수-학습 전략에서 자세히 다루고자 한다. 또한 순환 과정은 기본 절차의 순환적 과정, 문제해결의 재시도 관점에서 실제적인 문제해결 과정에서 일어날 수 있는 순환과정을 모형에서 반영하였다. 이는 많은 문제해결 모형에서 순환적 모형(circular model)이라고 제시한 것과 같은 논리이다.

둘째, PBL에서 가장 핵심적인 내용이라고 할 수 있는 기본 절차는 8단계로 제시하였다. 즉 '문제 정의', '정보 수집', '해결방안의 탐색과 창안', '해결방안의 선정', '해결방안의 구체화', '실행', '평가', '적용과 성찰'의 단계이다.

셋째, 구안한 PBL 모형은 기술적 요소를 반영하였다. 이 모형은 설계 과정(design process)의 많은 모형에서 반영한 설계 요소, 해결방안의 제한점, 상세 설계(detail design) 요소로 볼 수 있는 구체적 계획을 고려할 수 있도록 배려한 것이다.

넷째, 구안한 PBL 모형은 인지적 사고활동을 반영하였다. 이 모형은 문제해결 과정에서 대안을 탐색하는 확산적 사고와 그 대안을 선정하는 수렴적 사고, 그리고 평가 단계에서의 비평적 사고를 고려한 인지적 사고 활동을 기본 절차에서 관련지었다. 이는 모형의 구체적인 수행 과정에서 각 사고 활동을 반영한 사고 기법의 활용을 기대할 수 있을 것이다.

다섯째, 이 모형은 순환적인 피드백을 통하여 수정/개선을 가능하게 하였다. 최근의 문제해결과 설계과정의 모형은 특징 중 하나는 공학적 활동의 특성상 상호작용적(interactive)이고 순환적인(circular) 과정을 강조한 모형들이 제시되었다. 따라서 이 개발된 모형에서도 실행과 평가 단계에서 그 필요를 판단하여 재실행하거나 문제의 재확인 또는 재설계를 가능하도록 순환적인 과정을 모형에서 반영하였다.

### 마. 모형 적용을 위한 양식

## 공학교육에서의 문제중심학습(PBL) 적용을 위한 수업 설계 자료(최유현, 2008)

## PBL 수업에서의 문제 만들기 : 교수자의 수업 설계

### 1. 교과목 목표와 학습의 핵심 내용을 분석한다.

- 교과목의 내용 구조를 스케치한다.
  - Mind Mapping

▸ 교과목 목표를 설정한다. - 지식, 사고, 행동, 태도

| 교과목 목표 | | |
|---|---|---|
| 영역 목표 1 | 지식 | |
| | 사고 | |
| | 행동 | |
| | 태도 | |
| 영역 목표 2 | 지식 | |
| | 사고 | |
| | 행동 | |
| | 태도 | |
| 영역 목표 3 | 지식 | |
| | 사고 | |
| | 행동 | |
| | 태도 | |
| 영역 목표 4 | 지식 | |
| | 사고 | |
| | 행동 | |
| | 태도 | |
| 영역 목표 5 | 지식 | |
| | 사고 | |
| | 행동 | |
| | 태도 | |

▸ 교과목 대주제, 핵심개념(keywords), 내용과 범위를 구체화한다.

| 대주제 | 관련 영역목표 | 핵심 개념 | 내용과 범위 |
|---|---|---|---|
| | 영역 목표 1 | | |
| | 영역 목표 2 | | |
| | 영역 목표 3 | | |
| | 영역 목표 4 | | |
| | 영역 목표 5 | | |

## 2. 문제 토픽을 선정한다.

| 대주제 | 핵심 개념 | 문제의 잠정적 토픽 |
|---|---|---|
| | | |
| | | |
| | | |
| | | |
| | | |

문제토픽은 대주제들이 통합되어도 무방함.

**[토픽 선정의 관점]**

- ▸ 문제는 프로그램의 목표에 포함되어 있는가?
- ▸ 프로그램의 목표를 성취하거나 아는데 학생들이 정상적으로 활동할 수 있는가?

## 3. 문제나 시나리오를 브레인스토밍한다.

| 문제토픽 | ▸ 선정된 토픽 내에서 학생들이 접하게 될 전형적인 쟁점, 문제, 시나리오가 있는가? | ▸ 선정된 문제나 쟁점을 다루는데 실제적 삶의 경험 사례가 관련되는가? | ▸ 프로그램의 목표에 가장 적합한 쟁점, 문제, 시나리오를 결정한다. |
|---|---|---|---|
| | | | |
| | | | |
| | | | |
| | | | |
| | | | |

## 4. 문제의 프레임을 구상한다.

- 학생들이 시나리오를 해결하는데 알아야 할 지식이나 수행이 무엇인가? 프로그램의 목표는 무엇인가?
- 문제를 제시하기 위한 서로 다른 유형을 고려한다(이야기, 사례, 설계 문제, 열린 질문 등).

| 문제토픽 | <u>문제제시 유형</u><br>문제상황 – 이야기<br>도전과제<br>문제해결 과제<br>설계 문제 | <u>제시전략</u><br>Hand Out 자료<br>PPT<br>동영상<br>뉴스<br>신문기사 | <u>문제 설계 자료원</u><br>공학 사례<br>뉴스<br>신문기사<br>유튜브<br>CM<br>개인 문제<br>저널이나 잡지<br>생활 경험 |
|---|---|---|---|
| | | | |
| | | | |
| | | | |
| | | | |
| | | | |

## 5. 문제를 구체적으로 진술한다.

▸ 문제의 개요를 구성한다.

▸ 문제의 첫 번째 진술문을 작성한다.

▸ '좋은 문제의 조건' 과 비교한다.

| 기준 | 좋은 문제의 조건 | 1. 그렇지 않다 | 2. 보통 | 3. 그렇다 |
|---|---|---|---|---|
| 1. 열린 창의적 문제인가? | ▸문제가 열려있는가?(다양한 대안 선택이 가능한가?) | | | |
| | ▸문제 해결 과정에서 확산적 사고 활동이 충분히 예상되는가? | | | |
| | ▸문제 해결과 최종 결과가 다양한 결과가 예상되는가? | | | |
| 2. 교과목의 목표와 핵심 개념을 포함하고 있는가? | ▸학습 목표, 핵심 개념, 학습 내용이 문제해결과정에서 반영될 수 있는가? | | | |
| | ▸이전의 지식을 새로운 개념에 통합하고 있는가? | | | |
| | ▸다른 학문적 개념에 새로운 지식을 연결시키고 있는가? | | | |
| 3. 충분한 동기부여가 가능한가? | ▸흥미와 동기를 이끌어내고 몰입시킬 수 있는가? | | | |
| | ▸실제 세계와 관련이 충분히 높은가? | | | |
| | ▸복잡성과 수준이 도전을 주고 적당히 어려운가? | | | |
| 4. 상호작용과 의사결정을 요구하는가? | ▸긍정적 상화의존성을 요구하는가? | | | |
| | ▸팀내의 분열이나 경쟁을 일으키는 전략이 없는가? | | | |
| | ▸논쟁적 쟁점이나 의사결정을 포함하는가? | | | |
| 계 | | | | |

▸ 할당된 시간 내에서 문제를 해결할 수 있는지 확인한다.

▸ 필요한 수정을 한다.

## 6. 학습 문제로 개발한다.

▸ 문제가 어떻게 적용되는가? 교실, 교실 밖, 양쪽 다

▸ 모든 절차에 따라 문제를 완성할 수 있는가?

## 7. 문제해결의 자원들을 확인한다.

▸ 문제를 해결하는데 필요한 자료 목록을 개발한다.

▸ 문제를 해결하는데 직접적으로 도움을 주는 자료 보다는 일반적인 정보를 제시 한다.

# Problem Design(교수용 문제 설계 양식)

00대학교 00대학 000학과

◈ 교과목 명 :

◈ 문제 코드 :

◆ 문제상황

|   |
|---|
|   |

◆ 도전과제

◆ 문제해결 조건

◆ 문제해결 결과의 활용 : 포트폴리오와 작품 전시회 / 경진대회

## PBL 수업 실행하기 : 학습자의 문제해결

[학생용 문제해결 활동 Design Polio]

# PBL 문제해결 보고서(예시양식)

**팀 구성원 :**

## 1. 문제 확인과 도전과제 Your Challenge

## 2. 문제의 탐색과 연구 Research and Explore the Problem

◇ 설계 기준 생각해보기 - 구체적 문제의 진술

◇ 활용 가능한 정보 수집원

◇ 수집한 정보의 내용

## 3. 대안적 설계 탐색하기 Generate Alternative Designs

다양한 확산 사고 기법 활용 가능

◇ 대안 1

◇ 대안 2

◇ 대안 3

◇ 대안 4

## 4. 최적의 설계 대안의 선정-수렴적 평가 기법 활용 Choose and Justify the Optimal Design

ALU(Advantages Limitations Unique) or PMI(Plus Minus Interesting) 기법 활용

## 5. 계획의 구체화 Specifying Design & Plan

◇ 누가
◇ 정보
◇ 활용 공구 또는 기계
◇ 재료
◇ 소요 비용과 조달방법
◇ 에너지
◇ 작업 공정(순서)과 시간 계획
◇ 기타

## 6. 최적 대안의 모형/실물 만들기 Construct a Working Model

## 7. 설계 해결책의 평가와 성찰 Test and Evaluate the Design Solution

◇ 진술된 문제 설계를 만족시켰는가?

◇ 만약 다시 설계한다면, 여러분의 문제해결에 추천하고 싶은 설계 내용은?

◇ 여러분의 문제해결을 개선하기 위한 과학 원리와 수학적 지식은 무엇인가?

◇ 동료들 간의 협동 작업은?

◇ 문제해결 과정과 결과에서 느낀 점은(각자)?

## 바. PBL 개발 문제의 사례

### 개발된 문제사례 1

결혼을 준비하는 사람들이 많아지면서 천연자개를 필요로 하는 소비자들의 요구는 질적, 양적으로 증가되고 있다. 그러나 지난 5년간 지구 온난화로 인해 전남 인근의 해수 온도가 상승하여 자개의 원재료가 되는 전복의 개체수가 급격히 감소하였다. 전복을 사용하지 않고 천연자개 색을 이용한 제품을 신소재 공학전공 ○○자기연구원이 여러분들에게 공학적인 방법으로 천연 자개 색을 생산하기 위해 재현하라는 요청이 들어왔다. 여러분은 천연자개 색으로 코팅할 수 있는 기술 개발서를 작성하여 2007년 4월 20일에 중간 보고서를 제출하고 2007년 6월 15일까지 결과보고서 및 완성된 제품을 제출하시오.

(장경원, 2008)

### 개발된 문제사례 2

A대학 전자공학과 A교수님이 서해쪽으로 가족들과 여행(자동차여행)을 하고 있었다. 고속도로에는 중간 중간에 과속방지 시스템이 있지만 자동차에는 GPS가 장착되어 있어서 단속구간에서만 감속하고 그 구간을 피해서는 속력을 내서 달리고 있었다. 한 참 달리던 중 앞쪽에 차들이 멈춰 있는 것이 보였다. 무슨 일인가 하여 보았더니 앞쪽에서 사고가 났었다고 한다. 그 원인을 알아보니 단속구간 카메라를 미리 인식하지 못한 앞차의 급정차로 인한 추돌사고였다고 한다. 바로 나의 사고로 이어질 수도 있었다는 생각이 들었다. 그래서 현재의 과속방지 시스템의 대안으로 구간 주행시간을 측정하여 과속차량을 검출할 수 있는 시스템을 설계해야겠다는 생각을 하게 되었다. 과속방지에 대한 새로운 검출시스템을 설계하여 제출하시오.

(장경원, 2008)

## 개발된 문제사례 3

K섬유회사, 색상변화에 의해 기초적인 건강상태를 알 수 있는 의복개발
中

여러분은 K 섬유회사의 경쟁사인 P사의 수석연구원이다. K섬유회사의 기사를 읽고, 보다 미래지향적인 상품을 개발하고자 "Wearable Computer"를 연구하게 되었다. 촉망받는 상품으로써 "Wearable Computer"의 개념설계를 완성하라.

(장경원, 2008)

## 개발된 문제사례 4

최근 러시아에서 유럽으로 공급하는 가스관중의 일부가 지나가는 국가에서 통과료를 요구하자 러시아는 해당 국가에 가스 공급을 중단하였다. 이는 앞으로 각국의 에너지 자립이 매우 중요함을 의미하는 획기적인 사건으로 인식되고 있다.

이와 관련하여 최근 ○○일보에서는 미래 한국의 에너지 자립을 위한 특집 기사를 기획하던 중 이 문제를 한국에너지관리공단에 근무하는 나병기 대리에게 우리나라 에너지 자립수준에 대한 인터뷰를 요청하였다.

당신, '나병기' 대리는 2주 후에 ○○일보 기자와 인터뷰를 하게 되었으므로 이에 대비하여 최소 2페이지에 걸친 인터뷰 초안을 작성하시오.

(장경원, 2008)

## 개발된 문제사례 5

신나는 놀이기구

롯데월드가 안정상의 문제로 6개월간 폐장을 하고 시설 개보수와 함께 새로운 놀이기구를 보완하기로 했다. 롯데월드에서 6개월 후에 납품할 수 있는 좀 더 스릴감 있는 놀이기구를 제안받고 있다. 나는 유공압 시스템 기술전문가이고 유공압 전문회사의 기술*자문을 담당하고 있다.
기술제안서를 작성하시오.

(장경원, 2008)

## 개발된 문제사례 6

당신은 소방 방재청 재난방지팀장이다. 현재 동해상 (동경 133°, 북위 40°)에서 강도 6.0의 지진이 발생하여 쓰나미가 동해상에 상륙하여 재해를 유발할 수 있다. 쓰나미의 전파속도는 10m/sec로 예상된다.
쓰나미로 인한 재해방지대책을 수립하여라. 또한 방지대책을 평가할 수 있는 척도를 수립하라.

(장경원, 2008)

# 개발된 문제사례 7

당신은 S전자 제품개발팀 연구원이다. 2007년을 중국시장 공략의 해로 정한 회사는 브랜드 이미지를 높일 수 있는 Coffee maker개발을 요청하였다. 고급스런 이미지와 특수한 기능을 가진 제품을 만들기 위한 Workshop기획안을(절차, 사고과정, 필요한 능력)제출하라.

(장경원, 2008)

# 3. 프로젝트 중심 학습(Project-Based Learning)

## 가. 이론

프로젝트란 학습자가 관심 있어 하며 학업 도중 중요한 활동에 집중적으로 참여하는 경험이다. 이를 통해 학습자가 여러 학문을 연계시키고, 학문적 목표를 달성하게 하며, 개인의 재능과 흥미를 발견하고, 사회적 기술을 개발하고, 공학을 이용할 수 있는 풍부한 기회를 제공한다. 또한 프로젝트라는 말은 '앞으로 던지다', '멀리 던지다'라는 뜻을 가진 라틴어 프로이체레(proicere)에서 유래하였는데 근래에 들어와 프로젝트(project)라는 말은 '계획하다', '기획하다', '초안을 잡다' 등의 뜻으로 전용되었고, 계획한 것의 실현이라든지 마음속에 있는 것을 구체화하고 형상화하는 과정이라는 의미를 지니게 되었다.

프로젝트 중심 학습의 기원은 16세기 유럽의 건축학교에서 행한 프로젝트 작업으로 거슬러 올라갈 수 있다(Knoll, 1995). 그러나 오히려 현대적 의미의 프로젝트 학습의 첫 배경은 1830년 Cobbet에 의한 교육방법으로 보는 것이 정설이다. 그는 당시 학습자가 학교에서 실생활과는 관련이 없는 주입식 교육을 받는다는 데 불만을 품고 자신의 가정에서 실생활에 필요한 활동을 통한 교육방법을 시도함으로써 오늘날 프로젝트법과 유사한 방법으로 교육을 하기 시작하였기 때문이다(이성은 외, 2002: 77, 재인용).

1900년 Columbia 대학교의 C. R. Richards가 'Project' 라는 용어를 최초로 사용하였다(Burton, 1929, p.256). Richards는 당시 수기훈련(manual training)에서 문제해결 상황의 학습을 주창하여 학습자 자신이 자발적으로 계획하고 작업하면 학습의욕이 높아진다는 점에 착안하였다. 따라서 학습자 각자가 활동 계획을 세우고 각 단계별로 실행하는 '문제해결의 실습활동(problem-solving shop laboratory)' 에 프로젝트라는 용어를 사용한 것이다.

1908년에는 메사추세츠 교육위원회의 R. W. Stimson이 메사추세츠 농업고등학교에서의 'Home project'에서 프로젝트라는 용어를 교육적으로 사용하였다. 홈프로젝트는 메사추세츠의 Smith's 농업학교에서 최초로 적용되었고, 1911년 메사추세츠 주에서 법안이 통과되어 농업학부가 설치되었다(이춘식, 1989).

그 후 1908-1910년에 Stevenson은 메사츄세츠 직업학교 농업과정에 프로젝트라는 용어를 사용하였으며, 주로 옥수수 농장, 양잠 등의 농업에서 홈 프로젝트로 적용되었다. 결국 이 당시의 프로젝트의 개념을 가정의 실제적인 환경에서 상당히 지적인 특성을 갖고 있는 학교 실습활동과 상호 관련시켜 적용시켰다.

1911년에는 메사츄세츠 교육위원회 보고서에서 프로젝트란 용어를 최초로 정의하였다. 즉 농장 프로젝트는 농장에서 행해지는 방법으로 개량 프로젝트(improvement project), 실험 프로젝트(experiment project), 생산 프로젝트(productive project) 등으로 행해 질 수 있다(Bossing, 1944).

그 후 1917년 스미스-휴즈(smith-hughes)법이 통과되었을 때 메사츄세츠에서 최초로 채택되면서 '프로젝트'의 개념이 일반화되었다. 그러나 프로젝트의 개념을 근본적으로 바꾸어 놓은 것은 1918년 Kilpatrick의 "The project method"라는 논문에서 시작되었다. Kilpatrick은 Dewey의 교육이론에 크게 영향을 받아 교육현장에서 실천할 수 있는 실천적인 방안으로 '프로젝트법'을 창안하였다(Kilpatrick, 1918, p.320). 이 논문에서 '프로젝트'를 "사회적인 환경에서 전심을 다한 유목적적 활동(wholehearted purposeful activity proceeding in a social environment)"으로 정의 하였으며, 프로젝트는 학교에서 이루어지는 모든 학습의 조직 단위가 될 수 있다고 보았다. 따라서 유목적적 활동은 가치 있는 생활에서 극히 본질적인 것이며, 지적인 학급의 요소가 되어야함을 주장하였다. 여기서 전심전력은 프로젝트의 요체가 되며, 유목적적 활동은 자기 스스로의 운명의 주인이 될 수 있는 인간을 기르기 위한 기초로 간주된다.

1920년대부터 시작된 프로젝트법은 미국에서 번성했던 학습자 주도적 학습 방법의 하나이자 주입식 교육을 탈피하기 위한 일련의 노력이었다. 이러한 프로젝트법은 교육방법으로서의 지위를 갖게 되면서 미국과 소련, 유럽 등에서의 학교교육에 영향을 주었다(박순경, 1999). 이후 프로젝트법은 듀이에 의해 일반 교육학 분야에서 그 정당성을 인정받게 되었으며, 학습자 주도적 프로젝트는 미국의 교육학자와 교육과정학자들의 중요한 연구 주제가 되기도 하였다.

우리나라에서는 초등교육을 대상으로 해방직후에 새교육 운동이 일어났으며, 이때에는 교육과정의 연구보다는 학습지도법을 개선하려는데 주력하였다. 그 일환으로 프로젝트법을 초등학교(서울 효제초등학교 윤재천 교장)에 도입하였으며 학습지도안 작성에도 프로젝트법을 도입하기도 하였다(손인수, 1988).

그러나 1960년대 학문중심 교육과정이 적용되면서 프로젝트법은 점차 쇠퇴의 길로 접어들었으며 그 동안 범교과적으로 적용되던 것이 점차 활동이 중심이 되는 일부교과에만 적용되어 왔다. 최근 산업사회와 경제 분야에서의 프로젝트 과제는 학교학습에서의 프로젝트에 대한 새로운 관심을 불러일으키게 되었다. 학교교육에서 열린교육이 유행하면서 1990년대부터는 '프로젝트 접근법(The Project Approach)'과 '프로젝트 중심 학습(Project-Based Learning)'이라는 방법으로 다시 부활하고 있다. 현재학교에서 '프로젝트 수업'이라든가, '프로젝트 학습'은 모두 학습자 중심이면서 활동중심의 학습프로그램과 거의 유사하게 사용되고 있다.

특히 Katz와 Chard(1989)은 지난 20년간 이루어진 프로젝트법 관련 연구를 종합적으로 검토한 후, 그 결과가 매우 바람직하다는 것을 확인하게 되었다. 이를 계기로 이들은 프로젝트법을 프로젝트 접근법(project approach)이라는 용어를 새롭게 조직하여 발표하였다. 그들은 프로젝트법(project method)이라는 말은 제한적이고 획일적인 행동 지침을 가르친다고 규정하면서, 오히려 교수자와 학습자가 협조하여 수업을 진행할 수 있는 다양한 방법들을 포괄한다는 의미의 프로젝트 접근법(project approach)이라는 용어를 사용하였다.

1990년대에 들어서서 기존의 프로젝트법을 변형하여 새롭게 학교교육에 적용하려는 시도가 있어왔다. 그중에 프로젝트 학습(Project-Based Learning)이 있다. 이러한 시도는 아직 세계적으로나 우리나라에서 일반화 되어 널리 쓰이지는 않지만 부분적으로 프로젝트법의 특징을 살려 학교교육에 확대 · 적용 하려는 것으로 평가할 수 있다. 기존의 프로젝트법이 특정 교과의 영역에서부터 범교과에 이르기까지 광범위한 접근을 하고 있는 반면에, 프로젝트 중심 학습이나 프로젝트 접근법은 교육과정을 재구조화 하여 "바람직한 학습자 중심 교육"의 일환으로 접근하고 있다.

프로젝트 중심 학습은 일반적으로 학습자의 탐구과정과 성찰, 문제해결, 자발성과 능동성을 강조하는 교수학습모형으로 다양한 개념 정의들에서도 공통적으로 나타난다. 프로젝트 중심 학습에 대하여 Thomas(2000)는 학습자가 설계, 문제해결, 의사 결정, 연구 활동에 적극적으로 참여하며 복합적인 과제를 다루는 것으로 정의하고, 학습자가 상당한 기간 자율적으로 실제적인 결과물을 만들고 이에 대한 프리젠테이션을 하는 활동으로 보았다. 한편 Moursund(1999)는 실제적인 학습내용과 평가, 지시자가 아닌 촉진자로서의 교수자의 역할, 목표가 명백한 협력적 학습과정과 성찰을 포함하는 교수·학습방법이라고 정의하였는데, 프로젝트 중심 학습에 관한 여러 가지 논의를 종합해 보면 프로젝트 중심 학습이란 학습자가 특정 문제를 해결하거나 주어진 주제하에 성취 목표를 달성하기 위해 프로젝트를 수행하는 과정에서 학습을 하게 되는 교수·학습모형을 말한다. 프로젝트 중심 학습은 주로 협동학습 활동, 문제 해결 활동, 자료를 수집·분석하여 결과물을 만드는 활동, 학습자 중심의 자율적인 활동, 고차적 사고 능력 계발을 위한 학습자의 자기성찰과정 등을 강조한다.

이와 같은 고찰을 통하여 정리하면, 프로젝트 중심 학습은 학습의 전 과정에서 학습자가 주체적이고 능동적으로 참여하여 의사 결정을 내리며, 실생활과 관련된 주제나 문제를 조사, 실험, 면담하고, 그 결과를 문집, 그림, 멀티미디어 등과 같은 다양한 표현 형식으로 제시하는 교수 학습 방법을 의미한다. 따라서 만들어가는 과정 중심의 교육과정 성격이 강하게 나타난다.

Katz와 Chard는 프로젝트 접근법의 구체적인 학습 목표를 네 가지 즉, 지식(knowledge), 기능(skill), 성향(disposition), 감정(feeling)으로 분류하여 설명하였다.

여기서 지식(knowledge)은 도식, 아이디어, 사실, 개념, 정보 등과 관계가 있으며, 기능(skill)은 매우 쉽게 관찰될 수 있고 비교적 짧은 시간 안에 실행되는 분리된 행동의 단위이다. 그리고 성향(disposition)은 여러 가지 다른 상황들에서 겪는 경험에 대해 비교적 지속적으로 독특하게 반응하는 마음과 행동, 도는 경향의 습관을 말하는데, 프로젝트 활동을 하는 과정에서 많은 성향들을 강하게 키울 수 있다. 끝으로 감정(feeling)은 수용감, 자신감, 소속감, 안정감 등과 같은 주관적으로 느끼는 감정적 혹은 정서적 상태를 말한다.

프로젝트 중심 학습은 학습자가 주도적으로 계획하고 실행하는 학습이다. 따라서 학습자가 자신이 수행해야 할 일이 무엇인지 제대로 알고 있지 못하며, 특히 계획을 세우고 추진할 능력이 없는 학습자의 경우 프로젝트 중심 학습은 시간과 노력의 낭비에 그치게 되는 경우가 있다. 또한 주어진 문제를 탐구하고 해결하는데 필요한 자료나 자원을 얻지 못할 경우 성공적인 학습 결과를 기대하기 어렵다. 학습자는 학습의 전 과정에서 주도적으로 참여하려고 노력해야하며 결정권을 행사하며 학습에 대한 책임을 가져야 한다. 또한 프로젝트 중심 학습의 진행에 있어서 교수자의 역할은 매우 다양하고 역동적이다. 교수자는 프로젝트 중심 학습이 수행 시간이 많이 필요하므로 철저하게 시간 계획을 세우고, 학습자의 능력과 요구에 맞게 프로젝트를 계획해야 하는 등 프로젝트의 각 단계별 특성에 따라 교수자의 역할이 달라져야 하며 전 과정에 걸쳐 학습자의 특성, 경험정도, 활동에 대한 몰입 정도에 따라 적절하게 활동을 이끌어 주고 촉진시켜 줄 필요가 있기 때문이다.

소집단 협력학습의 형태로 많이 이루어지는 학습의 특성상 모든 학습자가 참여하기란 어려운 일이며 학습자가 교수자에게 지나치게 의존적이거나 시범이나 반응에서 소극적일 때 어려움을 갖게 된다. 따라서 학습자의 성격상 적극적으로 참여하여 주도하는 학습자가 있는 반면 참여하지 않고 소외되는 경우가 발생될 수 있다. 이러한 점은 학습자 전원이 자기 주도적 학습능력을 고양시킬 수 있다는 프로젝트 중심 학습의 취지에 어긋나는 것이다. 이러한 점을 고려하여 교수자는 적절한 과제나 도움을 제공할 수 있어야 한다.

프로젝트 중심 학습에서는 교수자가 직접적으로 개입하는 경우는 드물지만 전적으로 학습자에게 자율권을 제공할 수는 없는 일이다. 학습자의 흥미나 관심을 존중하여 지나치게 흥미위주로 학습이 진행될 수 있다. 이러한 경우 교수자는 활동에 적절히 개입하여 목표를 달성할 수 있도록 상호작용을 통하여 계속적으로 수정·보완해 나가는 노력을 해야 한다.

교수자는 프로젝트 중심 학습을 위한 지식과 전문적 소양을 기름으로서 다양하고 의미 있는 활동으로 진행할 수 있도록 하며 과학기술의 활용에 있어서도 능숙하게 다룰 수 있어야 한다.

김대현(1999)은 프로젝트 중심 학습대해 여러 문헌을 조사하여 다음과 같이 교육적 의의를 정리하고 있다(pp.12~14).

첫째, 프로젝트학습은 학습자의 내적 동기를 유발시킴으로써 학습의 효과를 높이고 후속 학습에 대한 의욕을 고취시킨다. 프로젝트학습은 학습 주제가 학습자의 흥미와 관심에 부합될 뿐 아니라 탐구 및 표현활동 그리고 결과물의 전시과정에서 학습자들에게 많은 만족감과 성취감을 제공한다. 이러한 결과로 학습의 내적 동기가 강화되고 학습의 효과가 높아지며 후속 학습에 대한 강한 의욕이 발생한다.

둘째, 프로젝트학습은 학습자의 책임감을 길러준다. 학습자가 교사와 동료 학습자와의 작용을 통해 이루어지는 학습의 전 과정에서 내리는 결단과 활동 그리고 동료학습자에게 미치는 효과 등을 고려하는 과정에서 학습에 대한 책임감이 커진다.

셋째, 프로젝트학습은 긍정적인 자아개념을 길러준다. 프로젝트학습은 학습자의 자발적인 학습 참여를 유도한다는 점에서 학습자 개개인에게 만족감을 제공하고, 학습의 단계마다 이루어지는 결과물을 통하여 성취감을 맛볼 수 있으며, 자신의 아이디어에 대한 교사와 동료 학습자들에게 수용될 기회가 많아짐으로써 자신에 대한 긍정적인 생각을 갖게 된다.

넷째, 프로젝트학습은 학습자들에게 협동심과 사회적 기술을 길러준다. 프로젝트학습은 대개 소집단이나 학급 전체 집단 학습의 과정으로 학습자들에게 과제해결을 위해 협동하는 마음을 갖게 해주며, 학습 단계별로 의사결정을 하는 과정에서 남의 이야기를 귀담아 듣고 자신의 이야기를 논리 정연하게 펼치기 위한 노력이 경주되어 사회적인 기술이 향상된다.

다섯째, 프로젝트학습은 학교와 사회의 관련성을 인식하게 하고 문제해결력을 길러준다. 프로젝트학습의 과제는 대개 실생활 속에서 일어나는 현상이나 문제, 쟁점등을 탐구의 대상으로 삼는 경우가 많으며, 부모와 지역 사회의 협조가 학습의 과정에서 매우 중요한 영역을 차지한다는 점에서 학교 교육과 실생활과의 관련성을 인식할 기회가 많다. 그리고 사회적 문제나 쟁점을 탐구의 대상으로 삼기 때문에 문제해결을 위한 기회가 많이 제공되어 그 능력이 신장된다.

여섯째, 프로젝트학습은 다양한 탐구활동과 표현활동 능력을 길러준다. 프로젝트학습은 조사, 실험, 면담 등의 다양한 방법을 통하여 사물이나 현상을 탐구할 기회를 제공함으로써 탐구하는 방법과 기술, 태도 등을 길러준다 그리고, 학습의 과정에서 일어나는 것을 언어, 숫자, 소리, 그림, 입체, 신체 등의 다양한 표현 양식을 사용하여 표현할 기회를 가짐으로써 인간이 가진 제 능력을 균형 있게 발달시킨다.

일곱째, 프로젝트학습은 사고의 유연성을 길러준다. 프로젝트학습에서 학습자의 선택과 결단은 매우 중요한 구실을 한다. 학습의 진행 방향이 잘못되거나 더 중요한 학습 내용이 생각나거나 더욱 효과적인 학습방법이 제안된다면 언제든지 그 방향과 내용, 방법을 수정하게 된다. 이와 같이 학습자들이 학습의 목표와 내용을 추가하거나 삭제하고 학습방법을 바꾸거나 학습 단계를 조정하는 가운데 사고의 유연성이 길러진다. 그리고 교사와 동료 학습자와의 잦은 대화는 자신의 생각의 한계를 인식하는 기회를 제공하여 사고의 유연성이 높아진다.

여덟째, 프로젝트학습은 체험적 학습기회를 제공한다. 프로젝트학습은 현재 학교에서 실제 경험하지 못한 현상이나 사물을 직접 접할 수 있는 일차적인 경험을 제공해준다. 이러한 체험적 학습은 기억의 효과뿐만 아니라 현상이나 사물에 대한 친근감과 경애감, 두뇌와 오감의 연결, 학교 교육과 실세계의 관계, 삶에 대한 자체의 반성 등 여러 가지 교육적 효과를 가져다준다.

아홉째, 프로젝트학습은 교사에게 새로운 교수 경험을 제공한다. 프로젝트학습은 교사들에게 새로운 도전이다. 우선 프로젝트학습을 계획해 봄으로써 현행 교과별 교육과정과 교과서 중심 수업의 한계를 인식하게 된다. 그리고 프로젝트학습을 통하여 학습자의 잠재력을 확인하게 되며, 교사의 철저한 준비, 유연한 진행, 학습자에 대해 헌신하는 자세가 이러한 잠재력을 현실화시킨다는 것을 알게 된다.

열 번째, 프로젝트학습은 교육에 대한 학부모의 관심을 높인다. 프로젝트학습은 학부모가 프로젝트학습에 참여할 수 있는 기회를 제공해주고, 주제와 관련한 학부모의 선경험 도출이나 탐구 및 표현활동, 전시활동에서 적극적인 동참을 요구하며 이러한 과정에서 학부모는 학교 교육에 대한 관심과 이해를 가지게 되고 가정의 교육자로서 자신의 역할을 반성하는 기회를 갖게 된다.

열한 번째, 프로젝트학습은 교육에 대한 사회의 관심을 촉구시킨다. 프로젝트학습은 과제의 성격에 따라 차이는 있지만 대체로 지역 사회와 인사가 교육에 대하여 맡아야 할 역할을 강조한다. 많은 학교에서 프로젝트학습을 지속적으로 운영한다면 지역사회와 인사들의 교육적 관심이 더욱 높아질 가능성이 있다(김병형, 2008: pp.9-10, 재인용).

이러한 의의는 프로젝트 중심 학습을 한다고 해서 저절로 얻어지는 것이 아니라, 교수자의 준비와 노력 그리고 무엇보다도 학습자에 대한 헌신이 뒷받침되고, 학습자도 학습의 과정에 적극적으로 참여할 때 실현될 수 있는 것이다.

## 나. 특징

### 1) 특징

프로젝트 중심 학습의 특징과 효과에 대한 선행논의 결과(Chard, 1998; Kolodner & Guzdial, 1996; Moursund et al., 1997; Trepanier-Street, 1993)에 따르면 프로젝트 중심 학습 모형의 핵심 특징은 표 Ⅱ-9와 같이 크게 여섯 가지로 제시될 수 있다.

**표 Ⅱ-9** 프로젝트 중심 학습의 주요 특징

| 구분 | 주요 내용 |
|---|---|
| 협동학습/상호작용 | 학습자의 공동 주제 하에 토론활동, 의견수렴 과정을 통한 동료간 사회적 관계 강조 |
| 자율적 사고 | 학습공동체 단위에서 자율적인 의사결정 등을 통해 집단 자율성을 계발하여 공동체적 지식 함양 |
| 고차원적 사고 | 학습과정에서 지속적인 자기성찰과 반성을 통한 메타인지적 능력 습득 고양 |
| 통합적 학습 | 학습의 전 영역에서 지식과 기능, 정의적 태도 등의 통합적 학습능력 강조 |
| 변화관리 | 학습자는 학습활동 과정 중에 비구조화된 수행방법 또는 산출물의 변화에 따라 역동적인 대응 |
| 문제해결 | 문제해결 기법에 대한 지식과 결과물 습득 방법 체득 |

### 2) 장단점

프로젝트 중심 학습이 경험중심 교육과정에 미국을 중심으로 세계적으로 많은 주목을 받다가 1960년대 이후 학문중심 교육 과정기에 관심이 적어지기 시작하였다. 그러나 실업, 직업 및 기술교육에서는 여전히 중요한 교수·학습 방법으로 자리 잡고 있는 이유는 이 학습 방법이 이론과 기능을 통합하여 기를 수 있는 장점이 있기 때문이다. 이에 구체적으로 살펴보면, 프로젝트 중심 학습은 학습자의 내적인 동기와 흥미 유발, 학습에 대한 책임감, 타인과의 의사소통 능력 및 사회성 발달, 협동심 배양, 사회에 대한 관심과 문제 해결력, 다양한 탐구와 표현 능력 계발에 많은 기여를 할 수 있는 특징과 효과를 가지지만, 학습자의 학습능력 여부, 일부 학습자의 독점적 학습전개, 자율적 학습활동에 기인하는 책임회피 등의 문제를 안고 있는 것도 사실이다. 이무근 외 2인(2005)이 정리한 프로젝트 중심 학습의 주요 장점과 단점에 몇 가지를 첨부하면 표 Ⅱ-10과 같다 (pp. 244-246).

**표 Ⅱ-10** 프로젝트 중심 학습의 주요 장·단점

| 구 분 | 주요 내용 |
|---|---|
| 장 점 | ① 학습자의 흥미에서 출발하므로 학습에 대해서 확실한 동기가 이루어진다.<br>② 자신이 계획하고 실행하므로 개개인의 능력에 따라 진도를 조절 할 수 있고, 학습을 통해 자주성과 책임감을 훈련하는데 도움이 된다.<br>③ 생활을 통해서 실제적인 문제 해결의 기회를 주므로 학교생활과 실제 생활과 결부시켜 만족감을 높인다.<br>④ 끝까지 작업 수행을 요구하므로 학습에 대한 인내심과 작업을 완수하는 즐거움을 갖게 한다.<br>⑤ 창의성과 연구심을 중시하므로 창조적, 연구적 태도를 기르는 데 적합하다.<br>⑥ 특히 집단적 프로젝트법은 협동 정신, 지도 정신, 희생정신 등 많은 사회적인 덕성을 함양하는데 도움이 된다. |
| 단 점 | ① 학습자 자신의 계획에 의해서 실시되는 것이므로 그만한 능력이 없는 학습자는 시간과 정력의 낭비에 그친다.<br>② 문제를 해결하기 위하여 많은 자료가 필요하므로 자료를 얻지 못하여 실패하는 경우가 많다.<br>③ 집단적 프로젝트 중심 학습이 이루어지는 경우에는 일부의 특수한 학습자가 독점하는 경향이 있다.<br>④ 학습자 활동의 자유를 보장하므로 경우에 따라서는 무질서해져서 관리상 어려울 때가 있다.<br>⑤ 학습자의 흥미에 호소하고 교재를 심리적으로 전개하므로 때때로 교재의 논리적인 체제를 무시하는 경향이 있다.<br>⑥ 실제적, 기술적 방면에 편중하므로 감상적이라든가 기계적인 숙련 등을 필요로 하는 학습을 등한시하는 경향이 있다.<br>⑦ 비교적 수행 시간이 많이 소요된다. |

## 다. 유형

프로젝트법을 적용하여 실제 학습에서 이루어지는 교수·학습 상황을 프로젝트 학습이라고 할 때, 기본적으로 프로젝트의 종류는 매우 다양할 수 있다. 그러나 여기서는 프로젝트를 수행하는 구성원의 수, 적용형태, 활동형태의 준거에 따라 분류하면 표 Ⅱ-11과 같다.

**표 Ⅱ-11** 프로젝트의 유형

<table>
<tr><th>구분</th><th colspan="2">프로젝트의 종류</th></tr>
<tr><td>장소에 따라</td><td colspan="2">• 학교 프로젝트<br>• 홈 프로젝트</td></tr>
<tr><td rowspan="4">구성원의 수</td><td rowspan="2">• 개별프로젝트</td><td>동질 프로젝트</td></tr>
<tr><td>이질 프로젝트</td></tr>
<tr><td rowspan="2">• 집단프로젝트</td><td>부분 프로젝트</td></tr>
<tr><td>전체 프로젝트</td></tr>
<tr><td rowspan="4">활동 형태</td><td colspan="2">• 제작 프로젝트</td></tr>
<tr><td colspan="2">• 문제 탐구 프로젝트</td></tr>
<tr><td colspan="2">• 기능 훈련 프로젝트</td></tr>
<tr><td colspan="2">• 성능 개량 프로젝트</td></tr>
</table>

## 라. 절차

프로젝트 중심 학습의 절차는 프로젝트를 준비하고 실행하고 마무리하는 학습 수행 과정을 제시하는데 있어서 학자들마다 조금씩 다르다. 그러나 가만히 그 내용을 들여다 보면 크게 다르지는 않다. 큰 범주로 보는 프로젝트 중심 학습의 절차는 준비, 실행, 마무리 세 단계를 거쳐 이루어지며 프로젝트 중심 학습 단계별 수행 과정은 표 Ⅱ-12와 같다.

**표 Ⅱ-12** 프로젝트 중심 학습 단계별 수행 과정

| 프로젝트 활동 계획서 | | | | |
|---|---|---|---|---|
| 수행 단계 | | 활동 내용 | 참고자료 | 주의할 점 |
| 준비 | 목적 설정 | 프로젝트 중심 학습준비<br>필요한 자원 준비 | | 강의 주제에 맞게 재구성 |
| | 활동 계획 | 학습자와 함께 주제 선정<br>주제에 대한 토의<br>교수자와 학습자의 공동 주제망 구성<br>활동계획서 작성 | 인터넷,<br>스토리보드 | 학습자 생활과 관련성 있는 소주제 선정<br>마인드맵 활용<br>브레인스토밍과 같은 창의적 기법활용 |
| 실행 | 정보 교환 | 사전 경험 내용 파악<br>자원 확보 및 환경 구성 | | 활동에 관심과 흥미를 돋우는 강의실 환경 구성 |
| | 탐구 | 탐구 활동: 문헌조사, 현상 조사, 자원인사면담 등<br>탐구 방법: 조사, 면접, 견학 등 | 서적,<br>인터넷, 상담 | 유용성 자원에 쉽게 접근하도록 구성 |
| | 과제 해결 | 과제 해결 활동: 탐구 계획, 과정, 결과에 대한 표현 활동<br>과제 해결 방법: 언어, 수, 소리, 그림, 입체, 신체 등 | 서적,<br>인터넷, 상담 | 개인의 흥미와 학습 요구에 맞도록 활동의 다양화 |
| 마무리 | 결과 정리 | 결과물 검토(자료 정리 및 공유) | 스프링노트,<br>동영상<br>제작(선택) | 새로운 지식의 내면화를 위한 마무리 |
| | 발표 | 결과에 대한 공유 | 파워포인트<br>(ppt) | 자기 주도적 학습능력 요구 |
| | 평가 | 프로젝트 활동 결과의 평가 | | 객관적 평가 기준 및 자기평가 실시(축하 파티) |

### 1) 준비 단계

프로젝트 중심 학습준비는 실제 프로젝트에 들어가기 전에 교수자가 여러 가지를 계획하고 준비하는 단계이다. 프로젝트 중심 학습을 위한 단원의 교육과정 내용을 분석하여 학습자의 흥미와 관심을 고려한 학습 내용으로 재구성하고, 팀원을 구성하여 역할분담 계획을 하도록 하고, 작품과 관련하여 필요한 매체와 자료에 대한 조사활동을 실시한다. 이 단계는 프로젝트의 성패와 직접적인 상관관계가 있다고 할 만큼 프로젝트 진행에 중요한 영향을 미치는 단계이다.

※ 교수자의 역할(유관식, 2003)

- 교수자는 학습자가 정말 알고 싶어 하는 것이 무엇인지를 명료화하도록 도와줄 필요도 있다.
- 교수자는 학습자가 순간순간 궁금하게 생각하는 내용에 대해 활동으로 연결될 수 있도록 적절하게 도와주어야 한다.
- 교수자는 학습자의 질문에 대해 적절한 해결 방법이 될 수 있는 것들을 구체적으로 제시해 주어야 한다.
- 교수자는 매 학습이 끝난 후 새롭게 나온 질문거리들을 주제별로 첨가시키도록 한다.
- 해결이 안 된 질문에 대해서는 교수자와 학습자가 논의하여 적합한 해결 방법을 찾는다.
- 학습자의 질문을 활동으로 연결할 수 있도록 도와준다.

### 2) 실행 단계

프로젝트 활동 계획하기에서는 먼저 교수자와 학습자는 서로가 프로젝트 주제에 대해 많은 정보를 파악하고 있어야 한다. 즉, 프로젝트에 필요한 자원에 대해 어느 정도 알고, 어떠한 경험을 했는지가 실행단계에서 중요하다. 교수자는 프로젝트 활동 설계 초기에 학습자와 함께 발표나 토론과 같은 여러 가지 활동을 통하여 경험이나 정보를 공유하도록 한다.

### 3) 마무리

마무리하기는 탐구, 협의, 표현 활동의 결과를 문집, 그림, 구성물, 멀티미디어 자료의 형식으로 만드는 활동과 이를 교수자, 학부모, 지역 사회 인사들에게 발표, 전시, 극 활동 등의 다양한 양식으로 제시하는 활동으로 구성된다(김동성, 2003; 홍후조, 2002; 김순연, 2003).

학습 결과물을 공유하는 과정에서 학습자는 새로운 지식을 습득하고 자신의 학습 결과와 통합하여 내면화한다. 이 통합의 결과는 보다 심화된 프로젝트로 이어질 수 있다. 즉 새로운 시작, 새 준비로 이어지는 사이클을 이룬다(신영은, 2003)고 할 수 있다.

이를 요약해 보면, 정리하기, 발표하기, 성찰 및 평가하기로 구분할 수 있다. 그리고 이 모든 것들을 끝낸 축하파티를 끝으로 프로젝트 전 과정을 마무리 할 수 있을 것이다.

이러한 과정들은 프로젝트 활동 결과를 발표하는 경험을 통해 정보의 내면화와 상호 공유에 의미를 부여하는 활동으로, 교수자는 활동의 교육적 효과를 높이도록 하기 위해 적어도 두 가지 측면의 문제를 항상 염두에 두고 활동에 임하도록 한다(이상훈, 2002).

먼저 프로젝트 전 과정을 명확히 돌아볼 수 있도록 하는 교수자의 직접적인 안내 활동이 실천되어야 한다(이상훈, 2002). 그리고 새로운 프로젝트 창출을 위한 교수자의 적극적인 자극 방안이 모색될 필요성이 있다. 즉, 하나의 프로젝트를 종결하는 의미에서 마무리 활동을 전개하는 것보다는 새롭고 더욱 발전적인 프로젝트 활동으로 연결되는 마무리가 될 수 있도록 한다(이상훈, 2002).

## 마. 모형 도식

**그림 Ⅱ-11** 프로젝트 중심 학습 모형 도식

## 바. 모형 적용 사례

### 1) 일본의 미래 교육 프로젝트 중심 학습

일본에서 2000년부터 초·중·고등학교에 프로젝트 학습을 널리 보급하고 있는 이는 스즈키 토시에이며, 프로젝트 학습과 포트폴리오를 접목하여 종합적인 학습을 시도하고 있다.

미래교육 프로젝트 학습이란, 학습자가 의욕적으로 자신의 과제(테마)를 갖고, 문제를 해결해가면서 목표를 향하는 새로운 학습을 말한다. 이 학습의 최대 특징은 '무엇 때문에 무엇을 해결하겠다'는 의지를 스스로 자각하고, 전략적으로 목표를 달성해 가는 과정과, 그 전체를 한 눈에 파악할 수 있는 포트폴리오가 있다는 것이다. 미래교육은 프로젝트 학습과 포트폴리오 활용의 두 축을 기본으로 하여 '의욕', '자신', '사고력'을 확실하게 몸에 터득하는 역할을 수행하여야 한다. 종합적 학습을 교과에 도입함으로써 학습자에게 21세기를 살아가는 힘을 익히게 한다. 결국, 미래교육 프로젝트 학습은 프로젝트의 전략이나 포트폴리오를 최대한으로 활용하는 새로운 교육방법으로 '의지가 있는 학습'을 의미한다. 즉, 학습자 자신이 주제를 갖고, 자신들의 목표를 향하여 전략을 세우고, 정보를 수집하고 지혜와 힘을 합하여 팀워크(teamwork)로 목표를 달성해 나가는 것을 말한다. 여기에서 가장 중요한 것은 "무엇을 했는가, 무엇을 할 수 있게 되었는가?"가 아니라, 그 과정에서 "무엇에 관심을 갖게 되었고, 이를 어떻게 생각하게 되었나!"이다.

이러한 미래교육 프로젝트 학습에 대한 전체적인 맥락은. 학습자가 원하는 테마를 설정하고 프로젝트의 목표를 달성하고자 계획하고, 정보를 찾고, 만들어서 발표하는 과정에서 과제의 해결력, 협동능력, 정보능력, 의사소통능력 등을 얻게된다.

결국 프로젝트 학습이란, 목적(goal)을 명확히 하고, 이에 도달하기 위한 전략을 생각하고, 이를 위해 필요한 정보를 수합하여 문제를 해결하면서 개인이 아닌 팀으로 도전하는 것이다. 목표인 꿈은 한 사람 만으로 이루기가 어렵다. 그래서 한 사람 한 사람의 힘이나 개성을 살려 지혜를 공유하면서 팀 전체의 힘으로 도전하게 된다. 이와 같은 일련의 경험을 거쳐 '학습자에게 목표 달성력(꿈을 이루는 방안)'을 터득하게 한다. 미래 교육 프로젝트 학습은 21세기를 살아나가기 위한 미래형 시뮬레이션 학습이라고도 볼 수 있다. 바로 눈앞에서 일어나는 사태를 스스로 직접 보고, 자기가 담당하여 수행할 수 있는 역할을 찾아내는 힘과 목표를 열거하고, 어떻게 하면 이에 도달할 수 있는지, 그 방법이나 해결 방안을 자신의 것으로 삼으며, 성장하고 힘을 길러나가는 것이 곧 '미래교육 프로젝트 학습'이다. 이를 위하여 10가지 전략을 제시하고 있다.

① 활동의 목표와 가치를 학습자에게 확실하게 알려주기
② 처음에 목표를 명확하게 결정하기
③ 프로젝트 학습의 기본 단계를 전개하며 진행해 나가기
④ 무엇 때문에 무엇을 하려고 하는가를 되물어 보기
⑤ 총합적 학습은 활동을 위한 것이 아니라 성장을 위한 것임을 알기
⑥ 활동과 활동 사이에 사고의 시간을 마련해 두기
⑦ 학습의 자취(학습력)를 포트폴리오에 남겨 놓기
⑧ 학습자의 성장과 연계되는 자기 평가를 하기
⑨ 재구축한 포트폴리오를 활용하기
⑩ 포트폴리오를 활용하여 성장을 확인하기

여기서 포트폴리오의 재구축이란, 한 사람 한 사람이 지금까지 해온 일을 뒤돌아보고, 포트폴리오에 들어있는 정보, 데이터, 아이디어를 조망하여 그 중에서 자기의 독자적 관점으로 과제나 이를 뒷받침할 수 있는 논거를 찾아내어 새로 구성하며 고쳐나가는 활동을 의미한다.

■ 기본 단계의 전개

미래교육 프로젝트 학습은 하나 하나의 활동이 쌓아 올려져서 목표를 달성하는데 먼저 공통되는 기본적인 단계에 따라 전개된다. 건축의 프로젝트나 기업에서의 프로젝트 등 어떠한 프로젝트라도 모두 공통적으로 [주제(테마)] → [계획] → [정보] → [제작] → [설명 제시]의 순서로 진행된다.

일본의 프로젝트 학습에서 테마란, 조사학습의 과제와는 달리 '환경'이나 '지역'등과 같이 학교나 학년 전체가 도전할 수 있는 '공통 테마'와 학습자 스스로가 결정하는 '개인 테마', 그리고 팀에서 정한 '팀 테마'가 있다. 기본적으로 프로젝트 학습은 테마의 목표도 학습자가 자기 스스로의 의지로 생각하고 이해한 다음 출발하는 것을 전제로 한다. 앞으로의 시대는 주어진 일을 시키는 대로 해낼 수 있는 능력이 아니라, 스스로 상황을 판단하고 거기에 필요한 일을 간파하여 해결할 수 있는 능력을 필요로 한다. 정보 수집 능력이나 표현력 등의 기능(skill)도 중요하지만, 무엇보다 먼저 '과제를 발견하고, 달성할 목표를 스스로 정할 수 있는 능력'만이, 21세기를 살아갈 학습자에게 필요한 능력이라는 인식에서 출발한다. 따라서 과제를 스스로 결정하는데 많은 시간을 할당하는 일이 중요하며 의미 있는 일이다.

또한 프로젝트 학습을 기본 단계로 전개하여 얻는 효과는 크게 세 가지가 있다. 첫째, 교수자와 학습자가 현재 진행 사항을 명확하게 파악하고 앞으로 해나갈 일을 통찰하여 주체적으로 추진하게 된다. 둘째, 각 단계마다 하는 일이 다르므로 '몸에 익혀지는 능력'이 명확해진다. 셋째, 혼자서 생각해내는 힘과 팀으로 지혜를 합쳐 지식을 터득하는 두 가지 활동을 모두 체험하게 된다.

■ 팀별 목표 달성 방법

학년이나 학급 전체가 한 주제에 도전하는 것을 원칙으로 한다. 각자 서로 생각을 달리하는 개개인이 모여 팀을 구성하여 주제를 해결하기 위하여 목표를 향해 활동을 하게 된다. 목표는 '꿈'을 실현하는 것이요 이 꿈은 혼자서는 잘 이루어지지 않는다. 그래서 팀을 이루어 도전하게 된다. 팀워크로 목표를 향하여 전략을 짜내어 목표를 달성하게 된다. 여기에서는 개개인의 개성이 발휘되고, 과제 해결력, 상상력, 자기평가 등의 21세기를 살아가는 힘을 몸에 익히게 된다.

이와 같이 학년(학급) 전체가 참여해야 하는 이유는 세 가지 이다. 첫째, 목표의 범위를 좁혔기 때문에 효과적인 지원이 가능하다. 둘째, 한정된 인원, 지원체제에서도 실행할 수가 있다. 셋째, 평가의 관점이 명확하고 공통적이라 확실하게 지도할 수가 있다. 또한 프로젝트 전체의 테마에 팀이 도전하는 것은, 각자의 지혜와 힘을 합하는 팀워크의 우수성을 알 수 있게 되기 때문이며, 한 사람 한사람의 개성이 발휘될 수가 있고, 자기와 다른 생각을 갖는 사람과 대화함으로써 다면적인 것을 볼 수 있는 능력을 터득하게 되기 때문이다.

### 2) 프로젝트 중심 학습을 적용한 컴퓨터 조립 수업 예시

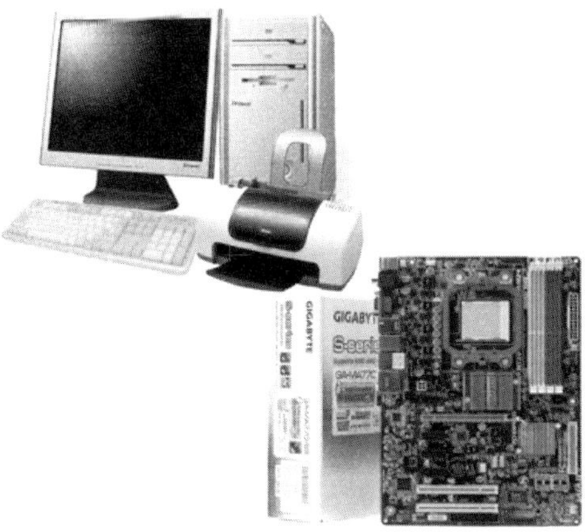


**"내 컴퓨터 내가 만들기"**

"I Can Do It"

이제는 나에게 꼭 맞는 컴퓨터를 내가 만드는 시대입니다.
보다 저렴하게!! 내가 원하는 대로!! 나만의 PC를 만들어보자.

※ 강의계획서

| ◎ 수업 목표 |
| --- |
| 컴퓨터 하드웨어에 대한 전반적인 이해와 이를 토대로 자신의 용도에 꼭 맞는 부품을 선정하여 컴퓨터를 내 손으로 직접 조립해봄으로써 컴퓨터에 대한 두려움을 해소하고 보다 적극적인 자기 컴퓨터 관리를 목표로 한다. |
| ◎ 수업 진행 형태 |
| 1. 팀 별로 진행하는 프로젝트 중심 수업으로 진행한다.<br>2. 실제 컴퓨터 조립 실습을 한다.<br>3. 컴퓨터 부품의 특성상 인터넷 검색 활동을 병행한다. |
| ◎ 학습 평가 방법 |
| 1. 용도에 맞는 컴퓨터 부품 선정의 적절성(30%)<br>2. 지필평가(30%)<br>3. 포트폴리오(30%)<br>4. 팀별 활동 참여도(10%) |
| ◎ 주요교재 |
| 교재: 이상우·정효진(2007). Windows Vista 최신 컴퓨터 조립하기. 크라운출판사 |
| ◎ 참고문헌 |
| 동호회: 컴퓨터사랑, 홈페이지: http://www.edupen.com, http://www.danawa.com |
| ◎ 학습 과제물 |
| 포트폴리오, 조립컴퓨터 |
| ◎ 주별 강의 내용 및 학습 내용 |
| 1주. 목적 설정 및 활동계획 수립 - 주제에 대한 토의, 공동 주제망 구성, 활동계획서 작성<br>2주. 정보 교환 및 팀 구성 - 사전 경험 내용 파악, 이질(동질)집단으로 팀 구성<br>3주. 컴퓨터 부품에 대한 탐구 Ⅰ(CPU, Main Board, Main Memory) - 서적, 인터넷, 전문가 활용<br>4주. 컴퓨터 부품에 대한 탐구 Ⅱ(HDD, Graphic Card, ODD) - 서적, 인터넷, 전문가 활용<br>5주. 컴퓨터 부품에 대한 탐구 Ⅲ(Power Supply, Monitor, Keyboard, Case, Mouse) - 서적, 인터넷, 전문가 활용<br>6주. 과제 해결 Ⅰ - 컴퓨터 상가 방문, 전문가 의견, 최근 동향 탐색<br>7주. 과제 해결 Ⅱ - 인터넷 검색과 손품으로 저렴하게 구입, 안전한 쇼핑몰 이용<br>8주. 과제 해결 Ⅲ - 주의사항 및 조립순서에 맞게 컴퓨터 부품 조립<br>9주. 과제 해결 Ⅳ - 내 컴퓨터 150% 활용하기(BIOS 셋업)<br>10주. 과제 해결 Ⅴ - 운영체제 설치 및 최적화<br>11주. 결과 정리 - 포트폴리오 정리(팀 활동)<br>12주. 발표 Ⅰ(1팀~5팀) - 결과에 대한 공유<br>13주. 발표 Ⅱ(6팀~10팀) - 결과에 대한 공유<br>14주. 발표 Ⅲ - 내가 조립한 PC, 셀프 벤치마킹<br>15주. 평가 - 자기 평가 및 지필 평가 |
| ◎ 사전 지식 |
| 컴퓨터 기본 용어 숙지 |
| ◎ 기타 유의사항 |
| 컴퓨터 부품 구입 시 안전한 쇼핑몰 선택 |

실제 수업에 있어서 프로젝트 중심 수업의 절차에 맞추어 준비, 실행, 마무리의 과정으로 간략히 정리하면 다음과 같다.

### ※ "컴퓨터 조립"프로젝트 중심 수업 과정

| 수행 단계 | | 활동 내용 | 주 |
|---|---|---|---|
| 준비 | ① 목적 설정 | 주제에 대한 토의, 공동 주제망 구성 | 1 |
| | ② 활동계획 수립 | 활동계획서 작성 | |
| 실행 | ③ 정보 교환 및 팀 구성 | 사전 경험 내용 파악, 이질(동질)집단으로 팀 구성 | 2 |
| | ④ 컴퓨터 부품에 대한 탐구 | 컴퓨터 각 부품에 대한 특성 및 사양 이해 | 3~5 |
| | ⑤ 부품 구입 및 조립 및 운영체제 설치 | 컴퓨터 조립과 부품에 대한 현장 조사, 용도에 맞는 컴퓨터 부품을 구입하여 정확하게 조립하고 운영체제 설치 | 6~10 |
| 마무리 | ⑥ 결과 정리 | 팀별 포트폴리오 정리 | 11 |
| | ⑦ 발표 | 팀별·개인 발표, 결과에 대한 공유 | 12~14 |
| | ⑧ 평가 | 자기평가 및 지필평가 | 15 |

위에서 살펴본 바와 같이 8단계 수행 절차 중에서 과제 해결 단계인 ⑤단계의 활동을 구체적으로 알아보고자 활동지(7~9주)를 예시하였다.

### ※ 과제해결 활동지(7주)

| "컴퓨터 부품 내가 고른다" | | |
|---|---|---|
| 모둠 이름 | · 강한 자들 | |
| 학습 주제 | · 인터넷을 통해 컴퓨터 부품 구입하기 | |
| 활동 내용 | · 컴퓨터 부품에 대한 이해를 바탕으로 사용자가 원하는 컴퓨터 부품(메인보드, 램, CPU, HDD, 그래픽카드, ODD, 파워서플라이, 케이스 등)을 인터넷으로 구매<br>· 제조사, 기능, 특성 등을 고려하여 구매 | |
| 탐구 방법 | · 컴퓨터 부품 종합 쇼핑몰 이용<br>· 검색 포탈 서비스를 이용한 전문가 및 사용자 의견 참조 | |
| 사전 활동 | · 컴퓨터 부품 쇼핑몰 탐색, 이용방법 숙지 | |
| 역할 분담 | 성 명 | 맡은 역할 |
| | 홍길동 | 메인보드 구입 |
| | 김좌진 | CPU, 램 구입 |
| | 안익태 | 케이스, 파워, HDD, ODD 구입 |
| | 이인직 | 팀원의 부품 사양 종합 관리(팀장) |
| 사 양 | · 동영상 재생 및 멀티미디어를 주로 하는 컴퓨터 부품 구입 | |

이번 수업에서의 팀원들은 각자 맡은 역할을 수행한다. 제품을 선택하는데 다양한 제품 중에서 용도, 호환성, 제조회사, 가격, 디자인 등을 고려하여 팀장의 주도하에 부품을 고른다. 물론 부품을 고르는데 있어서 일반적으로 알고 있는 것처럼 대부분 가격이 비싸면 성능 또한 좋기 마련이다. 팀장 및 팀원은 용도에 맞는 부품을 고르는데 가격대비 성능을 적절히 고려하여 최적의 부품을 고르는 것이 목적이다. 그러므로 부품의 제조회사, 쇼핑몰, 결제 방법 등 가격을 결정하는 요소들과 호환성을 따지는데 전문가의 의견 및 사용자들의 리뷰가 중요할 것이다. 또한 맡은 부품을 고르는데 팀원 자신의 주된 역할도 충실히 하지만 다른 팀원들의 활동내용도 숙지해야만 된다. 이러한 종합적인 부품 선택 활동을 통해서 적절한 부품을 선택할 수 있는 지혜를 모으는 것이 이번 수업의 목표이다. 교수자는 차시예고로 **컴퓨터 조립** 순서와 유의사항 알아오기를 당부한다.

**※ 과제해결 활동지(8주)**

| "컴퓨터 조립 우리가 한다" | | |
|---|---|---|
| 모둠 이름 | · 강한 자들 | |
| 학습 주제 | · 컴퓨터 부품 조립하기 | |
| 활동 내용 | · 구매한 컴퓨터 부품(메인보드, 램, CPU, HDD, 그래픽카드, ODD, 파워서플라이, 케이스 등)을 순서에 맞게 제대로 조립하기<br>· 내부의 열 방출, 전선의 전자기 유도 등을 고려하여 전선 정리 | |
| 탐구 방법 | · 제품 매뉴얼을 상세하게 살펴보기<br>· 검색 포탈 서비스를 이용한 전문가 의견 참조 | |
| 사전 활동 | · 컴퓨터 조립시 유의사항 숙지 – 전문가, 인터넷 정보 활용 | |
| 역할 분담 | 성 명 | 맡은 역할 |
| | 홍길동 | 메인보드 매뉴얼 숙지 및 조립 |
| | 김좌진 | CPU, 램 매뉴얼 숙지 및 조립 |
| | 안익태 | 케이스, 파워, HDD, ODD 매뉴얼 숙지 및 조립 |
| | 이인직 | 조립 순서 숙지 및 조립(팀장) |
| 기타 사항 | · 컴퓨터 부품에 대한 에러를 최소화하기 위해서 주의사항을 숙지 | |

이번 수업에서의 팀원들은 각자 맡은 역할을 수행한다기보다 팀원 모두가 함께 조립한다. 팀원 모두가 팀장의 주의 사항을 숙지하고 참여한다. 팀원들은 조립 순서를 사전 과제를 통하여 알고 있어야 하며 팀장은 순서대로 진행되는지를 주의 깊게 살펴야 한다. 부품의 특성상 "딱" 소리가 나야 완전히 조립되는 것들이 있는데 이와 같이 그 느

낌을 알기위해서는 팀원 모두가 조립 실습에 참여해야 한다. 또한 컴퓨터는 한번 조립이 되면 부품별로 업그레이드하기 전까지는 해체를 잘 하지 않으므로 최종적인 배선을 신경 써서 마무리 지어야 한다. 흔히 배선작업은 보기에 깔끔하게 하는 것이 좋아 보일지 모르지만 전기 · 전자적으로는 절대 좋지 않다. 배선작업은 사실상 중요한 문제이다. 배선 작업을 소홀히 하면 눈에 잘 보이지 않는 컴퓨터 에러가 생길 뿐 아니라 각종 고장의 원인이 되기도 한다. 그러므로 사용 중 컴퓨터 에러를 사전에 예방할 수 있으려면 배선을 깔끔하게 하기보다 전기 · 전자적으로 에러가 나지 않도록 해야 함을 명심해야 한다. 교수자는 차시예고로 메인보드 매뉴얼의 내용을 팀원끼리 부분별로 나누어 공부해오도록 한다.

### ※ 과제해결 활동지(9주)

| "사양을 뛰어넘는 성능을 위하여" | | |
|---|---|---|
| 모둠 이름 | · 강한 자들 | |
| 학습 주제 | · 컴퓨터 바이오스 셋업하기 | |
| 활동 내용 | · 조립한 컴퓨터의 성능을 최대한 활용하기 위해서 바이오스 셋업하기 | |
| 탐구 방법 | · 메인보드 매뉴얼을 자세히 읽고 셋업 하기<br>· 검색 포탈 서비스를 이용한 전문가 의견 참조 | |
| 사전 활동 | · 팀원의 부분별 메인보드 매뉴얼 숙지 | |
| 역할 분담 | 성 명 | 맡은 역할 |
| | 홍길동 | Advanced BIOS Features, Integrated Peripherals 설정 |
| | 김좌진 | Integrated Peripherals, Power Management Setup 설정 |
| | 안익태 | PnP/PCI Configurations, PC Health Status 설정 |
| | 이인직 | Standard CMOS Features, MB Intelligent Tweaker(M.I.T.) 설정(팀장) |
| 기타 사항 | · 반복 셋팅 연습을 하거나 에러가 발생시 Load Fail-Safe Defaults, Load Optimized Defaults로 복구 | |

이번 수업에서는 조립한 컴퓨터의 성능을 최대한 발휘 하도록 하고 사용자의 취향에 맞게 BIOS 셋업 하는 것이 목적이다. BIOS는 각 메인보드 마다 다르다. 국내에서 유통 중인 대부분의 메인보드는 어워드(Award) BIOS를 탑재하고 있다. 특히 조립 PC는 대개 어워드 BIOS를 사용하며, 피닉스(Phoenix) BIOS는 대기업 PC와 노트북 PC에 주로 사용된다. 이 밖에도 AMI BIOS, MR BIOS 등도 일부에서 사용되며, IBM, 컴팩 등 일

부 대기업 PC에는 자체 제작한 BIOS가 들어 있다. 그러므로 제품을 구입할 때의 메인보드 매뉴얼을 보고 셋업 하는 것이 정확한 방법이라고 할 수 있다. 또한 한 메인보드에 대해서 BIOS 셋업을 확실하게 해 놓으면 다른 메인보드의 바이오스 환경도 비슷한 항목들이 있으니 익숙하게 할 수 있다. 팀원 전체가 한 번씩 해 볼 수 있도록 Load Fail-Safe Defaults, Load Optimized Defaults로 돌리고 반복해서 셋업 실습을 할 수 있다.

**※ 성찰 및 자기평가 예시**

| 자기 평가 보고서 | | |
|---|---|---|
| (　　　　)학과　학번(　　　　)　이름(　　　　) | | |
| 프로젝트 활동에 대한 자신의 생각을 자세히 써 보시오. | | |
| 1 | 프로젝트 활동을 통하여 알게 된 것은 무엇인가? | |
| 2 | 프로젝트 해결과정은?<br>(과정의 활동 내용을 자세히 쓰세요) | |
| 3 | 프로젝트 활동을 통하여 알게 된 것을 어떤 주제에 적용할 수 있는가? | |
| 4 | 프로젝트 활동에서 잘된 점과 잘못된 점은 무엇인가? 이유도 써보자 | |
| 5 | 우리 모둠의 강점은? | |
| 6 | 모둠에 대한 어떤 역할을 맡았으며 어떤 공헌을 했는가? | |

# 4. 설계 중심 학습(Design Based Learning)

## 가. 이론

### 1) 설계

Cross(2000)는 그의 저서 'Engineering Design Methods Strategies for Product Design'에서 전통적인 공예 기반에서의 설계와 현대 산업사회에서의 설계를 구분하고 있다. 전통적인 공예를 기반으로 하는 사회에서는 인공물을 구상하거나 '설계하는 것'이 그것을 만드는 것과 전혀 분리되어 있지 않았다. 즉, 인공물을 제작하기에 앞서 통상적으로 도면으로 표현하거나 모형으로 만들지 않는다. 예를 들면, 도공은 그릇에 대한 스케치나 도면을 한 장도 그리지 않고 바로 진흙으로 작업하면서 그릇을 만들 것이다. 그러나 현대의 산업사회에서는 일반적으로 인공물을 설계하는 활동과 제작하는 활동이 완전히 분리되어 있다. 통상적으로 제작 과정은 설계 과정이 완료되기 전에는 시작할 수 없다. 어떤 경우에는 설계하는 기간이 수개월이 걸릴 수 있지만, 각각의 개별적인 인공물을 제작하는 평균 기간은 단지 몇 시간 혹은 몇 분밖에 걸리지 않을 것이다.

최유현(2004)은 기술에서의 설계와 예술에서의 설계는 의미가 다름을 다음과 같이 밝히고 있다. 첫째, 기술적 설계 활동은 인간의 필요와 요구에서 출발하는 기술적 활동으로 예술적 상상력에 기초하는 예술적 디자인과 구별이 된다. 둘째, 설계 활동은 일정한 사고 과정에 기초하는 정신적 활동이다, 즉 설계 활동은 상상과 구상화, 모델링과 의사소통, 조사와 분석, 아이디어 개발과 종합이라는 사고 과정을 거치며, 그 과정에서 **설계의 수준이 개념적 설계(conceptual design), 구상 설계(embodiment design), 상세 설계(detail design)**로 발전된다.

Thompson(1998)은 그의 저서 Creative Engineering Design에서 공학에서 가장 중요한 부분으로 공학설계를 언급하면서, 공학설계는 시장의 욕구를 만족시켜 주는 제품의 창조와 관련된 포괄적 과정(global process)이며, 다음과 같은 속성을 가지고 있다고 하였다.

- 다분야간 연계된 과정이다.

- 매우 복잡하다.
- 창조성과 분석을 필요로 한다.
- 상호 작용적 활동이다.
- 반복되는 과정이다(p. 7).

또한 미국에서의 **공학설계**는 개념설계와 **제품설계**의 두 단계로 이루어져 있음을 언급하였다. 개념설계 단계에서의 첫 번째 고려대상은 기능이며, 제품의 필수요건을 충족시킬 수 있는 잠재적인 여러 가지의 개념들이 창조된다. 이 창조적 활동은 개략적 스케치(rough sketch)로 아이디어를 기록해 놓는다든가 혹은 글로 설명될 수 있다. 일반적으로 개념설계의 폭이 넓을 수록 실현 가능성이 높은 제품이 탄생될 가능성이 커진다. 개념설계에서 가장 타당한 개념이 다음 단계인 제품설계 단계의 기초를 제공한다. 이 단계에서 가장 우수한 개념(winning concept)이 공학적 도안과 제품생산을 위한 세부계획으로 바뀌어지게되고, 모든 부품 혹은 부조립품에 대한 재료, 형상 및 기타 제조공정상의 속성들이 정해진다.

Haik(2003)은 목표와 기준을 세우고 조합, 분석, 구조, 시험, 평가하는 과정을 설계프로세스의 본질적 요소라 하였으며, 공학설계의 커리큘럼은 학생의 창의력 개발, 무한한 문제의식, 현대디자인 이론과 방법론의 사용, 디자인 문제 설명서, 생산과정, 수반된 공학설계, 세부시스템 설명의 공식화 등을 포함하여야 하고, 경제적 요소, 안정성, 신뢰성, 심미성, 윤리성, 사회적 파급효과 같은 실제적 요소를 반영해야 한다고 주장하였다. 그리고 설계에 대해서 다음과 같이 세 가지로 구분하여 제시하였다.

- **적응설계**(adaptive design): 많은 경우에 설계자는 기존 설계를 이용하여 작업한다. 설계자는 약간의 변형만 가하고 실질적 발전은 없는 제조 분야가 많다. 이런 종류의 설계는 특별한 지식이나 기술이 필요 없다. 문제가 발생하더라도 일상적인 기술 훈련으로 손쉽게 해결할 수 있다.
- **개발설계**(development design): 발전된 설계를 위해서는 좀더 과학적인 훈련과 설계 능력이 필요하다. 설계자는 기존 설계에서 출발하지만 최종 결과물은 그것과 현저히 다르다.
- **새로운 설계**(new design): 극소수의 설계만이 이 범주에 속한다.

이상을 종합하면, 공학에서의 설계는 인간의 욕구를 충족시키기 위하여 과학적 원리를 이용하는 포괄적이며 창조적이며 실제적인 정신 활동이라 할 수 있다. 또한, 전통적 공예에서의 설계나 예술에서의 설계와 구분되며, 주로 제품 제작단계 이전에 행해지고, 정신 활동을 통한 아이디어를 물리적으로 실현하게 된다.

### 2) 설계 문제

설계 문제는 보통 고객이나 회사의 경영자와 같은 누군가가 설계자에게 제시한 어떤 형식의 문제 진술로부터 시작된다. 통상적으로 설계 개요라고 불리는 이러한 문제 진술은 그 형식이나 내용이 크게 다를 수 있다. 다양하게 제시되는 설계 개요 및 설계 문제는 하나의 목표, 성취해야 할 목표 범위 내의 제한조건들, 성공적인 해결안임을 평가할 수 있는 기준들을 포함하고 있다. 설계 문제에는 해결안이 무엇인지 나타나 있지 않으며, 해결안을 찾을 수 있는 어떤 방법도 포함하고 있지 않다. 다른 종류의 문제들과 달리 문제를 만든 사람이 그 문제의 해결안이 무엇인지 모르며, 그 답을 보고서야 겨우 인식하게 된다. 어떤 경우에는 해결안을 보고도 인식하지 못하는 경우도 있다.

이와 같이 설계자가 도출한 해결안이 고객에게는 '가능할 것이라고 전혀 생각하지 못했던' 것이거나, 심지어는 '자신이 원하는 것이지만 미처 깨닫지 못하고 있던' 것일 수도 있다. 매우 자세하게 문제가 진술되었다 할지라도 해결안이 어떻게 되어야만 하는지에 대한 아무런 암시도 주지 못하는 경우도 있다. 설계 문제는 이와 같이 불확실성을 가지고 있으며 이러한 특성이 설계자가 도전적이게 만드는 것이다.

Cross(2000/2004)는 불확실한 설계 문제가 가지는 특징을 다음과 같이 제시하였다.

첫째, 문제에 대한 명확한 공식화가 없다.

문제가 초기에 정립될 때, 그 목표는 일반적으로 모호하며, 많은 제한 조건과 기준들은 알려지지 않는다. 문제의 전후 관계는 때때로 복잡하고 혼잡하며 이해하기도 어렵다. 문제를 해결하는 과정에서 일시적으로 문제에 대한 공식화할 수는 있겠지만 이러한 공식화는 불안정하며 또 더 많은 정보들이 이용됨에 따라서 변할 수 있다.

둘째, 어떠한 문제의 공식화이든 모순을 포함할지 모른다.

문제는 내면적으로 모순이 없을 수가 없다. 즉, 수많은 불일치와 모순을 해결안에서 풀어야만 한다. 종종 문제해결 과정에서만 모순이 드러나기도 한다.

셋째, 문제의 공식화는 해결안에 의해 좌우된다.

문제를 공식화하는 방법은 그 문제를 해결하는 방법에 달려 있다. 즉 해결안의 개념에 대하여 암시적으로 혹은 명백하게 언급하지 않고 문제의 진술을 공식화하는 것이 어렵다. 해결안을 이해하는 방법은 문제를 이해하는 방법에 영향을 미친다.

넷째, 해결안을 제안하는 것이 문제를 이해하는 하나의 방법이다.

문제에 대한 많은 가정들과 불확실한 특정 영역들은 단지 해결안의 개념을 제안함으로써 밝힐 수 있다. 수많은 구속조건과 기준은 제안된 해결안을 평가한 결과로서 나타난다.

다섯째, 문제에 대한 결정적인 해결안은 결코 존재하지 않는다.

상이한 해결안들이 동등하게 초기 문제에 대하여 타당한 응답일 수가 있다. 해결안에 대하여 객관적으로 참인가 거짓인가에 대한 평가를 내릴 수는 없다. 그러나 해결안의 좋고 나쁨 혹은 적합 부적합함에 대하여는 평가할 수가 있다.

설계 문제들은 대체로 불명료한 문제들이라고 인식되고 있다. 일반적으로 고객에 대한 질문, 정보수집, 연구 수행 등을 통하여 문제에 대한 초기 정의를 개선하기 위하여 몇 가지 단계들을 취할 수 있다. 또한 불명료한 문제들을 해결하는데 적용할 수 있는 몇 가지의 합리적인 절차와 기법들도 있다. 그렇지만 앞에서 나열된 불명료한 문제에서 기술한 바와 같이 설계자들의 전통적인 접근방법은 하나 혹은 일련의 잠재적 해결안으로 신속하게 이동하여, 문제를 더욱 명확하게 정의하고 이해하는 수단으로 이를 이용하는 것이다.

### 3) 설계 과정

Bryan Lawson(1980)은 설계를 결과물로 결정지을 수 있는 것으로 보기보다는 과정으로 이해하여야 하며 이를 이끌어가는 주체는 창조적인 사고과정이라 하였다. 또한 다양한 종류의 설계만큼이나 설계 과정도 다양하게 나타난다. 설계 과정은 설계 문제와 그 해결안을 포함하며 이 두 가지는 상호의존적인 관계를 가지고 있다. 문제를 언급하지 않고 해결안을 요구하는 것은 무의미하며 그 반대도 크게 의미 있지는 않다. 설계를 과정으로 보아야 하는 근거와 함께 설계의 본질에 대하여 Bryan Lawson(1980)은 다음과 같이 제시하였다(이은주, 류성현, 1996).

1. 설계 문제는 종합적으로 서술될 수 없다.

설계 과정의 개념도를 발전시키는데 있어서 어려움 중의 하나는 문제의 모든 국면들이 드러나는 단계를 확실히 하기가 불가능하다는 점이다. 일정한 단계로 분류하거나 요약할 수 있을 만큼 설계 문제가 간단하지 않기 때문이다. 우리는 설계 문제를 종합적이며 정태적인 것으로 공식화할 수 없고, 오히려 설계 문제의 해결안과의 유기적인 긴장 관계를 갖고 있는 것으로 보아야 한다.

2. 설계 문제는 주관적인 해석이 필요하다.

설계 문제는 주관적인 해석이 필요하므로 불가피하게 주관적인 가치판단을 포함한다. 똑같은 문제의 해결 방법에 대해 각각의 다른 전문가들은 그들의 지식과 경험을 바탕으로 서로 다른 해결안을 찾기 위해 노력하게 된다. 문제를 인식하는 각도에 따라 해결안은 얼마든지 다양하게 도출할 수 있다. 때문에 의식적이든 무의식적이든 주관적인 상황이 개입된다고 보아야 한다. 이 점이 설계 문제의 객관적인 공식화를 기대할 수 없고 그들의 객관화된 평가 역시 기대하기 힘들게 되는 이유이다.

3. 설계 과정은 끝이 없고 수많은 서로 다른 해결안이 있다.

설계 문제가 종합적으로 서술될 수 없고 정확히 계측할 수 없다는 관점에서 본다면, 문제에 대한 모든 해결방법이 한정적이거나 확인할 수 있는 결말을 가질 수는 없다는 것을 인식해야 한다. 해결안이란, 그 설계의 생명이 끝날 때까지 계속해서 수정 보완될 수 있으며, 진정으로 완결되는 시점 역시 확인 할 수 없다. 때문에 설계자는 책임있게 설계 과정의 사이클을 관장할 수 있어야 한다. 이들을 평가할 수 있는 것은 그 설계의 생명이 끝난 후에라야 가능할 것이다.

4. 절대적으로 잘못이 없는 정확한 과정은 없다.

설계 교육의 목적은 좋은 결과를 얻기 위해서가 아니라 자신만의 설계 과정을 확립하기 위한 것이다. 따라서 설계 과정을 조정하고 변경하는 방법의 연구가 설계자들이 개발하여야 할 가장 중요한 기술 중의 하나임을 이해해야 한다.

이상에서 살펴 본 바와 같이 문제를 발견하는 것과 해결안을 만들어내는 것은 분명 합리적인 과정임에도 불구하고 논리가 위주로 되는 행위라고는 볼 수 없기 때문에 우리는 설계 과정이 고차원의 창조적 사고를 요구한다는 것을 예상하여야 한다. 창조적 사고 과정은 설계자 자신의 문제이며 설계 과정의 핵심으로 볼 수 있다.

## 나. 특징

김종백(2003)은 그의 논문에서 공학적 인공물의 설계라는 현실과제를 통해 상황에 적절한 지식을 이해하게 하고 복합적인 디자인 과제의 환경을 그대로 접할 수 있는 맥락을 제공하는 설계 중심 학습(Design-Based Learning)을 소개하였다. 그의 논문에서 밝힌 설계 중심 학습의 개념과 역사적 배경을 바탕으로 특징을 정리하면 다음과 같다.

설계 중심 학습은 그 역사적 뿌리를 Dewey의 이론에서부터 찾아볼 수 있다. Dewey는 지식의 전수로서 교육모형을 반대했고 생활경험의 재조직으로서 교육적 과정을 보았다. Dewey는 학습이란 학습자가 주도가 되어 실제 생활과 밀접한 관련있는 문제 상황을 해결해나가는 과정으로 보았고 많은 연구자들은 이러한 Dewey(1933, 1938)의 노작교육에 근거한 여러 가지 실천모형들을 제시해 왔다. 설계 중심 학습도 이러한 철학적 기반에 바탕을 두고 있다.

많은 교수학습 모형 중에서, 특히 디자인 중심 학습의 강점이라고 한다면 일반적으로 쓰이는 디자인 과제가 일상에 관련되어 있어 의미 있고 도전적이기 때문에 학생들의 인지적 노력을 오랫동안 유지시켜 준다는 것이다(Papert, 1980). 둘째, 학생들은 머리 속이 아니라 실제로 자신의 표현된 사고의 외형물을 이용해서 자신들의 정신적 모형을 검증할 수 있다는 것이다(Schőn, 1986). 예를 들어, Papert(1980)는 학생들이 컴퓨터 프로그래밍을 이용해서 음악을 만드는 행위는 딱딱한 프로그래밍을 배우는 것이 학생들에게 의미 있는 지식을 구성해나가는 과정으로 전환된다는 것을 보여주었다.

## 다. 절차

현대의 설계는 과거에 비해 복잡해지고 있으며 이용 가능한 새로운 재료와 장치, 엔지니어에게 주어지는 새로운 문제 등이 많아짐으로써 엔지니어에 대한 요구들이 더욱 증가하고 있다. 또한 오늘날 설계되고 있는 많은 제품과 기계들은 매우 다양한 형태를 가지고 있으며 이전에는 존재하지 않았던 것이다. 또한 앞으로도 지금까지 존재하지 않았던 새로운 제품과 기계가 설계될 것이다.

이러한 환경이 요구하는 설계 능력은 다양한 유형의 설계 문제에 적절히 대응할 수 있는 능력일 것이다. 이를 위해서는 적절한 설계 과정의 제시가 필요하다. 따라서 다양한 유형의 설계 문제 해결에 적합하고 상황과 조건에 따라 적절히 선택 가능한 기법을 포함하는 설계 과정이 필요할 것이다. 이를 위하여 새로운 설계 과정으로 다음과 같이 7

단계의 설계 과정을 제안한다.

1단계 : 문제 확인하기
2단계 : 계획 수립하기
3단계 : 정보 수집하기
4단계 : 설계 목표 구체화하기
5단계 : 새로운 아이디어 찾기
6단계 : 아이디어 평가하기
7단계 : 제품 제작하기

이 설계 과정은 각 단계의 순차적인 형태로 구성하였으며, 각각의 단계에서 활용 가능한 기법 위주로 설명하였다. 모든 설계 문제에서 반드시 7단계를 모두 거쳐야 하는 것은 아니다. 설계 상황 및 문제 특성에 따라 적용되는 과정은 엔지니어가 선택하는 것이 바람직할 것이다.

#### 1) 문제 확인하기

문제 확인하기 단계는 필요성 인식, 문제 정의, 목표 명료화의 단계로 진행된다. 각 단계는 다음과 같다.

##### 가) 필요성 인식

설계자는 누군가의 요구를 만족시키고 이득을 창출할 수 있는 제품을 설계하여야 한다. 그러므로 고객이 원하는 바를 확인하여 제품 설계의 필요성을 인식할 필요가 있다.

설계의 필요성을 확인하기 위해서 고객의 요구를 직접적으로 확인하는 것이 하나의 방법이 될 수 있다. 예를 들면, 한 회사가 고용량의 저장 매체를 생산하고자 할 때, 초기 단계에서 소비자들이 느끼는 필요성에 대해서 확인하여야 한다. 이를 위해서 회사는 고객이 다가오기를 기다리기보다 직접 고객에게 다가가 필요성에 대해서 확인하여야 할 것이다. 또한 잠재적인 고객들이 기존의 제품을 사용하는 모습을 직접 또는 녹화를 통하여 관찰하는 방법들이 있을 수 있다.

고객이 원하는 바를 직접적으로 확인하는 방법 이외에도 앞으로의 환경 변화를 고려하여 고객들의 요구를 예측하는 것도 하나의 방법이 될 수 있다. 이는 지구 환경의 변화, 트렌드의 변화 등을 예측함으로써 잠재적인 요구를 확인하고 이에 대한 제품 설계의 필요성을 인식하는 방법이다. 이는 세계 유수의 자동차 기업들이 지구에 존재하는 화석연료의 고갈을 예측하고 대체에너지를 활용한 자동차 개발에 앞장서고 있는 상황을 그 예로 들 수 있다. 또한 직접적인 고객의 요구가 없더라도 엔지니어가 먼저 잠재적인 요구를 발견하고 이를 만족시킬 수 있는 새로운 제품을 개발하여 신제품 경쟁을 벌이는 것과도 매우 높은 관련성을 가지고 있다.

### 나) 문제 정의

문제 정의에는 두 가지 단계가 있다. 첫째는 문제를 진술하는 것이고 또 하나는 설계 제한요소를 결정하는 것이다.

문제 진술에 대해서 주의 깊게 사고하고 간결하게 표현하는 것은 설계의 주요 쟁점에 대해서 집중하는 것을 도울 수 있다. 대부분의 엔지니어들이 겪는 실수는 설계 상황으로부터 문제를 잘못 정의하고 이를 해결하려는 것이다. 효과적인 문제의 진술을 위한 방법은 다음과 같다.

- 창의적인 해결책을 자극할 수 있도록 문제의 본질을 고려하여 진술하라.
- 선입견을 개입시키지 마라.
- 기능 중심으로 문제를 표현하라.

설계하고자 하는 제품의 제한 요소를 정확하게 표현하는 것은 매우 중요하다. 설계 제한 요소들은 가능하다면 고객들로부터 검토를 받는 것이 좋으며 가급적 정량적으로 표현하는 것이 중요하다.

설계 제한 요소의 예를 들면 다음과 같다. 태양 전지 자동차 경주대회에서 우승하기 위한 자동차를 설계하는 상황을 예로 들면, 우승을 위해서는 가급적 가볍고 빠른 가속력을 가지는 자동차가 좋을 것이다. 이때 가볍고 빠른 가속력을 가지기 위한 요소들 즉, 차체의 무게와 모터의 출력 등이 설계 제한 요소가 되는 것이다. 이러한 설계 요소들은 고객과 엔지니어 간 또는 설계팀 구성원 간의 효율적인 의사소통을 위해서 양적으로 표현하는 것이 바람직하다. 물론 모든 설계 제한요소가 양적으로 표현될 수는 없지만 이런 이유로 가급적 양적으로 표현하는 것이 중요하다.

### 다) 목표 명료화

고객이 설계자에게 처음으로 접근할 때, 그 요구가 매우 명확하게 표현되는 경우는 거의 없는 것 같다. 대부분의 고객은 단지 원하는 제품의 유형만 알고 있을 뿐이며, 설계하고자하는 제품에 대한 구체적인 아이디어는 가지고 있지 않을 것이다. 오히려 해결하고자 하는 문제만 가지고 있는 경우가 대부분일 것이다.

따라서 설계는 불분명한 문제나 다소 모호한 요구사항으로부터 시작된다. 엔지니어에게 설계 목표가 완전하고 분명하게 진술되어 주어지는 경우는 거의 없을 것이다. 그러므로, 설계 목표를 명료하게 하는 것이 설계 초기에 가장 중요한 단계라 볼 수 있다. 비록 그 목표들이 설계 과정 중에 변경되고 수정 될 지라도 목표들을 명료화하는 것은 전반적인 설계 과정을 통제하고 관리하는데 도움이 되기 때문에 매우 중요하다.

목표 계층도는 명료한 목표 진술에 도움을 주며 목표들 간의 상호관계와 위계를 나타내는데 유용하다. 또한 목표 계층도를 작성하는 절차는 목표를 명료하게 하는 데 도움을 주며, 고객의 요구사항을 구체화하는데도 도움을 준다. 목표 계층도를 작성하는 과정은 다음과 같다.

① 설계 목표의 목록을 준비한다.
② 설계 목표 목록을 상위 목표와 하위 목표로 정리한다.
③ 목표 계층도를 그린다.

## 2) 계획 수립하기

대부분의 사람은 자신이 무엇을 해야 하는지 알고 있을 때 일을 더욱 효과적으로 처리하게 된다. 설계의 경우도 초기 단계에서 계획을 세우고 이에 따라 과정을 관리한다면 더 좋은 결과를 가져올 수 있다. 설계 과정에 대한 계속적인 관리는 설계의 효과성과 설계 과정의 효율성을 증대시킬 수 있는 기회가 될 수 있다.

실제 설계에서 전체 과정에 대한 관리는 매우 복잡한 작업일 수 있지만 이로 인해 설계 과정의 효율성을 매우 높게 증대시킬 수 있다. 설계 과제에 대한 관리의 기본적인 절차는 계획세우기-평가하기-조정하기의 순서로 진행된다.

### 가) 계획 세우기

설계 계획세우기는 과제를 완성하기 위한 가용 자원과 제품 생산의 기한 등을 고려해야 한다. 또한 누가, 무엇을, 언제, 어떻게 작업하는지를 포함하여야 한다.

작업 일정에 대한 관리는 여러 가지 방법으로 가능하다. 제품 납기 기한이 정해졌다면 납기 기한을 중심으로 역으로 계산해 나가는 방법이 적합할 수 있다. 예를 들면, 납기일이 4월 8일이라고 할 때, 설계 마감일은 제작에 소요되는 기간을 고려하여 결정하면 된다. 제작 소요기간이 1개월이라면 설계 마감일은 3월 8일이 되는 것이다.

계획은 개략적으로 세운 후 구체적으로 발전시키는 것이 좋다. 특히 규모가 큰 과제의 경우는 작은 하위 과제로 구분하는 것이 구체적으로 계획을 세우는데 도움이 될 것이다. 훌륭한 계획은 설계 과정에서 각각의 과정과 작업들 간의 관계를 충분히 고려하여 작성하는 것이다. 설계 과정에서의 각 단계와 작업의 선후와 소요기간 등을 충분히 고려하여 시간을 낭비하게 되는 경우나 너무 촉박하여 설계 진행에 무리가 되는 경우가 없도록 하여야 한다.

불확실성에 대한 대비도 무척 중요하다. 예를 들면, 완성일자가 확실하지 않다면 다음 작업의 시작일자는 당연히 불확실하게 될 것이다. 설계 작업과 관련된 가치 있는 자원의 낭비를 줄이기 위해서는 예상외로 길어진 작업에 대응할 수 있도록 차선의 계획을 확보하는 것이 매우 중요하다.

#### 나) 계획 평가하기

계획은 계획일 뿐, 실제제품 완성기한과는 관계가 적은 것으로 생각할 수 있다. 그러나 설계 과정의 계획과 실제를 일치시키기 위해서는 정기적으로 검토하고 평가하는 것이 매우 중요하다. 계획상의 시작 시기와 종료 시기를 실제 설계 과정에서의 시작시기와 종료시기와 비교하고 예상 소요 시간과 비용을 실제와 비교하여야 한다. 이러한 작업을 통하여 계획과 실제와의 차이를 감소시켜 가는 작업이 필요하다. 계획과 과정을 일치시키기 어려울수록 불확실성은 더욱 증가하게 될 것이고 제품 완성기한을 맞추는 것은 더욱 어렵게 될 것이다.

정기적인 평가는 현재의 진행 상황에 대한 검토를 통하여 과정을 향상시키는 것 뿐만 아니라, 미래의 손실이나 비용을 절감하는 중요한 수단이기도 하다. 따라서 계획에 따라 과정이 잘 진행되고 있는지에 대한 정기적인 검토와 평가는 공학설계 과정에 있어서 매우 중요한 사항이라 할 수 있다. 마감 시한 전에 발생할 수 있는 다양한 상황에 대해서 정기적으로 확인하고 검토하고 평가하는 것은 훌륭한 리더의 성향이기도 하다.

진행 상황에 대한 정기적인 평가는 팀을 효율적으로 관리할 수 있으며 프로젝트의 진행 상황을 항상 확인할 수 있다. 정기적인 검토와 전반적인 계획 진행 상황은 Gantt 차트나 PERT 차트를 이용하면 편리하게 확인할 수 있다.

### 다) 계획 조정하기

계획에 대한 평가는 그 자체로도 유용하지만 주요한 목적은 계획을 조정하기 위함이다. 계획된 시기와 실제 시기와의 차이가 발생할 때 계획을 일부 수정하게 된다. 그러나 계획과 실제가 너무 큰 차이가 나게 되면 계획을 전면적으로 조정하여야 할 것이다.

정기적인 평가가 프로젝트 관리에 매우 중요하다는 것은 분명하다. 정기적인 평가를 통해 수집된 정보는 계획을 수정하는 것 뿐만 아니라 어떻게 수정해야 하는지에 대한 정보를 제공해 준다. 예를 들면, 초기에 산정된 작업 기간과 실제 작업 기간에 대한 평균적인 차이는 실제 작업에 필요한 소요기간에 대한 정보를 제공한다. 또한 각각의 재료들이 어떻게 사용되었는가에 대한 데이터는 자원을 낭비하였는지 또는 부족한지에 대한 정보를 제공한다. 이러한 정보들은 앞으로 계획을 어떻게 세워야 하는지에 대한 기초자료로써 활용하게 될 것이다.

## 3) 정보 수집하기

제품을 개발하고 개선하기 위해 필요한 자본과 시간을 투자하기 전에 신제품 개발이 과연 사업성이 있는지를 설계과정 동안에 판단할 필요가 있다. 대부분의 경우, 수박 겉핥기식의 시장조사로 인해 제품 개발이 실패할 수 있으므로 전체 시장에 대한 포괄적인 조사가 요구된다. 조사 내용으로 제품에 대한 경향, 시장성, 경쟁력, 소비자의 요구사항 및 소비자의 감성지수 등이 포함될 수 있다. 이러한 시장분석은 설계 과정의 초기단계에서 이루어져야 하는데, 이는 향후 제품에 대한 요구사항을 규정하는 중요한 역할을 하며 설계자가 문제를 해결하는 과정에서 손쉽게 다른 조건들을 파악하는데 도움을 준다.

정보 수집하기 단계에서는 해결책을 제시하기보다는 더 나은 해결책을 얻기 위한 정보의 수집에 초점을 맞추는 것이 중요하다. 정보수집의 단계는 설계 과정에서 다양한 해결책을 찾을 수 있도록 도와준다. 또한, 요구사항의 규모와 경쟁대상을 인식시켜주며 나아가 제품 개발을 통해서 얻을 수 있는 것이 무엇인지를 알려준다.

### 가) 고객의 요구사항 도출하기

고객의 요구사항을 도출하는 방법은 여러 가지가 있다. 대표적인 방법으로 타운 와칭(town watching)이 있다.

미국 · 일본 등 선진국에서 행해지고 있는 것으로 젊은이들이 모여드는 거리나 생활양식을 관찰하고 시대의 경향을 포착하는 방법을 타운 와칭(town watching)이라 한다. 이는 주로 기업에서 마케팅을 위한 방법으로 주로 활용해 왔다. 단순히 거리의 겉모습만을 관찰하는 것이 아니라 거리를 구성하는 여러 요소들을 살펴 봄으로써 그 시대의 트렌드를 파악하는 방법이다.

타운 와칭은 설계에서도 소비자들의 요구사항을 파악하는데 유용하게 활용될 수 있다. 또한 개발 중인 설계 제품 및 개발된 제품에 대한 소비자들의 직접적인 평가 기회를 가질 수 있어 개선을 위한 매우 다양하고 풍부한 정보를 얻기에도 매우 좋은 방법이다. 일반적으로 타운 와칭에서 가장 많이 활용되는 관찰 대상으로 사람, 상품, 매장을 들 수 있다. 이들에 대해서 자세히 살펴보면 다음과 같다. 사람은 움직이는 정보원이라 할 수 있다. 다양한 유형의 사람에 따라 다른 행동양식과 가치관을 보여준다. 이런 점들을 유심히 관찰하는 것이 중요하다. 상품은 사람의 감성이나 취향이 응집된 결정체이다. 상품을 통하여 무엇을 선호하고 그 이유가 무엇인지를 알아내는 것이 중요하다.

매장은 소비자의 교류 장소이며 디스플레이나 인테리어를 통해 고유한 개성을 나타내는 장소이다. 사람의 감성이 어떠한 형태로 표현되고 있는 가를 탐색할 수 있는 장소이다. 따라서 관찰자는 매장을 통해서 그 시대의 감성 변화를 읽어내는 것이 중요하다.

거리 관찰을 위해서는 몇 가지 준비물들이 필요하다. 거추장스러울 수 있지만 여러모로 도움이 될 수 있다. 기록을 위한 도구는 기억의 한계를 극복하고 데이터베이스를 구축하는데 매우 유용하다.

타운 와칭의 보편적인 과정은 다음과 같다.

1. 장소 선정 : 설계 제품에 대한 잠재적인 고객이 가장 많이 모여 있는 장소를 선정한다.
2. 기간 선정 : 고객의 다양한 의견을 모으기에 적절한 기간을 선정한다.
3. 타운 와칭 : 사람, 상점, 거리 등을 중심으로 원하는 정보를 수집한다.
4. 데이터 분석 : 수집한 정보를 도표화 하고 이에 대한 설명을 첨부한다.
5. 트렌드 정리 : 분석된 내용을 바탕으로 트렌드를 정리한다.

### 나) 기존 제품 분석하기

목표 명료화하기 단계와 계획 수립하기 단계를 거쳐 고객의 요구를 도출한 후에는 경쟁 제품 또는 기존에 개발된 제품에 대해서 분석을 하는 것이 중요하다.

기존 제품에 대한 분석은 다른 설계자들은 비슷한 유형의 설계 문제들을 어떻게 해결하였는지를 확인할 수 있는 기회를 가질 수 있도록 한다. 이러한 과정은 자신이 구상한 제품 설계 과정 및 해결안을 다른 이들의 설계 과정과 해결안과 비교함으로써 더 나은 해결책을 찾는데 도움을 준다.

기존의 제품을 분석할 때 적용할 수 있는 유용한 방법으로 기능 분석법을 적용할 수 있다. 기능 분석법은 기존 제품의 필수적인 기능들을 체계적으로 확인 할 수 있으며, 더 나아가 설계 될 제품이 충족시켜야 최소한의 조건들을 구체화 시키는데 큰 도움을 줄 수 있다.

또한 설계 제품이 만족시켜야 하는 최소한의 조건들에 대한 구체화는 최소한의 기능을 확인할 수 있게 하며 설계에서 만족시켜야 하는 해결안 개발을 효율적으로 돕게 된다.

기능 분석법은 다음과 같은 과정을 거쳐서 수행된다.

① 제품의 전체 기능을 입력과 출력으로 전환하여 블랙 박스로 표현한다.
② 전체 기능을 필수적인 기능들로 세분화한다.
③ 필수 기능들 간의 상호작용을 보여주는 블록 다이어그램을 그린다.

### 4) 설계 목표 구체화하기

설계 목표 구체화하기 단계는 고객의 요구사항을 충족시킬 수 있는 제품 설계를 위하여 공학적 특성을 명확하게 하고 설계 목표를 구체적으로 정립하는 단계이다.

엔지니어는 제품의 물리적 요소에 대하여 결정하며, 이에 따라 제품의 공학적 속성을 결정한다. 또한 제품의 공학적 속성은 제품의 특성을 결정하게 되며, 제품의 특성은 고객의 요구와 제품의 필수 조건을 충족시키게 된다. 즉 고객의 요구를 만족시키기 위해서 제품의 특성을 규정하고 제품의 특성을 만족시킬 수 있는 공학적 속성을 규정한다는 것이다. 이는 고객의 요구를 적극적으로 반영하여야 상업적 성공 여부가 결정된다는 것이다.

설계 제품의 특성에 대한 우수성은 고객의 요구사항과 공학적 속성 간의 관계를 면밀히 검토함으로써 보장할 수 있다. 고객은 상업적인 성공을 결정하는 가장 중요한 사람이다. 고객이 구매하지 않는다면 상업적으로 실패하게 된다. 따라서 고객의 목소리는 제품의 특성을 결정하는데 우선권을 갖는다고 볼 수 있다.

고객의 요구사항과 공학적 속성을 면밀히 검토하기 위하여 품질기능전개법(QFD : Qualify Function Deployment)을 활용한다. 품질기능 전개법은 고객의 요구사항과 공학적 속성의 관계를 따져봄으로써 제품의 특성을 결정하는데 도움을 주는 방법이다. 이 방법은 설계 과정에서 유용하게 활용할 수 있는 방법이다.

QFD는 신제품의 개념정립, 설계, 부품계획, 공정계획, 그리고 생산계획과 판매까지 모든 단계에 활용될 수 있다. 특히 앞서 말한 바와 같이 집과 모양이 비슷한 행렬도표, 즉 품질주택(HOQ)은 QFD 활용의 핵심적 수단이다. 다음 그림과 같이 도표로 나타내는 데 그 절차는 다음과 같다.

① 고객의 요구사항(CA : Customer Attributes) 파악하기
② 공학적 속성(EC : Engineering Characteristics) 도출하기
③ 고객의 요구사항(CA)과 공학적 속성(EC) 간의 관계 확인하기
④ 공학적 속성(EC)간의 상호 관계 확인하기
⑤ 고객의 인식 비교하기
⑥ 공학적 속성(EC)의 값 비교 및 목표치 설정하기

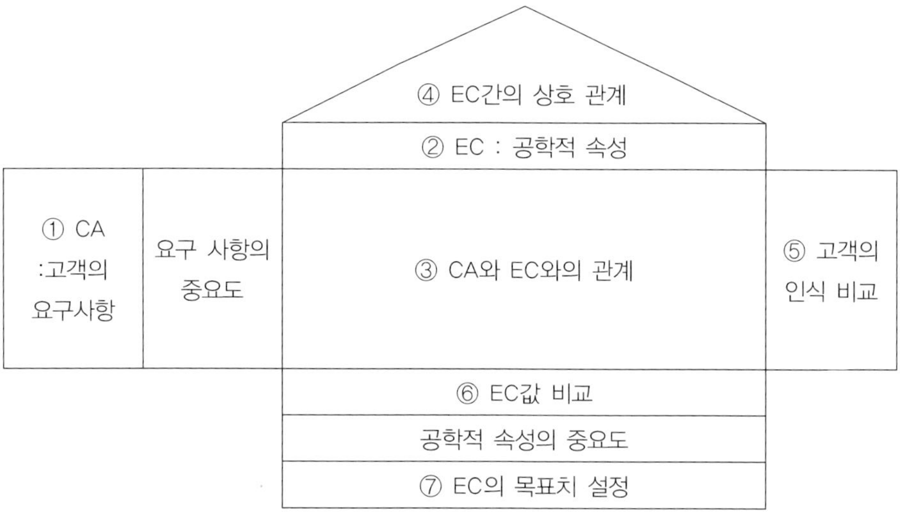


**그림 Ⅱ-12** 품질의 집

### 5) 새로운 아이디어 찾기

설계의 주된 목적은 이전까지 존재 하지 않던 것을 제안하는 것이다. 따라서 기존의 제품이나 기계를 바꾸거나 수정하는 작업도 설계이다. 기존의 제품을 변화시키는 방법은 창의적인 사고가 필요한 방법으로 기존의 요소들을 다양하게 재배열하거나 재조합하는

과정을 통하여 창의성을 발휘할 수 있다. 이런 과정을 보다 잘 이용하면 다양하고 창의적인 대안을 마련할 수 있다. 기존의 문제점을 극복하며 대안을 찾아내는 과정은 설계 과정에서 필수적이며 핵심적인 부분이다.

기존에 없던 새로운 아이디어를 제안하는 것은 매우 어렵다. 따라서 우리는 기존에 존재하지만 사용하지 않았거나, 서로 조합되지 않았던 요소들을 찾아 결합해 봄으로써 새로운 대안을 마련해 낼 수 있다. 이러한 방법을 형태학적 도표법(Morphological Chart Method)이라 한다. 형태학적 도표는 해결안을 만들기 위해 함께 조합될 수 있는 모든 요소, 부품 혹은 부분적 해결안을 명확하게 표현할 수 있는 방법이다.

형태학적 도표를 그리는 목적은 제품에 대해 선택할 수 있는 모든 해결안을 찾아내고, 거기서 새로운 해결안을 찾아내기 위한 탐색의 확장이다.

형태학적 도표를 그리는 과정은 다음과 같다.

① 제품에 필수적인 특징이나 기능을 목록으로 만든다.
② 각 특징이나 기능을 달성할 수 있는 수단을 목록으로 만든다.
③ 가능한 모든 부분 해결안들을 포함하는 도표를 그린다.
④ 부분 해결안의 실행 가능한 조합을 파악한다.

### 6) 아이디어 평가하기

설계의 안을 도출하고 나면 그 대안에 대하여 평가를 해야 한다. 설계자는 평가를 통해 가장 우수한 것을 선택해야 하는 문제에 직면하게 되는데 이는 매우 어렵고 중요한 과정이다. 아마 축구에서 대표팀 감독이 선수들의 최종 엔트리를 정하는 것처럼 어렵고 힘들지도 모른다. 하지만 평가를 하는 기준이 명확하고 기준의 중요도가 결정되면 그다지 어렵거나 힘들지 않을 것이다.

설계의 목표는 분명하지만 각각의 목표에 대한 중요도는 다를 것이다. 따라서 각각의 목표에 중요도에 따른 가중치를 부여하고 이를 평가하게 되면 최적의 대안을 얻는데 큰 도움이 될 수 있다. 이렇게 각각의 목표에 대해 중요도에 따라 서로 다른 가중치를 부여하여 각 대안에 대한 효용가치를 판단하는 방법을 가중치 목표법(Weighted Objects Method)이라 한다.

가중치 목표법은 다음과 같은 순서로 활용한다.

① 설계 목표의 목록을 작성한다.
② 목표의 등급을 정한다.
③ 목표별로 상대적인 가중치를 부여한다.
④ 대안별로 목표에 대한 점수를 부여한다.
⑤ 설계 대안의 상대적 효용가치를 계산하고 비교한다.

### 7) 제품 제작하기

실제 설계 제품을 제작하기 위해서는 구상도, 제작도, 재료표, 공정도 등이 필요하다.

구상도는 설계한 제품에 대해서 입체적인 형태로 표현하여 전체적인 모양을 쉽게 확인할 수 있도록 표현한 도면을 말한다. 아이디어 개발 수준에서는 개략적인 형태를 표현하므로 프리핸드 스케치로 작성하는 것이 보편적이다. 그러나 개발하고자 하는 제품의 설계 과정이 마무리 되었을 때는 정확하게 입체적인 형태로 표현하기 위하여 보편적으로 등각 투상법이나 사투상법으로 표현하고 치수를 기입하여 작성한다.

설계 과정을 통하여 제작하고자 하는 설계 제품에 대한 구상이 끝나면 이를 기본으로 하여 구상도를 그리고 제품 제작에 필요한 구조, 크기, 재료, 가공 방법 등의 정보가 담긴 제작도를 그려야 한다. 제작도에는 조립도, 부품도, 표제란, 시방서 등이 포함되게 된다.

조립도는 구상도에 나타나 있는 치수를 기초로 하여 제품이 완전히 조립된 상태의 모양을 등각 투상법이나 사투상법으로 표현한다. 부품도는 제품에 포함되는 각각의 부품을 제작하기 쉽도록 부품별로 나누어 나타낸 도면을 말한다. 보통 정투상법을 이용하여 표현한다. 표제란은 도면의 종류, 척도, 소속, 제도자, 날짜, 도번 등을 기록한 것이다. 표제란은 도면의 오른쪽 아래에 윤관선에 붙여서 나타낸다. 제작도를 작성하다 보면 도면에 나타내기 어려운 부분이 있다. 예를 들면, 제작 방법, 제작 시 유의사항 등인데 이들은 도면의 여백에 기입하거나 별도의 용지에 기록하여 제작자에게 설명하여 전달한다. 이를 별도의 용지에 기록하는 경우 이를 시방서라 부른다.

제작도가 완성되면 필요한 재료의 종류와 치수, 수량 등을 조사하여 재료표와 준비된 재료를 이용하여 제품을 완성시키기까지의 과정을 나타낸 공정표를 작성하면 된다.

구상도, 제작도, 재료표, 공정도 등이 준비가 되면 이에 따라 마름질하기와 가공하기, 조립하기 등의 과정을 거쳐서 설계 제품을 완성하게 된다.

## 라. 모형 도식

다음 모형은 앞에서 제시한 설계 과정을 도식화하여 나타낸 것이다. 모든 설계에 설계 과정 7단계가 모두 적용되는 것은 아니다. 주어지는 설계 문제의 유형에 따라 적용되는 단계가 달라질 수 있다는 것이다. 이 설계 과정은 다양한 설계 활동에서 적용 가능할 것이다.

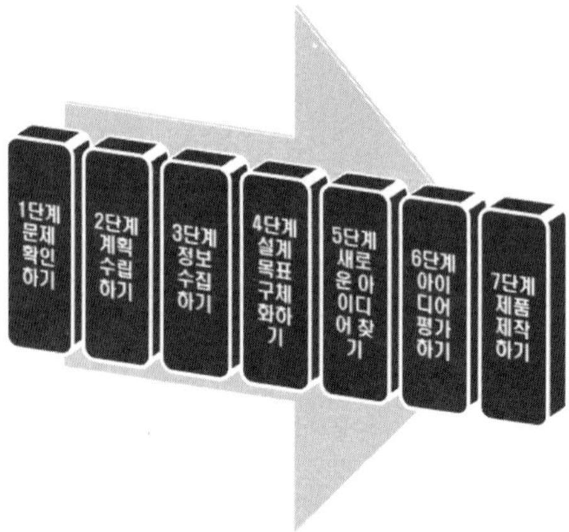


**그림 Ⅱ-13** 설계 과정 모형

## 마. 모형 적용 사례

설계 과정 7단계 모형을 적용하기 이전에 설계 과정과 각 단계에서 사용가능한 방법들에 대한 선행학습이 이루어질 필요가 있다. 이러한 선행 학습에 상당 시간이 필요하므로 한 학기 과정 중에 마지막 한달을 이용하여 전체적인 설계 과정의 경험을 위하여 아래와 같은 주제를 학습자들에게 제시하고자 한다. 아래 내용은 학습자에게 제시된 설계개요와 학습자들이 수행하여야 할 설계 과정을 제시한 것이다.

교수자는 학습자들이 선행 학습 내용을 바탕으로 실제 사례를 적용하여 설계 과정을 경험할 수 있도록 지도하여야 한다.

- 대상 교과목: 창의설계입문(기초설계)
- 적용 기간: 학기말 1개월
- 선수 학습: 설계 과정 및 각 단계에서 활용 가능한 방법들에 대한 이해

표 Ⅱ-13 설계 개요: 쇼핑카트 설계 및 제작

## 쇼핑 카트 설계 및 제작

[문제 상황]

기술발전에 따라 다양한 재료들이 생산되고 있지만 어떤 제품들은 개선되거나 현대화되지 않고 있다. 개선되거나 현대화되지 않고 있는 것 중에는 대형 마트에서 사용되는 쇼핑 카트를 들 수 있다. 많은 사람들이 자주 보아왔고 자주 사용하는 것이다. 그러나 카트 반환 장소에 되돌려 놓지 않고 주차장이나 정해진 장소가 아닌 곳에 놓아두는 경향이 있다. 정해진 장소에 놓지 않는 경우에는 사고와 차량 손실 등이 발생할 수 있다. 게다가 대부분의 소비자는 카트를 가득 채울 만큼 쇼핑을 하지 않지만 바구니보다는 쇼핑카트를 선호하고 있다. 또 어떤 소비자들은 카트 안에 쇼핑한 제품을 정렬하는 것을 즐기기도 한다. 일반 마트에서 사용할 수 있는 새로운 쇼핑카트를 설계하고 제작하라. 새로운 쇼핑카트는 기존의 쇼핑카트의 어떤 문제를 해결하여야 한다.

[요구 사항]

다음의 요구 사항을 충족하여야 한다.

① 쇼핑카트에 대한 소비자의 희망사항에 대해 설문조사를 수행하라.

② 쇼핑카트는 사람이 사용하였을 때 안전하여야 한다.

③ 새로운 쇼핑카트는 기존의 쇼핑카트와 크기가 일치하여야 한다.

④ 쇼핑카트는 7세의 어린이 및 노인이 사용하기에 불편함이 없어야 한다.

⑤ 새로운 쇼핑카트는 어린이의 탑승이 가능해야 한다.

⑥ 쇼핑카트는 다양한 크기의 품목들을 적재할 수 있어야 한다.

⑦ 구입 가능한 카트는 제외하며 완제품을 구입하여 제출하는 경우는 실격처리한다.

[제출 사항]

설계 과정에서 수행한 작업들에 대한 결과물을 모은 포트폴리오

**표 Ⅱ-14** 설계 과정에서의 학습자 활동

| 단계 | 방법 | 학습자 | 비고 |
|---|---|---|---|
| 문제 확인하기 | 목표 계층도<br>(Objectives Tree Method) | · 주어진 설계 개요를 바탕으로 필요성 인식, 문제 정의, 목표 명료화의 활동을 수행한다.<br>1. 설계 필요성을 인식한다.<br>2. 설계 문제를 진술한다.<br>3. 설계 제한요소를 진술한다.<br>4. 목표 계층도를 작성한다. | |
| 계획 수립하기 | 간트차트<br>(Gantt Chart)<br><br>퍼트차트<br>(PERT Chart) | · 설계를 위한 향후 계획을 수립하고, 평가하고, 조정하는 활동을 수행한다.<br>1. 설계 계획을 수립한다.<br>2. 설계 계획을 평가한다.<br>3. 설계 계획을 조정한다. | |
| 정보 수집하기 | 기능 분석법<br>(Function Analysis Method)<br><br>성능 명세법<br>(Performance Specification Method) | · 제품 개발과 설계를 위하여 고객과 제품에 관련된 정보를 수집하는 활동을 수행한다.<br>1. 타운 와칭을 계획하고 수행한다.<br>2. 기능분석법을 적용하여 설계 제품을 분석한다. | |
| 설계 목표 구체화하기 | 품질기능전개법<br>(Quality Function Deployment Method) | · 고객의 요구사항을 충족시킬 수 있는 제품 설계를 위하여 공학적 특성을 명확하게 하고 설계 목표를 구체적으로 정립하는 활동을 수행한다.<br>1. 고객의 요구사항과 공학적 속성을 파악한다.<br>2. 고객의 요구사항과 공학적 속성간의 관계를 확인한다.<br>3. 공학적 속성 간의 상호관계를 확인한다.<br>4. 고객의 인식을 비교한다.<br>5. 공학적 속성의 값을 비교하고 목표치를 설정한다. | |
| 새로운 아이디어 찾기 | 형태학적 도표법<br>(Morphological Chart Method) | 새로운 설계 제품을 개발하고 설계 문제를 해결하기 위한 새로운 아이디어를 찾아내기 위한 활동을 수행한다.<br>1. 제품에 필수적인 특징이나 기능을 목록으로 만든다.<br>2. 각 특징이나 기능을 달성할 수 있는 수단을 목록으로 만든다.<br>3. 가능한 모든 부분 해결안들을 포함하는 도표를 그린다.<br>4. 부분 해결안의 실행 가능한 조합을 파악한다. | |
| 아이디어 평가하기 | 가중치 목표법<br>(Weighted Objects Method) | 설계를 위한 아이디어들을 평가하는 활동을 수행한다.<br>1. 설계 목표들을 목록으로 만든다.<br>2. 목표들의 목록에 등급을 정한다.<br>3. 목표들에 대해 상대적인 가중치를 부여한다.<br>4. 각 목표들에 대한 성능 파라미터 또는 효용 점수를 설정한다.<br>5. 설계 대안들의 상대적인 효용가치를 계산하고 비교한다. | |
| 제품 제작하기 | - | 설계를 위한 아이디어를 반영하여 제품을 제작하기 위한 활동을 수행한다.<br>1. 구상도와 제작도를 작성한다.<br>2. 재료표와 공정표를 작성한다.<br>3. 마름질하기, 가공하기, 조립하기 등을 수행한다. | |

## 참고문헌

강인애(1995). 인지적 구성주의와 사회적 구성주의에 대한 고찰. 교육공학연구, 11(2), 3-20.

강인애(1998). 문제중심학습: 또 하나의 구성주의적 교수 - 학습모형. 대구교육대학교 초등교육연구.

강인애(1998). 왜 구성주의인가? - 정보화시대와 학습자중심의 교육환경. 서울: 문음사.

강인애(1999). 구성주의 인식론: 발명된 현실. 구성주의와 교과교육2. 한국교원대학교 초등교육연구소 편. 문음사.

교육인적자원부(2007). e-PBL 교수 학습 설계. 교육인적자원부.

김경천 외 7인(역)(2003). 창의적 공학 설계. 시그마프레스.

김대현, 왕경순, 이경화, 이은화(1999). 프로젝트학습의 운영. 서울 : 학지사.

김동성(2003). 프로젝트 학습 효과에 관한 일 연구 - 강원의 얼 선양을 중심으로. 춘천교육대학교 교육대학원 석사학위논문.

김병형(2008). 프로젝트학습 적용을 통한 기술적 소양 능력 및 학업성취도 신장. 기술·가정과 연구보고서. 9-10.

김순연(2003). 웹기반 프로젝트학습이 성격유형과 성별에 따라 자기 주도적 학습능력에 미치는 효과. 이화여자대학교 교육대학원 석사학위논문.

김영채(1999). 창의적 문제해결: 창의력의 이론, 개발과 수업. 서울: 교육과학사.

김용익(2003). 지식기반 사회에 적합한 기술교사 양성을 위한 교육과정의 재구성 및 평가모형 개발. -충남대학교 및 한국교원대학교 기술교사 양성기관의 적용을 위한 탐색-. 한국학술진흥재단 지방대학육성지원 연구보고서.

김종백(2003). 디자인 중심 학습에서 각명의 역할. 한국교육학연구, 9(1), 261-277.

김태훈(2001). 사려성-충동성 인지양식과 기술적 문제해결과의 관계. 충남대학교 대학원 석사학위논문.

김태훈(2007). 효율적·비효율적 문제해결자의 기술적 문제해결 과정 비교 분석. 충남대학교 대학원 박사학위논문.

김태훈, 배명일, 윤수경, 이영우, 이종신(2009). Freshman을 위한 공학설계입문. 한티미디어.

류창열(2004). 공업교육원론(개정판). 서울: 교육과학사.

문대영(2001). 초·중등학교 학생의 적응자·혁신자 역할 분담 문제해결 활동이 기술적 창의력 계발에 미치는 효과. 충남대학교 대학원 교육학박사학위 논문. 21-23.

문대영, 류창열(1998). 21세기 사회에서 필요한 직업기초능력. 충남대학교 공업교육연구소 논문집, 21(1). 3-15.

민동준 외 4인(2004). 문제중심학습을 위한 Problem, Syllabus, Teaching Tips 모음집. 연세대학교 공학교육센터.

박순경(1999). 학습자주도적 학습 활동으로서의 프로젝트법(project method)에 대한 고찰. 한국교육과정학회지, 17(2). 21-38.

박홍준(2004). 기술교과 건설기술단원의 문제중심학습이 학업성취와 정의적 특성에 미치는 효과. 서울대학교 대학원 교육학박사학위 논문.

손인수(1988). 한국근대민중교육사. 배영사.

신영은(2003). 프로젝트 학습을 위한 웹기반 교육 시스템의 설계 및 구현 : 초등 사회과를 중심으로. 고려대학교 대학원 석사학위논문.

유관식(2003). 실과교육과 프로젝트 접근법. 강원도춘천교육청 교수도움센터

이무근, 김재식, 김판욱.(2005). 실기교육방법론(제3판). 서울: 교육과학사.

이상훈(2002). 인터넷 활용 프로젝트 학습이 자기 주도적 학습 능력과 학업 성취도 신장에 미치는 영향 - 5학년 사회과를 중심으로. 인천교육대학교 교육 대학원 석사학위논문.

이성은외(2002). 초 · 중등 교실을 위한 새교수법. 교육과학사.

이은주, 류성현(1996). 디자인 학습의 프로세스적 접근을 위한 TEXT 모형 개발에 관한 연구 - 사고과정을 중심으로. 디자인학 연구, 16. 113-122

이춘식(1989). 중학교 기술과의 제조기술 수업에서 프로젝트교수법이 학생의 학업성취에 미치는 효과. 충남대학교 교육대학원 석사학위논문.

이한규(2006). 기술적 문제해결력 평가틀 개발. 서울대학교 대학원 박사학위논문.

장경원(2008). 공학교육에서의 문제중심학습 실행을 위한 문제개발 전략. 2008 공학교육학술대회 발표 자료집. 237-247.

전국기술교사모임(2007). 새로운 교육과정 준비를 위하여 - 발명과 메카트로닉스를 중심으로. 여름 직무연수 자료집 신나는 기술교육, 76-103.

정연희(2004). 디자인의 방법론적 특성에 기초한 미술교과 디자인영역 교수·학습방안 연구. 미술교육논총, 18(2). 135-166.

조순기, 최유현(2004). 초등학생의 기술적 문제 해결 활동을 위한 확산적 사고 및 수렴적 사고 전략이 창의력에 미치는 효과. 한국기술교육학회지, 4(1). 55-56.

최유현 외(2003). 실세계 및 타교과와의 통합적 학습 지도를 위한 교육 자료 개발 연구: 주제중심학습(PBL) 전략을 중심으로. 학술진흥재단 교과교육 연구보고서.

최유현(1995). 기술교과 교육에 있어서 기술적 교양 목표성취를 위한 문제해결 수업전략의 효과. 서

울대학교 대학원 박사학위 논문.
최유현(2001). 실과교육학연구. 형설출판사.
최유현(2003). 기술적 문제해결 과정에 나타난 사고 활동의 분석과 그 계발 전략. 과학교육논총. 제 15집. 인천교육대학교. 281-318.
최유현(2004a). 기술과 교육을 위한 학습과정으로서의 설계과정과 문제해결 비교 연구. 한국실과교육학회지, 17(3). 173-190.
최유현(2004b). 기술과 교육을 위한 기술적 문제해결 수업 전략의 개발. 교육과정평가연구, 7(2), 한국교육과정평가원.
최유현(2005a). 기술교과교육학. 형설출판사.
최유현(2005b). 창의적 공학교육을 위한 PBL의 이해와 전략.
최유현(2005b). PBL 문제 설계 양식. [비간행물].
허경철 외(2000). 지식기반사회에서의 학교 교육과정 구성을 위한 기초 연구(Ⅰ). 연구보고 RRC 2000-10. 한국교육과정평가원.
홍후조(2002). 학습의 실제성 증진과 프로젝트 학습-간접·가상 경험과 직접·실제 경험의 효과적인 연기 방법으로서 프로젝트 학습. 교육과정연구, 20(1), 155-182.

Bandura, A.(1977). *Social learning theory*. Englewood Cliffs, NJ: Prentice-Hall.
Barrows, H. S. & Tamblyn, R. M.(1980). *Problem based learning: An approach to medical education*. NY, Springer.
Billet, S.(1994). Authenticity in workplace learning settings. In J. Stevenson, S. Billet, G. Evans, C. McKavanagh, H. Middleton, & F. Beven(Eds.), *Cognition at work: The development of vocational expertise*, National Centre for Vocational Education(pp. 36-68). Research Ltd., South Australia.
Bossing, N. L.(1944). *Progressive methods of teaching in secondary schools*. United States Armed Forces Institute. Boston, New York. Houghton Mifflin Company.
Bosworth, F. M., & Savage, E. N.(1994). A concept for an environment for teaching and learning problem solving. *Journal of Technological Studies, 20*(1), 10-14.
Burton, W. H. (1929). *The nature and direction of learning*. New York: Appleton.
Camp, G.(1996). *Problem-Based Learning: A Paradigm shift or a passing Fad?*. [Online]. available at http://www.utmb.edu/meo/f00000003.htm.

Chard, S. C. (1998). *The Project Approach: Developing curriculum with children.* New York : Scholastic Inc.

Cross, N.(2000). *Engineering Design Methods – Strategies for Product Design.* New York: Wiley.

Cross, N.(2004). 공학설계 방법론(김관배, 차주헌 역.). 범한서적주식회사(원저 2000 출판).

Custer, R. L.(1995). Examining the dimensions of technology. *International Journal of Technology and Design Education,* 5, 219–244.

Custer, R. L.(1999). Design and Problem Solving in Technology Education.

Custer, R. L., Valesey, B. G., & Burke, B. N.(2001). An assessment model for a design approach to technological problem solving. *Journal of Technology Education, 12*(2), 5–20.

Daiber, R., Literland. L. & Thode, T.(1991). Implementation of school–based technology education programs. Dyrenfurth, M. J. & Kozak, M. R.(ed.). Technological Literacy. Council on Technology Teacher Education, 40th Yearbook. 187–211.

Davis, M., Hawley, P., McMullan, B., & Silka, G.(1997). *Design as a catalyst for learning.* Alexandria, VA; Association for Supervision and Curriculum Development.

Delisle, R.(1997). *How to use problem based learning in the classroom.* Alexandria, Virginia USA: Association for Supervision and Curriculum Development.

Dewey, J.(1910). *How we think.* Boston: Hearth.

Dewey, J.(1933). *How We Think.* New York: Heath and Company.

Dewey, J.(1938). *Experience and Education.* New York: The Macmillan Co.

Ernst, G. W. & Newell. A.(1969). GPS: A *case study in generality and problem solving.* NY: Academic Press.

Fricke, G.(1996). Successful Individual Approaches in Engineering Design. *Research in Engineering Design, 8,* 151–165.

Gagne, R. M.(1977). *The Conditions of Learning,* 3rd ed. New York: Holt, Rinehart & Winstan.

Glaser, R.(1990). Toward new models for assessment. *International Journal of Educational Research, 14*(5), 475–483.

Haik, Y.(2004). 창의적 공학설계(김경천 외 역). 시그마프레스(원저 2003 출판).

Halfin, H. H.(1973). Technology – *A process approach.* Unpublished doctoral dissertation, University of West Virginia.

Hancock, J. C.(1986). *Workshop on Undergraduate Engineering Educuation.* National Science Foundation. Washington, DC.

Hartwick, J.(1994). Hypothesis testing and hypothesis generating research: an example from the user participation literature. *Information Systems Research, 5*(4), 446–449.

Hill, R. B., & Wicklein, R. C.(1999). A Factor Analysis of Primary Mental Processes for Technological Problem Solving. *Journal of Industrial Teacher Education, 36*(2).

http://www.kwcce.go.kr/board/download.php?filename=(119078)프로젝트학습-실과.hwp&dir=../data/board/&table=board_56&rfilename=F1_22.hwp

Hutchinson, J. & Karsnitz, J. R.(1994). *Design and problem solving in technology.* New York: Delmar Pub.

Hutchinson, J., & Hutchinson, P.(1991). Process-based technology education. *The Technology Teacher, 50*(8), 3–7.

International Technology Education Association(2000). *Standards for Technological Literacy: Content for the Study of Technology.* Virginia: Author.

James, W. K.(1990). Development of Creative Problem-Solving Skills, *The Technology Teacher, 49*(2), 29–30.

Jereb, J.(1996). *The technical problem and its didactic function.* Reports/Descriptive(ERIC Document Reproduction Service No. ED 387881).

Johnson, S. D.(1994). Research on problem solving instruction: What works, what doesn't. *The Technology Teacher, 53*(8), 27–36.

Johnson, S.(1989). A description of expert and novice performance differences on technical troubleshooting tasks. *Journal of Industrial Teacher Education, 26*(3), 19–37.

Jonassen, D. H.(1996). *Computers in the classroom.* Englewood Cliffs, NJ: Prentice Hall.

Katz, L. G. & Chard, S. C.(1989). *Engaging Children's Minds: The Project Approach.* Norwood, NJ: Ablex.

Kilpatrick, W. H. (1918). *The project method.* New York : Columbia University

Teachers College.

Knoll, M.(1995). The project method : It's origin and international influence, In V. Lenhart and H. Robert(Eds), *Progressive education across the continents*. N.Y.: Lang.

Kolodner, J., & Guzdial, M. (1996). Effects with and of CSCL: Tracking learning in a new paradigm. In T. Koschmann(Eds.). CSCL: Theory and Practice.(pp. 307-320). NJ: Lawrence Erlbaum Associates.

LaPorte, J. & Sanders, M.(1996). *Technology, science, mathematics connection activities: A teacher's resource binder*. NY: Glencoe McGraw-Hill.

Lave, J. & Wenger, E.(1991). *Situated Learning: Legitimate Peripheral Participation*. Cambridge, UK: Cambridge University Press.

Lawson, B.(1980). *How Designers Think*. Eastview Editions, Inc.

Lehrer, R., Schauble, L., Carpenter, S., & Penner, D.(2000). The inter-related Development of Inscription and Conceptual Understanding. In P. Cobb, Yackel, E., & McClain, K.(Eds), *Symbolizing and Communicating in Mathematics Classrooms: Perspectives on Discours Tools, and Instructional Design*. Mahwah, NJ: Lawrence Erlbaum Associates.

Maley, D.(1986). *Research and experimentation in technology education: problem-solving and decision-making in the technology laboratory*. Reston, VA: International Technology Education Association.

Mayer, R. E.(1992). Teaching of thinking skills in the sciences and mathematics. In D. F. Halpern (Ed.), *Enhancing thinking skills in the sciences and mathematics* (pp. 95-116). Hillsdale, NJ: Lawrence Erlbaum Associates.

Mayer, R. E., & Wittrock, M. C.(1996). Problem-solving transfer. In D. C. Berliner & R. C. Calfee (Eds.), *Handbook of educational psychology*(pp. 47-62). New York: Macmillan.

Moursund, D. G.(1999). *Project-based learning using information technology*(Selected Chapters).

Moursund, D., Bielefelds, T. & Underwood, S. (1997). Foundations for the road ahead: Project based learning and information-technologies. International Sociery for Technology

Education. [On-line]. Available: http://iste.org/research/roadahead/pbl.html

NCTM(1980). Problem solving in Mathematics, 1980 Yearbook, Reston.

Newell, A., & Simon, H. A.(1972). *Human problem solving.* Englewood cliffs, New Jersey: Prentice-Hall.

Palincsar, A. M., & Brown, A. L.(1984). Reciprocal teaching of comprehension-monitoring activities. *Cognition and Instruction, 1,* 117-175.

Papert, S.(1980) *Mindstorms: Children, Computers, and Powerful Ideas.* New York: Basic Books.

Polya, G.(1957). *How to solve it; A New aspect of mathematical method.* NJ: Princeton University Press.

Pucel, D. J.(1995). Developing technological Literacy: A goal for technology education. *The Technology Teacher, 55*(3), 35-43.

Radcliffe, D. & Lee, T. Y.(1989). Design Methods Used by Undergraduate Engineering Students. *Design Studies, 10*(4).

Reitman, W. R.(1965). Cognition and thought: An information processing approach. In R. E. Mayer(1983), *Thinking, problem solving, cognition*(p. 5). New York: W. H. Freedom and Company.

Robey, D.(1994). Modeling interpersonal processes during systems development: Further thoughts and some applications. *Information Systems Research, 5*(4), 439-445.

Sadler, P. M., Coyle, H. P., & Schwartz, M.(2000). Engineering Competitions in The Middle School Classroom: Key Elements in Developing Effective Design Challenges. *The Journal of the Learning Sciences, 9,* 299-328.

Savage, E., & Sterry, L.(1990). *A conceptual framework for technology education.* Reston, VA: The International Technology Education Association.

Savery, J., & Duffy, T.(1995). Problem-based learning: An instruction model and its constructivist framework. *Educational Technology, 35*(5). 35.

Schőn, D.(1986). *Educating the Reflective Practitioner: Toward a New Design for Training and Learning in The Professions.* San Francisco, CA: Jossey-Bass.

Simon, H. A.(1969). The Sciences of The Artificial. Cambridge, MA: MIT Press.

Thomas, J. W.(2000). *A Review Of Research On Project-Based Learning.* The Autodesk

Foundation.

Thompson, B. S.(2004). 창의적 공학설계(1)(서영성 외 역.). 피어슨 에듀케이션 코리아(원저 1998 출판).

Tidewater Technology Associates.(1986). Problem solving. *The Technology Teacher, 46*(3), 15–22.

Todd, R. D.(1990). The teaching and learning environment. *The Technology Teacher, 50*(3), 3–7.

Torp, L. & Sage, S.(1998). *Problems as possibilities: Problem–based learning for K–12 education.* Association for supervision and curriculum development.

Trepanier – Street , M. (1993). What ' s so new about the project approach?, *Childhood Education, 70*(1), 25– 28.

Varnado, T. E.(2005). *The effects of a technological problem solving activity on FIRST LEGO league participants' problem solving style and performance.* Unpublished doctoral dissertation, Virginia Tech, Blacksburg, Virginia.

Waetjen, W. B.(1989). *Technological problem solving: A proposal.* International Technology Education Association(ERIC Document Reproduction Service No. ED 334464).

Welch, M.(1996). *The strategies used by ten garde 7 students working in single sex dyads to solve a technological problem.* Unpublished doctoral dissertation, McGill University of Montreal.

Wicklein, R. C.(1986). The effects of learning styles and instructional sequencing of program controlled and learner controlled interactive video programs on student achievement and task completion rates(Locus–of–Control)(Doctoral dissertation, Virginia Polytechnic Institute and State University, 1986). *Dissertation Abstracts Onlne, 47,* 10A, (1986): 3740.

Wright. R. T., Israel. E. N., & Lauda. D. P.(1993). *Teaching Technology a teacher's guide.* Reston, VA: International Technology Education Association.

# Chapter Ⅲ

# 협동적 접근의 모형과 전략

1. STAD (팀 성취 분담 모형 : Student Teams – Achievement Divission)
2. TGT(팀 게임 토너먼트 모형: Teams Games Tournaments)
3. 과제 분담 학습 모형(Jigsaw · JigsawⅡ · Jigsaw Ⅲ)
4. 자율적 협동학습(Co-op Co-op)
5. 이중 전문가·짝 전문가 집단 과제분담 학습 모형 (Double Expert·Partner Expert Group Jigsaw)
6. 자율적 과제분담 학습 (Co-op Jigsaw)
7. Team Teaching

## ◆ 배경과 동향

"배우기 위해서는 학습친구를 사귀어야 한다"라고 탈무드에 기록된 것처럼 협동(Cooperation)은 인류의 역사와 함께 시작된 전통적인 삶의 방식이다.

협동학습이란 전통적인 소집단 학습, 또는 개별학습에서 야기되는 단점을 보완하고 협력적인 상호작용을 촉진하기 위해 집단보상과 협동기술을 추가한 학습방법으로 "집단의 상호의존적 작용을 기초로 학습자들 모두에게 유용한 학습효과를 습득케 하기 위하여 집단의 성적에 기초하여 보상과 인정을 받는 협동적인 구조를 가지고 공동의 목표에 도달하는 방법"이다.

협동학습 이론은 팀 구성원 간의 긍정적 상호작용을 최대화해서 인지 발달을 도모하는 것을 특징으로 하고 있다. 다양한 협동학습 모형들은 각기 독특한 구조를 가지고 있으나 전술한 바와 같이 긍정적 상호작용을 유도할 수 있는 다음과 같은 공통적인 특징들을 가지고 있다(Kagan, 1994; Slavin, 1989; Stahl, 1994; 정문성, 2006).

첫째, 수업의 목표가 구체적이고 각 학습자는 목표 인식도가 높다. 각 학습자는 자신이 활동해서 달성해야 할 수업 목표를 분명히 제시받고 그 목표를 달성하기 위해 구체적 활동을 한다.

둘째, 학습자 간에는 긍정적 상호작용(face-to-face interaction)이 있다. 협동학습에서는 30cm 목소리를 강조한다. 즉 30cm의 거리에서 말하고 들을 수 있을 정도의 낮은 소리로 서로 얼굴을 맞대고 의사 소통을 하라는 것이다. 이것은 모둠 구성원 사이에 물리적으로만 아니라 심리적으로도 공동 목표의 성취를 위해 밀접한 상호작용을 유도해야 함을 의미한다.

넷째, 개별적 책무성(individual accountability)이 있다. 협동학습에서 모둠원 개개인은 다른 모둠원에 대해 개인적인 의무와 책임을 가지고 있다. 이를 위해 개인이 얻은 점수를 모둠 점수에 반영하는 방식, 학습과제를 분업화하는 방식, 학습자료를 별도로 분배하는 방식 등이 주로 사용된다.

다섯째, 모둠 목표가 있다. 협동학습에서는 개인의 목표 달성이 각 모둠의 공동 목표 달성 여부에 달려 있으므로 구성원들이 모둠의 목표 달성을 위해 동료들을 도와주고 도움을 받으려 하는 등 활발한 긍정적 상호작용을 하게 된다.

여섯째, 이질적인 모둠 구성을 특징으로 한다. 동료 간의 상호작용을 활발하게 하기 위해서는 한 모둠을 이루는 구성원의 질이 다양해야 한다. 인지적 능력의 차이, 남녀의 차이, 문화적 배경의 차이가 많을수록 다양한 관점, 다양한 생각을 가지고 있기 때문에 활발한 토론 등 상호작용이 극대화되며 이는 인지적으로나 정의적으로 학습자의 성장을 촉진시키는 조건이 된다.

일곱째, 모둠 과정(group process)을 매우 중시한다. 한 차시가 끝났거나, 하루의 일과가 끝났거나 며칠에 걸친 과제가 끝났을 때 반드시 모둠들은 자신들의 활동을 반성하는 시간을 갖는다. 이러한 기회의 제공은 학생들 개인적으로는 사회적 기능을 발전시키고, 소집단으로는 미래에 보다 효율적인 모둠 활동이 가능하게 한다.

여덟째, 학습 시간의 융통성을 가지고 있다. 기존의 정해진 수업 시간에 얽매이지 않고 충분한 학습 시간을 부여한다. 협동학습은 1차시 내에서 5분 정도로 짧게 할 수도 있고, 몇 차시에 걸쳐서 길게 할 수도 있다.

아홉째, 성공 기회가 균등(equal opprtunities for success)하다. 모둠원 개인의 기본적 능력에 관계없이 누구나 모둠의 성공에 기여할 수 있는 기회가 공평하게 주어진다.

열째, 모둠의 단합을 강조한다. 이를 위해 모둠 경쟁을 도입하는 경우가 많다. 모둠 간 경쟁을 도입함으로써 구성원들의 결속을 다지고 모둠 구성원들의 학습동기를 촉진시키며 모둠내 협동을 유도한다.

열한째, 과제의 세분화이다. 모둠 내 각 구성원들이 과제를 분담하게 함으로써 모든 학습자들이 협동학습에 참여하게 하는 효과를 가져 온다.

열둘째, 동시다발적 상호작용(simultaneous interaction)이다. 즉 협동학습은 여러 모둠들이 동시에 자신들 모둠 안에서 다양한 상호작용을 함으로써 교실 전체적으로 보면 상호작용의 양을 최대화 할 수 있다.

이상의 특징들은 모든 협동학습 모형에서 공통적으로 나타나는 것은 아니다. 그러나 위와 같은 특징은 협동학습의 종류에 관계없이 구성원 사이의 상호작용을 최대화 시키는 역할을 한다. 다양한 협동학습 모형들의 성공적인 수업을 위한 공통적인 특징들은 다음과 같이 정리할 수 있다(Slavin, 1989; 최유현, 2005; 365 재인용).

- **팀 목표** : 협동학습에서는 개인의 목표달성이 각 팀의 공동목표 달성 여부에 달려 있으므로 구성원들이 팀의 목표달성을 위해 동료들을 도와주고 도움을 받는 등 활발한 긍정적 상호작용을 하게 된다.
- **개별적 책무성** : 협동학습에서 팀 구성원 개개인은 다른 구성원에 대해 개인적인 의무와 책임을 가지고 있다. 개별적 책무성은 개인이 얻은 점수를 팀 점수에 반영하는 방식과 팀이 수행해야 할 학습과제를 분업화하는 두 가지 방식이 주로

사용된다.

- **성공기회의 균등** : 팀 구성원 개개인의 기본적 능력에 관계없이 구성원 누구나 팀의 성공에 기여할 수 있는 기회가 주어져 있다.
- **팀 경쟁** : 팀 간에 경쟁을 도입함으로써 구성원들의 결속을 다지고 팀 구성원들의 학습동기를 촉진시키는 것이다.
- **과제의 세분화** : 팀 내의 각 구성원들에게 과제를 분담하게 함으로써 모든 학습자들이 협동학습에 참여하게 하는 효과를 가져 온다.

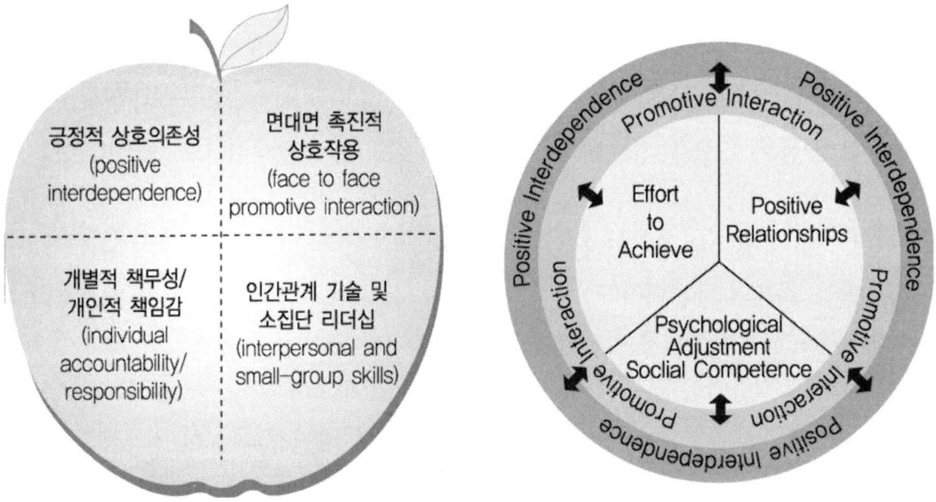


**그림 Ⅲ-1** 협동학습의 핵심적 구성요소

전통적인 학습법이라 할 수 있는 경쟁, 개별학습과 협동학습 구조의 특징을 비교하면 표 Ⅲ-1과 같다.

**표 Ⅲ-1** 협동·경쟁·개별학습 구조의 특징

| 구분 | 협동학습 | 경쟁학습 | 개별학습 |
|---|---|---|---|
| 상호 의존성 | • 긍정적 상호의존성(목표의존성, 보상의존성, 자원의존성, 역할의존성, 정보의존성) | • 부정적 상호의존성 | • 상호의존성 없음 |
| 교수 활동 형태 | • 문제해결학습, 확산적 사고<br>• 창조적 사고 등으로 학습해야 될 내용을 명료화, 의사결정, 탐구 등 다소 융통성이 있음. | • 기술, 단순지식, 기억, 복습 등 학습해야 될 내용은 분명히 제시됨. | • 특별한 기능이나 지식으로 혼동이나 별다른 도움이 필요 없도록 과제가 분명하며, 해야 될 행동도 세분화됨. |
| 목표 중요 성의 인식 | • 목표는 각 학습자들에게 중요한 것으로 받아들여지며, 각 학습자는 팀이 그 목표를 달성할 것으로 기대 | • 목표는 학습자들에게 중요하게 받아들여지지 않으며, 단지 성과와 실패를 받아들임. | • 목표는 학습자들에게 매우 중요하게 받아들여지며, 언젠가는 자신의 목표가 달성되기를 기대함. |
| 학습 자의 활동 | • 각 학습자는 다른 학습자의 긍정적 상호작용을 하며 아이디어와 자료를 공유하고, 공동책임, 팀에 기여, 과제분담, 구성원의 다양성을 이용함. | • 각 학습자는 승리할 수 있는 기회를 균등히 가지며, 자신의 학습활동을 즐기며, 경쟁자의 학습상태를 평가하며, 능력, 기술, 지식 등을 비교함. | • 각 학습자는 다른 학습자에 의해 간섭받지 않으며, 과제 완성에 대해 자신이 책임자이며, 자신이 그의 노력과 과제수행의 질을 평가함. |
| 도움 원천 | • 다른 학습자들이 도움, 지지, 강화의 원천임. | • 교수자가 도움, 지지, 강화의 원천임. | • 교수자가 도움, 지지, 강화의 원천임. |

자료: D. W. Johnson & R. T. Johnson, 1999, *Learning Together and Alone: Cooperative, Competition, and Individualization,* Boston : Allyn nd Bacon, pp. 6-8.; 정문성(2006): 31 재인용.

학습자를 수업의 과정에서 소외되거나 비인간적 관계 속에 빠지지 않고 능동적인 참여자가 될 수 있도록 할 것인가에 대한 여러 이론들을 실제 수업에 적용시킨 협동학습이지만 경쟁학습이나 개별학습 형태를 전적으로 배척하는 것은 잘못이며 목적성취를 위해 협동학습과정에 경쟁학습을 적절히 활용하는 것도 바람직할 것이다.

## ◆ 협동학습의 장·단점

학습자들의 능동적인 수업활동이 이루어졌을 경우 협동학습의 장점은 다음과 같다(Good, et al., 1992a, 1992b; 변영계 외(2000):201 재구성).

첫째, 학습으로 행한 과제가 사회에서 요청되는 과제들과 성격이 흡사한 경우 사회 적응, 문제해결에 많은 도움을 받을 수 있다.

둘째, 개별학습의 경우보다 더 많은 정보를 얻게 되고 학습할 수 있다.

셋째, 학습자가 어렵게 느낄 수 있는 과제도 군중심리를 통하여 성취하게 되면 자신감이 생기게 되어 도전적 기질, 성향, 태도 등이 개발된다.

넷째, 다른 학습자들이 가지고 있는 학습방법을 관찰하고 배울 기회가 주어진다.

다섯째, 도움을 받는 학습과정을 통하여 도움을 요청하고 정보를 얻어 활용하기 위해 필요한 어휘력, 친화력, 분석력 등 다양한 하위 기술들을 배우게 된다.

여섯째, 주어진 과제에 대하여 분담하여 해결하고 결과에 대해 보람을 갖는 협력적 태도를 형성할 수 있다.

일곱째, 팀 활동을 통하여 자신의 약점과 단점을 객관적으로 볼 수 있게 되고, 나아가 타인에 대한 이해를 확장하게 된다.

여덟째, 학습자들이 자신의 자원(시간, 에너지, 능력, 성질)등을 스스로 관리하고 통제하는 방법을 배우게 된다.

하지만 협동학습 과정에서 다음과 같은 단점을 발견할 수 있다. 하지만 이런 단점들은 각각의 협동학습 이론에 입각하여 올바른 학습과정을 통한다면 해결이 가능하다.

첫째, 어떤 일을 수행할 때 과정보다는 결과를 중시하는 버릇이 생길 수 있다.

둘째, 팀 내에서 특정 학습자나 리더가 어떤 것을 잘못 이해하고 있을 때 다른 사람들이 그것을 그대로 따라갈 우려가 있으며 이럴 경우 잘못된 이해가 더욱 강화되는 경향이 있다.

셋째, 학습과정이나 학습목표보다는 그저 팀 활동 과정만을 더 소중히 생각하게 되어 학습과제를 소홀히 하게 되고 구성원끼리의 인간적 활동이 지나치게 강화되어 놀이 집단으로 변질될 우려가 있다.

넷째, 학습자들이 교수자에 의존하는 경향이 감소하는 대신 또래에게 의존하는 경향이 커져 모든 것을 팀으로 하려는 의타심이 생길 수 있다.

다섯째, 팀 안에서 개개인의 능력과 배경 등 다양한 요소에 의해 서로 다른 대우를 받게 되어 우수한 학습자는 그렇지 않은 학습자에 비해 과제 수행에 대한 과중한 부담을 받게 될 수 있다.

여섯째, 팀 내에서 또래들에 비해 능력이 다소 떨어지는 학습자들의 경우 상호작용의 기회를 상실하게 되어 자아 존중감의 손상을 입을 수 있다. 이런 사례가 악화된 경우 소외된 학습자는 심리적으로 모멸감 또는 수치감을 갖게 되어 팀 활동 속에서 자신을 방어하고 보호하는 기능만을 키울 우려도 있다.

일곱째, 아주 유능한 학습자의 경우 모든 것을 다 알면서도 의도적으로 팀 활동에 동참하지 않거나 기여하지 않는 경우도 있다.

여덟째, 협동학습에서 가장 문제가 되는 것으로 팀 간 편파로서 상대팀이나 다른 팀의 구성원에게 적대감을 가지는 한편 자기가 속한 팀의 구성원에게 더 호감을 느끼는 것이다(Brewer, 1979).

이러한 단점을 보완하기 위한 기본적인 방안으로는

첫째, 주기적인 팀 재편성, 과목별 팀 구성에 차이를 두어 팀 간의 편파 문제를 해결한다.

둘째, 자아존중감이나 손상이 우려되는 학습자들을 위하여 협동학습과정 전 또는 중간에 협동학습의 기술(청취기술, 번갈아하기, 도움주기, 칭찬하기 등)을 습득시키도록 해야 한다.

셋째, 각본을 통한 역할분담 또는 팀 보상을 통하여 협동기술을 증진시키도록 해야 한다.

## ◆ 협동학습의 모형

협동학습은 수많은 모형이 있으며 그 변종도 많이 개발되어있다. 협동학습은 중심지인 네 곳의 대학(존홉킨스, 미네소타, 산타쿠르즈 캘리포니아, 이스라엘 텔아비브대학)에서 개발된 7가지 모형(STAD, TAI, TGT, CIRC, LT, Jigsaw, GI)이 대표적인 협동학습모형이다. 최근에는 Kagan 등이 구조화한 파트너 전문가 직소, 이중전문가집단 직소, Co-op Jigsaw Ⅰ, Ⅱ모형 등이 있다.

이를 분류하는 방식은 여러 가지가 있을 수 있다. 여기에선 기존의 분류 방식들을 정리하여 협동학습의 과정에 따라 보상 중심 협동학습, 과제 중심 협동학습, 기타 협동학습의 3가지 범주로 분류하고 대표적인 협동학습으로 STAD, TGT, Jigsaw Ⅰ, Ⅱ, Ⅲ, Co-op Co-op, Double Expert Group Jigsaw·Partner Expert Group Jigsaw,

Co-op Jigsaw Ⅰ, Ⅱ 모형을 소개하고자 한다. 또한 협동 교수법 모형의 하나인 Team Teaching에 대하여 소개한다. 이 분류체계에 따라 협동학습의 모형을 간단히 정리하면 그림 Ⅲ-2와 같다.

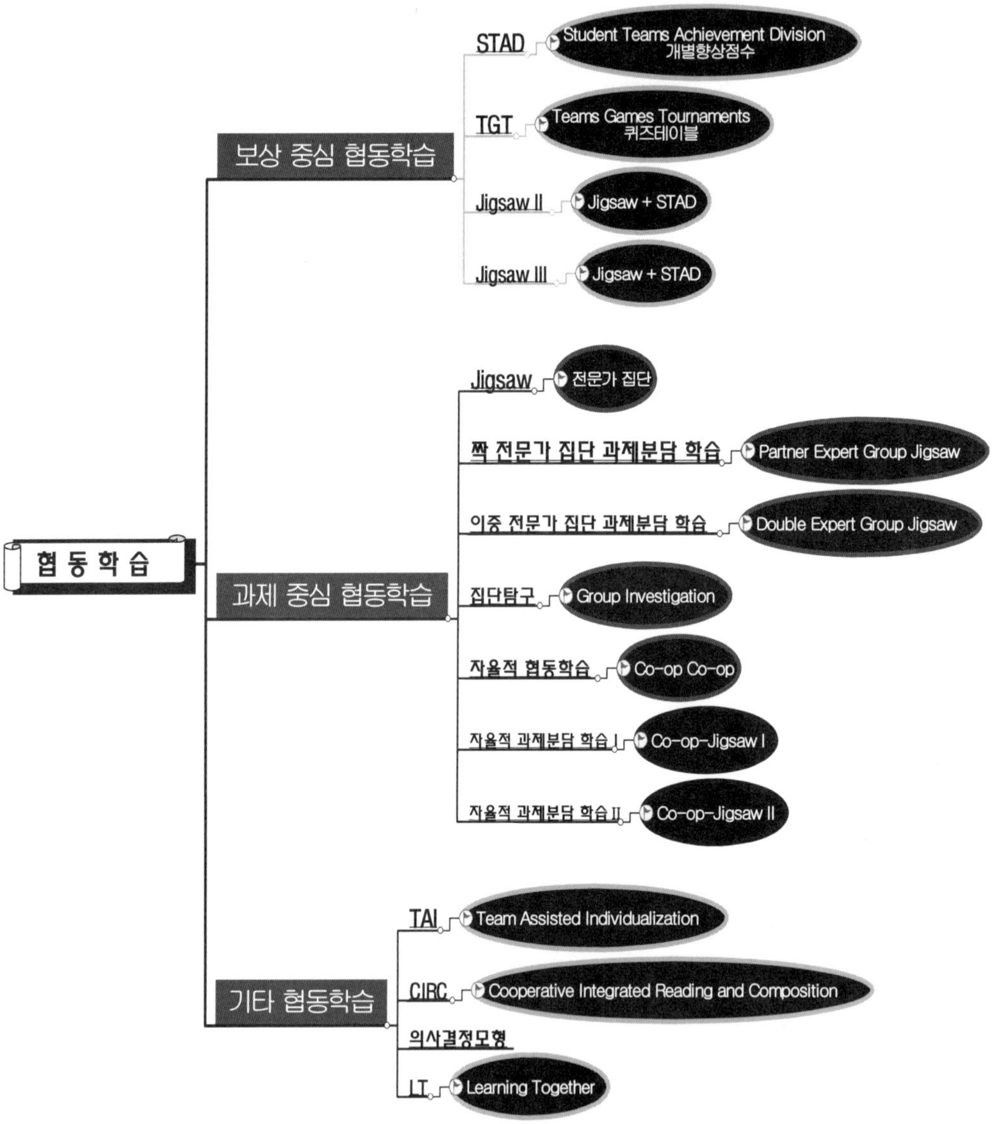


그림 Ⅲ-2 협동학습의 분류

# 1. STAD (팀 성취 분담 모형 : Student Teams-Achievement Division)

## 가. 이론

STAD는 Johns Hopkins 대학에서 연구 개발된 STL(Student Team Learning)프로그램 중의 하나이다. 학습효과를 높이기 위한 핵심적인 역할을 하는 보상을 적용한 방식이다. 보상에는 크게 세 가지 방식이 있는데 첫째, 가장 기여도가 크거나 점수를 많이 얻은 학습자에게 최상의 보상을 해주는 형평체제(equity system)이고, 두 번째는 학습자의 기여도나 점수의 높고 낮음에 관계없이 참가상이나 기념품을 지급하는 것처럼 모든 학습자에게 동일한 보상을 주는 평등체제(equality system)이다. 셋째는 학습자에게 차별적으로 학습자의 필요에 따라 보상하는 필요체제(need system)이다(Johnson, Johnson, Holubec, & Roy, 1984; 정문성, 2006).

대다수 학습자들의 학습동기를 높이기 위해서는 형평체제를 기본으로 하면서도 때로는 평등체제나 필요 체제의 보상 방식을 적절히 조화시킴으로써 기본적 학습능력의 차이에 관계없이 모든 학습자들의 학습동기를 유발시킬 필요가 있다. 이처럼 세 가지 보상 체제를 적절히 조화시켜 학습동기를 유발시키는데 성공하고 있는 대표적인 협동학습 모형이 STAD이다.

## 나. 특징

협동학습 모형 중에 가장 오래되고, 널리 사용되며, 점수를 계산해야 되는 번거로움만 없다면 매우 간단한 모형 중의 하나로 알려져 있고 평가방식에 중점을 두기 때문에 다른 절차는 융통성을 발휘할 수 있다. 실제 수업에 적용하기 쉽게 간단한 절차를 가지고 있음에도 불구하고 개별 향상 점수와 독특한 보상체제의 구조가 협동학습이 추구하는 활발한 동료 간의 상호작용과 학습동기를 촉진시켜주는 장점을 가지고 있다.

## 다. 절차

STAD는 교수자의 수업 소개(class presentation), 팀 활동(team activity), 개별평가

(quizzes), 개별·팀 향상점수(individual·team improvement score), 팀 점수의 게시와 보상(team recognition·compensation)의 5가지 요소로 구성된다.

그림 Ⅲ-3 STAD 모형의 학습절차

### 1) 교수자의 수업소개(class presentations)

수업소개는 수업이 시작되면 단원 전체의 개요를 20~30분정도 학습내용과 요점을 중심으로 교수자 주도적인 수업(강의나 시범설명 또는 시청각적 소개 등의 형태)으로 직접교수하고 학습자들은 그것을 배우는 단계이다.

교수자는 학습과제 내용(선수학습 내용과 기능의 복습, 학습목표와 관련된 주요 학습내용과 기능강조 및 이해 여부의 질문, 구체적 예 제시)과 학습의 이유를 명확히 파악할 수 있도록 해주어야 한다.

이 단계에서는 다음과 같은 절차를 고려하여 진행한다(정문성, 2006).

◈ 도입

- 이번 수업에서 무엇을 배워야 하고, 그것이 왜 중요한지를 설명한다.
- 이번수업에 필요한 선수 지식과 기능을 설명한다.

◈ 전개

- 평가할 목표를 분명히 제시한다.
- 단순한 파지능력보다 의미의 이해를 강조한다.
- 다양한 시청각기재를 동원한다.
- 질문을 통해서 학습자가 교수자의 설명을 이해했는지 확인한다.
- 학습자의 대답이 맞고 틀렸을 때, 그 이유를 분명히 설명한다.
- 학습자의 이해가 확인되면 빨리 다음 단계로 넘어간다.
- 방해물을 빠르고 정확하게 제거함으로써 수업의 추진력을 확보한다.

◈ 연습

- 모든 학습자로 하여금 과제 수행 연습을 하게 한다.

• 임의로 학습자를 지적하여 질문에 대답하게 한다.
• 이 단계에서 너무 긴 시간을 할애하지 않는다.

### 2) 팀 학습활동(team activity)

동료간의 긍정적인 상호작용을 하여 학습효과를 높이게 되는 팀 학습활동은 STAD 모형의 가장 중요한 특징이다. 팀 학습에 앞서 팀(team)의 구성은 학업능력, 성별 등을 고려하여 4~6명의 이질적인 팀 구성이 되도록 하고, 구성 초기에는 팀 이름과 구호를 정하여 협동정신과 단결을 형성할 수 있도록 한다. 팀은 4~5주 정도 지난 후에는 재구성하도록 한다.

팀 편성 후에 준비된 교재를 이용하여 1~2시간 동안 학습과제 내용을 공부하여 해결하는 책임을 지게 되고, 팀 활동은 모든 동료학습자끼리 학습과제가 다음에 있을 퀴즈 문제에서 100% 목표달성을 할 수 있을 때까지 동료끼리 서로 가르치고 배우는 일이 진행되며 팀 내에서 해결하지 못할 경우에만 교수자에게 질문하게 된다.

팀 구성원 각자가 최선을 다해야 팀이 성공할 수 있고, 공동목표 달성을 위해 퀴즈에 대비하여야 동료에 대한 존중 · 신뢰감 · 자아 존중감 등 정서적 효과를 높일 수 있다.

팀 구성원간의 신뢰감을 위하여 팀 구성원 각자가 문제에 대한 정확한 답을 내고 있다는 확신을 가져야 하고, 팀 구성원이 문제 해결을 위해 구성원 스스로 해결하여야 하며, 팀 구성원에게 문제에 대한 해결과정과 답을 충분히 설명하도록 해야 한다.

팀 활동을 위한 최소한의 규칙은 다음과 같다(정문성, 2006).

• 자기 팀의 구성원들이 주어진 과제를 해결하는데 책임을 져야 한다.
• 모든 학습자가 과제를 다 해결할 때까지 팀 활동을 끝내어서는 안된다.
• 과제가 어려워서 해결되지 않을 경우, 팀 내에서 최대한 해결을 위해 노력하고, 도저히 해결되지 않을 때에만 교수자에게 질문한다. 이때에는 팀 구성원 모두가 함께 손을 들어 표시한다.
• 팀 활동은 다른 팀을 방해하지 말아야 한다. 30cm 목소리, 즉 낮은 목소리로 토론할 것을 요구한다.

### 3) 개별평가(quizzes)

팀 학습활동이 완성된 후 20~30분 동안 습득한 지식을 바탕으로 개별적으로 형성

평가를 받게 한다. 개별적으로 문제를 해결하게 하므로 팀 활동시 학습의 책임성을 강화하게 된다.

### 4) 개별 향상 점수(individual improvement score)

개별적 향상 점수(individual improvement point)는 퀴즈문제풀이를 통하여 평가한다. 문제에서 최소한의 점수, 각각의 학습자마다 기본점수(이전 퀴즈 점수의 전체 평균점수)를 계산하고 얼마나 향상되었는지를 측정하는 것이다. 팀 점수의 계산은 팀원의 개별향상 점수 총합의 산술평균으로 팀 구성원 각자의 향상점수에 의해 계산되므로 충분히 설명하여 팀 점수 향상에 기여토록 한다.

이 모형은 TGT모형과 함께 협동학습의 특징 중의 하나인 '성공기회의 균등'을 보장하므로 학업성취가 낮은 학습자가 자기 팀에 편성되는 것을 좋아할 수도 있는 모형이다.

**표 Ⅲ-2** 개별 향상 점수 기준

| 퀴즈 점수 | 향상점수 |
|---|---|
| 기본점수에서 10점 이상 하락 | 0 |
| 기본점수에서 1~10점 미만 하락 | 10 |
| 기본점수에서 동점 또는 10점 미만 상승 | 20 |
| 기본 점수에서 10점 이상 점수 | 30 |
| 만점 | 30 |

**표 Ⅲ-3** 퀴즈 점수표 예시

| | 날짜: 5/23 | | | 날짜: | | | 날짜: | | |
|---|---|---|---|---|---|---|---|---|---|
| | Quiz: 벽돌구조 | | | Quiz: | | | Quiz: | | |
| 이 름 | 기본 점수 | 퀴즈 점수 | 개별 향상점수 | 기본 점수 | 퀴즈 점수 | 개별 향상점수 | 기본 점수 | 퀴즈 점수 | 개별 향상점수 |
| 임지원 | 90 | 100 | 30 | | | | | | |
| 정해인 | 90 | 100 | 30 | | | | | | |
| 조민지 | 90 | 82 | 10 | | | | | | |
| 황지아 | 85 | 74 | 10 | | | | | | |
| 차규호 | 85 | 98 | 30 | | | | | | |

| | | | | | | | | | |
|---|---|---|---|---|---|---|---|---|---|
| 김서영 | 85 | 82 | 10 | | | | | | |
| 남지윤 | 80 | 67 | 0 | | | | | | |
| 박근영 | 80 | 91 | 30 | | | | | | |
| 원용선 | 75 | 79 | 20 | | | | | | |
| 정지은 | 75 | 76 | 20 | | | | | | |
| 김도현 | 70 | 91 | 30 | | | | | | |
| 김철훈 | 65 | 82 | 30 | | | | | | |
| 박범구 | 65 | 70 | 20 | | | | | | |
| 송인우 | 60 | 62 | 20 | | | | | | |
| 송인창 | 55 | 46 | 10 | | | | | | |
| 정민지 | 55 | 40 | 0 | | | | | | |

**표 Ⅲ-4** 팀 점수 정리표 예시

| 팀 이름: 환상의 4조 | | | | | | | | | | | | | | |
|---|---|---|---|---|---|---|---|---|---|---|---|---|---|---|
| 팀원 | 1 | 2 | 3 | 4 | 5 | 6 | 7 | 8 | 9 | 10 | 11 | 12 | 13 | 14 |
| 임지원 | 30 | | | | | | | | | | | | | |
| 차규호 | 30 | | | | | | | | | | | | | |
| 원용선 | 20 | | | | | | | | | | | | | |
| 송인우 | 20 | | | | | | | | | | | | | |
| | | | | | | | | | | | | | | |
| 팀 총점 | 100 | | | | | | | | | | | | | |
| 팀 평균 | 25 | | | | | | | | | | | | | |
| 팀 보상 | 최고 팀 | | | | | | | | | | | | | |
| *팀 평균 = 팀 총점 ÷ 팀원 수 | | | | | | | | | | | | | | |

### 5) 팀 점수의 보상과 게시(team recognition · compensation)

팀 학습활동이 끝난 후 최단 시간 내에 각 팀의 활동상황과 학습에 반성할 점 및 기타 조언과 각 팀의 학습 수준을 점수화(각 팀의 순위 포함)하여 게시(team recognition)한다. 또한 뛰어난 개인의 성과(개인별 향상점수)도 볼 수 있도록 알려서 팀의 기여도와 팀 경쟁을 유도하고 우수한 팀과 우수 개인은 팀별·개인별 보상으로 수행평가 점수 보상을 받게 한다.

## 라. 모형 적용 사례

STAD의 장점은 수업 절차가 간단하고, 점수계산 방식도 간단해서 누구나 쉽게 적용할 수 있으며 협동학습의 효과도 쉽게 얻을 수 있는 수업모형이다. 또한 모든 교과에 다 적용할 수 있는 보편성도 가지고 있다. 그러나 외적 동기인 점수계산에 치우친 나머지 학습 내용이나 활동이 가진 내적 동기를 잃어버릴 수 있으므로 가능하면 흥미가 없고 단순한 기능을 익히는 수업에 사용하는 것이 바람직하다.

다음은 STAD를 적용한 수업의 지도안 예이다. 각자가 준비해온 플래쉬 카드를 수업과정에 사용하였고, 평가방식을 STAD모형으로 사용하였다.

| 개설 학기 | 2학년 1학기 | 교과목명 | 건축구조역학1 | 지도교수 | | |
|---|---|---|---|---|---|---|
| 대단원명 | 제3장 벽돌구조 | 중단원명 | 3-5 축조형태 | 소단원명 | 구조부 별 쌓기법 | |
| 수업목표 | 건축물의 구조부에 따른 축조방식을 설명할 수 있다. | | | | | |
| 수업방법 | STAD | 보상방법 | 수행점수 반영 | 수업자료 | 학습지, 플래쉬카드 | |
| 단계 | 학습활동 | | | 비고 | | 시간(분) |
| 교수자의 설명 | ·관련사진 제시로 동기유발<br>·학습목표 제시 및 건축물의 중요 구조부 축조 방식에 대하여 설명<br>– 중요 구조부: 기초, 벽, 처마, 층도리, 아치, 인방보 | | | ·학습지와 평가지 사전 준비 | | 10 |
| 팀 학습 활동 | ·역할 분담(중요 구조부)<br>– 팀원 각자가 기초, 벽, 처마, 아치 4개의 과제 중 하나씩 맡아서 조사해 온 것을 발표함<br>·플래쉬 카드를 활용하여 외우기 및 동료 점검 | | | ·사전 과제 제시<br>·리더 주도 팀 학습 실시<br>·각자 플래쉬 카드 준비해 옴 | | 20 |
| 평가 | ·중요 구조부(기초, 벽, 처마, 아치) 축조방식 형성 평가지 배부 및 평가<br>– 축조방식에 관련한 문제를 교수자가 출제하면 각자 문제를 풀도록 함<br>– 평가지를 옆 팀과 바꾸어 채점함 | | | ·쪽지시험 형태의 10개의 평가문항준비<br>·반드시 혼자서 해결해야 함 | | 10 |
| 개별·팀 향상 점수계산 | ·향상 점수 기준표를 활용하여 향상 점수를 계산하고 팀 점수를 계산함<br>– 점수를 향상 점수로 환산하여 팀 점수를 부여함 | | | ·향상 점수 기준표 참고하여 점수계산 | | 5 |
| 팀 점수 게시 및 보상 | ·각 팀 별 점수를 게시함<br>·팀 시상<br>– 우수한 팀에게 시상함<br>·학습내용 정리 및 차시예고 | | | ·수행점수계산에 반영하여 전공점수에 반영한다. | | 5 |

## 퀴즈 점수표

| | 날짜: | | | 날짜: | | | 날짜: | | |
|---|---|---|---|---|---|---|---|---|---|
| | Quiz: | | | Quiz: | | | Quiz: | | |
| 이 름 | 기본 점수 | 퀴즈 점수 | 개별 향상점수 | 기본 점수 | 퀴즈 점수 | 개별 향상점수 | 기본 점수 | 퀴즈 점수 | 개별 향상점수 |
| | | | | | | | | | |
| | | | | | | | | | |
| | | | | | | | | | |
| | | | | | | | | | |
| | | | | | | | | | |
| | | | | | | | | | |
| | | | | | | | | | |
| | | | | | | | | | |
| | | | | | | | | | |
| | | | | | | | | | |
| | | | | | | | | | |
| | | | | | | | | | |
| | | | | | | | | | |
| | | | | | | | | | |
| | | | | | | | | | |
| | | | | | | | | | |
| | | | | | | | | | |

기본 점수는 이전에 치른 퀴즈 점수의 평균을 말한다. 만약 STAD를 처음 하는 경우에도 각 학생의 과거 성적 점수 등을 기준으로 하여 기본 점수를 설정하면 된다.

## 팀 점수 정리표

팀 이름: ____________________

| 팀 원 | 1 | 2 | 3 | 4 | 5 | 6 | 7 | 8 | 9 | 10 | 11 | 12 | 13 | 14 |
|---|---|---|---|---|---|---|---|---|---|---|---|---|---|---|
| | | | | | | | | | | | | | | |
| | | | | | | | | | | | | | | |
| | | | | | | | | | | | | | | |
| | | | | | | | | | | | | | | |
| | | | | | | | | | | | | | | |
| | | | | | | | | | | | | | | |
| | | | | | | | | | | | | | | |
| | | | | | | | | | | | | | | |
| | | | | | | | | | | | | | | |
| | | | | | | | | | | | | | | |
| 팀 총점 | | | | | | | | | | | | | | |
| 팀 평균 | | | | | | | | | | | | | | |
| 팀 보상 | | | | | | | | | | | | | | |

*팀 평균 = 팀 총점 ÷ 팀원 수

기본 점수에 대해서 이번 수업의 퀴즈 점수가 어느 정도 향상되었는가에 따라 부여되는 점수가 각 개인의 향상 점수이다. 그리고 팀 점수는 팀원들의 향상 점수의 총합에 팀원의 수를 나눈 것이다.

## 학습자료 예시

### 1. 벽돌구조의 장단점

| 장 점 | 단 점 |
|---|---|
| 1. 건축계획상의 다양성을 충족시킬 수 있다.<br>2. 건축 외장적 장점이 있다.<br>3. 역학적 장점이 있다.<br>4. 관리상의 유리함이 있다.<br>5. 관습적 친근함이 있다.<br>6. 시공의 간편함이 있다. | 1. 횡력에 약하고 고층건물에는 부적당하다.<br>2. 벽체의 두께가 두꺼우므로 실내의 면적이 줄어든다.<br>3. 건축물의 무게가 대단히 무겁다. |

### 2. 재료 및 종류

1) 규격: 벽돌치수는 다음 표와 같고 벽돌의 나비는 길이에서 줄눈나비를 뺀 것이다.

벽돌 치수 및 허용값(단위 mm)

| 구 분 | 길 이 | 나 비 | 두 께 | 비 고 |
|---|---|---|---|---|
| 치수(mm) | 190 | 90 | 57 | |
| 허용차(mm) | ±5.0 | ±3.0 | ±2.5 | |

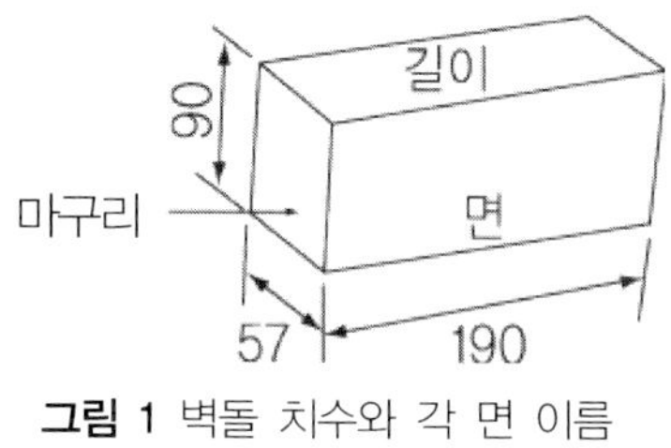


**그림 1** 벽돌 치수와 각 면 이름

2) 벽돌의 크기 및 모양

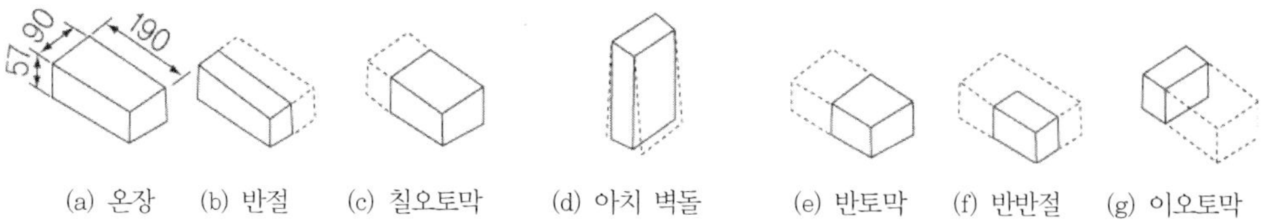


**그림 2** 벽돌의 크기 및 모양

3. 벽돌의 품질

벽돌의 품질은 다음 표와 같다.

| 품질 \ 종류 | 1종 | 2종 | 3종 |
|---|---|---|---|
| 흡수율(%) | 10이하 | 13이하 | 15이하 |
| 압축강도(N/cm2)<br>(kgf/cm2) | 2,059<br>(210)이상 | 1,569<br>(160)이상 | 1,078<br>(110)이상 |

4. 종류

1) 보통벽돌: 진흙을 빚어 구워서 만든 벽돌로 검정벽돌과 붉은벽돌이 있다.
   - 가) 검정벽돌: 불완전 연소로 구운 것(흑색)
   - 나) 붉은벽돌: 완전연소로 구운 것(적색)

2) 특수벽돌: 특수한 재료나 모양으로 만든 것
   - 가) 이형벽돌: 특별한 모양의 벽돌(아치 등에 사용)
   - 나) 경량벽돌: 가볍고 방열, 방음효과가 높으며, 중공벽돌, 경량벽돌 등이 있다.
   - 다) 포도용벽돌: 내흡수성, 내마멸성, 강도가 크고 도로 포장에 쓰인다.
   - 라) 오지벽돌: 유약을 칠하여 소성한 치장용 벽돌
   - 마) 내화벽돌: 고온에 견디는 벽돌

3) 기타벽돌
   - 가) 시멘트벽돌: 모르타르로 만든 벽돌
   - 나) 어어드벽돌: 석탄재와 시멘트로 만든 벽돌
   - 다) 광재벽돌: 광재를 주원료로 하여 만든 벽돌
   - 라) 날벽돌: 굽지 아니한 날흙의 벽돌
   - 마) 모르타르(mortar): 시멘트, 모래, 물을 반죽한 것을 말한다.

## 플래쉬카드 예시

기초

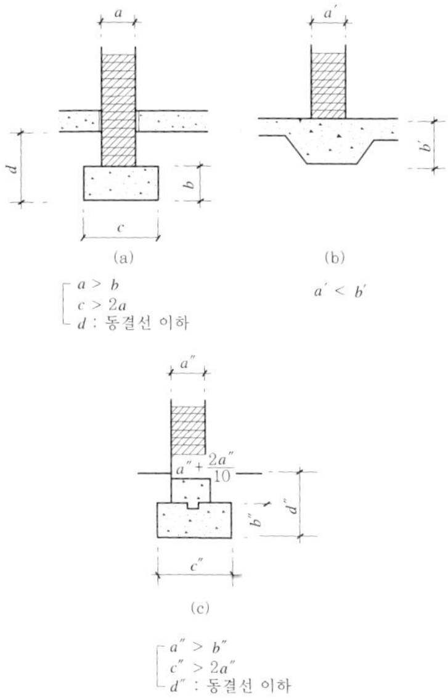


· 지반과 상부구조를 연결, 지지해 주는 중요구조부이며, 내력벽을 일체화하여 하중 및 외력을 지반에 골고루 분포시키는 역할을 하는 하부구조체로서, 벽돌구조에서는 전체가 줄기초의 형태로 되어 있다. 지반의 상태에 따라 기초는 다음과 같은 양상을 가질 수 있다.

· 그림에서 (a)와 (c)는 일반적인 축조방식이며, 그림 (b)는 지반상태가 양호한 경우 내부 칸막이를 쌓을 때 사용되는 축조방식이다. 또한, 지반이 아주 무를 때나 사토(砂土) 일 경우 2m 이상 내려가는 경우에 쌓는 방식으로 드물게 사용되기도 한다.

· 벽돌조의 기초판은 철근 콘크리트조 또는 무근콘크리트조로 하고, 기초벽의 두께를 최하층 벽두께에 그 2/10를 가산한 두께 이상으로 하여야 한다.(구조기준에 관한 규칙 제 19조)

벽

(네덜란드식)

(프랑스식)

(영국식)

· 벽돌구조의 중요부분으로서, 하중을 받는 내력벽과 칸막이 역할을 하는 장막벽으로 나눌 수 있다. 벽체는 축조방식에 따라 일반쌓기, 특수쌓기, 공간쌓기와 같이 구분될 수 있는데, 이에 따른 의장효과도 달리 나타나고 있다.

· 일반쌓기

| 양식 | 쌓는 방법 | 사용양식 | 특징 | 역할 |
|---|---|---|---|---|
| 영식 쌓기 | 마구리쌓기와 길이 쌓기를 교대로 하여 쌓는다 | 반절, 이오토막 사용 | 통줄눈이 생기지 않는다 | 내력벽 |
| 미식 쌓기 | 앞면은 치장벽돌로 길이 쌓기로 하고 뒷면은 영식으로 쌓는다 | 치장벽돌 사용 | 통줄눈이 생기지 않는다 | 내력벽 |
| 프랑스식 쌓기 | 한 켜에서 벽돌마구리와 길이가 교대로 나타나도록 쌓는다 | 많은 토막벽돌 소요 | 통줄눈이 많이 생긴다 | 장막벽이며 의장적 효과 |
| 화란식 쌓기 | 한 면은 벽돌마구리와 길이가 교대로 되고, 다른 면은 영식으로 쌓는다 | 모서리에 칠오토막 사용 | 모서리가 다소 견고하다 | 내력벽 |

| | |
|---|---|
| 처마 | · 지붕틀의 하중을 균등하게 분포시키는 동시에 횡력에 대하여 벽체를 일체화시키는 부분으로서, 처마 밑의 연소를 방지하기 위하여 평보가 목재인 경우 외부에 벽돌로 쌓는 방식이 있다(a).<br><br>· 또한, 벽체를 일체화시키기 위해서 철근콘크리트 테두리보를 설치하는 경우도 있다(c).<br><br>· 일반적으로 그림(b)와 같은 방식이 사용되고 있다. |

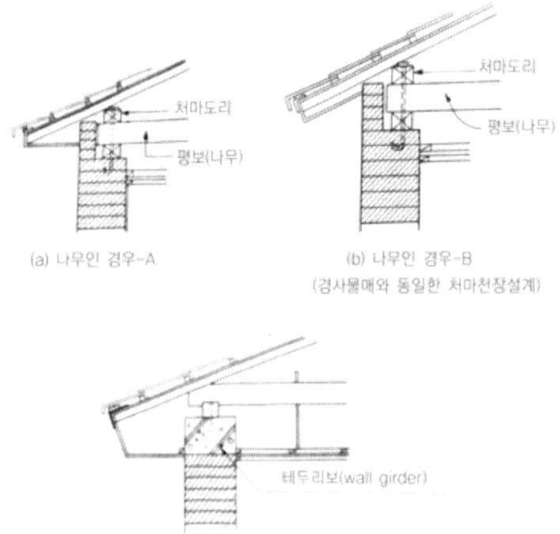


(a) 나무인 경우-A

(b) 나무인 경우-B (경사물매와 동일한 처마천장설계)

(c) 콘크리트인 경우

아치

(숨은 아치)

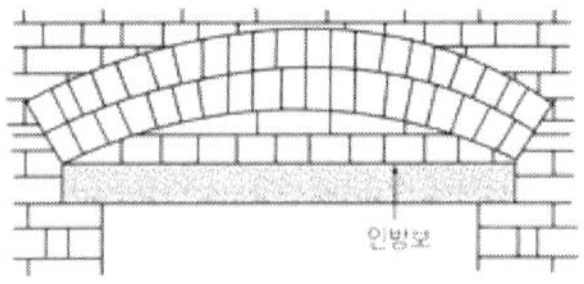


(평 아치)

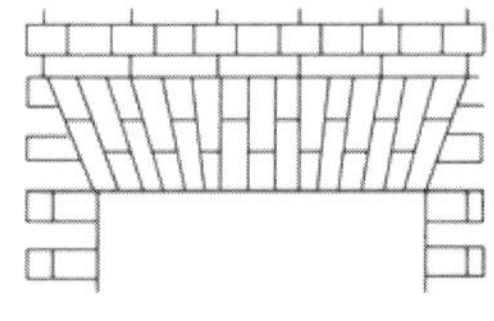

(반원 아치)

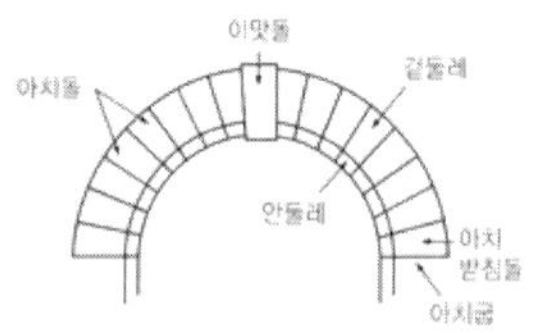


· 상부에서 오는 직압력이 축선을 따라 좌우로 나뉘어 밑으로 직압력만으로 전달되게 한 것으로서, 부재의 하부에 인장력이 생기지 않게 한 것이다. 조적조 개구부는 아무리 폭이 좁아도 아치를 트는 것을 원칙으로 하며, 나비가 1.8m 이하인 경우에는 별도의 인방보를 쓰지 않더라도 구조적으로 가능한 조적법이다. 또한 의장상으로 주로 직선미를 주는 벽돌구조에서 곡선미를 첨가할 수 있는 중요한 의미를 가지고 있다. 아치를 축조방식에 따라 구분할 수 있다.

· 아치형태에 따른 효과

| 아치명 | 의장효과 |
|---|---|
| 세그멘탈(결원) 아치 | 변화감을 조성 |
| 잭(평) 아치 | 이질적인 분위기 연출 |
| 튜터(뾰족) 아치 | 부드러운 가운데 반복 미를 연출 |
| 엘립티컬(타원) 아치 | 조화미를 곁들인 가운데 아담한 분위기 |
| 로마(반원) 아치 | 자연스러우며, 우아한 느낌 |
| 고딕(첨두) 아치 | 경쾌한 반면 엄숙한 분위기 연출 |
| 파라볼릭(포물선) 아치 | 질감을 효율적으로 표현 |

## 2. TGT (팀 게임 토너먼트 모형: Teams Games Tournaments)

### 가. 이론

TGT(Teams Games Tournaments) 모형은 John Hopkins 대학의 Devries와 Meskon(1974) 등에 의해 만들어진 협동학습 모형 중의 하나로, 팀별 활동은 STAD와 동일한 방법으로 이루어진다. 그러나 이 모형의 특징은 각 팀의 능력별로 테이블에 이동하여 능력이 비슷한 학습자끼리 퀴즈를 하므로 성공기회를 균등하게 보장받는 특징이 있다. 그리고 각 테이블에서 1위를 하면 한 단계 높은 상위 테이블로 이동하고, 테이블에서 4위를 하면 하위 테이블로 이동한다. 따라서 교수자는 퀴즈 카드의 문제의 난이도를 조정하여 출제하여 제작하는 번거로움이 있다.

### 나. 특징

STAD가 개인적인 퀴즈를 대비해서 학습하는 반면에 TGT는 토너먼트에서 좋은 성적을 얻기 위해 학습을 하게 되고, STAD에서는 향상 점수로 학습동기를 강화시키지만 TGT는 게임에서 얻은 점수로 학습동기를 강화시킨다.

TGT의 중요한 특징으로 매주 토너먼트 성적에 의해서 선수로 출전하는 책상이 바뀐다는 점이다. 이것은 STAD에서 학습 능력에 관계없이 열심히 학습한 학습자는 향상점수를 통해 자신의 팀에 기여하고, 자신의 성취욕을 얻는 것과 마찬가지로, TGT의 학습자들도 자신과 비슷한 능력의 경쟁자와 게임을 하게 되므로 자신의 팀에 공헌할 수 있는 동등한 기회를 갖게 되는 것이다.

지루하기 쉬운 학습을 게임의 형식으로 진행하기 때문에 학습자의 흥미유발에 도움이 된다. 하지만 협동학습활동 시간보다는 게임에 상대적으로 많은 시간을 보낸다는 단점을 가지고 있다.

## 다. 절차

TGT는 교수자의 수업 소개(class presentation), 팀 활동(team activity), 퀴즈테이블별로 이동(movement), 문제카드로 퀴즈풀기(tournaments), 팀 점수의 게시와 보상(team recognition·compensation)의 5가지 요소로 구성된다.

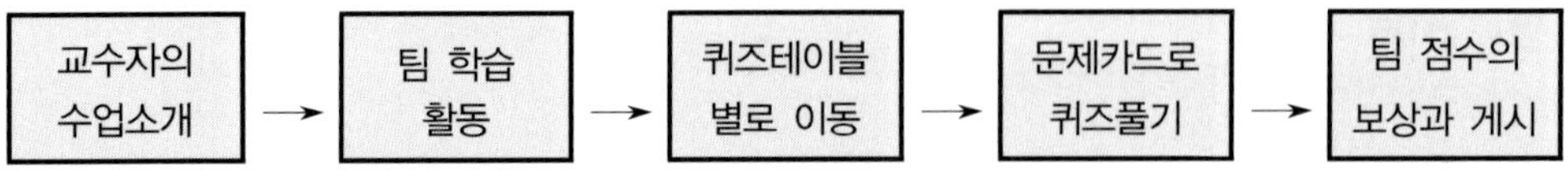


그림 Ⅲ-4 TGT 모형의 학습절차

### 1) 교수자의 수업소개(class presentations)

이 단계는 STAD와 동일하다.

- 준비: 학습 자료로는 학습과제 용지와 정답용지, 그리고 숫자가 적힌 카드와 카드함, 숫자 카드에 해당하는 문제용지와 정답지가 준비되어야 한다. 팀 구성은 한 팀에 4~5명으로 이루어지고, 기본 점수를 기준으로 이전 성적에서 가장 뛰어난 3사람씩 각 게임 책상에 배정하고 세 사람씩 게임하도록 한다. 즉 토너먼트에서는 "밀어내는 방법"을 사용하여 높은 득점자, 낮은 득점자끼리 모이도록 동질적인 테이블이 되도록 조정한다.

### 2) 팀 학습 활동(team activity)

이 단계는 STAD와 동일하고 기본기능에 대한 이해력과 적응력을 기른다.

### 3) 퀴즈 테이블별로 이동(movement)

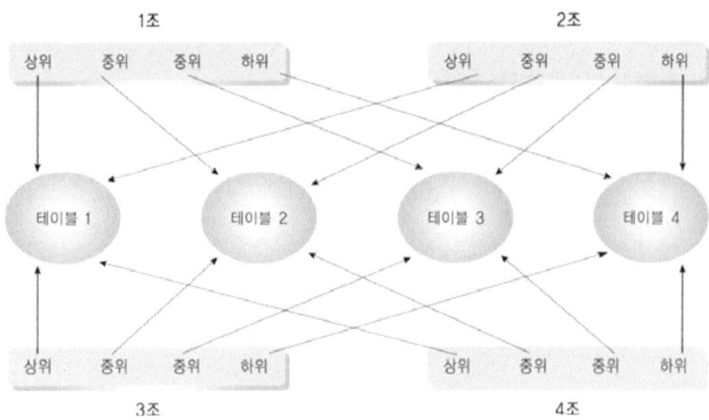


그림 Ⅲ-5 TGT 게임 방법

#### 4) 문제카드로 퀴즈 풀기(tournaments)

게임 방법으로는 카드함에서 수 카드를 뽑아 첫 순서를 정해 시계방향으로 진행하는데, 높은 숫자를 선택한 사람이 먼저 해당 번호 문제를 크게 읽고 정답을 말할 수 있는 자격을 갖는다. 정답이 틀리면 다음 사람에게 선택권이 넘어가고, 맞으면 카드를 보유하고 넘어간다. 다음 사람은 정답이 맞았다고 생각하면 패스를 하고, 틀렸다고 생각하면 순서대로 다른 답을 말할 수 있으나 만약 틀리면 가지고 있던 카드를 반납하는 제약이 있다. 그리고 게임을 마치기 10분 전에 교수자의 지시로 게임을 중단하고, 게임 점수 용지에 결과를 점수 기준에 의해 기재한다. 그리고 점수의 부여방법은 기준표에 의하여 각 개인에게 부여하고 팀 점수로 합산된다.

- 한 토너먼트 게임 책상에 4명의 학생이 게임을 할 수 있게 하기위하여 팀의 수를 조절한다.
- 각 팀은 STAD의 경우와 같이 이전의 학력 점수 등에 따른 학습능력별로 상위, 중간, 중간 하위의 학생으로 구성되어 있다. 여기에서 게임시에는 같은 학습능력을 가진 학생들이 모여서 게임을 하게 되므로 모든 구성원은 동등한 조건에서 게임에 임할 수 있다.
- 4명의 학습자가 토너먼트 책상에 둘러앉으면 책상 위에는 교수자가 준비해둔 문제 카드 묶음, 정답카드, 책상 퀴즈 기록표가 놓여져 있다. 먼저 문제를 풀게 될 '선(先)'을 정하고 선은 임의의 카드를 선택하고 그 카드를 뒤집어서 카드 뒤에 있는 문제를 다른 학습자들이 들을 수 있도록 읽는다. '선'은 이때 자신이 선택한 문제의 답을 먼저 말할 수 있고, 틀려도 감점이 없다. 이후에 다음 도전자부터 자신의 생각을 표현할 수 있는 기회를 갖는다. 예를 들어 앞에서 말한 것이 정답이라 생각되거나 잘 모르겠으면 '통과'를 외치고, 틀렸다 생각되면 '찬스'를 외치고 자신의 생각을 이야기 하면 된다. 그러나 도전자들이 말한 답이 틀렸을 경우 1점의 감점을 당하게 된다.
- 이렇게 해서 마지막 도전자 즉 3번 도전자가 정답을 확인하는 역할과 결과를 기록하는 역할을 맡는다. 이렇게 한 라운드가 끝나면 1번 도전자가 새로운 리더가 되고, 오른쪽으로 역할이 하나씩 옮겨지게 된다.

### 5) 팀 점수의 보상과 게시(team recognition · compensation)

교수자는 기준표에 의해 점수를 부여하고, 팀 성적을 산출한다. 팀 성적을 산출하는 데에는 시간이 걸리므로 그 결과는 대부분 다음 수업을 시작하기 전에 발표하면 된다. 여기에서 기본 정신은 각 게임에서의 성적을 다음 게임에 진출할 때 반영한다는 것이다.

**표 Ⅲ-5** 인원수에 따른 TGT 점수 기준

| 순위 | 4명이 게임할 경우 | | | | | | | |
|---|---|---|---|---|---|---|---|---|
| | 동점자 없음 | 1위 2명 | 2위 2명 | 3위 2명 | 1위 3명 | 2위 3명 | 모두 동점 | 1위 2명, 2위 2명 |
| 1 | 60 | 50 | 60 | 60 | 50 | 60 | 40 | 50 |
| 2 | 40 | 50 | 40 | 40 | 50 | 30 | 40 | 50 |
| 3 | 30 | 30 | 40 | 30 | 50 | 30 | 40 | 30 |
| 4 | 20 | 20 | 20 | 30 | 20 | 30 | 40 | 30 |

| 순위 | 3명이 게임할 경우 | | | | 2명이 게임할 경우 | | |
|---|---|---|---|---|---|---|---|
| | 동점자 없음 | 1위 2명 | 2위 2명 | 모두 동점 | 순위 | 동점자 없음 | 동점 |
| 1 | 60 | 50 | 60 | 40 | 1 | 60 | 50 |
| 2 | 40 | 50 | 30 | 40 | 2 | 40 | 50 |
| 3 | 20 | 20 | 30 | 40 | | | |

자료: Slavin, 1990: 72.; 최유현(2005): 375 재인용.

**표 Ⅲ-6** TGT 책상 Quizzes 기록표 예시

단원: 디지털 대 아날로그 변조

테이블 번호: 3

| 이 름 | 팀 명 | 게임1 | 게임2 | 게임3 | 합계 | TGT점수 |
|---|---|---|---|---|---|---|
| 김연기 | 최 오 | 5 | 7 | | 12 | 20 |
| 이철기 | 기술짱 | 14 | 10 | | 24 | 60 |
| 홍리나 | SCV | 11 | 12 | | 23 | 40 |

**표 Ⅲ-7** 팀 점수 정리표 예시

| 팀 이름: 기술짱 | | | | | | | | | | | | | | |
|---|---|---|---|---|---|---|---|---|---|---|---|---|---|---|
| 팀원 | 1 | 2 | 3 | 4 | 5 | 6 | 7 | 8 | 9 | 10 | 11 | 12 | 13 | 14 |
| 임희원 | 60 | 20 | 20 | 40 | | | | | | | | | | |
| 이철기 | 40 | 40 | 20 | 60 | | | | | | | | | | |
| 원선우 | 50 | 20 | 40 | 60 | | | | | | | | | | |
| 송용호 | 60 | 60 | 20 | 40 | | | | | | | | | | |
| 윤철용 | 40 | 40 | 60 | 20 | | | | | | | | | | |
| 팀 총점 | 250 | 180 | 160 | 220 | | | | | | | | | | |
| 팀 평균 | 50 | 36 | 32 | 44 | | | | | | | | | | |
| 팀 보상 | 최고팀 | | | 우수팀 | | | | | | | | | | |

*팀 평균 = 팀 총점 ÷ 팀원 수

## 라. 모형 적용 사례

TGT의 장점은 STAD와 마찬가지로 수업 절차가 간단하고, 점수계산 방식도 간단해서 누구나 쉽게 적용할 수 있으며 협동학습의 효과도 쉽게 얻을 수 있는 수업모형이다. 점수를 계속 계산하고 관리해야 하는 번거로움과 동점자가 발생할 경우 매우 복잡하다는 단점이 있지만 게임이 재미있어서 학습자들에게 가장 인기가 높은 모형으로 알려져 있다.

다음은 TGT를 적용한 수업의 지도안 예이다. 각자가 준비해온 플래쉬 카드를 수업과정에 사용하였고, 평가방식을 TGT모형으로 사용하였다.

<table>
<tr><td>개설 학기</td><td>3학년 1학기</td><td>교과목명</td><td colspan="2">데이터 통신</td><td>지도교수</td><td colspan="2"></td></tr>
<tr><td>대단원명</td><td>제5장 부호화</td><td>중단원명</td><td colspan="2">5.3 디지털 대 아날로그 변조</td><td>소단원명</td><td colspan="2">디지털 대 아날로그 변조의 여러측면</td></tr>
<tr><td>수업목표</td><td colspan="7">디지털 대 아날로그 변조 방법을 설명할 수 있다.</td></tr>
<tr><td>수업방법</td><td>TGT</td><td>보상방법</td><td colspan="2">수행점수로 반영</td><td>수업자료</td><td colspan="2">학습지, 플래쉬 카드</td></tr>
<tr><td>단계</td><td colspan="4">학습활동</td><td colspan="2">비고</td><td>시간(분)</td></tr>
<tr><td>교수자의 설명</td><td colspan="4">· 라디오의 기본 원리를 제시하여 변조에 대한 학습 동기를 유발<br>· 학습목표 제시 및 디지털 대 아날로그 변조에 대하여 설명<br>– 디지털 대 아날로그 변조: 진폭편이변조, 주파수편이변조, 위상편이변조, 구상진폭변조</td><td colspan="2">· 학습지와 평가지 사전준비</td><td>10</td></tr>
<tr><td>팀 학습 활동</td><td colspan="4">· 학습내용의 팀별 연습<br>– 조별 학습 과제별 평가 목표에 따라 연습. 동료의 학습을 확인<br>– 주어진 과제 책임 해결하기<br>· 플래쉬 카드를 활용하여 외우기 및 동료 점검</td><td colspan="2">· 사전 과제 제시<br>· 선정된 리더 주도 팀 학습 실시<br>· 각자 플래쉬 카드 준비해 옴</td><td>15</td></tr>
<tr><td>평가</td><td colspan="4">· 토너먼트 게임 문제하기<br>– 4명 1조로 구성하여 학습한 후 수준별 대표팀으로 재 편성하여 게임<br>– 문제와 답은 4의 배수로 출제</td><td colspan="2">· 토너먼트 문항 및 정답 카드 준비<br>· 반드시 혼자서 해결해야 함</td><td>15</td></tr>
<tr><td>개별·팀 향상 점수계산</td><td colspan="4">· TGT 점수 기준표를 활용하여 점수를 계산하고 팀 점수를 계산함<br>– 4~5주 경과 후 조의 재편성 필요</td><td colspan="2">· TGT 점수 기준표 참고하여 점수계산</td><td>5</td></tr>
<tr><td>팀 점수 게시 및 보상</td><td colspan="4">· 각 팀 별 점수를 게시함<br>· 팀 시상<br>– 우수한 팀에게 시상함<br>· 학습내용 정리 및 차시예고</td><td colspan="2">· 수행점수계산에 반영하여 전공점수에 반영 한다.</td><td>5</td></tr>
</table>

## 학습자료 예시

■ 디지털 대 아날로그 변조

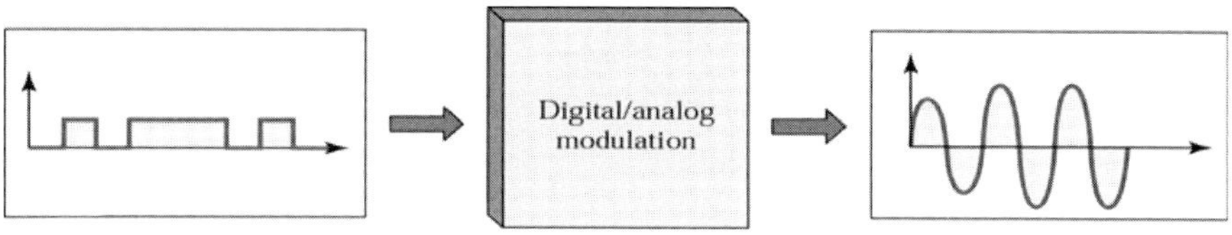


■ 변조(modulation)

2진 데이터 또는 낮은 대역 통과 아날로그 신호를 띠 대역 통과 신호로 전환하는 것

■ 디지털 - 대 - 아날로그 부호화 유형

1) ASK(Amplitude Shift Keying)

2) FSK(Frequency Shift Keying)

3) PSK(Phase Shift Keying)

4) QAM(Quadrature Amplitude Modulation)

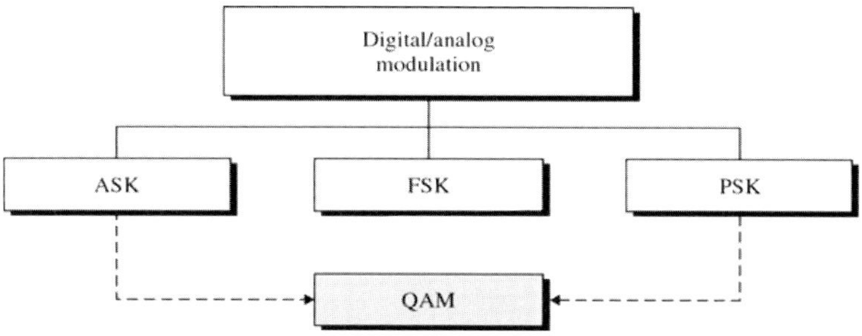


■ 비트율(Bit rate): 초당 전송되는 비트의 수

■ 보오율(Baud rate): 초당 신호단위의 수

* 비트율은 각 신호단위에 표현되는 비트 수와 보오율의 곱이므로 보오율은 비트율보다 적거나 같다.

■ 반송파신호(Carrier Signal): 정보신호를 위한 기본 신호

## 책상 Quizzes 기록표

단원: ____________________

테이블 번호: ____________________

| 이름 | 팀명 | 게임1 | 게임2 | 게임3 | 합계 | TGT점수 |
|---|---|---|---|---|---|---|
| | | | | | | |
| | | | | | | |
| | | | | | | |
| | | | | | | |
| | | | | | | |
| | | | | | | |
| | | | | | | |
| | | | | | | |
| | | | | | | |
| | | | | | | |
| | | | | | | |
| | | | | | | |
| | | | | | | |
| | | | | | | |

수업종료 10분 전 게임의 종료를 알리고 '선'의 역할을 동등한 기회로 하게 되면 책상 퀴즈 기록표를 작성한 후 교수자에게 제출한다.

## 팀 점수 정리표

| 팀 이름: | | | | | | | | | | | | | | |
|---|---|---|---|---|---|---|---|---|---|---|---|---|---|---|
| 팀원 | 1 | 2 | 3 | 4 | 5 | 6 | 7 | 8 | 9 | 10 | 11 | 12 | 13 | 14 |
| | | | | | | | | | | | | | | |
| | | | | | | | | | | | | | | |
| | | | | | | | | | | | | | | |
| | | | | | | | | | | | | | | |
| | | | | | | | | | | | | | | |
| 팀 총점 | | | | | | | | | | | | | | |
| 팀 평균 | | | | | | | | | | | | | | |
| 팀 보상 | | | | | | | | | | | | | | |
| *팀 평균 = 팀 총점 ÷ 팀원 수 | | | | | | | | | | | | | | |

교수자는 책상 퀴즈 기록표에서 나타난 순위에 따라 TGT점수 기준표에 의해 점수를 부여하고, 팀 성적을 산출한다. 시간이 많이 걸리는 경우 그 결과를 다음 수업 시작 전에 발표할 수 있다.

## 플래쉬카드 예시

ASK(Amplitude Shift Keying)

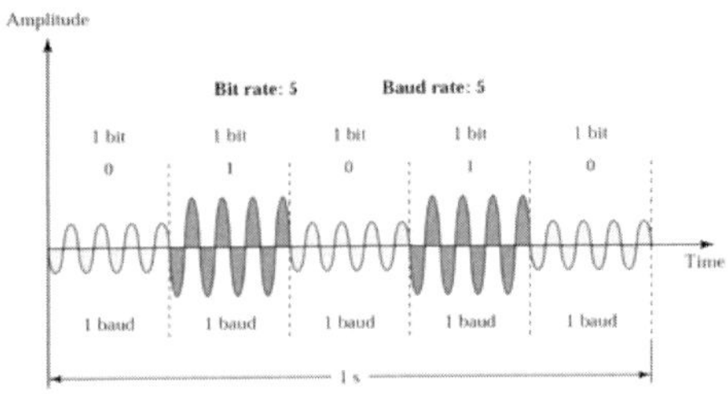


- 진폭이 변하지만 주파수와 위상은 변하지 않는다.
- 보오율과 ASK 대역폭의 관계

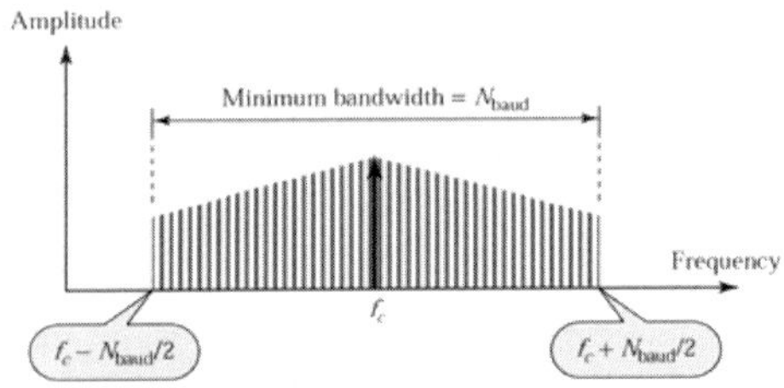


- ASK에 요구되는 대역폭

  BW = (1+d) * Nbaud

  BW: 대역폭, Nbaud: 보오율,

  d: 회선의 상태와 관련된 계수

FSK(Frequency Shift Keying)

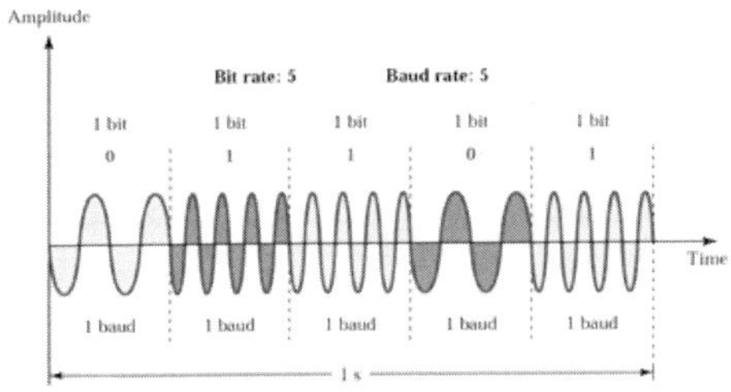


- 신호의 주파수가 2진 1 또는 0에 따라 변경

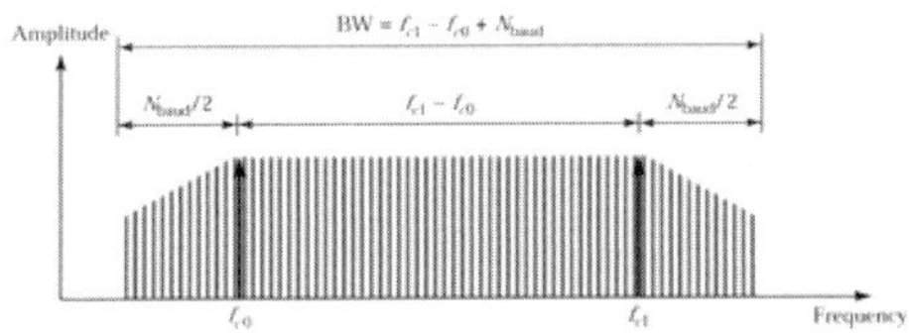

PSK(Phase Shift Keying)

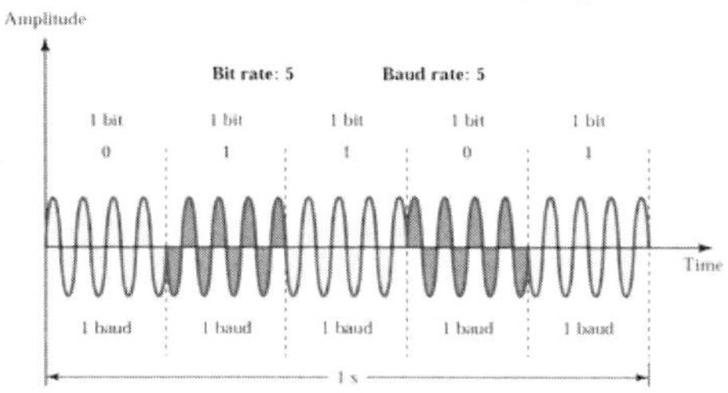


위상이 2진 1 또는 0에 따라 변경

• PSK성운(Constellation)

| Bit | Phase |
|---|---|
| 0 | 0 |
| 1 | 180 |

Bits

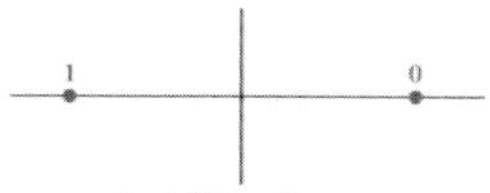

Constellation diagram

• 4-PSK

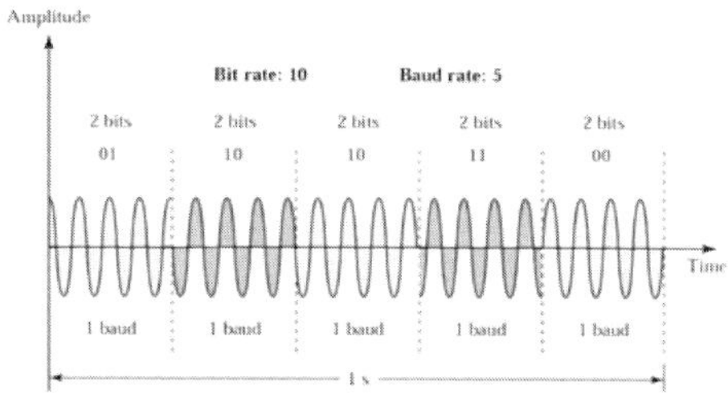


• 4-PSK의 특성

| Dibit | Phase |
|---|---|
| 00 | 0 |
| 01 | 90 |
| 10 | 180 |
| 11 | 270 |

Dibit
(2 bits)

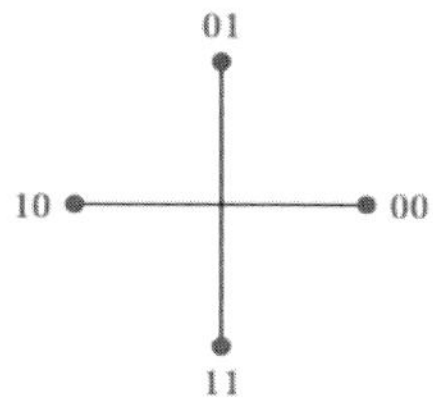

Constellation diagram

• 8-PSK의 특성

| Tribit | Phase |
|---|---|
| 000 | 0 |
| 001 | 45 |
| 010 | 90 |
| 011 | 135 |
| 100 | 180 |
| 101 | 225 |
| 110 | 270 |
| 111 | 315 |

Tribits
(3 bits)

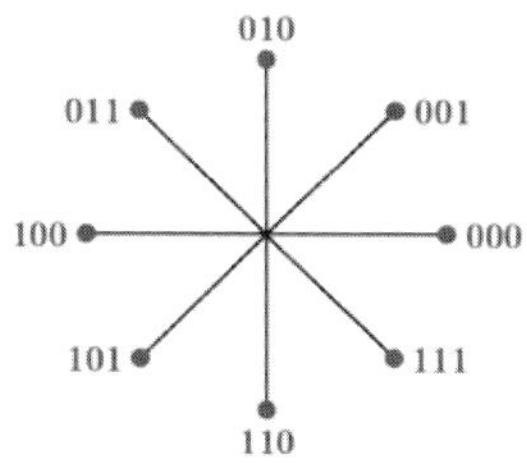

Constellation diagram

• PSK에서 요구되는 대역폭

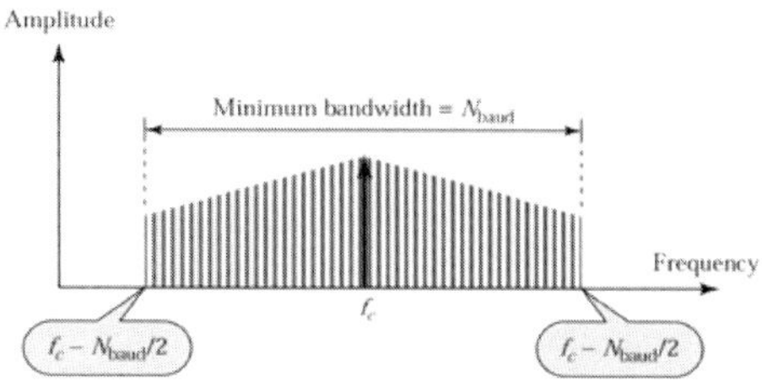

QAM

(Quadrature Amplitude Modulation)

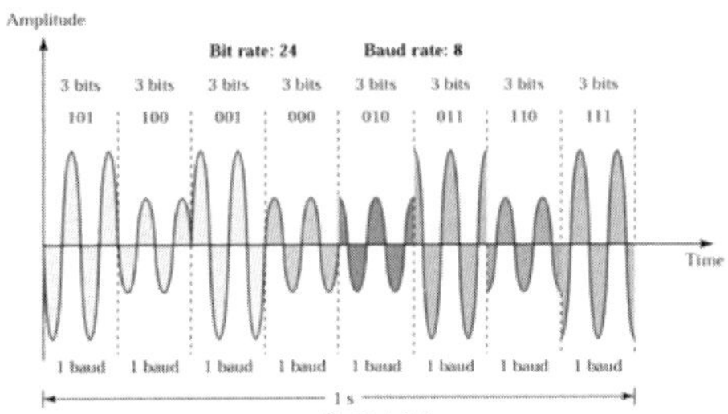


8-QAM

• ASK와 PSK의 조합

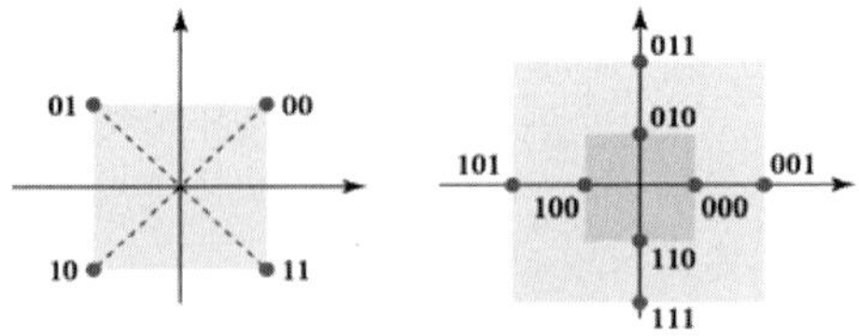


4-QAM
1 amplitude, 4 phases

8-QAM
2 amplitudes, 4 phases

• 8-QAM 신호의 시간 영역

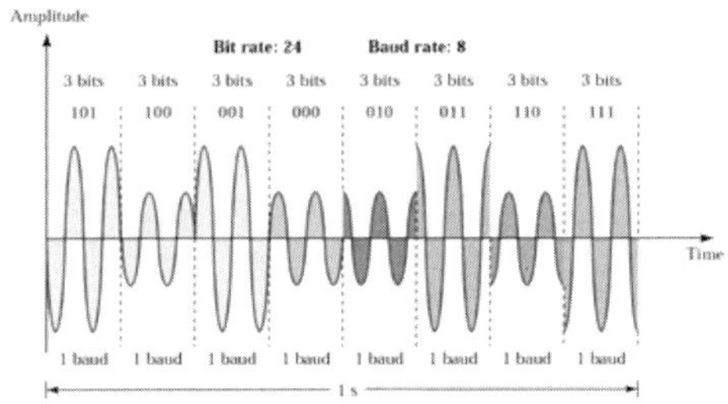


• 16-QAM 성운

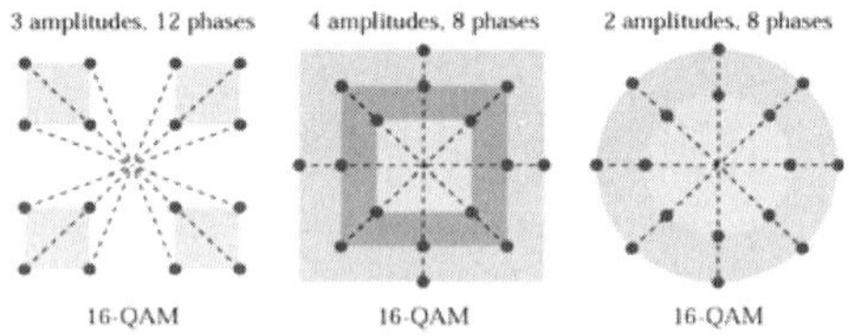

### 문항 카드 예시

Q. 1

아날로그 신호가 각 신호요소에 4 비트를 전달한다. 초당 1,000개의 신호요소가 보내진다면 보오율과 비트율은 얼마인가?

### 정답 카드 예시

Q. 1

정답

1,000bauds

per second

1,000 * 4 = 4,000bps

## 문항 예시

| | | |
|---|---|---|
| Q.1-1 | 아날로그 신호가 각 신호 요소에 4 비트를 전달한다. 초당 1,000개의 신호요소가 보내진다면 보오율과 비트율은? | 1,000 bauds per second<br>1,000 * 4 = 4,000bps |
| Q.1-2 | 신호의 비트율이 3,000이다. 각 신호의 요소가 6비트를 전달한다면 보오율은? | 3,000/6 = 500 bauds per second |
| Q.1-3 | 2,000bps로 전송되는 ASK신호의 최소 대역폭은? 단, 전송은 반이중 방식 | 보오율 2,000, 대역폭 2,000Hz |
| Q.1-4 | 5,000Hz의 대역폭을 갖는 ASK신호의 보오율과 비트율은? | 보오율: 5,000, 비트율: 5,000bps |
| Q.1-5 | 10,000Hz(1,000~11,000Hz)의 대역폭에 대한 시스템 전이중 ASK 변조의 각 방향의 반송파와 대역폭은 얼마인가? | BW = 10,000/2 = 5,000Hz<br>fc = 1,000 + 5,000/2 = 3,500Hz<br>fc = 11,000 − 5,000/2 = 8,500Hz |
| Q.1-6 | 2,000bps로 전송되는 FSK신호의 대역폭을 구하라. 전송은 반이중이고, 반송파는 3,000Hz만큼 분리되어야 한다. | BW = 보오율 + (fc1 − fc0)<br>BW = 비트율 + (fc1 − fc0)<br>= 2,000 + 3,000 = 5,000Hz |
| Q.1-7 | 매체의 대역폭이 12,000Hz이고, 두 반송파 사이의 간격이 최소 2,000Hz가 되어야 할 때, FSK 신호의 최대 비트율은? | BW = 보오율 + (fc1 − fc0)<br>보오율 = BW − (fc1 − fc0) = 6,000 − 2,000 = 4,000Hz, 비트율 = 4,000bps |
| Q.1-8 | 2,000bps의 속도로 전송하는 4-PSK신호 전송에 요구되는 대역폭은? 전송은 반이중 방식이다. | 보오율은 비트율의 반이므로 1,000이다. PSK 신호는 보오율과 같은 대역폭을 필요하므로 1,000Hz |
| Q.1-9 | 8-PSK신호에 5,000Hz의 대역폭이 주어졌을 때, 보오율과 비트율은? | PSK에서 보오율은 대역폭과 같으므로 5,000, 8-PSK에서 비트율은 보오율의 3배이므로 15,000bps |
| Q.1-10 | 성운다이어그램이 하나의 원 위에 같은 간격으로 위치한 8개의 점으로 구성되어 있다. 비트율이 4,800bps이면 보오율은? | 8-PSK변조 이므로 23=8, 3비트가 1개의 신호요소에 의해 전송 된다.<br>보오율 = 4,800/3 = 1,600baud |
| Q.1-11 | 1,000보오, 16-QAM 신호의 비트율은? | 24 = 16이므로 한 신호당 4비트가 전송되므로 (1,000) * (4) = 4,000bps |
| Q.1-12 | 72,000bps, 64-QAM 신호의 보오율은? | 26 = 64 이므로, 한 신호당 6비트가 전송되므로 72,000 / 6 = 12,000baud |
| Q.1-13 | QAM에서는 반송주파수의 위상과 또 무엇이 변화하는가? | 보오율 |
| Q.1-14 | 다음 중 잡음의 영향을 가장 많이 받는 것은? | ASK |
| Q.1-15 | 재구성된 PCM 신호의 정확도를 측정하는 요소 중 하나는? | 정량화에 사용되는 비트수 |
| Q.1-16 | 16-QAM에서 16이란 무엇의 개수인가? | 위상과 진폭의 조합 |

| Q.2-1 | 아날로그 신호가 각 신호 요소에 4 비트를 전달한다. 초당 2,000개의 신호요소가 보내진다면 보오율과 비트율은? | 2,000 bauds per second<br>2,000 * 4 = 8,000bps |
|---|---|---|
| Q.2-2 | 신호의 비트율이 4,000이다. 각 신호의 요소가 8비트를 전달한다면 보오율은? | 4,000/8 = 500 bauds per second |
| Q.2-3 | 3,000bps로 전송되는 ASK신호의 최소 대역폭은? 단, 전송은 반이중 방식 | 보오율 3,000, 대역폭 3,000Hz |
| Q.2-4 | 4,000Hz의 대역폭을 갖는 ASK신호의 보오율과 비트율은? | 보오율: 4,000, 비트율: 4,000bps |
| Q.2-5 | 10,000Hz(1,000~11,000Hz)의 대역폭에 대한 시스템 전이중 ASK 변조의 각 방향의 반송파와 대역폭은 얼마인가? | BW = 10,000/2 = 5,000Hz<br>fc = 1,000 + 5,000/2 = 3,500Hz<br>fc = 11,000 − 5,000/2 = 8,500Hz |
| Q.2-6 | 3,000bps로 전송되는 FSK신호의 대역폭을 구하라. 전송은 반이중이고, 반송파는 4,000Hz만큼 분리되어야 한다 | BW = 보오율 + (fc1 − fc0)<br>BW = 비트율 + (fc1 − fc0)<br>= 3,000 + 4,000 = 7,000Hz |
| Q.2-7 | 매체의 대역폭이 10,000Hz이고, 두 반송파 사이의 간격이 최소 2,000Hz가 되어야 할 때, FSK 신호의 최대 비트율은? | BW = 보오율 + (fc1 − fc0)<br>보오율 = BW − (fc1 − fc0) = 5,000 − 2,000 = 3,000Hz, 비트율 = 3,000bps |
| Q.2-8 | 4,000bps의 속도로 전송하는 4-PSK신호 전송에 요구되는 대역폭은? 단, 전송은 반이중 방식 | 보오율은 비트율의 반이므로 2,000이다. PSK 신호는 보오율과 같은 대역폭을 필요하므로 2,000Hz |
| Q.2-9 | 8-PSK신호에 4,000Hz의 대역폭이 주어졌을 때, 보오율과 비트율은? | PSK에서 보오율은 대역폭과 같으므로 4,000, 8-PSK에서 비트율은 보오율의 3배이므로 12,000bps |
| Q.2-10 | 성운다이어그램이 하나의 원 위에 같은 간격으로 위치한 8개의 점으로 구성되어 있다. 비트율이 5,400bps이면 보오율은? | 8-PSK변조 이므로 23=8, 3비트가 1개의 신호요소에 의해 전송 된다.<br>보오율 = 5,400/3 = 1,800baud |
| Q.2-11 | 2,000보오, 16-QAM 신호의 비트율은? | 24 = 16이므로 한 신호당 4비트가 전송되므로 (1,000) * (4) = 4,000bps |
| Q.2-12 | 60,000bps, 64-QAM 신호의 보오율은? | 26 = 64 이므로, 한 신호당 6비트가 전송되므로 60,000 / 6 = 10,000baud |
| Q.2-13 | QAM에서는 반송주파수의 위상과 또 무엇이 변화하는가? | 보오율 |
| Q.2-14 | 다음 중 잡음의 영향을 가장 많이 받는 것은? | ASK |
| Q.2-15 | 재구성된 PCM 신호의 정확도를 측정하는 요소 중 하나는? | 정량화에 사용되는 비트수 |
| Q.2-16 | 16-QAM에서 16이란 무엇의 개수인가? | 위상과 진폭의 조합 |

| | | |
|---|---|---|
| Q.3-1 | 아날로그 신호가 각 신호 요소에 4 비트를 전달한다. 초당 3,000개의 신호요소가 보내진다면 보오율과 비트율은? | 3,000 bauds per second<br>3,000 * 4 = 12,000bps |
| Q.3-2 | 신호의 비트율이 3,600이다. 각 신호의 요소가 6비트를 전달한다면 보오율은? | 3,600/6 = 600 bauds per second |
| Q.3-3 | 4,000bps로 전송되는 ASK신호의 최소 대역폭은? 전송은 반이중 방식 | 보오율 4,000, 대역폭 4,000Hz |
| Q.3-4 | 3,000Hz의 대역폭을 갖는 ASK신호의 보오율과 비트율은? | 보오율: 3,000 , 비트율: 3,000bps |
| Q.3-5 | 10,000Hz(1,000~11,000Hz)의 대역폭에 대한 시스템 전이중 ASK 변조의 각 방향의 반송파와 대역폭은 얼마인가? | BW = 10,000/2 = 5,000Hz<br>fc = 1,000 + 5,000/2 = 3,500Hz<br>fc = 11,000 – 5,000/2 = 8,500Hz |
| Q.3-6 | 4,000bps로 전송되는 FSK신호의 대역폭을 구하라. 전송은 반이중이고, 반송파는 5,000Hz만큼 분리되어야 한다 | BW = 보오율 + (fc1 – fc0)<br>BW = 비트율 + (fc1 – fc0)<br>= 4,000 + 5,000 = 9,000Hz |
| Q.3-7 | 매체의 대역폭이 14,000Hz이고, 두 반송파 사이의 간격이 최소 2,000Hz가 되어야 할 때, FSK 신호의 최대 비트율은? | BW = 보오율 + (fc1 – fc0)<br>보오율 = BW – (fc1 – fc0) = 7,000 – 2,000 = 5,000Hz, 비트율 = 5,000bps |
| Q.3-8 | 6,000bps의 속도로 전송하는 4-PSK신호 전송에 요구되는 대역폭은? 단, 전송은 반이중 방식 | 보오율은 비트율의 반이므로 3,000이다. PSK 신호는 보오율과 같은 대역폭을 필요하므로 3,000Hz |
| Q.3-9 | 8-PSK신호에 3,000Hz의 대역폭이 주어졌을 때, 보오율과 비트율은? | PSK에서 보오율은 대역폭과 같으므로 3,000, 8-PSK에서 비트율은 보오율의 3배이므로 24,000bps |
| Q.3-10 | 성운다이어그램이 하나의 원 위에 같은 간격으로 위치한 8개의 점으로 구성되어 있다. 비트율이 6,000bps이면 보오율은? | 8-PSK변조 이므로 23=8, 3비트가 1개의 신호요소에 의해 전송 된다.<br>보오율 = 6,000/3 = 2,000baud |
| Q.3-11 | 3,000보오, 16-QAM 신호의 비트율은? | 24 = 16이므로 한 신호당 4비트가 전송되므로 (3,000) * (4) = 12,000bps |
| Q.3-12 | 48,000bps, 64-QAM 신호의 보오율은? | 26 = 64 이므로, 한 신호당 6비트가 전송되므로48,000 / 6 = 8,000baud |
| Q.3-13 | QAM에서는 반송주파수의 위상과 또 무엇이 변화하는가? | 보오율 |
| Q.3-14 | 다음 중 잡음의 영향을 가장 많이 받는 것은? | ASK |
| Q.3-15 | 재구성된 PCM 신호의 정확도를 측정하는 요소 중 하나는? | 정량화에 사용되는 비트수 |
| Q.3-16 | 16-QAM에서 16이란 무엇의 개수인가? | 위상과 진폭의 조합 |

| | | |
|---|---|---|
| Q.4-1 | 아날로그 신호가 각 신호 요소에 4 비트를 전달한다. 초당 4,000개의 신호요소가 보내진다면 보오율과 비트율은? | 4,000 bauds per second<br>4,000 * 4 = 16,000bps |
| Q.4-2 | 신호의 비트율이 4,200이다. 각 신호의 요소가 6비트를 전달한다면 보오율은? | 4,200/6 = 700 bauds per second |
| Q.4-3 | 5,000bps로 전송되는 ASK신호의 최소 대역폭은? 단, 전송은 반이중 방식 | 보오율 5,000, 대역폭 5,000Hz |
| Q.4-4 | 2,000Hz의 대역폭을 갖는 ASK신호의 보오율과 비트율은? | 보오율: 2,000, 비트율: 2,000bps |
| Q.4-5 | 10,000Hz(1,000~11,000Hz)의 대역폭에 대한 시스템 전이중 ASK 변조의 각 방향의 반송파와 대역폭은 얼마인가? | BW = 10,000/2 = 5,000Hz<br>fc = 1,000 + 5,000/2 = 3,500Hz<br>fc = 11,000 - 5,000/2 = 8,500Hz |
| Q.4-6 | 5,000bps로 전송되는 FSK신호의 대역폭을 구하라. 전송은 반이중이고, 반송파는 6,000Hz만큼 분리되어야 한다 | BW = 보오율 + (fc1 - fc0)<br>BW = 비트율 + (fc1 - fc0)<br>= 5,000 + 6,000 = 11,000Hz |
| Q.4-7 | 매체의 대역폭이 16,000Hz이고, 두 반송파 사이의 간격이 최소 2,000Hz가 되어야 할 때, FSK 신호의 최대 비트율은? | BW = 보오율 + (fc1 - fc0)<br>보오율 = BW - (fc1 - fc0) = 8,000 - 2,000 = 6,000Hz, 비트율 = 6,000bps |
| Q.4-8 | 8,000bps의 속도로 전송하는 4-PSK신호 전송에 요구되는 대역폭은? 단, 전송은 반이중 방식 | 보오율은 비트율의 반이므로 4,000이다.<br>PSK 신호는 보오율과 같은 대역폭을 필요하므로 4,000Hz |
| Q.4-9 | 8-PSK신호에 2,000Hz의 대역폭이 주어졌을 때, 보오율과 비트율은? | PSK에서 보오율은 대역폭과 같으므로 2,000, 8-PSK에서 비트율은 보오율의 3배이므로 6,000bps |
| Q.4-10 | 성운다이어그램이 하나의 원 위에 같은 간격으로 위치한 8개의 점으로 구성되어 있다. 비트율이 6,600bps이면 보오율은? | 8-PSK변조 이므로 23=8, 3비트가 1개의 신호요소에 의해 전송 된다.<br>보오율 = 6,600/3 = 2,200baud |
| Q.4-11 | 4,000보오, 16-QAM 신호의 비트율은? | 24 = 16이므로 한 신호당 4비트가 전송되므로 (4,000) * (4) = 16,000bps |
| Q.4-12 | 36,000bps, 64-QAM 신호의 보오율은? | 26 = 64 이므로, 한 신호당 6비트가 전송되므로 36,000 / 6 = 6,000baud |
| Q.4-13 | QAM에서는 반송주파수의 위상과 또 무엇이 변화하는가? | 보오율 |
| Q.4-14 | 다음 중 잡음의 영향을 가장 많이 받는 것은? | ASK |
| Q.4-15 | 재구성된 PCM 신호의 정확도를 측정하는 요소 중 하나는? | 정량화에 사용되는 비트수 |
| Q.4-16 | 16-QAM에서 16이란 무엇의 개수인가? | 위상과 진폭의 조합 |

| Q.5-1 | 아날로그 신호가 각 신호 요소에 4 비트를 전달한다. 초당 5,000개의 신호요소가 보내진다면 보오율과 비트율은? | 5,000 bauds per second<br>5,000 * 4 = 20,000bps |
|---|---|---|
| Q.5-2 | 신호의 비트율이 4,800이다. 각 신호의 요소가 6비트를 전달한다면 보오율은? | 4,800/6 = 800 bauds per second |
| Q.5-3 | 6,000bps로 전송되는 ASK신호의 최소 대역폭은? 단, 전송은 반이중 방식 | 보오율 6,000, 대역폭 6,000Hz |
| Q.5-4 | 1,000Hz의 대역폭을 갖는 ASK신호의 보오율과 비트율은? | 보오율: 1,000, 비트율: 1,000bps |
| Q.5-5 | 10,000Hz(1,000~11,000Hz)의 대역폭에 대한 시스템 전이중 ASK 변조의 각 방향의 반송파와 대역폭은 얼마인가? | BW = 10,000/2 = 5,000Hz<br>fc = 1,000 + 5,000/2 = 3,500Hz<br>fc = 11,000 − 5,000/2 = 8,500Hz |
| Q.5-6 | 6,000bps로 전송되는 FSK신호의 대역폭을 구하라. 전송은 반이중이고, 반송파는 7,000Hz만큼 분리되어야 한다 | BW = 보오율 + (fc1 − fc0)<br>BW = 비트율 + (fc1 − fc0)<br>= 6,000 + 7,000 = 13,000Hz |
| Q.5-7 | 매체의 대역폭이 18,000Hz이고, 두 반송파 사이의 간격이 최소 2,000Hz가 되어야 할 때, FSK 신호의 최대 비트율은? | BW = 보오율 + (fc1 − fc0)<br>보오율 = BW − (fc1 − fc0) = 9,000 − 2,000 = 7,000Hz, 비트율 = 7,000bps |
| Q.5-8 | 10,000bps의 속도로 전송하는 4-PSK신호 전송에 요구되는 대역폭은? 단, 전송은 반이중 방식 | 보오율은 비트율의 반이므로 5,000이다.<br>PSK 신호는 보오율과 같은 대역폭을 필요하므로 5,000Hz |
| Q.5-9 | 8-PSK신호에 1,000Hz의 대역폭이 주어졌을 때, 보오율과 비트율은? | PSK에서 보오율은 대역폭과 같으므로 1,000, 8-PSK에서 비트율은 보오율의 3배이므로 3,000bps |
| Q.5-10 | 성운다이어그램이 하나의 원 위에 같은 간격으로 위치한 8개의 점으로 구성되어 있다. 비트율이 7,200bps이면 보오율은? | 8-PSK변조 이므로 23=8, 3비트가 1개의 신호요소에 의해 전송 된다.<br>보오율 = 7,200/3 = 2,600baud |
| Q.5-11 | 5,000보오, 16-QAM 신호의 비트율은? | 24 = 16이므로 한 신호당 4비트가 전송되므로 (5,000) * (4) = 20,000bps |
| Q.5-12 | 24,000bps, 64-QAM 신호의 보오율은? | 26 = 64 이므로, 한 신호당 6비트가 전송되므로 24,000 / 6 = 4,000baud |
| Q.5-13 | QAM에서는 반송주파수의 위상과 또 무엇이 변화하는가? | 보오율 |
| Q.5-14 | 다음 중 잡음의 영향을 가장 많이 받는 것은? | ASK |
| Q.5-15 | 재구성된 PCM 신호의 정확도를 측정하는 요소 중 하나는? | 정량화에 사용되는 비트수 |
| Q.5-16 | 16-QAM에서 16이란 무엇의 개수인가? | 위상과 진폭의 조합 |

## 3. 과제 분담 학습 모형(Jigsaw·Jigsaw Ⅱ·Jigsaw Ⅲ)

### 가. 이론

과제 분담 학습 모형(Jigsaw·Jigsaw Ⅱ·Jigsaw Ⅲ)은 우리나라에 가장 먼저 소개된 협동학습 모형이다. 협동학습 이론이 우리나라에 소개되기 전부터 이 모형은 우리나라 학교 현장에 먼저 알려져서 사용되고 있을 정도로 인기가 높았다. 그러나 이 모형은 그다지 효과적인 결과를 얻지 못하여 많은 비판을 받았으며, 이를 개선한 과제 분담 학습 Ⅱ와 Ⅲ가 개발되기도 하였다. 이러한 학습 형태를 Jigsaw라고 이름 붙인 이유는 원래의 팀이 전문가 팀으로 갈라졌다가 다시 원래의 팀으로 돌아오는 모습이 마치 조각그림 끼어 맞추기 게임(Jigsaw Puzzle)과 같다고 하여 붙여진 것이다(정문성·김동일, 1998).

Jigsaw모형은 동료들 간의 극단적인 상호 의존적 환경을 구성하게 한다. 각 학습자는 학습 단원의 일부분만 학습 자료로 제공받지만 학습 단원 전체로 평가받는다. 그러므로 모둠 구성원은 학습 단원 전체를 공부하기 위해 다른 구성원들의 도움을 받지 않을 수 없다. 그러므로 모둠 구성원은 학습 단원 전체를 공부하기 위해 다른 구성원들의 도움을 받지 않을 수 없다. 이러한 Jigsaw모형은 다음과 같은 요소들을 포함한다(Aronson et. al, 1978; 정문성, 2002에서 재인용).

#### 1) 특별히 고안된 학습 자료

학습 자료는 모둠 구성원들이 서로의 도움 없이는 학습할 수 없도록 팀 수만큼 나누어진 부분 자료로 구성된다.

#### 2) 팀조직과 의사 소통 훈련

팀 구성원들 간의 의사 소통은 Jigsaw 모형의 핵심적 요소이다. 자신의 의견 발표하기, 동료의 주장을 잘 듣고 이해하기 등 협동학습 활동에 관한 기본적인 기능들을 훈련받아야 한다.

### 3) 팀 이끄미

팀의 활동을 원만히 할 수 있도록 이끄미의 역할이 강조된다. 이끄미는 교수자에 의해 선출되며, 이끄미의 역할을 위한 특별한 훈련을 따로 받아야 한다. 이끄미는 팀의 과제를 수행하며, 팀 내의 문제를 해결하는 등의 역할을 한다.

### 4) 팀 크기

팀의 크기는 3명에서 7명의 범위가 가능하며, 5~6명이 가장 적정한 것으로 권장된다. 교수자가 자신의 지식이나 경험 또는 직관에 의해 학습능력, 성별, 심리적 특성 등에서 이질적으로 팀을 구성한다.

### 5) 전문가 팀

팀의 각 구성원은 같은 학습 자료를 할당받은 다른 팀의 구성원들과 전문가 팀을 구성하게 된다. 이들은 자신들의 팀 구성원들을 가르치기 위해 전문가 팀에서 자신들이 많은 학습 자료에 관한 정보를 교환하며, 연구하고, 내용을 습득하여 그 분야의 전문가가 된다.

### 6) 개인적 평가와 보상

학습자들은 전체 학습 단원에 대해 개인적 평가를 받으며 팀 보상은 받지 않는다.

## 나. 특징

Jigsaw 모형의 효과에 대해서는 많은 실험적 연구들이 행해졌다. Aronson등(1978)은 자신들이 만든 이 모형에 관한 실험적 연구에서 다음과 같은 효과가 나타났다고 주장하였다.

- Jigsaw 강의의 학습자는 전통적 강의의 학습자보다 팀 동료들을 더욱 좋아하는 경향이 나타났다.
- Jigsaw 강의의 학습자는 경쟁 학습 구조 때의 학교보다 현재 학교를 더 좋아하

게 되었다.

- Jigsaw 강의의 학습자의 자아 존중감이 경쟁 학습 구조 때보다 더 좋아졌다.
- Jigsaw 강의 학습자가 전통적 강의의 학습자보다 인지적 학습 효과가 높게 나타났다.
- Jigsaw 강의의 학습자는 그들의 동료들과 보다 협동을 잘하며, 동료들을 강의의 자료공급원으로 보는 경향이 전통적 경쟁 학습 구조보다 높게 나타났다.

그러나 Slavin(1987)은 Jigsaw의 평가 체제로는 협동학습의 효과를 거둘 수 없다고 주장하였다. 왜냐하면 비록 과제를 세분화하여 분업의 형태로 학습을 하게 하지만 학습 결과에 대한 팀 보상이 없기 때문에 학습들이 적극적으로 학습을 하지 않는다는 것이다. 또한 학습자들은 개인적인 평가를 받기 때문에 동료를 적극적으로 도와주려고 하지 않는다. 그래서 Slavin은 기존의 Jigsaw 모형에 보상 구조와 성공 기회 균등을 보완한 Jigsaw Ⅱ를 개발하였다. Jigsaw Ⅱ는 Jigsaw의 절차에다 STAD평가 방식을 적용한 것이다.

Jigsaw Ⅱ 모형은 Jigsaw 모형을 개선한 것으로 기본적으로 개념을 과제 분담 형식으로 학습자가 가르치며 제시된 과제가 교재의 완전 습득을 목적으로 한다.

Jigsaw Ⅱ와 Jigsaw의 차이점은 다음과 같이 정리할 수 있다(Kagan, 1985).

첫째, 모든 학습자에게 단원 전체를 접할 수 있는 기회를 제공하기 때문에 Jigsaw Ⅱ는 Jigsaw에 비해 학습자간의 상호 의존성이 약화되는 단점이 있다. 그러나 Jigsaw와 같이 학습 내용을 재조직할 필요없이 기존의 교과 단원을 그대로 이용할 수 있다는 점에서 더욱 실용적이고 경제적이다.

둘째, Jigsaw가 대부분 다섯 또는 여섯 명으로 이루어지지만 Jigsaw Ⅱ는 집단 구성원을 네 명으로 할 것을 강력히 권장한다.

셋째, Jigsaw Ⅱ는 Jigsaw에서와 같이 소집단의 조직과 훈련의 과정이 생략되며 소집단 리더를 임명하지도 않으며, 소집단 구성원의 자율을 강조한다.

넷째, 가장 큰 특징인 STAD의 평가 방법을 사용하고 집단 보상을 한다는 점이다. STAD의 평가 방법은 집단 목표 의식을 갖게 하고 모든 구성원이 집단 성공에 기여할 수 있는 기회를 제공한다. 이를 위해 STAD평가 방식을 이해하기 위해서는 보상 방법에 대한 기본적 이해가 필요하다. 학습 효과를 높이는 핵심적 역할을 하는 것 중의 하나가 보상이다. 보상에는 크게 세 가지 방식이 있다(정문성·김동일, 1998). 첫째는 가장 기여도가 크거나 점수를 많이 얻은 학습자에게 최상의 보상을 해주는 것으로 보편적으로 사용되는 보상 체제이고, 둘째는 두 학습자의 격의 높고 낮음에 관계없이 참가상이나 기념품 지급 등 모든 학습자에게 동일한 보상을 주는 체제이며, 셋째는 학습자에게 차별적 보상을 하지만 학습자의 능력에 따라 보상하는 것이 아니고 학습자의 필요에 따라 보상하는 체제이다. 이는 주로 아주 열등한 학습자에게 학습동기를 부여하기 위해 사용된다. 이러한 세 가지 보상 체제를 적절히 조화시켜 학습동기를 유발시키는 것이 STAD 보상 체제이다.

Jigsaw Ⅱ가 수업을 마친 후 곧바로 평가를 하기 때문에 충분히 평가에 대비한 학습의 정리나 마음의 준비를 할 여우가 없는 것이 문제점으로 지적되었다. 그래서 수업이 끝난 후 모집단에게 **시험에 대비할 일정한 시간을 주어야 한다**는 주장에 따라 이 과정을 첨가한 것이 Jigsaw Ⅲ이다(Steinbrink & Stahl, 1994).

## 다. 절차

### 1) Jigsaw

#### 가) 원래의 팀 활동

교수자는 한 단원을 수업 주제를 선택하여 이번 수업의 방법을 성명해 준다. 그런 다음 5~6명으로 구성된 원래의 팀에 몇 가지의 소주제가 질문의 형식으로 적혀있는 **전문가 학습지(expert sheet)**를 배포한다. 이 소주제들은 팀 구성원 각자에게 하나씩 할당되어 각 주제를 맡은 구성원은 그 소주제에 한하여 전문가가 된다. 원래의 팀에서 학습자들은 소주제 외에 각자가 팀 내에서 해야 될 역할들, 예컨대 이끄미나 기록자와 같은 역할을 정한다.

#### 나) 전문가 활동

각 팀에서 동일한 주제를 맡은 전문가끼리 따로 전문가 팀을 구성하여 함께 학습활동을 한다. 만약 한 강의의 팀이 5개라면 전문가별로 모인 5명의 전문가로 구성된 전문가 팀의 수도 5개가 될 것이다. 학생수가 많아서 팀이 8개라면 8명의 전문가가 전문가 팀을 이루어야 하므로 이는 현실적으로 팀 학습을 하기가 어렵다. 이때는 8개 팀을 두 부류로 나누어 각각 4명씩의 전문가 팀으로 구성하여 운영하는 것이 좋다. 전문가 활동은 주로 그 소주제를 공부한 다음 각자의 원래 팀에 돌아가서 원래 팀의 동료들에게 어떻게 핵심내용을 전달해 줄 것인가를 중심으로 토론하게 된다. 이를 위해 교수자를 전문가 팀에서 다루어야 할 학습의 요점과 범위를 안내해주는 자료도 제공하는 것이 좋다.

#### 다) 원래 팀의 재소집

전문가 팀의 활동이 끝났으면 다시 원래의 팀으로 돌아와서 자기의 전문적 지식을 팀내의 다른 동료들에게 전수한다. 다른 동료들은 자기가 전문으로 선택한 것 외에는 전혀 학습을 하지 않았기 때문에 자신이 전공하지 않은 영역은 전적으로 동료 전문가의 지식에 의존할 수 밖에 없다. 따라서 동료의 가르침을 적극적으로 수용하게 된다. 그 과정이 끝나면 전체 과제를 범위로 개인 평가를 받는다.

### 2) Jigsaw Ⅱ

Jigsaw Ⅱ의 일반적인 절차는 다음과 같다.

#### 가) 과제 선정

교과에서 한 단원을 선택하여 이를 4가지 기본 주제로 나눈다.

#### 나) 원래의 팀 조직

4~5명으로 구성된 팀을 주어진 기준에 의해 조직하고, 팀명을 정하는 등 정체성을 갖도록 유도한다.

#### 다) 전문가 학습지 배포

각 모둠에 4가지 주제가 질문의 형식으로 적혀있는 전문가 학습지를 배포한다.

#### 라) 전문가 활동의 이해

이 주제들을 팀 구성원 각자에게 하나씩 할당되게 하며, 다섯명일 경우 두명이 한 주제를 맡게 한다. 각 주제를 맡은 구성원은 그 주제에 한하여 전문가가 된다. 즉 '영국의 기술교육은 어떠한가?'를 맡은 구성원은 이 주제에 관해 자신의 모둠에서 유일한 전문가가 된다는 것이다. 여기에는 두 가지 의미가 있다. 하나는 동료들을 대신하여 영국의 기술교육을 정확하고 깊이 있게 연구·학습하여 차후에 학습한 내용을 동료들에게 잘 가르쳐주어야 한다는 것과 또 하나는 나머지 다른 세 주제에 관해서는 다른 동료에게 전적으로 의존해야 한다는 점이다. 즉 모든 구성원은 자신이 맡은 주제에 대해 책임과 의무를 지고 있는 것이다. 만약 자신의 주제를 소홀하게 학습한다면 그 결과는 다른 동료들에게 좋지 않은 영향을 끼치게 되므로 모든 모두미가 중요한 인물이 되는 것이다. 그러므로 협동학습 구조에서는 그들의 능력에 관계없이 소외되는 학습자는 아무도 없다.

#### 마) 단원 전체 읽기

모든 학습자에게 단원 전체를 읽어보게 하되, 특히 자신이 맡은 주제를 중심으로 읽게 한다. 이렇게 하는 이유는 자신이 선택한 주제를 전체적인 맥락에서 이해하기 위해서이다.

#### 바) 전문가 팀

전문가 팀이 모여서 자신들의 주제를 확인하게 한다. 이때 교수자는 4개의 주제를 맡은 학습자들을 손들게 해서 모든 학습자들이 자신과 같은 주제를 선택한 전문가들이 누구인지 얼굴을 알 수 있도록 해준다. 예를 들어 전문가 팀이 모일 때도 4~5명이 넘지 않도록 하는 것이 좋다. 예를 들어 한 강의의 수강생 인원이 50명이고 5명으로 구성된 팀이 10개가 되었다면, 가칭 동부 리그와 서부 리그식으로 나누어 전문가 팀을 만든다. 가령 동쪽에 자리한 5개 팀은 동부 리그라 칭하여 전문가 팀을 모이게 하면 5명씩 모이게 될 것이고, 서쪽에 자리한 5개 팀도 마찬가지로 모이게 하면 될 것이다. 전문가 팀이 모이면 교수자는 전문가 학습지를 제공해 주는 것이 바람직하다. 전문가 학습지의 기능은 전문가 팀이 같이 학습을 할 때 학습할 범위와 방향을 안내해 준다.

#### 사) 원래의 팀의 재소집

전문가 팀 활동이 끝나면 원래 자신의 팀에 가서 단원 전체를 학습하게 한다. 즉 각 주제의 전문가들이 되어 돌아온 모두미가 돌아가면서 자신이 학습한 주제를 다른 동료들에게 가르쳐준다. 이 과정에서 학습자들은 표현하는 기능과 듣는 기능을 익히고, 색다른 학습 경험을 하게 될 것이다.

#### 아) 퀴즈

모둠 학습이 끝나면 단원 전체에 대해 개인적 시험을 치른다.

### 자) 보상

팀 점수를 공개하고, 팀의 성적을 공고한다. 팀 점수는 향상 점수에 기초하여 계산된다.

표 Ⅲ-8에서 보듯이 Jigsaw·Jigsaw Ⅱ·Jigsaw Ⅲ는 기본적 절차는 비슷하지만 다소의 차이가 있다(Aronson et al, 1978; Slavin, 1990; VanSickle, 1994; 정문성, 1995)

**표 Ⅲ-8** Jigsaw·Jigsaw Ⅱ·Jigsaw Ⅲ 모형의 차이

| 단계 | 활동 | Jigsaw | Jigsaw Ⅱ | Jigsaw Ⅲ |
|---|---|---|---|---|
| 1단계 | 원래의 팀(Home Team): 과제 분담 활동 | ○ | ○ | ○ |
| 2단계 | 전문가 팀(Expert Team): 전문가 활동 | ○ | ○ | ○ |
| 3단계 | 원래의 팀(Home Team): 동료교수 및 질문 응답 | ○ | ○ | ○ |
| 4단계 | 일정 기간 경과 | | | ○ |
| 5단계 | 원래의 팀: 퀴즈대비 공부 | | | ○ |
| 6단계 | 퀴즈(STAD평가 방법 사용) | | ○ | ○ |

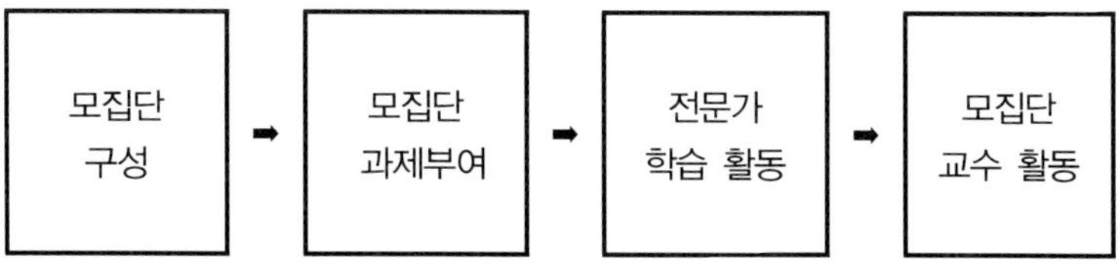


**그림 Ⅲ-6** Jigsaw 협동학습 절차(최유현, 2005)

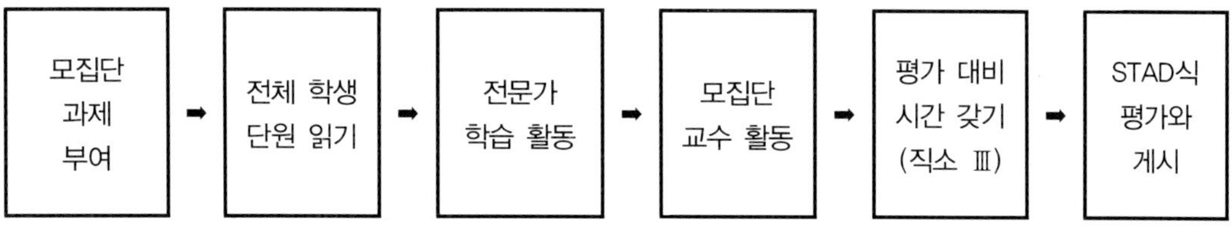


**그림 Ⅲ-7** Jigsaw Ⅱ, Ⅲ의 학습 절차(최유현, 2005)

## 라. 모형 적용 사례

| 적용 과목 | 자동차 공학 | 적용 모형 | Jigsaw Ⅱ |
|---|---|---|---|

| 학습 목표 | 자동차의 구조를 이해하여 구동 과정에 대해 설명할 수 있다. |
|---|---|

| 과제 선정 | 하나의 학습 주제를 선택하여 4~5가지 기본 주제로 나눈다.<br>주제 A: 동력전달장치의 구조와 각각의 역할<br>주제 B: 현가 장치의 구조와 각각의 역할<br>주제 C: 조향 장치의 구조와 역할<br>주제 D: 제동 장치의 구조와 역할 |
|---|---|

〈계속〉

↓

| 원래의 팀 조직 | 4~5명으로 구성된 팀을 주어진 기준에 의해 조직하고, 팀명을 정하는 등 정체성을 갖도록 유도한다.<br>–Jigsaw모형에서는 5~6명을 구성원으로 하도록 권장하고 있으나, Jigsaw 모형에서는 4~5명이 적당하다고 권장하고 있다. |
|---|---|

↓

| 전문가 학습지 배포 | 각 팀의 주제 학습이 이루어 질 수 있도록 공통된 양식의 포트폴리오를 제시하여 준다. |
|---|---|

↓

| 전문가 팀 활동 | 주제들을 팀 구성원 각자에게 하나씩 맡게 하며, 각 주제를 맡은 구성원은 그 주제에 한하여 전문가가 된다.<br>– 자신과 같은 주제를 선택한 전문가들이 모일 때 4~5명이 넘지 않도록 하는 것이 좋다. 이 때 학습의 방향성을 제시해 줄 수 있는 전문가 학습지를 제시해주는 것도 좋다. |
|---|---|

↓

| 원래의 팀 재소집 | 전문가 팀 활동이 끝나면 원래 자신의 팀에 가서 전체 주제를 학습하게 한다.<br>– 각 주제의 전문가들이 되어 돌아온 팀장이 돌아가면서 자신이 학습한 주제를 다른 동료들에게 가르쳐준다. 자신이 학습한 내용을 동료들에게 잘 가르쳐주어야 하고 나머지 다른 주제에 관해서는 다른 동료에게 전적으로 의존해야하기 때문에 이 모형에서 모든 학습자는 자신이 맡은 주제에 대해 책임과 의무를 지고 있게 된다. |
|---|---|

| 평가 | 팀 학습이 끝나면 단원 전체에 대한 개인적 시험을 치른다. |
|---|---|

⬇

| 보상 | 팀의 점수는 향상 점수에 기초하여 계산한다.<br>– '자동차 구조'에 관한 전체적인 내용을 담은 평가문항을 제작하여 학습이 이루어지기전 학습자들의 상태를 파악하고 학습이 이루어진 뒤 행해진 평가에서 얻은 개인 점수와 비교하여 향상 점수를 계산하고 팀의 점수는 이에 기초하여 계산하도록 한다. |
|---|---|

| 평가 | 팀 학습이 끝나면 단원 전체에 대한 개인적 시험을 치른다. |
|---|---|

⬇

| 부상 | 팀의 점수는 향상 점수에 기초하여 계산한다.<br>– '자동차 구조'에 관한 전체적인 내용을 담은 평가문항을 제작하여 학습이 이루어지기전 학습자들의 상태를 파악하고 학습이 이루어진 뒤 행해진 평가에서 얻은 개인 점수와 비교하여 향상 점수를 계산하고 팀의 점수는 이에 기초하여 계산하도록 한다. |
|---|---|

## 전문가 학습지

### 주제 A: 동력전달장치의 구조와 각각의 역할

**팀 명:** **이 름:**

1. 동력 전달 장치의 구성을 알아보자.

① 클러치

② 변속기

③ 추진축 및 유니버설 조인트

④ 최종 감속 기어

⑤ 차동 기어

2. 자동차의 동력 전달 순서를 구동 방식에 따라 구분하여 알아보자.

3. 높은 곳을 오를 때 자동차의 기어는 어떤 상태를 유지하는 것이 좋을까?

주제 A 전문가 팀을 위한 전문가 학습지

## 전문가 학습지

**주제 B: 현가 장치의 구조와 각각의 역할**

**팀 명:** **이 름:**

1. 현가 장치의 조건에 대하여 알아보자.

2. 현가 장치의 구성에 대하여 알아보자.

① 섀시 스프링

② 완충 장치

③ 스태빌라이저

3. 현가 장치의 종류를 구분하여 알아보자.

4. 자동차의 승차감을 좌우하는 현가장치의 요인 중 가장 영향력이 큰 것은 무엇일까?

주제 B 전문가 팀을 위한 전문가 학습지

## 전문가 학습지

### 주제 C: 조향 장치의 구조와 역할

**팀 명:** **이 름:**

1. 조향 장치의 구성을 알아보자.

① 구성

② 애커맨-장토(Ackerman-Jeantaud)의 원리

2. 조향 장치에서의 앞바퀴 정렬과 관련된 몇 개의 각에 대하여 알아보자.

① 토인(toe-in)

② 캠버(camber)

③ 캐스터(caster)

④ 킹핀 경사각(king pin inclination)

3. 자동차 운전시 핸들을 바르게 잡아도 일직선으로 주행하지 못하는 이유는 무엇일까?

주제 C 전문가 팀을 위한 전문가 학습지

## 전문가 학습지

**주제 D: 제동 장치의 구조와 역할**

**팀 명:　　　　　　　　이 름:**

1. 제동 장치를 용도에 따라 분류해보자.

2. 제동 장치의 원리에 대해 알아보자.

3. 제동 장치의 조작 기구를 알아보자.
① 브레이크 페달
② 마스터 실린더
③ 휠 실린더
④ 드럼 브레이크
⑤ 디스크 브레이크

4. 빗길이나 눈길에서 급제동할 때 생길 수 있는 현상과 위험시 예방 대책은 어떻게 세워야 할까?

주제 D 전문가 팀을 위한 전문가 학습지

## 4. 자율적 협동학습(Co-op Co-op)

### 가. 이론

자율적 협동학습이 가정하고 있는 철학적인 기초는 학습자들이 자연적인 호기심, 지성 그리고 표현력 등을 발전시킬 수 있는 조건을 제공하는 것이 진정한 교육의 역할이라는 것이다(Kagan, 1992). 그리고 이러한 능력을 발휘 시킬 수 있는 조건은 학습자 자신이 흥미 있는 관심을 가진 주제에 대해 같은 관심을 가진 동료들과 함께 그 주제에 대한 토론과 조사를 할 수 있는 학습환경을 제공하는 것이다.

Sharan과 Sharan(1976), Miller와 Seller(1985)의 모형에 근거하여 Kagan(1985)이 개발한 **자율적 협동학습 모형**(Co-op Co-op)은 한 강의에서 정한 전체 과제들을 여러 소집단으로 구성된 학습자 전체가 협동으로 해결하기 위해 소집단별로 협동학습을 하는 독특한 형태의 협동학습이다. 학습자들을 전체 학급에서 교수자가 제시한 주제에 관해 대략적인 학습 내용을 토론을 한 뒤 여러 소주제(subtopic)를 나누고, 자신이 원하는 소주제를 다루는 소집단에 소속하여 소집단내에서의 토의를 통해 그 소주제를 또 다시 더 작은 하위주제(minitopic)로 나누어 각각의 맡은 부분을 심도 있게 조사해 오게 된다. 학습자는 자신이 조사한 내용을 가지고 소집단에서 정보를 나누게 되고 이 소집단별로 그 집단이 맡은 소주제를 학습자 전체에 발표를 해서 학습자 전체에게 주어진 학습 과제를 완수하게 된다. 이처럼 전체 학습자가 협동으로 과제를 하기 위해 소집단이 협동학습을 한다고 하여 Co-op Co-op, 즉 '협동을 위한 협동'이라는 이름으로 불리는 모형이다 (Stahl, Meyer, & Stahl, 1994; 정문성·김동일, 1998, 재인용).

자율적 협동학습은 전체 학습자들이 한 주제의 학습을 위하여 분업의 원리를 통해 각 소집단들이 전체 주제와 관련된 소주제를 학습한다. 이러한 학습을 통해 전체 에 공헌을 함으로써 학습과 학습동기를 동시에 증진시키게 되는 학습 형태이다. 이 모형에서는 자율적 협동(협동을 위한 협동, Co-op Co-op)이라는 이름이 말해 주듯이 학습자들이 소집단속에서의 협동과 소집단과 소집단의 협동으로 얻은 이익을 학습자 전체가 함께 나누는 경험을 하게 된다.

자신이 선호하는 주제를 자유롭게 선택할 수 있고, 자신이 흥미를 가지고 있는 다른 학습자들과 함께 학습하는 과정에서 큰 학습동기를 느낀다. 전체 학습자들 사이에서 하나의 주제에 대해 토론을 한 후, 개별 소집단은 전체 학습자들 중에서 소위원회로서의 역할을 한다. 높은 관심으로 소주제의 학습을 한 후 각각의 소집단의 구성원들은 선택한 소주제 영역에서 깊은 지식을 가질 수 있다. 소집단별로 조사한 것을 학습자 전체에 발표하기 위해 준비를 하는 가운데 토론능력, 협상능력, 비판력, 의사결정 능력 등 다양한 고급 사고를 하게 된다.

## 나. 특징

Co-op Co-op 모형은 분업의 원리를 통해 각 모둠들이 전체 주제와 관련된 소주제를 학습하여 전체에 공헌함으로써 학습과 학습동기를 동시에 증진시키는 형태로서 중등과정 이상의 학습환경에서 나왔다. 그 후에 이 모형이 더 수정되고 보완되어 초등은 물론 대학교에 이르기까지 모든 수준에서 사용할 수 있음이 증명되었다. 이 모형에서는 Co-op Co-op라는 이름이 말해주듯이 학습자들이 '팀 속에서의 협동'과 '팀과 팀의 협동'으로 얻은 이익을 전체가 함께 나누는 경험을 하게 된다. 자신이 선호하는 주제를 자유롭게 선택할 수 있고, 자신이 흥미를 가지고 있는 것에 같은 관심을 가지고 있는 다른 학습자들과 함께 학습하는 과정에서 큰 학습동기를 느낀다. 전체에서 하나의 주제에 대해 토론·토의한 후, 개별 팀은 전체에서 소위원회로서의 역할을 한다. 높은 관심으로 소주제 학습을 한 후, 각 팀의 구성원들은 선택한 소주제 영역에서 깊은 전문적 지식을 가질 수 있다. 팀 별로 조사한 것을 전체에 발표하기 위해 준비를 하는 가운데 토론능력, 협상능력, 비판력, 의사 결정 능력 등 다양한 고급 사고를 사용하게 된다. 조사한 내용을 전체에 발표함으로써 같은 강의를 듣는 모든 학습자에게 깊고 다양한 정보를 제공한다. 학습자들은 다른 팀의 발표에 대해 적절한 비판과 지지를 보내면서 역시 고급 사고력과 발표력을 익힌다.

Co-op Co-op 모형을 사용했을 때 학습자에게 기대되는 학습 성과는 다음과 같이 정리할 수 있다.

첫째, **인지 능력의 발달**이다. 학습자들은 분류 능력, 주제와 관련되어 있는 것을 연결하는 능력, 창안 능력, 관계된 자료 수집 능력, 자료의 해석과 분석 능력, 통합 능력, 그리고 팀의 구성원이나 팀 및 전체 메인 팀과의 의사 소통 능력 등 고급 사고력을 향상시킬 수 있다.

둘째, **스스로 학습의 방향을 결정하는 능력**을 얻을 수 있다. 소주제 선택, 미니주제 선택, 그리고 그러한 주제의 학습경험을 경험하기 때문이다.

셋째, **동료교수 기능**을 기를 수 있다. 미니주제를 발표하는 경험, 소주제를 발표하는 경험과 동료교수를 통해 인지 정교화를 이룰 수 있다.

넷째, **사회적 기능이 발달**된다. 분업을 통한 학습 능력을 강화할 수 있고, 그들의 개인적인 상호관계나 팀 안에서의 관계 맺는 능력을 향상시키고, 듣는 기술을 통해 감정이입하는 것을 향상시키고, 관점 선택 능력을 기를 수 있고, 자기의 주장과 다른 사람의 주장을 조절하는 능력을 향상시키며, 다른 사람으로부터의 건설적인 비판이나 지지를 수용하는 능력과 활발한 협동적 참여의 태도도 향상시킬 수 있다.

다섯째, **자아실현 경험**을 얻는다. 학습자들은 강력한 학습동기 부여를 받으며, 자존감이 강화되고, 높은 자아의식뿐만 아니라 능력을 인정받은 경험을 하게 된다.

Co-op Co-op 모형은 선택된 주제의 범위나 난이도, 계획, 학습되는 자료의 특성 등에 따라 짧게는 1차시에서 길게는 한 학기 내내 적용되는 프로젝트 수업에서 활용될 수 있다. 또한 고등교육과정, 교수자 교육에도 사용될 수 있으며 다양한 과목에서 사용될 수 있다.

## 다. 절차

### 1) 학습 주제 소개

교수자가 학습 주제를 선택하여 학습자들에게 소개한다. 학습자들의 관심을 자극할 수 있는 자료를 많이 사용할수록 좋다. 학습자들의 자발적인 학습동기를 불러일으키는 것이 이 단계의 목적이다.

### 2) 학습자 중심 학급 토의·토론

학습자들은 주제에 대해 알게 된 것, 더 알고 싶은 것에 대해 브레인 스토밍을 하고 강의실 전체 토의·토론을 한다. 이 과정에서 한 주제에 대해 다양한 소주제들이 학습자들의 토의·토론과정에서 만들어진다. 언급된 주제들을 모두 열거한 뒤에 토의·토론을 통해서 주제를 분류하고 최종적으로 다룰 주제를 정한다.

### 3) 팀 구성을 위한 소주제들의 선택

소주제중 학습자들은 자신이 학습하고자 하는 주제를 선택한다.

### 4) 소주제별 팀 구성 및 팀워 형성

학습자들이 선택한 주제를 중심으로 팀을 편성하고 팀별로 효과적인 팀활동을 위해 팀워을 다진다.

### 5) 소주제의 정교화

소주제(subtopic)별로 모인 팀은 팀 내의 토의·토론을 통해서 자신들이 맡은 소주제를 보다 정교한 형태로 구체화하고 연구 범주를 정한다.

### 6) 미니주제 선택과 분업

팀 구성원들은 정교화된 소주제(subtopic)를 몇 개의 미니주제(minitopic)로 나누고 자신이 원하는 것으로 분담한다.

### 7) 개별 학습 및 준비

학습자들은 자신이 맡은 미니주제를 개별 학습하고 팀 내에서 발표할 준비를 한다.

### 8) 팀 내 미니주제 발표

학습자들은 팀 내에서 자신이 맡은 미니주제에 대한 학습 및 조사 결과물을 발표한다. 만약 미니주제를 맡지 않은 학습자가 있다면 토론자, 기록자 등의 역할을 분담시켜 발표의 질을 높이는 데 도움을 줄 수 있다.

### 9) 모둠 별 발표 준비

팀 별로 전체에 발표할 보고서를 준비한다.

### 10) 모둠 별 학급 발표

팀 별로 전체에 대해 발표하고 강의실 전체가 토의·토론한다.

### 11) 평가와 반성

학업 성취의 평가는 개인별로 실시할 수도 있고, 팀 별로 강의실 전체에 대한 발표 보고를 평가할 수도 있다. 후자의 경우 보통은 학습자들의 자체 평가를 40%, 교수자의 평가를 60%의 비율로 하는 것이 좋다. 또한 팀 별 자체 평가와 생산적인 팀 활동을 위한 개인의 자기 평가도 도움이 될 것이다.

자율적 협동학습의 학습 절차를 도식화 하면 그림 Ⅲ-8과 같다.

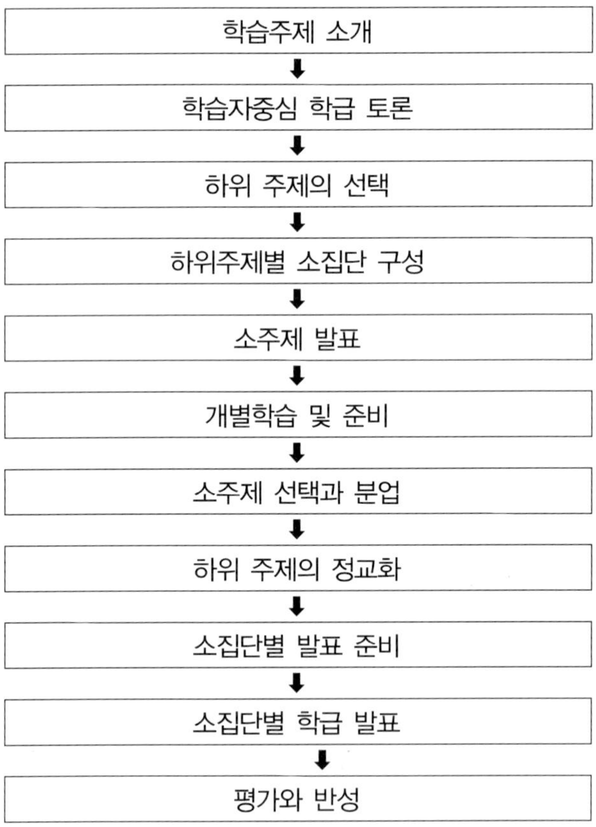


그림 Ⅲ-8 자율적 협동학습의 학습 절차

### 라. 모형 적용 사례

| 적용 과목 | 발명과 특허 | 적용 모형 | Co-op Co-op |
|---|---|---|---|

| 학습 목표 | 특허 출원의 과정에서 필요한 지식재산권 유형을 구분하고 특허 정보 검색의 과정 및 출원 과정과 방법을 알아보고, 학습하고 싶은 주제를 선택할 수 있다. |
|---|---|

| 학습 주제 제시 | 교수자는 사전에 준비한 자료를 제시하여 학습 주제에 대하여 자발적인 학습동기를 유발 시킨다. |
|---|---|

⬇

| 학습자 중심의 토론 | 브레인 스토밍으로 소주제 정하기<br>- 학습자들은 주제에 대해 알게 된 것, 더 알고 싶은 것에 대해 브레인 스토밍하고 토론을 통하여 학습 주제에 대하여 발표한다.<br>- 발표된 주제를 분류하여 최종적으로 학습할 소주제를 결정한다.<br>예) 지식재산권의 유형<br>특허 정보 검색의 방법<br>특허 출원의 과정<br>특허 출원의 방법 |
|---|---|

⬇

| 팀 구성을 위한 소주제 선택 | 학습자들은 자신이 학습하고자 하는 주제를 1지망에서 3지망까지 적어 교사에게 제출한다.<br>- 학습자들의 희망 및 능력을 고려하여 소집단을 구성한다. |
|---|---|

⬇

| 소주제별 팀 구성 및 팀워 형성 | 팀 별로 효과적인 집단 활동을 하기 위해 팀의 팀웍을 다진다. |
|---|---|

⬇

| 소주제의 정교화 | 토의를 통하여 팀 주제를 해결하기 위한 미니주제를 정한다.<br>예) 1모둠 주제: 지식재산권의 유형<br>미니주제 :<br>① 산업재산권과 저작권의 분류<br>② 특허권의 정의와 예시<br>③ 실용신안권의 정의와 예시<br>④ 디자인권의 정의와 예시<br>⑤ 상표권의 정의와 예시 |
|---|---|

⬇

| 팀 내 미니주제 발표 | 학습자들은 팀 내에서 자신이 맡은 미니주제에 대한 학습 및 조사 결과를 발표한다.<br>– 다양한 방법이 나올 수 있도록 유도하고 안내한다. |
|---|---|

⬇

| 팀 별 전체 발표 | 팀 별로 전체에 발표한다.<br>– 교수자는 발표 내용을 잘 나타낼 수 있는 방법을 활용했는지 새로 배운 것이 무엇인지 비판하면서 학습하도록 지도한다.<br>– 팀 발표가 끝나면 교수자는 보충 설명을 하여 학습 내용을 정리할 수 있게 한다. |
|---|---|

⬇

| 평가 | 팀 별 자체 평가로 개인별 평가를 한다.<br>팀 별 전체 평가에 대한 발표를 보고 평가를 실시한다. |
|---|---|

# 5. 이중 전문가·짝 전문가 집단 과제분담 학습 모형 (Double Expert·Partner Expert Group Jigsaw)

## 가. 이론

Jigsaw 모형은 미국의 Texas 대학에서 Aronson과 그의 동료들(1978)에 의해서 개발된 협동학습 모형으로서 학생들이 학습과제 내용부분에 대해 교육적 전문가가 되는 형식을 취한다. 즉, 전문가가 되면 팀원 각자가 자신이 맡은 부분을 가르치고 팀 구성원인 다른 학생들은 배우는 것이다. Jigsaw 모형은 개별적 책무와 과제전문화의 큰 특징을 지닌 모형이다. Jigsaw는 교사의 흥미에 맞게 창조적으로 수정·보완이 가능하기에 학생들이 다양한 방식으로 배울 수 있도록 발전하였다.

이중 전문가 집단 과제분담 학습 모형(Double Expert Group Jigsaw)은 Jigsaw 모형에서 전문가 집단의 학생 수가 많을 경우 학습 참여의 기회가 줄어드는 단점을 보완하기 위해 등장하였다. 또한 이 모형은 같은 주제를 공부한 이중 전문가 집단이 서로 협의를 할 수도 있고, 과제를 완수한 대표 전문가를 상대 집단에 파견할 수 있으므로 새로운 유형의 전문가 협의를 가능하게 할 수 있어서 학생들은 새로운 역할을 경험할 수 있게 된다.

짝 전문가 집단 과제분담 학습 모형(Partner Expert Group Jigsaw)은 로스앤젤레스 교육국 Billie Telles가 개발한 것으로 Jigsaw 모형에서 같은 주제를 가진 학생들이 전문가 집단으로 가기 전에 충분히 공부할 수 있는 기회를 주고자 등장하였다. 이 모형은 짝 관계를 통하여 학습 참여의 기회를 높이고 학습의 질을 향상시킨다. 또한 Jigsaw 모형의 전문가 집단 보다 질 좋은 학습 내용에 대한 토의가 이루어지고 더 나은 학습 결과를 도출해 낼 수 있다.

## 나. 특징

### 1) 이중 전문가 집단 과제분담 학습(Double Expert Group Jigsaw)

전문가 집단의 크기는 너무 클 경우 자신의 의견을 충분히 말할 기회가 적어져 학습에 대한 흥미를 상실할 수 있게 되므로 4-5명을 넘지 않도록 구성하는 것이 좋다. 예를 들어 학급이 40명이고 5명으로 구성된 소집단을 이룰 경우, 8명의 전문가 집단이 구성되는 것이므로 학생들이 참여할 수 있는 기회가 줄어들어 개인의 책무성을 극대화할 수 없게 된다. 따라서 이중 전문가 집단 과제분담 학습모형에서는 이 집단을 2개로 나누어 학생들의 참여를 촉진시킬 수 있게 하였다.

또한 팀 배정시 성적이 상·중·하인 학생을 고루 배치한다면, 또래 가르치기의 효과를 높일 수 있다. 학생들에게 잠재적인 학습 자원을 제공하여 학습 진도가 느린 학습자는 보다 높게 동기 유발된 학생에 의해서 자극되어 도움을 받을 것이고, 학습 속도가 빠른 학습자는 느린 학습자를 지도하는 과정에서 효과적인 개인 지도 기술을 획득할 수 있는 기회를 제공받을 것이다.

뿐만 아니라 같은 주제를 공부한 이중 전문가 집단이 서로 협의를 할 수도 있고, 과제를 완수한 대표 전문가를 상대 집단에 파견할 수 있으므로 새로운 유형의 전문가 협의를 가능하게 할 수 있어서 학생들은 새로운 역할을 경험할 수 있게 된다.

### 2) 짝 전문가 집단 과제분담 학습(Partner Expert Group Jigsaw)

이 모형은 같은 전문가 주제를 가진 학생끼리 짝 관계를 만들고 함께 공부한 후 전문가 집단을 형성하는 특징이 있다. 짝을 이룬 구성원들은 서로 의견을 제시할 기회가 많아지게 되어 높은 학습동기를 갖게 되고 또한 구성원의 학습의 질이 향상될 수 있다.

같은 주제를 공부하는 짝들로 구성된 전문가 집단은 짝과 함께 학습한 내용은 충분한지, 또 그것에 대해 동의하는지 확인한다. 이런 과정을 통하여 전문가 집단은 더 좋은 학습 내용을 도출해낼 수 있다.

전문가 집단 학습 후 다시 예전의 짝끼리 만나 집단 앞에서 해야 할 발표를 준비하고 연습한다. 이때 구성원은 서로의 예비 발표를 관찰하면서 수정·보완해 주는 상호 작용을 통해 관계나 태도 개선에 유리하다.

연습을 마친 후 원래 집단으로 돌아가 전문가들은 준비한 발표를 한다.

파트너끼리 활동하는 것은 전문가 팀에서 참여의 기회를 배가시킨다. 학생들은 학문적·언어적 또는 사회적 면에서 좋은 상대가 될 수 있는 다른 학생들과 짝을 이루게 된다. 그리고 발표준비에 서로 도움을 받게 된다.

## 다. 절차

### 1) 이중 전문가 집단 과제분담 학습(Double Expert Group Jigsaw)의 절차

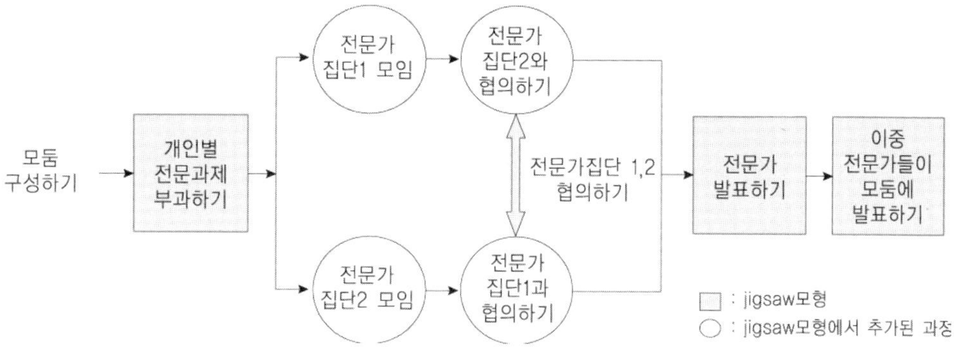


그림 Ⅲ-9 이중 전문가 집단 과제분담 학습의 절차(최유현, 2005 수정)

#### 가) 팀 구성하기

교사는 한 단원을 수업 주제로 선택하고 학생들에게 이번 수업의 대강을 설명해 준다. 팀은 4-5명 정도로 하여 이질 집단으로 구성한다.

#### 나) 개인별 전문 과제 부과하기

교사는 수업 주제의 하위주제가 적혀있는 전문가 용지(expert sheet)를 준비하고 구성원 각자에게 하나씩 할당해준다. 각 주제를 맡은 구성원들은 그 하위주제에 한하여 전문가가 된다.

#### 다) 이중 전문가 집단 모임

같은 주제를 담당하게 된 각 팀의 구성원들끼리 전문가 집단을 형성한다.

전문가 활동은 주로 그 하위주제를 공부한 다음 각자의 팀에 돌아가서 팀의 동료들에게 어떻게 핵심내용을 전달해 줄 것인가를 중심으로 토론하게 된다.

이때 전문가 집단의 학생 수가 많을 경우 학생들이 참여할 수 있는 기회가 줄어들어 학습에 대한 흥미를 상실할 수 있다. 따라서 이 집단을 2개로 나누어 전문가 집단 모임을 실시한다. 즉, 이중 전문가 집단에서는 자신의 의견을 말할 수 있는 기회가 늘어나 학습 효과를 높일 수 있다.

### 라) 이중 전문가 협의하기

같은 주제를 공부한 이중 전문가 집단이 서로 협의를 할 수도 있고, 과제를 완수한 대표 전문가를 상대 집단에 파견할 수 있으므로 새로운 유형의 전문가 협의를 가능하게 할 수 있어서 학생들은 새로운 역할을 경험할 수 있게 된다.

### 마) 이중 전문가 발표준비

이중 전문가 집단에서 팀에 돌아가서 발표할 내용을 준비한다.

### 바) 이중 전문가들이 팀에 발표하기

전문가들은 각자 소속된 팀으로 돌아간 후에 자신이 맡았던 주제를 다른 구성원들에게 발표한다. 다른 동료들은 자기가 담당한 주제 외에는 전혀 학습을 하지 않았기 때문에 자신이 담당하지 않은 영역은 전적으로 동료 전문가의 지식에 의존할 수밖에 없다. 따라서 동료의 가르침을 적극적으로 수용하게 된다.

## 2) 짝 전문가 집단 과제분담 학습(Partner Expert Group Jigsaw)의 절차

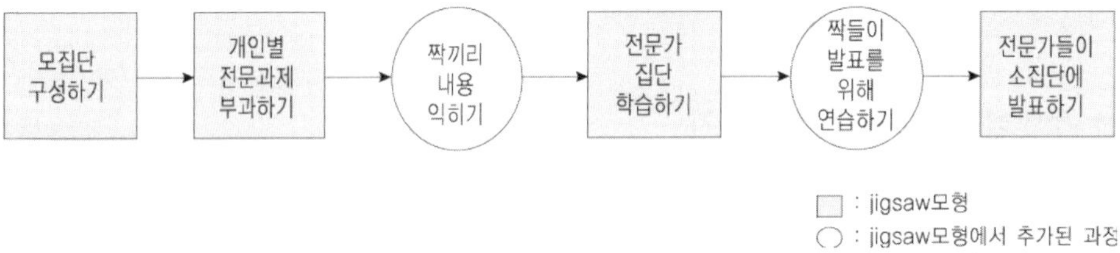


그림 Ⅲ-10 짝 전문가 집단 과제분담 학습의 절차(최유현, 2005 수정)

### 가) 팀 구성하기

교사는 한 단원을 수업 주제로 선택하고 학생들에게 이번 수업의 대강을 설명해 준다. 팀은 4-5명 정도로 하여 이질 집단으로 구성한다.

### 나) 개인별 전문과제 부과하기

교사는 수업 주제의 하위주제가 적혀있는 전문가 용지(expert sheet)를 준비하고 구성원 각자에게 하나씩 할당해준다. 각 주제를 맡은 구성원들은 그 하위주제에 한하여 전문가가 된다.

다) 짝끼리 내용 익히기

같은 주제를 담당하게 된 구성원들끼리 새롭게 짝을 이루게 된다. 짝을 이룬 구성원들은 전문가 집단에 모이기 전에 짝과 함께 담당하는 주제에 대한 활발한 토론이 이루어져야 한다.

라) 전문가 집단 학습하기

같은 주제를 공부하는 짝들은 전문가 집단을 형성한다. 이 집단에서는 짝과 함께 학습했던 내용이 충분한지, 또 그것에 대해 동의하는지 확인한다.

마) 짝들이 발표를 위해 연습하기

전문가 집단 학습 후 다시 예전의 짝끼리 만나 집단 앞에서 해야 할 발표를 준비하고 연습한다. 이때 구성원들은 서로의 예비 발표를 관찰하면서 부족한 부분을 수정·보완해주는 상호 작용을 한다. 이런 활동을 통해 학생들은 교우 관계 증진, 태도 개선에 효과를 볼 수 있다.

바) 전문가들이 소집단에 발표하기

전문가들은 각자 소속된 팀으로 돌아간 후에 자신이 맡았던 주제를 다른 구성원들에게 발표한다. 이때 팀 구성원들은 전체 학습단원의 수업을 제대로 이해하기 위해서 발표하는 학생의 말에 경청해야 한다. 이 과정에서 학생들은 표현하는 기능과 듣는 기능을 익히고 색다른 학습 경험을 하게 된다.

## 라. 수업모형 적용 사례

### 1) 이중 전문가 집단 과제 분담 학습(Double Expert Group Jigsaw)

가) 교사는 단원의 학습목표를 설명한다(단원의 학습목표: 전력 생산지와 전기 사용 장소의 연계를 위하여 송전 계통에 대해 설명할 수 있다).

나) 팀을 이질 집단으로 구성한다(학급이 40명이고 5명으로 구성된 소집단을 이룰 경우 8명의 전문가 집단이 구성된다). 팀의 각 구성원에게 A, B, C, D, E 전문주제와 관련된 전문지를 배부한다. 즉 5명으로 이루어진 각 팀에는 A, B, C, D, E 전문주제를 담당하는 각각의 전문가가 있다(전문주제 A: 송전방식, 전문주제 B: 송

전 선로의 구성요소, 전문주제 C: 선로정수, 전문주제 D: 통신선 유도 장애, 전문주제 E: 이상 전압).

다) 각 팀에서 A1, A2, A3, A4 학생은 전문가 집단 1을 형성하고, 각 팀에서 A5, A6, A7, A8 학생은 전문가 집단 2를 형성하여 A주제의 전문지를 공부한다(전문주제 A: 송전방식에 대하여 집단 1과 집단 2는 공부를 한다. B, C, D, E 동일하게 적용).

라) 전문가 집단 1의 대표자인 A1과 전문가 집단 2의 대표자인 A5가 상대방의 집단으로 가서 집단끼리의 협의를 도출해낸다(B, C, D, E 동일하게 적용).

마) A1, A2, A3, A4, A5, A6, A7, A8 학생은 팀으로 돌아가서 각 구성원들에게 전문지 A에 대해 발표할 준비를 한다(B, C, D, E 동일하게 적용).

바) 팀으로 돌아가서 A 주제에 대하여 B, C, D, E주제를 담당하는 구성원들에게 발표한다(B, C, D, E 동일하게 적용).

사) 평가는 이중 전문가 집단 과제 분담 학습에서 제시하지 않았으므로 교사의 재량에 따라 적절하게 실시하면 된다.

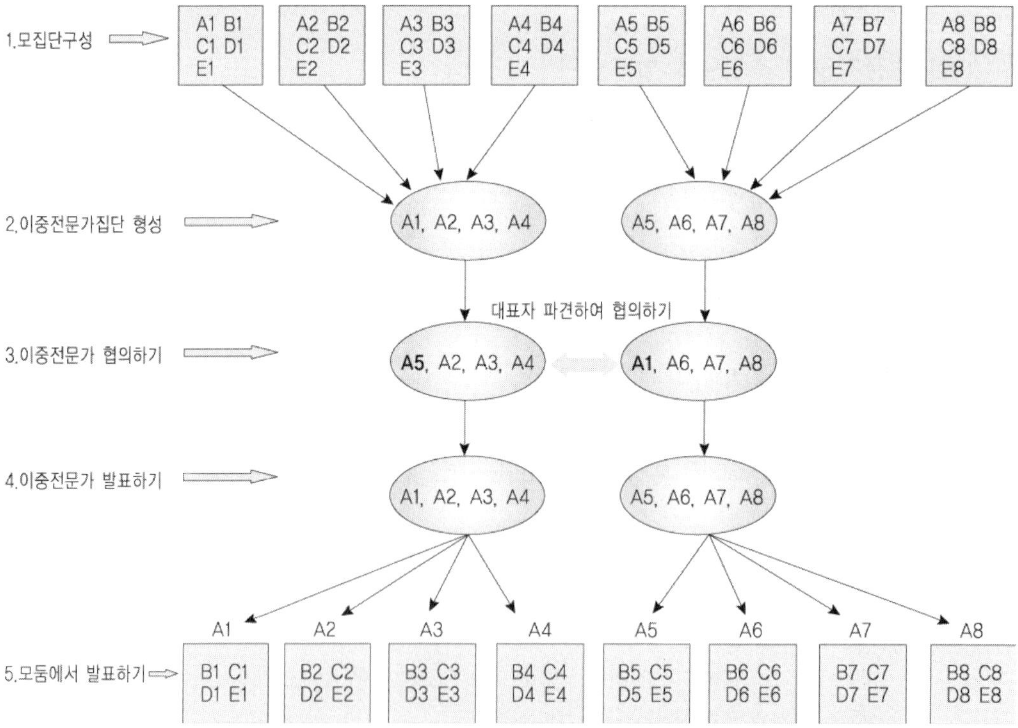


**그림 Ⅲ-11** 이중 전문가 집단 과제 분담 학습 흐름도

### 1) 짝 전문가 집단 과제 분담 학습(Double Expert Group Jigsaw)

가) 단원의 학습목표를 설명한다(단원의 학습목표: 전력 생산지와 전기 사용 장소의 연계를 위하여 송전 계통에 대해 설명할 수 있다).

나) 팀을 이질 집단으로 구성한다(학급이 40명이고 5명으로 구성된 소집단을 이룰 경우 8명의 전문가 집단이 구성된다). 팀의 각 구성원에게 A, B, C, D, E 전문주제와 관련된 z전문지를 배부한다(전문주제 A: 송전방식, 전문주제 B: 송전 선로의 구성요소, 전문주제 C: 선로정수, 전문주제 D: 통신선 유도 장애, 전문주제 E: 이상 전압).

다) A1과A2, A3과 A4, A5와 A6, A7과 A8은 짝 관계를 이루고 전문가 집단을 형성하기 이전에 주제에 관해 짝과 함께 공부한다(전문주제 A: 송전방식에 대하여 전문가 집단을 형성하기 전에 짝과 함께 공부한다. B, C, D, E 동일하게 적용).

라) A1, A2, A3, A4, A5, A6, A7, A8은 전문가 집단을 형성하고 학습 내용을 도출해낸다(B, C, D, E 동일하게 적용).

마) 전문가 집단 학습 후 다시 예전의 짝끼리 만나 팀으로 돌아가서 발표할 준비를 한다(B, C, D, E 동일하게 적용).

바) 팀으로 돌아가 A 주제에 대하여 B, C, D, E주제를 담당하는 구성원들에게 발표한다(B, C, D, E 동일하게 적용).

사) 평가는 짝 전문가 집단 과제 분담 학습에서 제시하지 않았으므로 교사의 재량에 따라 적절하게 실시하면 된다.

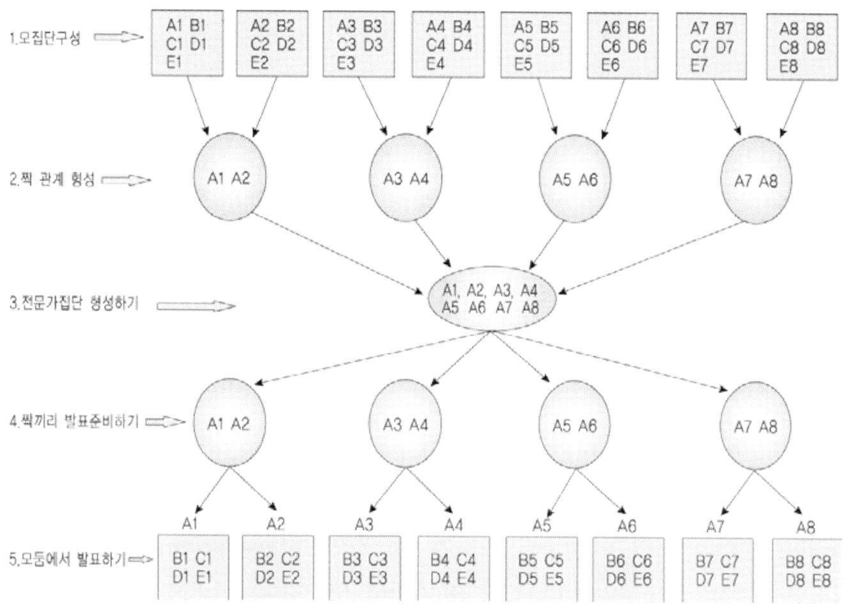


그림 Ⅲ-12 짝 전문가 집단 과제 분담 학습

## 전문가 학습지(A)

**전문주제 A: 송전 방식**

**팀 명: 이 름:**

학습목표: 발전소에서 생산된 전력의 송전 방식은 교류 송전 방식과 직류 송전방식을 설명할 수 있다.

1. 우리나라의 송전 전압은 66[kv], 154[kv], 345[kv], 765[kv]로 운용되고 있습니다. 발전소에서 만들어진 전기를 소비지 부근의 변전소까지 송전하기 위해 이러한 고압으로 보내지는 이유에 대해 생각해보자.

2. 우리나라는 지난 1997년 11월에 제주도의 전력계통을 안정화시키고 발전원가를 절감시킬 목적으로 제주도와 해남 간을 연결하는 송전방식이 완공되어 운용 중에 있다. 이것은 교류와 직류 송전 방식 중 어느 것을 채택하여 운용하였으며, 그 이유는 무엇인지 생각해보자.

# 전문가 학습지 (B)

**전문주제 B: 송전 선로의 구성요소**

**팀 명:　　　　　　　　이 름:**

학습 목표: 가공 송전 선로와 지중 송전 선로에 대하여 설명할 수 있다.

1. 아래의 그림은 발전소에서 만들어진 전력을 전기 사용 장소까지 운반하는 송전 선로를 나타낸 것이다. 송전 선로에 사용되는 기자재의 이름과 역할에 대하여 조사하여 보자.

[그림] 송전 선로의 구성

2. 아래의 글은 미관을 해치지 않는 장점을 갖고 있는 지중 선로에 대한 기사글이다. 지중 선로에 대한 다른 장점들과 단점들에 대해 생각해보고, 어떻게 시공되고 있는지 알아보자.

> 수원시는 수원산업단지를 전봇대 없는 공단으로 만들기 위해 현재 조성 공사 중인 2단지의 전선 및 통신선 등 각종 선로를 지중화하기로 했다고 밝혔다(파이낸셜 뉴스 2008.2.22).
> 새 정부 출범과 함께 각종 규제 개혁이 화두로 떠오르고 있는 가운데 전국 산업단지와 도심지 등 주요 지역에 규제의 상징인 전봇대와 미관을 해치는 전깃줄이 제거된다(세계일보 2008.2.28.).

# 전문가 학습지 (C)

### 전문주제 C: 선로 정수

**팀 명:** **이 름:**

학습 목표: 장거리 송전 선로의 전기적 특성을 해석하기 위해서 선로 정수를 해석할 수 있다.

1. 우리가 쓰는 전기는 교류여서, 장거리 송전의 경우는 단순히 옴의 법칙으로 설명되는 것이 아니라 4가지 선로정수의 영향을 받는다. 즉, 송전 선로는 저항, 인덕턴스, 정전용량 그리고 누설 컨덕턴스를 가진 연속된 전기회로로 볼 수 있다. 그럼 각각의 선로 정수의 특성에 대해 생각해보자.

2. 3상 3선식 송전 선로의 경우 각 선의 위치가 다르기 때문에 각 상의 인덕턴스가 달라진다. 그러므로 송전 전압이 평형이 되어 있다 하더라도 수전단 전압은 불평형의 상태가 된다. 이러한 불평형 상태를 방지하기 위하여 어떻게 전선을 배치하여야 하는가?

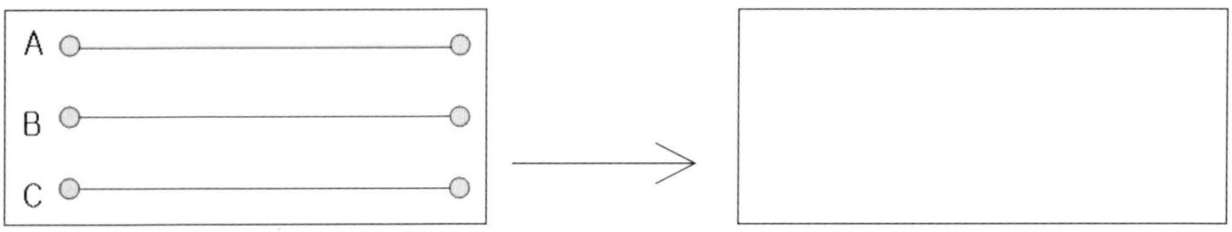


[그림] 연가

3. 코로나 현상은 왜 발생되는 것이며, 잦은 코로나 현상 발생시에는 어떠한 대책을 세워야하는지 생각해보자.

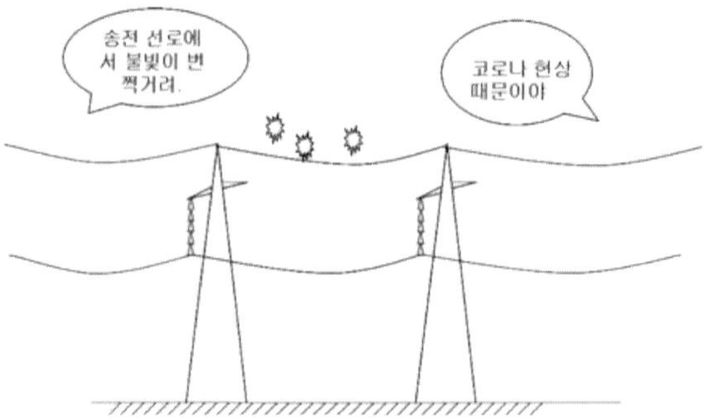

## 전문가 학습지 (D)

### 전문주제 D: 통신선 유도 장애

**팀 명:** **이 름:**

학습 목표: 통신선 유도 장애에 대하여 이해하고 경감대책에 대해 설명할 수 있다.

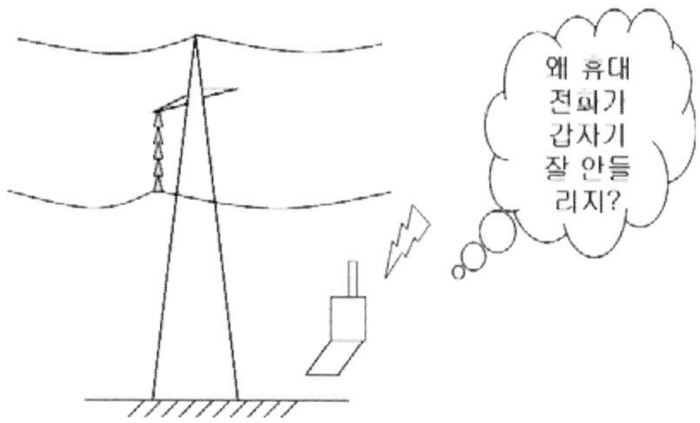


[그림] 잡음의 원인

1. 통신선 유도 장애는 어떤 경우에 발생하는지 살펴보고 유도 장애의 경감 대책에 대하여 논의해보자.

2. 아래의 그림은 양(+)으로 대전된 도체 A에 대전되지 않은 도체 B를 가까이한 것이다. 이것을 이용하여 정전유도에 대하여 설명하시오.

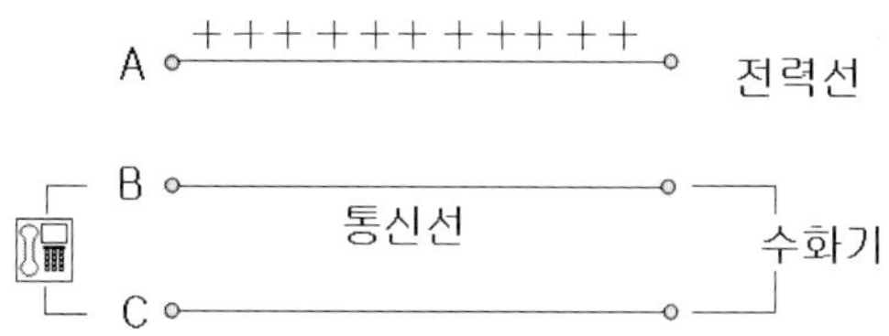


[그림] 정전유도

## 전문가 학습지 (E)

**전문주제 E: 이상 전압**

**팀 명:　　　　　　　　이 름:**

학습 목표: 이상전압의 원인과 방지대책에 대해 설명할 수 있다.

전력 계통에서는 송전선로, 배전선로, 전차선로 모두 사용하는 최고전압이 정해져 있다. 그러나 전력계통에서는 여러 가지 원인에 의해 이 최고사용전압을 초과하는 과대한 전압이 발생한다. 이 과대한 전압을 이상전압이라 하고 전력 회로의 기기 및 선로의 절연은 항상 이 이상전압의 위협에 노출되어 있다.

1. 이상 전압의 원인에 대해 생각해보자.

① 뇌에 의한 이상전압
② 스위치 개폐시의 과전압
③ 지속적 이상전압

2. 이상 전압의 방지대책에 대해 생각해보자.

① 가공지선
② 피뢰기
③ 방전 gap

# 6. 자율적 과제분담 학습(Co-op Jigsaw)

## 가. 이론

Co-op Jigsaw 협동학습은 Chris Harrison에 의해 개발된 통합중심 협동학습 모형으로 여기에서 통합의 의미는 모형통합을 의미한다. 서로 상호 의존하면서 자율적 하위 주제를 선택 탐구 활동을 하는 Co-op Co-op 협동학습의 특징과 개별적 책무가 필요한 Jigsaw 협동학습의 특징을 통합한 모형이라고 할 수 있다.

즉, Jigsaw 협동학습의 개별 책무에 따른 정보획득적인 면과 Co-op Co-op 협동학습의 자율적 협동을 통한 자율성과 융통성을 최대한 발휘하는 자율적 과제분담 협동학습이라고 정의할 수 있다.

## 나. 특징

### 1) Co-op Jigsaw Ⅰ

Co-op Jigsaw Ⅰ에서의 특징 및 절차는 과제분담학습에서처럼 각각의 학습자들은 먼저 주어진 주제에 대한 전문가가 되어 동일한 주제의 전문가인 다른 집단의 학습자와 모임을 갖는다. 전문가들은 정보를 수집하는 것에서 그치지 않고 전문 집단으로서 전체에 발표할 자료를 마련하여 발표를 한다(전문가 보고). 그 후 자기 팀으로 돌아오면 집단원들이 알아본 정보를 서로 나누어 집단 과제지를 완성한다. 집단별 과제지 작성을 통해 기본정보와 고차원적인 탐구의 종합을 이끌어낸다.

### 2) Co-op Jigsaw Ⅱ

Co-op Jigsaw Ⅱ는 Co-op Jigsaw Ⅰ에서 전문가 집단이 전체에 발표할 기회를 가졌으나, Co-op Jigsaw Ⅱ에서는 전문가들이 모집단에 돌아가 발표한 후 모집단별로 각기 다른 주제를 전체에 발표(팀보고)를 하게 된다. 학습자들은 전문가 집단에서 문제에 대한 기본원리와 정보들을 배우게 되며 이러한 Co-op Jigsaw Ⅱ는 매우 융통성 있게 거의 모든 주제에 사용할 수 있다.

표 Ⅲ-9 Co-op-Jigsaw 협동학습의 특징

| 모형 | 특징 | 절차 | 적용 |
|---|---|---|---|
| 자율적<br>과제분담학습<br>Co-op-Jigsaw Ⅰ | 전문가 보고<br>전문가 팀의<br>전체발표 | 1. 개인-소주제 보고서 작성<br>2. 각각의 전문가 팀<br>3. 전문가 팀 전체에 발표<br>4. 각 팀<br>5. 결과 | 정보획득, 창의적<br>접근이 가능한 단원 |
| 자율적<br>과제분담학습<br>Co-op-Jigsaw Ⅱ | 팀 보고서<br>팀의 전체발표 | 1. 전문가 팀 주제활동<br>2. 모집단 팀활동<br>3. 학급 전체 발표 | 개념이해, 지식습득·<br>이론과 실제의 연결<br>가능한 단원<br>두 주제가 공존할 때 |

## 다. 절차 및 모형도식

### 1) Co-op Jigsaw Ⅰ

#### 가) 팀 구성하기

학습 문제를 확인하고 한 팀이 4-5명이 되도록 팀을 구성한다.

#### 나) 개인별 과제 부여하기

개인별로 학습할 과제를 부여하되 학습자가 원하는 주제를 선택할 수 있도록 기회를 준다.

#### 다) 전문가활동

각 팀에서 동일한 주제를 맡은 학습자들 끼리 전문가 팀을 구성하여 함께 학습활동을 한다.

#### 라) 전문가 집단 발표

각 전문가 집단에서 학습한 내용을 전체 학습자에게 발표한다.

마) 모집단 과제물 만들기

원래의 팀으로 돌아와 각자 학습내용을 중심으로 토의하고 전문가 발표를 통해 얻은 내용을 정리한다. 그리고 이상의 내용을 정리하여 하나의 과제지를 작성한다.

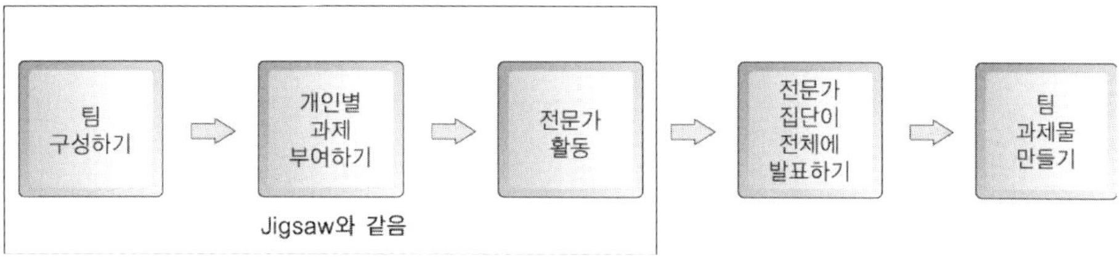


그림 Ⅲ-13 자율적 과제분담 학습 Ⅰ(Co-op Jigsaw Ⅰ)의 학습절차

2) Co-op Jigsaw Ⅱ

가) 팀 구성하기

학습 문제를 확인하고 한 팀이 4-5명이 되도록 팀을 구성한다.

나) 개인별 과제 부여하기

개인별로 학습할 과제를 부여하되 학습자가 원하는 주제를 선택할 수 있도록 기회를 준다.

다) 전문가활동

각 팀에서 동일한 주제를 맡은 학습자들 끼리 전문가 팀을 구성하여 함께 학습활동을 한다.

라) 전문가들이 모집단에 돌아가 발표하기

원래 팀으로 돌아와 자기의 전문적 지식을 팀내의 다른 동료들에게 전수한다.

마) 모집단 발표주제 정하기

정리한 내용을 바탕으로 모집단에서 발표할 주제를 정한다.

바) 모집단의 발표준비하기

정한 주제를 효과적으로 나타내기 위해 다양한 방법으로 모집단의 발표 자료를 만

듣고 발표 준비를 한다.

사) 전체에 발표하기

모집단에서 각 주제에 따른 토의 내용과 그 결과를 학급 전체에 발표한다.

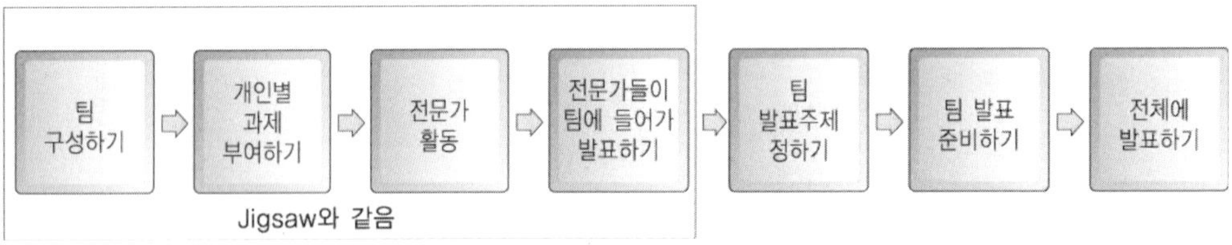


그림 Ⅲ-14 자율적 과제분담 학습 Ⅰ(Co-op Jigsaw Ⅱ)의 학습절차

## 라. 모형적용 사례 1

### 1) 학습주제: 주요 비파괴 검사의 기본 원리와 특성

### 2) 주제 선정이유

비파괴 검사의 종류에는 검사부위나 재료에 가해지는 물리적 에너지의 종류등에 따라 여러 가지로 분류 할 수 있다. 따라서 많은 종류의 검사의 기본 원리와 특성을 일일이 자세하게 학습일은 많은 시간과 노력이 필요할 것이다. 그러나 전문가 보고를 사용할 경우 과제를 분담하고 자신이 맡은 부분에는 전문가가 될 수 있다.

또한, 방사선 투과 검사, 초음파 탐상 검사, 침투 탐상 검사, 자분 탐사 검사 등의 주요 비파괴 시험이 개별적이고 명확한 개념으로 이루어진 학습 요소이기 때문에 변인이 거의 없고, 확실한 사실이기 때문에 문제 해결에 있어서 학생들간에 큰 무리나 혼란이 없는 적절한 주제라고 생각하게 되었다.

### 3) 교수·학습 활동

| 단원명 | 비파괴검사 |
|---|---|
| 학습주제 | 주요 비파괴 검사의 기본원리와 특성 |
| 학습목표 | 주요 비파괴 검사의 기본원리와 특성에 대해 설명할 수 있다. |
| 학습유형 | Co-op Jigsaw 협동학습 I |

### 가) 동기유발

- 비파괴 검사의 다양한 자료를 제시하며 비파괴 검사의 정의와 목적, 종류에 대해 간단히 설명한다.
- 우리의 일상생활에서 이용하고 있는 비파괴 검사에는 어떤 것들이 있는지 생각해 본다.

### 나) 학습 문제제시

- 주요 비파괴 검사의 원리와 특성을 알아보자
- 수업진행방법 설명

### 다) 팀 구성하기

- 4명이 한 팀을 구성한다.
- 학습 문제를 확인한다.

### 라) 개인별 전문과제 부과하기

팀원들은 한 가지씩 주제를 나누어 갖는다.

- 주제1 : 방사선 투과 검사의 원리와 특성
- 주제2 : 초음파 탐상검사의 원리와 특성
- 주제3 : 침투 탐상 검사의 원리와 특성
- 주제4 : 자분 탐상 검사의 원리와 특성

### 마) 전문가 활동

- 각 주제에 대한 정보를 탐색하고 협의한다.
- 정보 수집계획을 세우고 정보를 수집한다.
- 수집된 자료를 정리하여 발표할 준비를 한다.
- 전문가 학습지 제작

### 바) 전문가 집단이 전체에 발표

- 전문가 집단별 전문 주제별로 학급 전체에 발표한다.

사) 모집단 과제지 만들기

- 전문가 집단 활동을 하면서 알게 된 정보를 중심으로 서로 토의한다.
- 전문가 집단의 전체 학급 발표를 통해 얻은 내용을 정리한다.
- 모집단은 이상의 내용을 정리하여 하나의 과제지를 작성한다.
- 활발한 상호작용이 이루어 질수 있도록 한다.

아) 평가 및 반성

- 팀별 상호평가
- 차시예고

## 전문가 활동자료 | **전문주제 1:** 방사선 투과 검사의 원리와 특성

1. 방사선이란 무엇이고 우리 생활주위에서 어떻게 이용되는지 알아보자.

2. 방사선 투과 검사의 원리와 특성에 대해 조사해보자.

3. 방사선 투과 검사에 사용되는 것은 무엇이고 어떻게 발생되는지 알아보자.

4. 방사선 투과 검사에 어떤 재료와 기계(구)가 필요한지 알아보자.

5. 방사선의 안전한 취급 방법에 대해 알아보자.

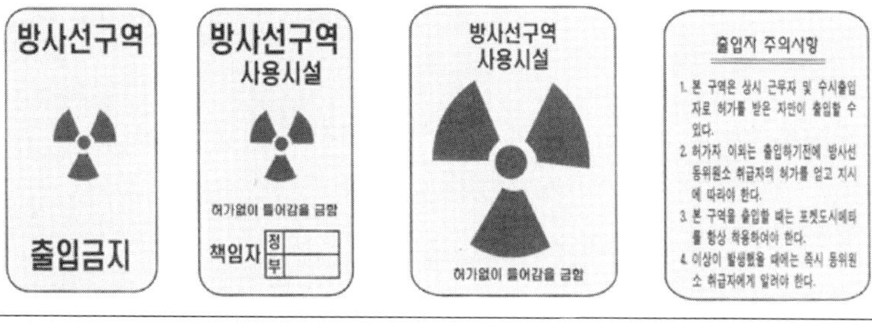

## 전문가 활동자료 | 전문주제 2: 초음파 탐상검사의 원리와 특성

1. 음파와 초음파의 차이점을 알아보고 초음파가 사용되는 사례를 들어보자.

2. 초음파의 성질과 종류, 발생, 반사와 굴절, 감쇠등에 대해 조사해 보자.

3. 초음파 탐상 검사의 원리와 특징을 알아보자.

4. 초음파 탐상장치의 구성과 시험편에 대해 알아보자.

전문가 활동자료 | **전문주제 3:** 침투 탐상 검사의 원리와 특성

1. 우리 생활주위에서 모세관 현상과 물질의 형광과 관련된 사례를 찾아보자.

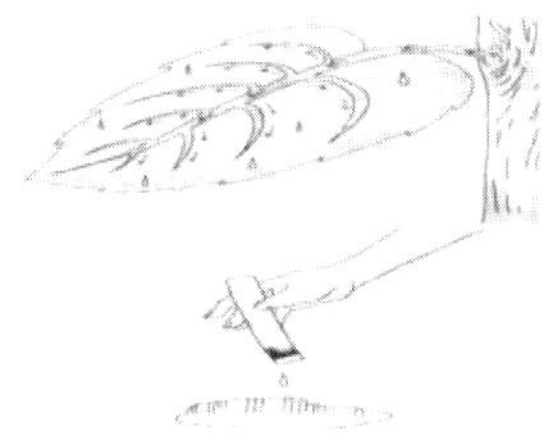

2. 침투 탐상 검사의 원리와 특성에 대해 알아보자.

3. 침투 탐상제로 사용되는 물질에 대해 알아보자.

4. 침투 탐상 검사의 작업 순서를 알아보자.

**전문가 활동자료** | **전문주제 4:** 자분 탐상 검사의 원리와 특성

1. 우리 생활 주위에서 재료의 자기적 성질을 이용한 기기는 어떤 것이 있는지 조사해 보자.

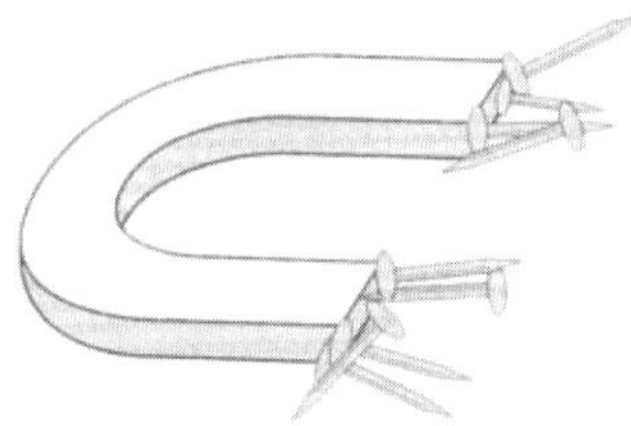

2. 자분 탐상 검사의 원리와 특성에 대해 알아보자.

3. 자분 탐상 검사의 종류와 각각의 특징을 알아보자.

4. 자분탐상 장치의 종류와 탐상 재료에 대해 알아보자.

## ➤ 모집단 보고서

1. 비파괴 검사의 실제적 활용사례를 탐구하여 보고서를 작성해 보자.

## 마. 모형적용 사례 2

### 1) 단원개요

| 단원명 | 비파괴검사 |
|---|---|
| 학습주제 | 방사선 투과 검사 |
| 학습목표 | 방사선 투과 검사를 통해 재료의 결함을 알아볼 수 있다. |
| 학습유형 | Co-op Jigsaw 협동학습 Ⅱ |

### 2) 교수·학습활동

#### 가) 동기유발

- 방사선 투과검사 과정과 결과 자료를 보여준다.

#### 나) 학습문제제시

- 방사선 투과검사를 통하여 용접부의 결함을 알아본다.

#### 다) 팀 구성하기

- 4명이 한 팀을 구성한다.
- 학습 문제를 확인한다.

#### 라) 개인별 전문과제부과하기

팀원들은 한 가지씩 주제를 나누어 갖는다.

- 주제1: 방사선 투과 검사 준비 단계 과정
- 주제2: 시험편 가공 및 촬영 배치 과정
- 주제3: 촬영 및 사진처리 과정
- 주제4: 투과사진의 상질 확인 및 결함 등급 분류 과정

#### 마) 전문가 활동

- 같은 주제를 선택한 전문가들과 모여 학습 주제와 준비물을 확인한다.
- 각 주제에 대한 정보를 탐색하고 협의한다.

- 간단한 실습을 해보면서 방법을 익힌다.
- 전문가들끼리 맡은 주제에 대해 발표를 하고 정보를 교환한다.

### 바) 전문가들이 모집단에 돌아가 발표하기

- 원래 모집단으로 돌아와 각자 공부해 온 주제에 대해 발표한다.
- 팀원들은 발표 내용을 듣고 토의한 후 기록 정리한다.

### 사) 모집단 발표주제 정하기

- 정리한 내용을 바탕으로 모집단에서 발표할 주제를 정한다.
- 1팀: 맞대기 용접부 X선 투과 검사하기
- 2팀: T형 필릿 용접부 X선 투과 검사하기
- 3팀: 관 용접부 X선 투과 검사하기
- 4팀: 주물제품 X선 투과 검사하기

### 아) 모집단의 발표준비하기

- 정한 주제를 효과적으로 나타내기 위해 다양한 방법으로 모집단의 발표 자료를 만들고 발표 준비를 한다.(실험·실습)
- 발표할 요점기록, 발표관련 문서 완성하기
- 창의적인 표현이 되도록 한다.

### 자) 전체에 발표하기

- 모집단에서 각 주제에 따른 실험과정과 결과를 전체에 발표한다.

### 차) 평가 및 반성

- 팀별 상호평가
- 차시예고

## 전문가 활동자료 | 전문주제 1: 방사선 투과 검사 준비 단계 과정

1. 모재의 두께 측정 및 시험부위 선택방법을 알아본다.

2. 투과도계 및 계조계 선택 방법을 알아본다.

3. 노출량 결정 방법을 알아본다.

## 전문가 활동자료 | 전문주제 2: 시험편 가공

1. 방사선 투과 시험을 하기 위한 시험편 가공방법을 알아본다.

2. X선 발생장치의 기본 작동 방법을 알아본다.

3. X선 발생장치와 시험편, 필름, 투과도계 등을 배치하는 방법을 알아본다.

전문가 활동자료 | **전문주제 3:** 촬영 및 사진처리과정

1. X선 발생장치로 촬영하는 방법에 대해 알아본다.

2. 사진 판독실의 조건에 대해 알아본다.

3. 촬영한 필름을 현상하는 방법에 대해 알아본다.

**전문가 활동자료** **전문주제 4:** 투과사진의 상질 확인 및 결함 등급 분류 과정

1. 투과사진의 상질을 확인하는 방법에 대해 알아본다.

2. 결함의 종류와 등급 분류 방법을 알아본다.

## ➤ 모집단 보고서(공통)

### 방사선투과 검사 보고서

보고서 번호 /

| 시험체 | | 검사장치 | |
|---|---|---|---|
| 재질 | | X선 발생장치명 | |
| 모재두께 | mm | 초점의 크기 | mm |
| 가공방법 | 용접. 주조 | 최대용량 | kvp mA |

| 적용규격/상질 | | 보조기기 | | |
|---|---|---|---|---|
| 규격명 | | 투과도계 | 종류 | 선형. 유공형 |
| 상질종류 | A급. B급<br>P1급. P2급 | | 번호 | |
| | | 계조 | 종류 | 15형. 20형. 25형 |

| 촬영방법 | | 필름과 증감지 | | | |
|---|---|---|---|---|---|
| FFD | cm | 필름 | 제조회사 | | |
| 노출조건 | kvp mA | | 종류/크기 | | |
| 노출시간 | 분 초 | 증감지 두께 | 앞 mm 뒤 mm | | |

투과 사진의 상질

| 투과도계 식별 | | | 사진농도 | | | 계조계의 농도차 | | | |
|---|---|---|---|---|---|---|---|---|---|
| 식별최소선경 | | mm | 구분 | 최저농도 | 최고농도 | 구분 | 계조계 | 모재 | 농도차 |
| 판정 | 좌 | 합. 부 | 측정값 | | | | | | |
| | 우 | 합. 부 | 판정 | 합. 부 | 합. 부 | | | | |

결함의 등급 분류

| 판정 | 결함의 종류 | | | | 결함점수/결함길이 | 등급 | 판정 | 비고 |
|---|---|---|---|---|---|---|---|---|
| | 1종 | 2종 | 3종 | 4종 | | | | |
| 1 | | | | | | | | |
| 2 | | | | | | | | |
| 3 | | | | | | | | |
| 4 | | | | | | | | |
| 5 | | | | | | | | |

| 참고사항 | 작성연월일<br>검사자 성명<br>입회자 성명 |
|---|---|

## ➤ 모집단 보고서 1

■ 맞대기 용접부 X선 투과 검사하기

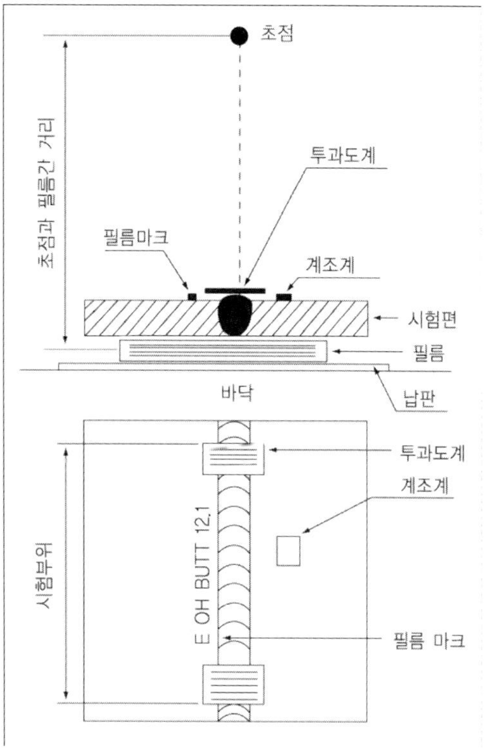


◈ 필름면이 시험체에 밀착되도록 한다.

◈ 방사선의 조사방향과 투과도계 필름 및 시험체와 수직이 되게 한다.

| | | 평가항목 | 만점 | 양호 | 보통 | 득점 | 비고 |
|---|---|---|---|---|---|---|---|
| 평가기준 | 작품평가 | 예비운전 | 12 | 9 | 6 | | |
| | | 필름준비 | 12 | 9 | 6 | | |
| | | 촬영배치 | 12 | 9 | 6 | | |
| | | 판정 및 보고서작성 | 12 | 9 | 6 | | |
| | | 방사선 누설선량측정 | 12 | 9 | 6 | | |
| | 작업평가 | 작업방법 | 10 | 8 | 6 | | |
| | | 작업태도 | 10 | 8 | 6 | | |
| | | 작업안전 | 10 | 8 | 6 | | |
| | | 정리정돈 | 10 | 8 | 6 | | |
| | 시간평가 | 소요시간 10분 초과마다 1점 감점 | | | | | 총점 |

## ➤ 모집단 보고서 2

### ■ T형 필릿 용접부 X선 투과 검사하기

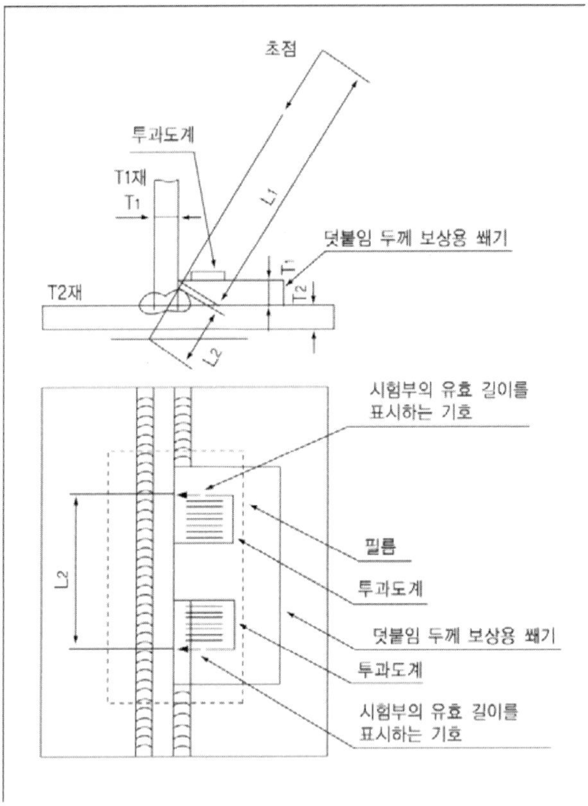


◈ 필름면이 시험체에 밀착되도록 한다.

◈ 방사선의 조사방향과 투과도계 필름 및 시험체와 수직이 되게 한다.

| | | 평가항목 | 만점 | 양호 | 보통 | 득점 | 비고 |
|---|---|---|---|---|---|---|---|
| 평가기준 | 작품평가 | 예비운전 | 12 | 9 | 6 | | |
| | | 필름준비 | 12 | 9 | 6 | | |
| | | 촬영배치 | 12 | 9 | 6 | | |
| | | 판정 및 보고서작성 | 12 | 9 | 6 | | |
| | | 방사선 누설선량측정 | 12 | 9 | 6 | | |
| | 작업평가 | 작업방법 | 10 | 8 | 6 | | |
| | | 작업태도 | 10 | 8 | 6 | | |
| | | 작업안전 | 10 | 8 | 6 | | |
| | | 정리정돈 | 10 | 8 | 6 | | |
| | 시간평가 | 소요시간 10분 초과마다 1점 감점 | | | | | 총점 |

## ➤ 모집단 보고서 3

### ■ 관 용접부 X선 투과 검사하기

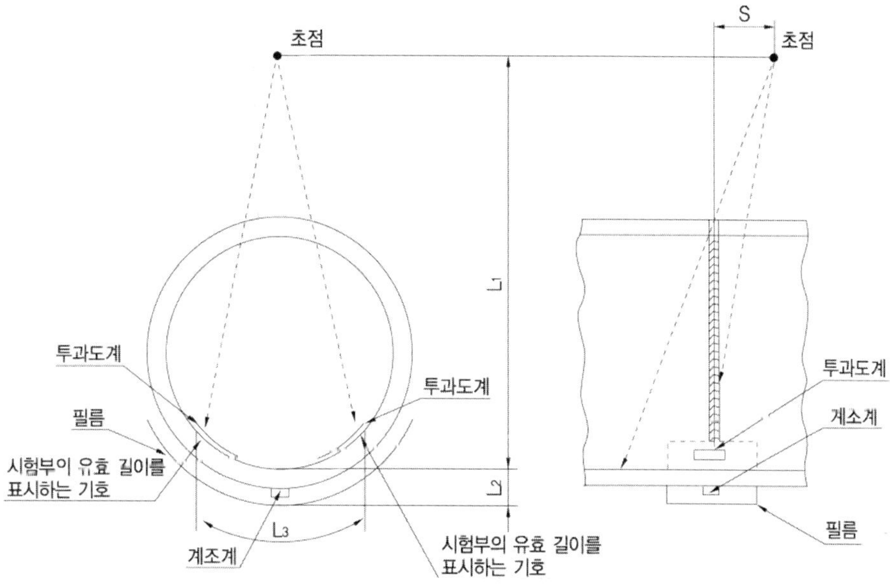


◈ 필름면이 시험체에 밀착되도록 한다.

◈ 방사선의 조사방향과 투과도계 필름 및 시험체와 수직이 되게 한다.

| | | 평가항목 | 만점 | 양호 | 보통 | 득점 | 비고 |
|---|---|---|---|---|---|---|---|
| 평가기준 | 작품평가 | 예비운전 | 12 | 9 | 6 | | |
| | | 필름준비 | 12 | 9 | 6 | | |
| | | 촬영배치 | 12 | 9 | 6 | | |
| | | 판정 및 보고서작성 | 12 | 9 | 6 | | |
| | | 방사선 누설선량측정 | 12 | 9 | 6 | | |
| | 작업평가 | 작업방법 | 10 | 8 | 6 | | |
| | | 작업태도 | 10 | 8 | 6 | | |
| | | 작업안전 | 10 | 8 | 6 | | |
| | | 정리정돈 | 10 | 8 | 6 | | |
| | 시간평가 | 소요시간 10분 초과마다 1점 감점 | | | | | 총점 |

➤ **모집단 보고서 4**

■ **주물제품 X선 투과 검사하기**

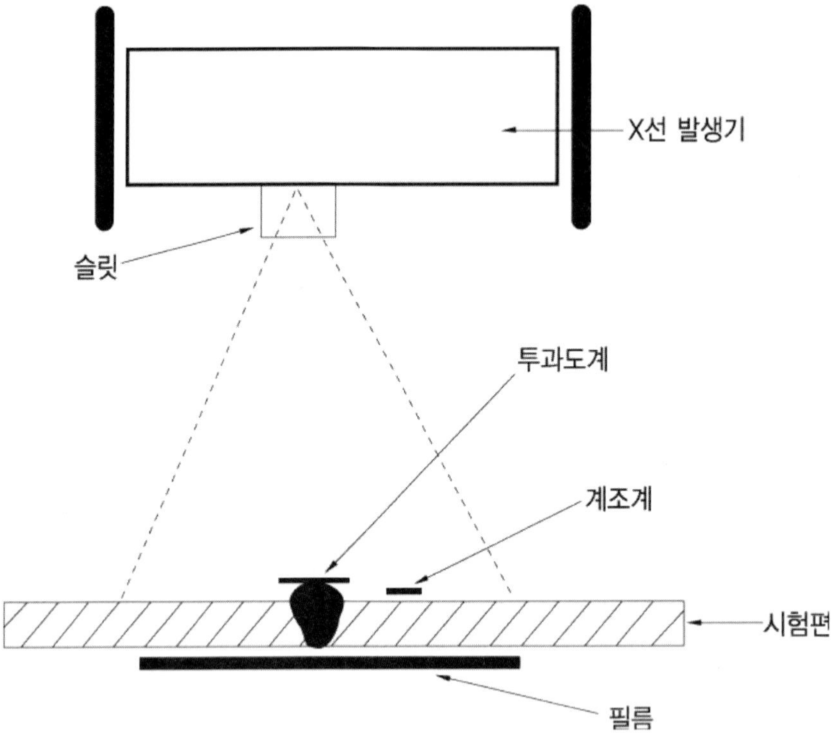


◈ 필름면이 시험체에 밀착되도록 한다.

◈ 방사선의 조사방향과 투과도계 필름 및 시험체와 수직이 되게 한다.

| | | 평가항목 | 만점 | 양호 | 보통 | 득점 | 비고 |
|---|---|---|---|---|---|---|---|
| 평가기준 | 작품 평가 | 예비운전 | 12 | 9 | 6 | | |
| | | 필름준비 | 12 | 9 | 6 | | |
| | | 촬영배치 | 12 | 9 | 6 | | |
| | | 판정 및 보고서작성 | 12 | 9 | 6 | | |
| | | 방사선 누설선량측정 | 12 | 9 | 6 | | |
| | 작업 평가 | 작업방법 | 10 | 8 | 6 | | |
| | | 작업태도 | 10 | 8 | 6 | | |
| | | 작업안전 | 10 | 8 | 6 | | |
| | | 정리정돈 | 10 | 8 | 6 | | |
| | 시간 평가 | 소요시간 10분 초과마다 1점 감점 | | | | | 총점 |

# 7. Team Teaching

팀티칭(Team Teaching)이란 동일한 학습자 집단 혹은 다양한 학습자 집단에게 양질의 강의를 제공하게 위해서, 각자 전문성을 지닌 둘 이상의 교수가 교수 계획, 교수 준비, 교수 제공, 교수평가 등의 활동을 공동으로 진행하는 것을 의미하며 협동교수법이라고 할 수 있다. 이 단원에서는 팀티칭의 개념을 소개하고 다양한 사례들을 제시하여 교수자가 팀티칭 도입시 도움을 주는데 그 목적이 있으며 정인성, 이인화(2001)의 "대학의 웹기반 가상강의 팀티칭 모형 개발 연구"에서 많은 부분 재인용하였다.

## 가. 팀티칭의 개념

팀티칭에 대한 정의는 학자마다, 혹은 바라보는 시각에 따라 다양하며, Bauwens & Hourcade(1995)는 팀티칭을 "일반적인 교실 환경에서 서로 다른 분야에 전문성을 지닌 둘 이상의 교수자가 서로 다른 학습자를 가르치기 위해서 공동작업을 함으로써 교수의 과정을 재구조화하는 것"이라 하였고 협동교수(Cooperative Teaching)라고 부르기도 하였다.

권낙원(1997)은 열린 교육의 시각에서 팀티칭을 정의하고 있다. 즉, 팀티칭은 두 사람 이상의 교수자가 협동하여 똑같은 아동들을 대상으로 교수 활동을 하는 교수조직이며, 학습방향의 설정에 있어서 교수자와 학습자에게 열려있는 선택의 폭을 넓혀주는데 도움을 주는 수단이라는 것이다. Bergen(1996) 역시, 하나의 열린 교실에서 또는 여러 열린 교실을 통합하여 전문가팀이 계획, 교수, 평가하는 것이라는 열린 교육에서의 관점으로 팀티칭을 보고 있다.

그러나, 보편적으로 받아들여지고 있는 팀티칭의 정의는 Shaplin(1964)의 것이다. Shaplin은, 팀티칭이란 교수자들이 일정 학생집단을 상대로 집단 강의하기 위해서 밀접한 협동관계를 실현하는 것이며, 두 사람 이상의 교수자가 협동하여 똑같은 아동들을 대상으로 교수활동을 함으로써 전체 또는 대부분에 대하여 책임을 지는 교수조직이라고 하였다.

이상에서의 여러 가지 개념을 정리해볼 때, 기존의 팀티칭은 동일한 한 집단의 학습자들을 대상으로 두 명 이상의 교수자가 교수의 단계들을 공동으로 실행하는 의미에 국한되는 경향이 있었음을 알 수 있다.

한편, 오늘날 정보통신 및 테크놀로지의 발달로 앞서의 팀티칭 개념에서의 '동일한 집단의 학습자'란 더 이상 물리적인 거리로 제한되지 않는다. 가상 공간에서의 학습자 집단이란 매우 다양하게 정의될 수 있기 때문이다. 따라서 사이버 공간에서의 팀티칭이란 동일한 학습자 집단 혹은 다양한 학습자 집단에게 양질의 강의를 제공하게 위해서, 각자 전문성을 지닌 둘 이상의 교수자가 교수 계획, 교수 준비, 교수 제공, 교수평가 등의 활동을 공동으로 진행하는 것이라 할 수 있겠다. 즉, 이러한 단계를 모두 함께 수행하는 형태는 물론, 이 중 한 단계라도 협동으로 진행한다면, 팀 티칭이라 분류할 수 있다.

그러나 가토(1998)는 위의 4가지 단계 가운데, 교수 계획, 교수 준비, 교수 평가는 반드시 함께 공동 수행할 것을 권하고 있다. 교수 계획을 세울 때 교수자 각각의 개성 및 전공을 살려서 자신의 영역에서 제각기 책임을 진다면, 혼자서 하는 것 보다 훨씬 훌륭한 계획을 수립할 수 있기 때문이다. 또한 요즈음은 시청각교재 및 컴퓨터 등을 이용한 교재의 활용이 보편화되고 있으므로 혼자서 이러한 교재들을 준비한다는 것 자체가 무리이며, 교수자들이 함께 반성의 시간을 가질 경우 건설적인 방향으로의 개선점 도출이 용이하다는 이유를 들고 있다(정인성, 이인화, 2001).

## 나. 팀티칭 모형

팀티칭의 모형은 참여 교수자의 역할 형태, 협력 단계, 교수활동 영역으로 대별하고 각각에 대해 구체적으로 모형을 구분할 수 있다.

### 1) 참여 교수자의 역할 형태에 따른 팀티칭 모형

팀티칭에 참여하는 교수자들이 각각 어떠한 역할을 어느 정도 하게 되는가에 따라 그림 Ⅲ-15와 같이 팀티칭 모형을 구분하는 것이다.

첫째, 책임/지원 교수자 모형이다. 여기에서는 팀티칭을 주도하는 한 사람의 책임 교수자가 있고, 다른 교수자들이 그 책임 교수자의 지휘에 따라 특정 내용 부분이나 교수 활동 영역에서 강의 기획, 개발, 운영 과정에서 역할을 하게 된다. 즉, 한 강의를 위하여 책임 교수자가 전체 강의를 기획하고 개발, 운영하는 데 책임을 지게 되며, 강의 중 특정 내용 부분 및 토론이나 피드백 제공, 평가 활동 등의 일부분을 외부 전문가나 다른 교수자에게 부탁하는 형식이다. 궁극적으로 강의의 책임은 책임 교수자에게 있다고 하겠다.

둘째, 다수 교수자 모형이다. 이 모형에서는 책임 교수자가 존재하는 것이 아니라 여러 명의 교수자가 비슷한 정도의 책임을 갖는다. 여러 명의 교수자들이 강의를 총체적으로 기획하는 데 함께 참여하고, 실제 운영 과정에서는 학습자를 몇 반으로 나누어 한 반씩 책임지고 가르치는 형태이다. 예를 들어, 3개의 대학에서 같은 과목을 가르치는 3명의 교수자들이 함께 하나의 강의를 기획하면서, 학습 활동, 내용, 평가 내용 등을 같이 개발하고, 이 개발된 강의로 소속 대학 학생들을 대상으로 강의를 운영하는 것이다.

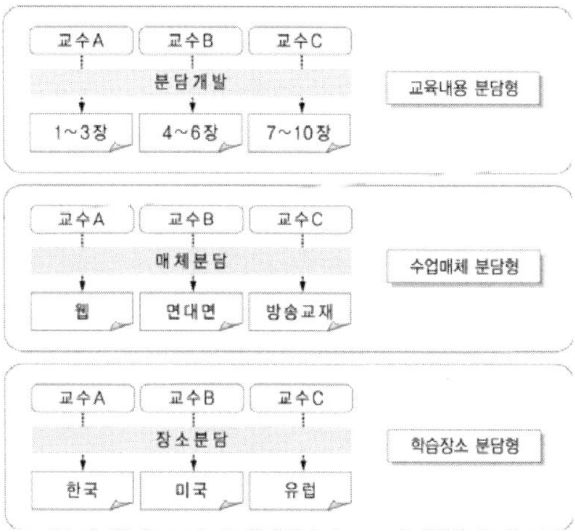


그림 Ⅲ-15 협력 참여 교수자의 역할에 따른 팀티칭 모형

이 모형에서 한 교수자의 입장에서 보면 강의의 기획, 개발을 다른 교수자와 공동으로 하면서, 서로 다른 학습자를 대상으로 강의 운영 관련 활동, 즉, 학습 여부 확인, 토론 등 상호작용, 평가 등을 모두 하게 된다는 부담이 있다.

셋째, 협력 교수자 모형이다. 같은 내용을 가르치는 두 명이상의 교수자가 협력하여 함께 강의를 기획, 개발하면서, 강의 운영도 함께 해나가는 것이다. 예를 들어 "정보사회와 미디어"라는 과목이 여러 대학에 개설되어 있는 경우 이 과목을 가르치는 교수자들이 모두한 팀을 이루어 함께 기획, 개발, 운영하는 형태가 바로 이 모형인 것이다. 즉, 같은 내용을 다루는 강의들이 동시에 개설된다면 이를 합하여 하나의 강의로 진행할 수 있는 것이다. 이러한 모형을 적용할 경우 학습자들은 새로운 교수자 및 동료 학습자와 접할 수 있고, 활발한 상호작용이 일어날 수 있으며, 교수자의 강의 부담을 줄일 수 있다.

### 2) 협력 단계에 따른 팀티칭 모형

이 모형은 그림 Ⅲ-16과 같이 팀티칭에 참여하는 교수자들이 팀티칭의 세 단계에서 어떻게 협력하는가에 따른 세 단계 팀티칭 모형을 제시할 수 있다. 실제 팀티칭을 할 때에는 이 세 단계 모형이 모두 적용되어 모든 과정에서의 협력이 가능하기도 하며, 2-3 단계에서의 협력이 가능하기도 하다.

첫째, 공동기획 모형이다. 이것은 강의의 기획 단계에서 교수자들이 협력하는 형태로, 일단 기획된 강의 내용을 집필하고, 제작하며, 운영하는 단계에서는 협력이 이루어지지 않는다. 각 교수자는 자신이 가르치는 학생 집단이 별도로 있어서, 각자의 강의를 개발, 운영하기는 하지만, 강의 목표를 설정하고 내용 영역을 정하고, 학습 활동이나 평가 방식을 같은 교과를 가르치는 다른 교수들과 협력하여 기획하는 것이다. 공동 기획 모형은 각 교수자들에게 다른 교수자들과 강의의 내용과 방법 등에 있어서 아이디어를 공유하고, 상호 피드백 받을 수 있는 기회를 제공하며, 연합 대학의 학생들이 반드시 소속 학교의 강좌가 아니더라도 같은 강의 목표를 성취할 수 있게 된다는 장점이 있다.

둘째, 공동 집필 모형이다. 만약 강의의 기획을 여러 교수자가 협력하여 하였을 경우에는 보다 쉽게 공동 집필이 이루어질 수 있다. 각기 자신이 보다 전문성이 많은 영역을 나누어 강의 내용을 집필하는 것이 가장 일반적인 형태일 것이다. 만약 기획을 서로 달리 하였을 경우에는 공동 집필을 시작하기 이전에 서로의 강의 계획서를 확인, 조정하는 작업이 필요할 것이다. 공동 집필이 끝나면 각 교수자는 그 내용을 모아 강의의 내용으로 제공하면서, 운영은 개별적으로 할 수도 있으며, 팀으로 각 집필 영역에서 같이 운영할 수도 있을 것이다.

셋째, 공동 강의 진행 모형이 있다. 이 모형은 강의의 기획이나 집필 과정에서의 협력여부에 관계없이 강의 운영과 평가 과정에서 팀으로 협력하는 형태이다. 즉, 기 개발된 하나의 강의를 가지고, 여러 교수자들이 내용을 분담하여 강의를 운영하거나, 강의

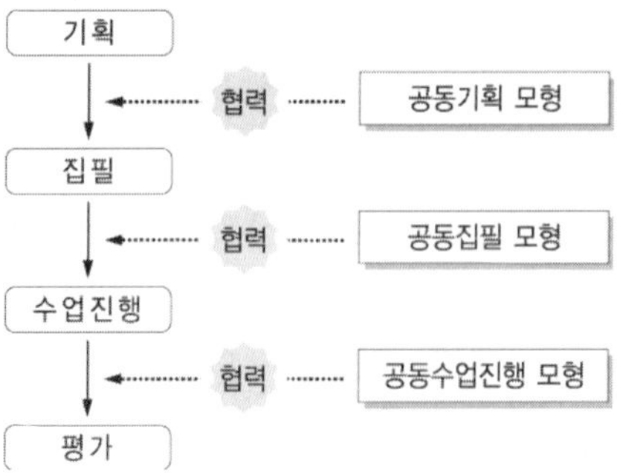


그림 Ⅲ-16 협력 단계에 따른 팀티칭 모형

활동을 분담하여 한 교수자는 내용을 가르치고 다른 교수자는 토론을 운영한다든지 하는 식으로 강의를 분담, 운영하는 것이다.

### 3) 교수활동 영역에 따른 팀티칭 모형

강의에서 어떠한 교수 활동 영역에 협력을 하느냐에 따라 팀티칭 모형을 분류해볼 수 있다. 여기에는 그림 Ⅲ-17과 같이 다섯 가지 모형이 있다.

첫째, 교육내용 분담 모형이다. 이 모형에서는 가르칠 내용을 분담하여 집필하는 것으로 그림 Ⅲ-18에서 제시한 공동 집필 모형과 유사하게 된다. 둘째, 강의 매체 분담 모형이다. 가상강의의 경우 웹을 기반으로 하지만 인쇄 교재를 기본 교재로 쓰고, 방송

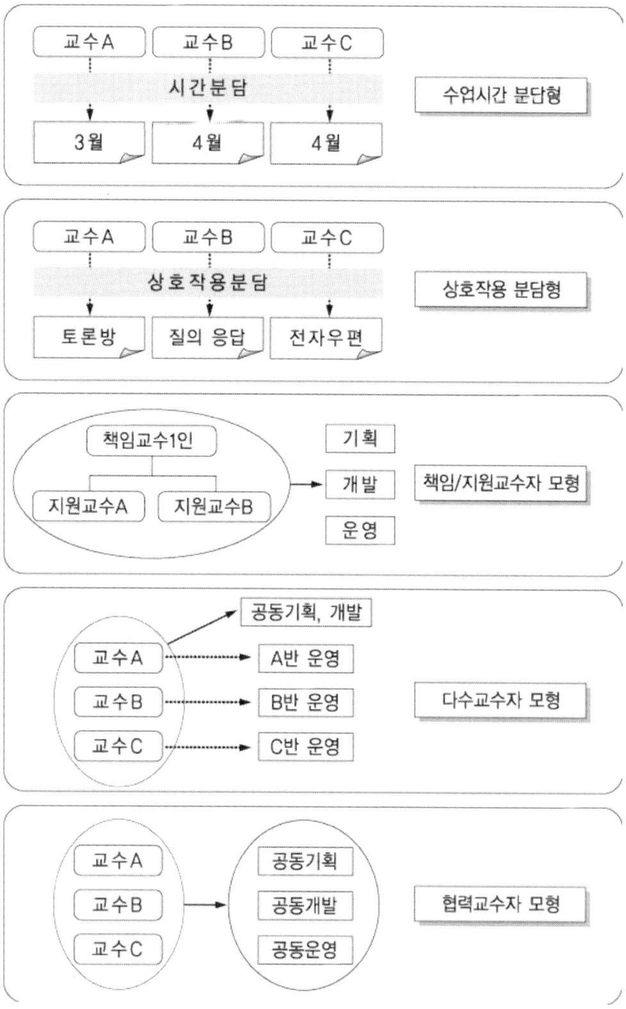


**그림 Ⅲ-17** 교수 활동 분담영역에 따른 팀티칭 모형

프로그램을 보조 자료로 제공하면서, 출석 강의를 몇 차례 하게 하는 경우, 각 강의매체별로 분담하여 가르칠 수 있다.

한 예로, 책임 교수자는 웹을 통한 강의 부분을 맡고, 지원 교수자는 출석강의 진행과 보조 자료의 개발을 맡을 수 있을 것이다. 셋째, 학습장소 분담 모형이 있다. 이 모형은 여러 교수자가 흩어져있는 학습 장소를 나누어, 한 교수자는 일정 지역의 학습자를 대상으로 강의를 진행하는 방식이다. 예를 들어 세계 또는 전국에 흩어져 있는 교수자들이 함께 하나의 강의를 개발, 운영하고자 할 때, 강의의 기획과 개발은 함께 하면서, 운영은 자기가 속한 나라나 지역의 학습자를 대상으로만 할 수 있을 것이다.

넷째, 강의 시간 분담 모형이 있겠다. 이 모형에서 여러 교수자는 강의 진행 일정별로 시간을 분담하여 강의를 진행하게 된다. 예를 들어 3개월 과정의 경우 1개월씩 3인의 교수자가 분담하여 맡을 수 있을 것이다. 다섯째, 상호작용 분담 모형이 있다. 예를 들어 웹 기반 가상강의 경우 학습자와의 상호작용을 많이 요구한다는 점에서 상호작용 부분에서의 여러 활동들을 교수자가 분담하여 맡는 형태이다. 학습자 집단을 소규모로 나누어 토론을 별도로 진행한다든지, 토론방은 몇 개 운영하면서 한 교수자가 하나의 토론방을 진행한다든지, 전자우편은 A 교수자가, 주제토론은 B 교수자가, 질의 응답은 C 교수자가 하는 방식 등이 있을 것이다.

## 다. 팀티칭 사례

국내외 팀티칭 사례를 온, 오프라인으로 구분하여 제시하였으며, 여기에서 오프라인에서의 팀티칭은 전통적인 강의실에서 이루어지는 팀티칭 교수법을 의미하며, 온라인에서의 팀티칭은 주로 가상공간에서 이루어지는 팀티칭 교수법을 의미한다.

### 1) 오프 라인에서의 팀티칭 사례

#### ① 연구 논문을 통해 본 팀티칭 사례

광주대학교 신석균(1993)은 팀티칭을 통한 건축설계교육 연구를 통해 학생, 교수 모두 높은 만족도를 결과를 얻었다. 사례를 좀 더 구체적으로 국내외 건축설계교육이 선진외국에 비해 학생수에 대한 교수수, 설계실 및 교육시설 등이 부족할 뿐더러 강의식 설계교육 방식, 타과목과의 연계성 부족, 설계교수의 건축실무의 법적 규제 등 상대적

열악한 교육환경을 극복할 목적으로 팀티칭을 도입하였다.

건축설계강의는 광주대학교 건축공학과 2학년 학생을 대상으로 하고, 팀티칭 교수진은 광주대학교 건축공학과 신석균 교수, 미국에서 10년간 대학원과 설계사무소에서 수학하고 활동한 이강헌(건축가), 그리고 대학원 졸업 후 서울에서 10년 동안 건축설계를 하고 설계사무소를 운영하는 하장성 소장(이방건축) 등 3명으로 구성하였다. 강의 계획서는 3인에 의해서 국내 건축설계교육의 문제점, 팀티칭 방식의 효율성과 한계점, 팀티칭을 통한 건축설계교육의 효과 등에 대해서 3차례에 걸쳐 토론을 한 후, 강의 계획서를 작성하였다.

**표 Ⅲ-10** 강의 계획서

□ 강의 계획서

□ 교과과목: 건축설계2

□ 학점/시간: 3/6

□ 수강 대상: 건축공학과 2학년 주간

□ 담당 교수: 신석균(본교 교수), 이강헌(건축가), 하장성(이방건축 소장)

□ 강좌 특성: 본 강좌는 교수와 실무자간의 산학협력과 상호보완 차원에서 본교에서는 청음 실시되는 실험강좌로 학생들의 건축설계이론과 실제와의 차이를 이해하고 이론이 뒷받침된 실무를 익히는 데 그 특성이 있다.

□ 본 강좌는 다음과 같은 3개 과제물을 설계하는 것으로 한다.
  1차 과제물 - 1인 주택(가상 주택)
건축가의 작가정신에 의한 창작성 발휘
  2차 과제물 - 신혼부부를 위한 주택(가상 주택)
주변 여건에 의한 건축공간 및 형태의 추출
  3차 과제물 - 2세대를 위한 단독주택(실제주택)
작가정신과 주변여건에 의한 실제주택의 설계

□ 강좌내용 개요

| 주 | 날짜 | 강의 및 작업내용 | 방법 | 담당교수 |
|---|---|---|---|---|
| 1 | 8.23- 8.28 | 주거에 대한 개념 | 강의 | 교수 |
| 2 | 8.30- 9. 4 | 기둥에 대한 개념 | 강의 및 토론 | 교수, 건축가 |
| 3 | 9. 6- 9.11 | 주거 및 기둥 개념 표현 | 개별작업, 지도 | 교수 |
| 4 | 9.13- 9.18 | 1차과제물 마감 | 발표 및 평가 | 교수, 건축가 |
| 5 | 9.20- 9.25 | 주거 및 가족에 대한 개념 | 강의 | 교수 |
| 6 | 9.27-10. 2 | 추석 | | |
| 7 | 10. 4-10. 9 | 주거와 가족 개념 표현 | 개별작업, 지도 | 교수, 건축가 |
| 8 | 10.11-10.16 | 2차과제물 마감 | 발표 및 평가 | 교수, 건축가 |
| 9 | 10.18-10.23 | 건축개념(주, 가족, 사회) | 강의 | 교수 |
| 10 | 10.25-10.30 | 대지 및 주변여건 분석 | 개별작업, 지도 | 교수 |
| 11 | 11. 1-11. 6 | Concept Drawing | 발표 및 평가 | 교수 |
| 12 | 11. 8-11.13 | Zonning, Block Study | 개별작업, 지도 | 교수, 건축가 |
| 13 | 11.15-11.20 | 초안 설계 | 개별작업, 지도 | 교수 |
| 14 | 11.22-11.27 | 발전안 설계 | 개별작업, 지도 | 교수 |
| 15 | 11.29-12. 4 | 3차과제물 마감 | 발표 및 평가 | 교수, 건축가 |
| 16 | 12. 6-12.11 | 종합평가 | 평가 | 교수, 건축가 |

ㅁ 성적 평가

출석 25%, 1차 과제물 20%, 2차 과제물 20%, 3차 과제물 35%

(과제물 평가: 개념 30%, 진행 40%, 마감 30%)

ㅁ 1차 과제물

목적: 주변 여건의 계약에 의한 것보다는 건축가의 작가정신에 의한 주거 및 기둥의 의미 부여에 의한 창작성 발휘

용도: 1인 주거

테마: 기둥있는 주거공간

규모: 10평 미만

가족구성원: 1인

대지 과수원 대지

평가 지침: 주거와 기둥에 대한 개념과 이의 건축화(내부 및 외부 공간)

마감: 표현 - 흑백 표현(인킹, 연필, 콘테 등)

마감종이 - A3 트레이싱지를 세워서 마감

마감내용 - 개념의 그래픽

배치도(1/100), 평면도(1/50), 입면도(4면)(1/50), 주단면도(경사)(1/50), 아이소매트릭, 매스모델

대지조건

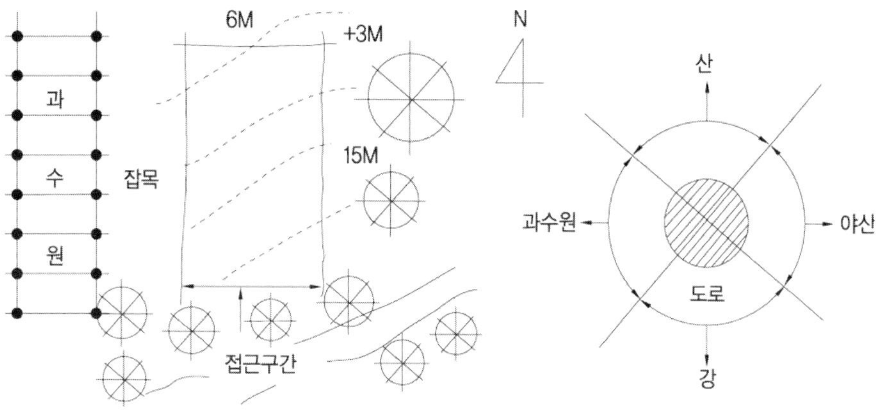


□ 2자 과제물

목적: 건축가의 작가정신과 아울러 주면의 제약여건에 의해서 주거공간 및 형태가 만들어질 수 있음.

용도: 2인(신혼부부)을 위한 주거

피아노 치는 여자와 그림을 그리는 남자, 남자는 광고회사에 다님.

테마: 개구부가 있는 주거공간

규모: 25평 이내(피아노방, 스튜디오, 그 외 필요실)

가족구성원: 2인

대지: 주변에 그린생활시시설이 잇는 주거상업지역

마감: 표현 - 칼라 표현

마감종이 - A3 트레이싱지를 세워서 마감

마감내용 - 개념의 그래픽

배치도(1/100), 평면도(1/50), 입면도(4면)(1/50), 주단면도(1/50),

아이소매트릭, 매스모델

주차조건: 주차 1 대 공간

대지조건

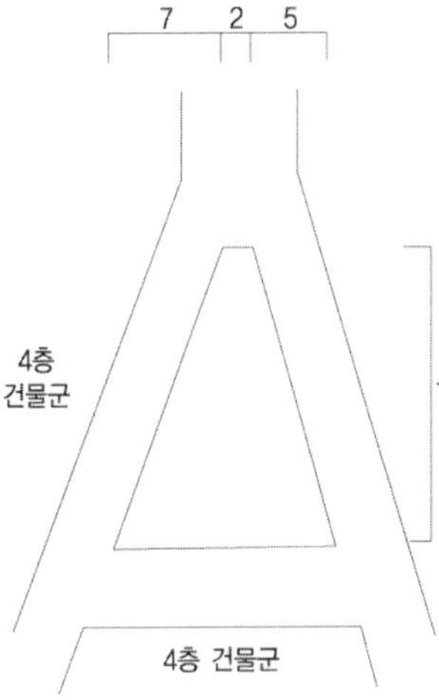


ㅁ 3차 과제물

목적: 실제 건축주의 요구와 법적 제한을 고려한 단독주택 설계

가족구성원: 5인(나, 아내, 아들, 부모)

규모: 70평 미만

마감: 표현 - 흑백+칼라 표현(입면도 2면)

마감종이 - A3 트레이싱지를 세워서 마감

마감내용 - 개념의 그래픽

배치도(1/100), 평면도(1/50), 입면도(4면)(1/50), 주단면도(1/50), 아이소매트릭, 매스모델

설계조건: 나는 회사에 다니는 32세의 남자입니다. 지금 나는 결혼 후 분가해서 아내와 5살된 아들과 함께 아파트에 살고 있습니다. 본 설계대지는 아버님이 계속 살아오신 곳이면 내가 태어난 곳이기도 합니다. 집이 너무 낡아서 새 집을 짓고 제 가족이 들어와서 부모님과 함께 살기로 결정했습니다. 부모님은 제 가족과 함께 사시는 것을 반가워하시면서도 오히려 불편해하시는 듯 하며, 제 아내 역시 부모님을 노시는 것을 부담스러워하면서도 새 집에 대한 기대가 큽니다. 아버님은 교사이시며 그림을 좋아하십니다. 새 집에는 축한 여동생이 가끔씩 와서 잘 수 있는 장소가 고려되어야 하면 집의 규모는 70평 미만 정도도 가급적 2층 이하로 했으면 합니다.

법적 제한

일조권: 정북방향에 의한 건물높이 제한

H 〈 2D　　H: 건축물의 높이

D: 건축물에서 인접대지경계선 또는 도로의 반대측 경계선까지의 거리

도로에 의한 사선제한: 건축물의 각 부분의 높이는 그 부분으로부터 전면도로의 반대쪽 경계선까지의 수평거리의 1.5배를 초과할 수 없다.

대지안의 공지: 인접대지 경계선으로부터 띄어야 할 거리 - 0.5m

주차장: 주차 1대공간 확보할 것(2.3m*5m)

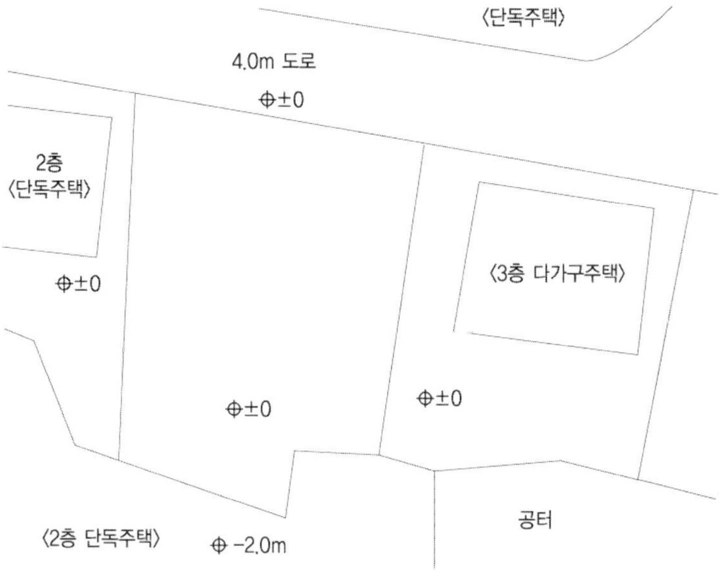


과정 후 학생의 설문 조사 결과로 첫째, 팀티칭에 대해 대체로 만족하고 있으며, 필요성을 강하게 인식하고 있었다. 그러나 강의 방식은 학생에게 다소 부담을 주었고, 교수들 간의 설계 작품에 대한 평가 및 의견이 상충되어 혼란도 발생하였다. 둘째, 수강생의 설계 취득학점에서 학점이 좋은 학생이 강의태도, 교수에 대한 태도, 학생의 열성과 중간체크회수 등에서 긍정적인 반응을 보였다. 셋째, 장래희망에 따라 팀티칭의 반응은 건축가를 희망하는 학생 그룹이 긍정적으로 나타났다. 넷째, 팀티칭을 통한 건축설계 교육에 대한 전반적인 만족도는 교수진의 효율적인 강의계획서 구성, 학생의 강의에 대한 열성 및 강의에 대한 학생들의 부담감 등에 좌우되며 이 중에서도 교수진의 강의계획서 구성이 만족도에 가장 큰 영향을 미치는 것으로 나타났다. 마지막으로 개방형 질문에 대한 학생의 생각을 종합해 볼 때 효율적인 팀티칭을 위해서는 교수진의 교육이 다양성을 유지하면서 서로 상관될 필요가 있음을 알 수 있음을 제시하였다.

### ② 웹 뉴스 검색을 통해 본 팀티칭 사례

연세대학교는 송도캠 UC버클리 분교 유치와 함께 '질 높은 국제화' 추구 UC버클리 교수들이 연세대 강의를 한다. 연세대는 2008학년도 1학기부터 UC버클리 교수들이 연세대 교수들과 함께 교환강의 형식으로 학생들을 가르친다고 28일 밝혔다. 국내 대학의 정규학기 개설 강의에 UC버클리 교수가 대규모 초빙되는 경우는 처음이다. 연세대를 찾아 강의하는 UC 버클리 교수는 제럴드 롤랜드(Gerard Roland) 경제학과 교수, 존 리에(John Lie) 사회학과 교수, 비노드 아가롤리(Vinod Aggarwali) 행정학과 교수 등 총 7명. 총 48시간 강의 중 국내 교수가 33시간, UC버클리 교수가 15시간을 나눠 맡는 팀티칭 방식으로 강의가 진행된다. 강의지원부 이보영 부장은 "지난해 방학중에 UC버클리를 직접 방문해 교환강의를 추진하는 등 교류사업의 결실을 맺은 것"이라며 "첫 사례인 만큼 앞으로 이공계열 쪽도 교환강의를 추진해 국제화의 폭을 넓혀나갈 계획"이라고 덧붙였다. 한편 연세대는 지난해에 송도국제화복합단지에 'UC버클리 동아시아 교육기지(East Asian Education Base for UC Berkeley)'를 유치하기로 합의, 2010년부터 분교를 설립해 UC버클리 교수·학생들과 직접 교류에 나설 전망이다(한국대학신문 2008.1.29).

대덕대학은 4년제 학사학위를 주는 전공심화과정으로 국방기술공학과를 개설, 군 첨단무기체계의 전문기술 인력을 양성할 수 있게 됐다고 3일 밝혔다. 이에 따라 3학년 신입생 25명을 소수정예로 모집해 3월 봄 학기부터 이론과 현장 실무능력을 갖춘 심화교육으로 3.4학년 과정을 가르치게 된다. 이 학과에서는 국방기술과 관련된 기계공학을 비롯해 전자통신공학, 재료공학, 위성통신 등에 관한 전문 고급지식을 중점적으로 배우게 된다. 또 군과 방위산업체에 종사하는 기술인력의 경우 이 학과에서 학문적, 이론적 기반을 제공받아 실질적인 기술능력을 높일 수 있을 것으로 보인다. 이 학과는 그동안 학군제휴를 통해 기술부사관 양성 전문학사과정을 운영해 온 교육역량과 시설을 보다 효율적으로 활용함으로써 폭넓은 교육서비스를 제공할 계획이다. 특히 이 학과 학생들은 군수사령부 및 탄약사령부, 교육사령부, 육군종합군수학교 등 인접한 군 기관과 연계한 현장 중심형 실무기술을 교육받게 된다. 교수들은 국방과학연구소(ADD)와 기계연구원, 항공우주연구원, 전자통신연구원, 에너지기술연구원 등과 연계된 국방기술 연구개발 클러스터를 구축, 학문적 연구기반을 확립할 예정이다. 구체적으로 군 관련 기관 및 연구소의 전문가와 팀티칭 방식으로 강의하는 교육과정을 편성하고, 학교 근처의 항공우주연구소의 도움을 받아 위성통신 관련 교과목의 실습교육도 수행할 계획이다. 또 학교 인근 국방과학연구소와 연계해 첨단 무기체계 관련 교과목의 팀티칭 강의도 진행하는 등 실무와 연계된 전문 교육과정을 통해 군 병기분야의 이론과 실무를 겸비한 공학기술자를 중점 양성할 수 있을 것으로 보인다(뉴시스 2008.1.03).

2001년 설립된 한국외국어대 국제사회교육원은 현장중심 교육을 통해 실용적인 국제 분야의 전문가 양성에 초점을 맞추고 있다. 수강생 대부분이 삼성 LG 등 국내 주요 대기업에서 위탁받은 해외 파견예정 인력이다. 전 세계 43개 지역의 언어를 교육하는 외국어전문가 과정은 교육원 내 기숙시설에서 밀도 높은 교육을 실시한다. 기업의 요구에 따라 8~12주에 걸쳐 단기 맞춤형 교육이 진행되며 강의는 원어민 교수와 한국인 교수가 절반씩 구성된 '팀티칭' 방식이다. 한국인 교수가 기본 문법과 예문을 설명한 뒤 원어민 교수가 집중 회화 강의를 하고 있다. 교육원은 본교와 학술교류협정을 맺고 있는 전 세계 63개국 187개 대학과 국내외를 연계한 교육 과정도 운영하고 있다(동아일보 2008.2.14).

기초기술연구회, 산업기술연구회, 공공기술연구회는 15일부터 한국과학기술사이버연수원을 통해 정부출연연구기관 종사자를 위한 연구윤리 사이버 교육을 실시한다고 14일 밝혔다. 그동안 출연연 연구자들에 대한 연구윤리 교육의 필요성이 제시돼 왔으나 연구윤리 전반에 대한 교육과정을 사이버로 개설한 것은 이번이 처음이다. 우리시대의 연구윤리 과정으로 명명된 이번 교육은 모두 16개의 주제로 한양대 이상욱 교수, 서울대 의대 김옥주 교수 등 전문가 10여명이 팀티칭 방식으로 진행된다(디지털타임즈 2007.11.15).

울산대학교는 지난 3월 울산상공회의소를 비롯해 기업체, 연구소 및 혁신기관 대표자들과 함께 '산학연 협력 비전 선포식 및 협약식'을 통해 산학협동교육을 세계 최고 수준을 목표로 총력을 기울이고 있다. 산학협동교육은 기업체 CEO 및 산업현장 간부가 강의하는 팀티칭 강의와 산업체 현장실습 등이 핵심이다. 팀티칭 강의는 학부(과)별로 민계식 현대중공업 부회장과 전천수 전 현대자동차 사장, SK(주)박상훈 부사장, 김동필 한화석유화학(주) 울산공장장, 임경신 (주)삼양사 울산공장장 등 세계적 경영 능력을 지닌 CEO들이 대거 강의에 나서고 있다. 산업체 현장 실습은 업체 간부로 구성된 산업교수와 현장지도강사가 맡아 각 학부(과)의 특성에 따라 주일일형, 장기형, 샌드위치형(3학년 수료 후 1년 실시)으로 나눠 현장에서 진행된다(경향일보 2007.10.4).

서울대, G-MBA 美듀크대와 함께 복수학위제로 '1년 만에 MBA를 끝낸다. 세계 속의 MBA를 목표로 하는 서울대 경영대학원의 가장 큰 특징이다. 12개월에 걸친 집중적인 교육을 통해 미국 2년제 MBA과정과 실질적으로 동일한 교육을 받을 수 있는 셈이다. 즉 서울대 MBA는 질적으로 교육 수준은 같으면서 1년이라는 시간과 강의료 등 기회비용을 절감할 수 있는 것이다. 서울대 MBA는 아시아 최고 교수진을 바탕으로 기업의 교육 수요(Needs)를 적극 반영한 교육 프로그램을 갖추고 있다고 자부한다. 우선 교육진 면면을 보면 MIT 컬럼비아대 미시간대 NYU 등 세계적인 명문대학에서 MBA 강의한 경험이 있으며 서울대 내에서도 해마다 최고 강의 평가를 받고 있다. 또한 수준 높은 연구를 수행하며 해마다 세계 최고 학술연구지에 논문을 발표하고 있다. 또 서울대 MBA는 교과 과정 설계를 위해 국내 주요 기업 인사·채용 분야 임원급 20명으로 구성된 자문위원단을 구성해 교육 프로그램에 적극 반영했다. 글로벌 수준으로 도약하는 것을 목표로 하는 서울대 MBA의 핵심 프로그램은 G-MBA(Global MBA)다. 지난 8월 개강한 이 프로그램은 글로벌 경영 능력과 리더십을 갖춘 경영자 양성을 지향하고 있다. G-MBA는 실무경력을 2년 이상 쌓은 자를 대상으로 총 50명을 모집한다. 전체 4학기로 구성되어 있으며, 총 45학점(전공필수 12과목으로 24학점)을 이수하는 체제로 방학 없이 운영된다. 모든 강의와 토론은 영어로 진행된다. 전공필수 과목은 서울대 교수진이 담당하며, 선택과목은 와튼스쿨 듀크대 컬럼비아대 인시아드대 등 외국 유수 대학에서 초빙된 외국인 교수들이 맡는다. 특히 G-MBA는 미국 남부의 하버드대라고 불리는 듀크대와 함께 복수 학위 과정을 운영한다. 서울대와 듀크대가 운영하는 복수학위제는 1개 학위가 나오는 공동학위제(Joint Degree)와 달리 두 대학에서 2개 학위가 각각 나오는 프로그램이다. 듀크대는 2005년 파이낸셜타임스(FT)가 선정한 E-MBA 프로그램 글로벌 랭킹에서 3위를 차지한 바 있다. 서울대는 듀크대 외에도 유럽과 중국 유수 대학들과 복수 학위제를 운영할 계획이며, 장기적으로는 전 세계 많은 명문 경영대학원들과 학생 교류를 통해 세계 유명 MBA와 어깨를 나란히 할 수 있는 최고 프로그램으로 키울 계획이다. 또 서울대 MBA에는 기업의 차세대 핵심 경영자 육성을 위해 JEMBA(Junior Executive MBA)가 설치되어 있다. 내년 1월부터 개설되는 이 프로그램은 경영자적 자질과 실무능력을 겸비한 핵심 경영자 육성 과정으로 최소 5년 이상 실무 경력자를 교육 대상으로 한다. JEMBA는 한국 기업 경영 현실을 반영한 실용적 교과 과정으로 이루어지며 서울대 교수진 외에 현장 경험이 풍부한 실무 전문가들과 교수가 팀티칭 형태로 강의에 다수 참여할 예정이다. 1년(4학기) 동안 총 45학점을 이수해야 하며 외국 파트너 대학에서 교환학생으로 수학하면 1년 반이나 2년 후에 학위를 받게 된다(매일경제 2006.10.25).

한국과 동아시아를 주제로 해외 유수 대학 석학교수 25명이 강사로 나선 서울대 국제 하계강좌(SNU International Summer Institute)가 6주간의 일정을 마치고 2일 종료됐다. 서울대 재학생과 외국 학생 100여명이 수강한 이번 국제강좌에는 서울대 교수를 비롯, 하버드대, 스탠포드대, 버클리대, 존스홉킨스대, 도쿄대 등 세계 유수 대학 교수진 25명이 릴레이 강연을 펼쳤다. 국제강좌는 '동아시아: 민주주의와 시장 및 안보', '한국 정치경제', '한국 문화와 역사' 등 학부과정 3개 코스와 대학원과정 1개 코스로 나뉘어 강의와 토론으로 진행됐다. 서울대는 내년 국제 강좌는 '컴퓨터 디자인과 시장 및 상품생산' 등의 주제를 추가해 8개 과목으로 늘릴 계획이다. 송호근 대외협력본부장은 "한 코스에 외국인 교수 5~6명이 팀티칭(Team Teaching)을 해 깊이 있는 강의가 이뤄졌으며 국내 다른 대학의 국제강좌와 달리 주제를 한국과 동아시아에 집중해 외국학생들의 이해도를 높였다"고 평가했다(한국대학신문 2007.8.20).

한밭대 누리사업단은 그동안 대덕밸리내 400여 IT기업들의 경영진 등 고급인력을 활용한 팀티칭, 프로젝트 자문, 학생 인턴십 교류, 졸업작품 멘토링 등 폭넓은 산학협동을 통해 기업이 요구하는 맞춤형 인재를 양성하고 있다(문화일보 2007.10.2).

한국디지털대학은 280여명의 교수진 또한 이론적인 바탕이 탄탄한 업계 실무자들로 구성되어 있다. 한 강의를 한 명의 교수가 아닌 실무 전문가, 과목 담당교수, 유관 분야 겸임교수가 함께 가르치는 팀티칭(Team Teaching) 강의 방식으로 학생이 이론과 실무를 모두 익힐 수 있도록 했다(전자신문 2007.7.23).]

### 2) 온라인에서의 국내외 팀티칭 사례들

① Virginia Tech의 〈Literature for children〉
(http://ebbs.english.vt.edu/childlit/)

Virginia Tech의 영문학부가 CyberSchool 프로젝트의 일환으로 시작한 LIT(Literature Initiative in Technology)프로젝트로 개발된 가상강의 과정중의 하나로서, 1997학년도 봄학기에 100% 온라인으로 운영된 과목이다. LIT 프로젝트는 네트워크 환경 속에서 문학 학습을 촉진하기 위하여 컴퓨터공학을 활용하는 팀-설계 및 팀-티칭 코스를 개발하려는 목적에서 시작되었다. 5명의 교수가 교과 내용 및 교수자의 전문성을 중심으로 전체 강의내용을 5개 섹션(아동문학사, 아동문학에서의 성 역할, 동화책에 대한 아동과 성인의 기대, 그림동화와 예화, 아동문학에서의 하이퍼텍스트와 전자 매체)으로 나누어 각 3주씩 진행하고, E-mail 담당은 별도로 두어 메일 수신에 응답하는 역할을 분담하여 강의를 운영하였다. 즉, 5명의 교수는 각 3주씩의 강좌를 맡아 운영할 뿐만 아니라, 이를 위해 강의계획서를 따로 준비하여 제공해준다(단, 이 강의계획서와 구체적인 강의 내용 등은 수강생만 접근할 수 있다).

전체 5개 섹션을 순서대로 5명의 교수가 차례대로 진행시킨다는 점에서 강의시간을 분할하는 팀티칭 모형이라고 볼 수도 있지만, 교수자의 전문성이 이 과목의 교육과정 운영에 필수불가결하다는 점에서 교수자의 전문성을 중심으로 역할을 분담하는 팀티칭 모형에 해당한다고 보는 것이 타당하다고 볼 수 있다.

'Literature for Children' 과목의 수강생은 온라인 동시/비동시적 토론 및 E-mail 토론리스트 활동에 참가해야 하고, 보고서 제출 및 연구프로젝트 수행의 임무를 지닌다. 말하자면, 이 과목은 다양한 학생간, 교수-학생간 동시/비동시적 상호작용을 특징으로 한다. 즉, MOO시스템을 통해 텍스트 기반의 다자간 동시적 상호작용 환경을 제공하고, NetForum을 이용함으로써 온라인 비동시적 토론 환경을 제공할 뿐만 아니라, E-mail discussion list도 교수-학습과정에 이용한다. 그밖에도 다양한 시각자료 및 텍스트 자료들을 제공해 준다.

② North Carolina주립대학과 DUKE대학의 "보존과 개발 II"
(http://courses.ncsu.edu/classes/for578001/index.html)

North Carolina 주립대학과 Duke대학이 협력하여 개설한 '보존과 개발Ⅱ'라는 강좌는 장소분담형 팀티칭 사례로 들 수 있다. 이 과목은 'Conservation and Sustainable developmentⅡ: Applications and Cases(강좌번호: FOR578/ENV278)'라는 명칭으로 1998학년도 봄학기(98. 1. 20 - 4. 21)에 개설되었다. 이 과목은 각각 North Carolina 주립대학과 Duke대학의 산림학 및 환경학 개설 교과목으로서, 이 교과목을 통해 경제개발과 자연자원의 보존간의 갈등문제를 적도지역과 North Carolina지역을 중심으로 간학문적 관점에서 현상 파악, 정책 대안 모색, 해결책 등을 모색할 수 있게 한다는 목표를 갖는다. 따라서, 필수과목은 아니지만, 이와 관련한 개념과 원리를 다루는 'Conservation and Sustainable development Ⅰ: Concepts and Methods(강좌번호: FOR577/ ENV277)'와 연계하여 수강할 것을 권장하고 있다.

물론, 매주 화요일과 두 번의 일요일(3월 10일과 17일 강의에 대한 보충강의)에 면대면강의로 이루지는 전통적 방식의 강의를 주축으로 한다는 점에서, 이 과목 웹페이지를 100%가상강의 과정으로 보기는 어렵다. 그러나, 강의소개, 인터넷 관련 자료, NetForum 등을 인터넷을 통해 제공함으로써 면대면 출석강의를 보완하는 한편, 서로 거리가 떨어져 있는 대학간의 협력을 통해 교수자원, 학생자원 및 시설 등을 적절히 공유한다는 점에서 팀티칭 가상강의 모형 개발에 상당한 시사를 제공해준다.

강의는 North Carolina 주립대학의 산림학부 교수와 Duke 대학의 Nicholas 환경학교가 분담하였다. 그리고, 과목 특성을 고려하여 팀프로젝트의 진행 및 토론을 이끌어내기 위한 외부강사를 초청하여 강의 및 토론을 진행하였다. 수강생의 출신 대학이 서로 다르기 때문에, 이들에 대한 최종 평점의 부여는 두 교수가 각각 자기 대학 수강생들의 성적 부여를 맡는 방식으로 역할을 분담하였고, 재량에 따라 평점을 가감할 수 있게 하였다. 1998학년도에 DUKE대학에서 13명, 노스캐롤라이나 대학에서 4명이 수강하였다.

NetForum(전자게시판)을 통해 온라인 비동시적 토론을 통해 부족한 면대면 토론을 보충한다는 점과 2개 학교 학생이 수강한다는 점이 특징적이지만, 이외에도 이 과목 웹페이지는 관련 자료 검색을 위한 'Starting points for browsing' 제공해준다는 특징이 있다. 물론, 대다수의 다른 가상강의들도 강의내용과 관련한 읽기 자료나 관련 사이트를 제공해주지만, 이 과목의 경우에는 수강생이 직접 검색해보는 형식을 취함으로써 생동감있는 학습을 유도하고 학습동기를 유발한다는 차이점이 있다. 무엇보다도 이 사례는 인접대학(North Carolina 소재)간에 학생 자원, 교수 자원, 물적 자원 등을 효율적으로 공유하는 모델을 보여준다. 경우는 물리적인 거리가 멀지 않은 대학간에 이루어진 팀티칭 사례이지만, 인터넷을 통해 시·공간적 제약을 극복할 수 있다는 점을 고려한다면, 서로 다른 나라에 소재하는 교수간의 협동을 통해 가상강의를 운영하는 팀티칭 모형도 교과목에 따라 충분히 시도해볼 수 있다는 가능성을 보여준다.

수강생의 성적은 개별과제(25%), 팀 과제(25%), 팀 프로젝트(35%), 개별 토론참여점수(15%)를 합산하여 부여된다. 수강생들은 2개의 팀 프로젝트를 수행하고 그 결과를 전문가 수준으로 잘 조직하여 발표하도록 되어 있는데, 이는 다른 수강생들과 정보를 공유하는 기회를 제공해줄 뿐만 아니라, 교수진이 수강생의 수행수준을 평가하는 진단자료이기도 하기 때문이다. 토론참여 점수는 출석, 초청강사와의 상호작용, 한 페이지 정도의 프로젝트 요약과 같은 소과제, 전자게시판(NetForum)게시글, 강의시간의 토론 참여정도 등을 종합한 점수이다.

### ③ 워싱턴주립대학 건축공학과 "환경" 사례

(http://www.arch.wsu.edu/Information/courses/arch202/index.htm)

워싱턴주립대학(WSU)에서 개설한 'The built Environment(ARCH/ID/LA 202)'이라는 강좌는 교재를 중심으로 강의가 이루어지는데, 이 교재 자체가 종합적이고 간학문적인 접근을 통해 마련된 경우이다. 이 강좌와 강의교재는 주변의 기성 환경에 대한 무관심을 일소하고, 사람들로 하여금 이들 기성 환경과 조화로운 삶을 영위하도록 자각시키고 그러한 활동에 참여하도록 자극하는 데 의도가 있다.

이 강좌는 매년 봄학기에 개설되어 약 250명의 학생들이 이 강좌를 수강하였고 주기적으로 여름학기에도 개설되며, 대학의 특별서비스를 통해 통신을 통해 해외에서도 과목 수강이 가능하다. 학부 1학년 둘째 학기에 개설되는 이 과목은 98년에도 개설된 바 있는데, 1999년 봄학기는 1월 13일부터 4월 30일까지 강좌가 진행되었다.

이 강좌는 면대면 출석강의를 기반으로 팀티칭이이루어지지만, 비교적 상세한 세션별 강의 목차 및 개요와 강의 진행자, 읽어야 할 교재 등을 하이퍼텍스트 형태로 포함하고 있는 강의계획서를 포함하여, 강좌 및 교재 소개, 평가방법 등에 관한 안내를 웹페이지에 포함시켜 수강생들에게 제공해주고 있다. 즉, 이 강좌는 면대면 출석강의를 기반으로 한 전통적 강의방식을 따르고, 인터넷을 이용하여 온라인으로 강의를 진행하는 가상강의는 아니지만, 수강생들의 학습활동을 돕고 안내하는 도구로서 인터넷을 적절히 활용하는 사례라고 할 수 있다.

강의는 건축 전문가 2사람을 중심으로 이루어지며, 강의 내용에 따라 외부강사(17명)를 초청하여 진행하는 방식으로 진행되었다. 즉, 총 30 세션 중 17세션을 외부강사가 맡고, 나머지 13세션은 교수자 2인이 공동으로 진행하거나 혹은 분담하여 진행하였다. 강좌에 사용된 'The built Environment'라는 교재는 인간이 건설한 것들에 대한 질적인 이해, 즉, 환경들이 어떻게 창조되고 그것들이 어떻게 인간 생활에 영향을 미치는지에 대한 이해를 추구하기 때문에 전 세계의 환경설계가, 도시설계가, 생태학자들의 지식과 경험으로부터 이루어진 협동작업의 산물이다. 따라서, 인간이 어떻게 환경을 창조하고 또 그것에 반응하는지를 총체적이고 간학문적으로 통합하고 있다.

요컨대, 이 강좌는 관련 학문들에 기반하여 종합적이고 간학문적 접근에 의하여 집필된 교재를 중심으로 팀티칭 방법으로 강의를 진행시킨 사례로서, 강의운영 단계에 교수자 2인은 강사 겸 코디네이터 역할을 수행했다고 볼 수 있다. 즉, 개발단계에서 철저한 협력작업이 이루어졌을 뿐만 아니라, 강의진행 단계에서도 두 명의 교수진을 중심으로 외부 초청강사 다수가 참여한 사례로서, 개발과 운영단계에서 협동이 이루어지는 팀티칭 사례라고 할 수 있다.

수강생에 대한 평가는 기말종합시험을 제외한 네 가지 평가방법 중 점수가 낮은 것이나 수강생이 원하는 한 가지 평가를 제외하여 합산하여 500점 만점으로 시행되었다. 즉, 시험Ⅰ, Ⅱ에 각 100점, 토론시간 참여도, 사례조사, 퀴즈, 과제 등에 관한 합산점수 100점, 논문리뷰, 강의노트 점수 100점, 기말종합시험 점수 200점을 기반으로 평가가 이루어졌다. 수강생에 대한 모든 평가활동이 끝난 뒤에 최대 25점까지 평점을 추가로 취득할 수 있게 하였다.

④ Oklahoma대학 "간학문간의 환경 관점 개론" 사례
(http://www.ou.edu/cas/ipe/courses/index.htm)

Oklahoma대학의 'Introduction to IPE(IPE1013)'강좌는 지구온난화, 산림파괴, 인

구문제, 오존층 파괴, 산성비, 멸종과 같은 환경 문제가 복잡하고 다양한 측면과 관련되어 있어서, 단일한 학문으로는 적절히 대처할 수 없다는데 착안하여 Oklahoma대학교 교양과학대학(College of Arts & Sciences)에서 새로이 부전공 과정으로 개설한 IPE(Interdisciplinary Perspectives on the Environment) 과정의 개론 과목(필수)이다.

Oklahoma대학교가 개설한 이 IPE 부전공 과정은 인문학, 사회과학, 자연과학을 환경문제와 관련하여 통합시킴으로써 튼튼한 간학문적(interdisciplinary)관점을 토대로 특정 분야의 환경 문제를 다루는 기술을 연마할 수 있게 하는 데 그 목적이 있으며, Oklahoma대학교의 모든 학부생들이 수강할 수 있도록 되어 있다.

1998년 가을학기(1998년 8월 18일 - 12월 3일)에 개설된 'Introduction to IPE(IPE1013)' 강좌는 3명으로 구성된 교수진(환경정책 전공자, 기후/지구과학 전공자, 환경윤리 전공자)이 맡아서 진행하며, IPE Resource Center에서 교재, 관련 서적, 저널, 비디오자료와 인터넷, 전자토론 등이 가능한 컴퓨터 환경 등을 제공함으로써 학생들의 IPE 과정 이수를 도와주었다.

교수자의 역할분담은 각자의 전공영역을 중심으로 강의내용을 분담하는 방식으로 이루어졌다. 전체 32세션 중 과목소개, 시험, 가정학습, 과제발표 등은 교수진 모두가 참여하고, 7-10세션씩을 혼자 혹은 다른 교수자와 함께 진행하는 방식으로 역할을 분담하여 팀티칭하였다.

이 강좌는 면대면 출석강의로 이루어지는 강의로서 팀티칭 방법을 적용한 가상강의의 사례로 보기는 어렵다. 그러나 수강생들은 매일매일 강좌홈페이지에 들러 스케줄, 읽기자료, 과제 등을 확인해야 하고, 그 밖에 참고자료 및 참조 사이트, 다른 수강생이 게시판을 통해 제공하는 유용한 정보들을 체크해야 한다. 다시 말하면, 이 강좌는 강의내용, 읽기자료, 참고자료, 관련 사이트 등을 상세하게 제공하고 있을 뿐만 아니라, 공지사항, 게시판 기능을 효과적으로 운영함으로써 면대면 출석강의를 보완하는 수준을 넘어 온라인강의에 가까운 강좌 운영을 하고 있다.

수강생에 대한 평가는 1차 시험(25%), 중간레포트(20%), 기말시험(20%), 실습점수(학기개별 및 집단)(15%)로 구성되고, 나머지 20%는 팀과제 수행과 관련하여 개인별로 주어진 특이한 것은 팀과제 수행에 관한 평가가 팀과제 수행결과에 근거하여 팀 구성원들에게 일괄적으로 점수가 부여되는 것이 아니라, 그러한 팀 과제 수행과 관련한 개인별 보고서(Country overview(10%), Position Paper(10%))에 근거하여 이루어진다는 점이다.

⑤ Missouri-Columbia대학 'The Japanese Tutor'

(http://www.missouri.edu/~c563382/index.html)

이 사례는 Missouri-Columbia대학 홈페이지에 마련된 'The Japanese Tutor'라는 강좌로 대학이 운영하는 정규 학위과정이나 비학위과정이 아니라, 개인 홈페이지에 구축한 일본어 학습 웹 페이지이다. 따라서, 강의, 토론, 평가와 같은 교수-학습 활동이 별도로 이루어지진 않는다. 다만, 아사히신문에 보도된 바와 같이 '획순을 동화상으로 제공(QuickTime이라는 소프트웨어를 이용)해주는 최상의 사이트'라는 특징은 차치하더라도, 이 웹 페이지를 설계하고 개발하는 과정을 디자인 및 개발과 오디오 부분으로 나누어 분담했다는 점에서, 가상강의에서의 공동개발 모형을 개발하는 데 시사하는 바가 크기 때문에 선정한 것이다. 이 "The Japanese Tutor"은 획순 동영상 1,500개 이상, 오디오(발음) 5,000파일 이상을 포함한 2,000페이지 가량의 문서들로 구성되었다. 이 웹페이지를 설계하고 개발한 D. O. Reed는 Missouri-Columbia대학에서 컴퓨터과학을 전공하고 있는 학생으로서, 일본에 2년여 동안 머물면서 일본어와 일본문화를 공부한 적이 있고, 8년여 동안 일본어를 공부하고 있다. 또 다른 개발자는 Yoko Nishimura라는 일본인으로 이 웹페이지에 사용되는 모든 단어나 문장의 발음을 녹음하고 요리와 관한 데이터 수집 및 타이핑 작업을 맡았다.

⑥ 방송대학의 교양과목 "컴퓨터개론"

한국방송대학교의 교양과목인 컴퓨터개론 이 한국가상캠퍼스에서 9개 대학 학생에게 98년 2학기에 두 명의 교수팀(곽덕훈, 이윤배)에 의해 개설되었다. 학생들은 미리 개발된 CD-ROM 타이틀, 인터넷 코스웨어, 디지털 라이브러리를 활용하였고 학기 중에는 케이블TV 강의 자료가 채널 47을 통해 방송되었다. 또한 이러한 자료를 사전에 웹상에 올려놓고 학생들이 이용하도록 하였으며 주별로 해당 강의에 별도로 HTML 자료를 첨부하여 학습자들이 쉽게 학습내용에 접근하도록 하였다.

3학점의 한 학기 강의를 12주로 나누어 운영하면서 매주 학습 내용에 따라 과제를 부여하는데 1주에서 5주까지는 과제당 6점(총 30점), 6주 후에는 중간고사로 20점, 7주에서 11주 까지는 다시 과제당 6점(총 30점), 12주 후에는 기말고사로 20점을 부여하여 학기당 총 100점 만점으로 평가하도록 하였으며 매주별로 바로 채점 결과를 학생들이 볼 수 있도록 하였다. 첫 6주까지, 그리고 7주에서 12주까지를 각각의 교수가 맡아 운영하고 있으며 학생들은 궁금한 사항을 계속적으로 메일을 통해 상호 통신하였다.

공동개발/팀티칭 과정에 참여하는 구성원은 교수와 강의지원 온라인 조교가 있다.

두 교수자의 역할은 가상강의 기본 운영계획 수립, 각 6주간의 강의 진행, 주차별 과제 출제 및 평가, 강의 진행 상황 점검 및 메일을 통한 질문에 답하기, 가상강의 관련 설문 조사 등이다. 온라인 강의지원조교의 역할은 강의진행 상황 점검, 시스템 사용방법 및 과제물 제출방법 설명, 수시로 메일 점검 후 간단한 내용은 처리하고 필요할 경우 담당 교수에게 통보, 학생들과 수시로 접속하여 학습 독려 등이다. 그리고 교수자와 조교의 공동 역할은 시스템 운영 계획 작성, 학습 및 교과 내용 진행 방법 협의, 평가 방법 및 점수 부여 방법 협의, 학생 질문에 대한 공동 대처, 원격영상강의를 통해 공동으로 학업 독려, 운영상의 문제점을 수시로 협의하는 일 등이다. 팀티칭 강의에 대한 학생들의 반응은 강의가 진행되면서 상당히 효과가 있는 것으로 평가되었다. 그러나 강의내용에는 만족한 반면 시스템 사용상의 어려움으로 인해 불편이 많아 적절한 면대면의 추가 강의를 요구하는 형태로 반응을 보였다.

### ⑦ 서울대학교 사회학과 "현대사회의 이해"

서울대학교 사회과학대학 사회학과에서 개설된 "현대사회의 이해"는 98년 1학기에 개설되었던 과목이다. 강의 개발 과정을 보면 한 명의 리더 교수(한상진 교수)가 16주 강의 내용에 대해 각 주의 주제를 잡고 강사를 섭외하여 거의 매주 한 명씩 외부강사를 초빙하여 강의를 실시하였다.

강의방법은 예를 들어, 3월 둘째 주 강의를 A라는 외부강사가 하도록 되어 있다고 하면, 과목 조교는 그 A라는 교수가 발표한 글 2개 정도를 미리 가상대학에 보내온다. 가상대학에서는 각 주의 내용을 1-2주전에 미리 가상대학의 학습장에 올려놓아서 학생들이 읽어보도록 한다. 학생들은 이 강의를 읽은 후 강의에 참석하여 면대면 강의를 받는다. 강의가 끝난 후 학생들은 그 주제가 있는 폴더에서 자유롭게 토론을 한다. 물론 학생들에게 4회 이상 메시지를 올리도록 의무조항을 두기는 하였지만, 학생들은 관심이 있는 폴더에는 자발적으로 토론을 활발히 벌였다. 학기말의 2주는 강의를 하지 않고 가상공간에서 토론만 하였다. 이 때 외부강사, 담당 교수, 그리고 학생들이 자유롭게 참석하여 토론을 벌였다. 참고로 이 과목의 평가는 통과/탈락(pass/fail)방식으로 이루어졌다.

공동개발/팀티칭 과정에 참여하는 구성원은 책임교수와 외부강사, 과목조교 및 가상대학본부의 조교이었다. 책임교수자의 역할은 강좌의 전체적인 계획, 운영, 토론 관리, 성적처리 등을 맡고, 외부강사는 각주의 강의 내용 준비 및 그 주의 토론을 담당하였다. 과목조교의역할은 외부강사가 강의하기 1-2주 전에 강의내용을 마련하기 힘들기 때문에, 그 강사가 이전에 발표했던 글 중에 선별하여 웹에 게시할 내용을 가상대학 본부에 보낸다. 그리고 가상대학 본부의 조교들은 강의 내용을 받아서 디지털화하고 토론방 운영 등의 노하우를 교수와 담당 조교에게 조언해 주는 역할을 하였다.

참여하였던 여러 강사들은 자신의 전문 분야에서 강의를 한다는 점을 높이 평가하였다. 그리고 강의가 끝난 후 자신이 있는 곳에서 원격으로 학생들과 토론을 벌일 수 있다는 점, 평가 점수에 구애받지 않고 학생들은 보다 자유로운 분위기에서 의견을 개진하고 안목을 넓혀갈 수 있다는 점이 역시 장점으로 꼽았다. 또한 대형 강의(이 과목의 수강생은 300명이 넘었음)의 단점이 일방적인 강의만 들을 수밖에 없다는 점을 가상공간에서 활발한 상호작용으로 극복한 것을 높이 샀다.

반면에, 단점으로는 미리 모든 강사를 섭외해 둔 것이 아니라서 다소 혼란이 있었다. 즉, 교육과정의 일정대로 강의가 이루어진 것이 아니라, 강사의 일정에 따라 강의가 바뀌기도 하였다. 이러한 혼란은 강의의 리더 역할이 매우 중요하다는 시사점을 준다. 팀티칭 강의에 대한 학생들의 반응은 대형강의에도 불구하고 활발한 상호작용이 이루어짐으로써 대체로 긍정적인 반응들이었다. 토론방에서 보면, 대체로 흥미있는 주제에는 많은 학생들의 의견이 개진되었고, 주제가 흥미가 없으면 학생들의 참여가 저조하였다.

### ⑧ 대구대학특수재활학부의 "학습장애아 교육"

이 교과목은 98년 2학기에 한국가상캠퍼스(KVC: Korea Virtual Campus)에서 3명의의 교수(대구대학교 특수교육과 김용욱, 대구대학교 초등특수교육과 변찬석, 공주교육대학교 김윤옥)가 참여하여 대구대학에서 주관하여 개설한 과목이다.

강의 개발 과정을 보면 참여한 3명의 교수가 공동으로 강의목표 및 내용 선정, 강의구성 및 일정 선정, 강의 내용 분담, 강의안 작성, 홈페이지 제작, 수정, 시험서비스, 강의 실시 등을 위해 참여하였다. 공동으로 작성된 강의안은 물론 대구대학교의 가상강좌 담당 부서인 특수교육·재활 공학 센터에서 강의 홈페이지로 제작하고 서비스하는데 협조하였다. 강의방법은 강의 내용을 HTML로 편집하고 VOD 자료도 링크하여 학습자가 효율적으로 학습할 수 있게 하였다.

참여하는 구성원은 3인의 참여교수, 특수교육·재활공학센터 온라인 조교이었다. 참여교수는 공동으로 교과목 개발을 다음과 같은 4단계의 절차(① 강의일정 및 내용 결정 ② 강의내용 제작 ③ 강의 홈페이지 제작 ④ 가상 강의 서비스)로 수행한다. 그리고 참여교수와 특수 재활·공학센터 온라인 조교와 협조하여 팀티칭으로 강의를 운영하였다.

본 팀티칭을 통해 강의 세부 분야의 전문가가 참여함으로써 강의의 질을 향상시킬 수 있었고 강좌 제작에 필요한 시간과 에너지를 3명의 교수가 나누어 수행함으로써 절약할 수 있었다. 그러나 서로 다른 학과와 다른 대학에서 근무하기 때문에 강의 운영에 대한 협의사항이 발생할 경우 쉽게 한 자리에 모여 내용을 협의할 수 없어서, 그로 인해 강좌 단원간의 연결성이 결여되는 경우도 있었다. 학생들의 반응은 대체로 긍정적인 것으로 나타났다.

## 라. 시사점

본 단원은 교수자의 교육 목표 달성을 위해 효율적으로 적용할 수 있는 방법 중 하나인 팀티칭 교수법과 다양한 사례를 소개하였으며 시사점은 다음과 같다.

첫째, 모형 선택의 관점에서 참여 교수자의 역할 형태에 따른 모형, 협력 단계에 따른 팀티칭 모형, 교수활동 영역별 팀티칭 모형에 대해서 각각 교육내용 분담형, 공동기획형과 공동수업진행형, 상호작용 분담형과 협력교수자형이 주로 진행되고 있음을 알 수 있었으며, 모형 선택은 여러 모형 중 교수자가 교과 특성을 분석하여 현실적으로 가장 적합한 최상의 모형을 찾아 적용하는 것이 중요하다고 볼 수 있다.

둘째, 공과대학에서의 팀티칭 교수법 도입 배경은 현장 전문성 확보에 중점을 두고 있다. 대학 경쟁력 확보에 많은 노력을 기울이고 있는 현실을 감안한다면 산업체 현장의 전문가와의 팀티칭은 더욱 강조되고 확대될 필요가 있다.

셋째, 팀티칭 공동교수자의 구성은 국내교수와 국외교수, 현장전문가와 교수, 대학간의 교수, 간학문적간의 교수 등으로 구분해 볼 수 있으며 특히, 공학에 있어서는 산업현장 전문가와 대학교수간의 팀티칭이 중요하며 필요에 따라 혼합된 방식으로 교수자 구성을 고려해 볼 수도 있을 것이다.

넷째, 웹 기반 시설의 발달로 가상공간에서의 팀티칭이 적극 도입되고 있으며 현재와 같은 교육과정의 개발 및 운영 측면에서 뿐만 아니라 공과대학의 현장 적응성 측면에서 국내외 산업체 및 연구소 등과 함께 가상공간의 구축을 통한 온라인상에서의 팀티칭 교수도 적극적으로 고려할 필요가 있다.

끝으로, 성공적인 팀티칭을 위해서 Bergen(1996)이 제시한 팀티칭에서 반드시 고려해야 할 사항을 제시하고자 한다. 첫째, 교수자간의 미션의 공유가 선행되어야 한다. 그렇지 않을 경우 팀티칭의 목적 자체가 흔들릴 수 있다. 둘째, 교수자가 자신의 대인관계

스타일을 알고 단점을 보완하려는 노력을 해야 한다. 팀티칭에서는 교수자들 간의 팀워크가 중요하기 때문이다. 셋째, 교수자들의 의사소통이 원활해야 한다. 이를 위해 효율적인, 열린 의사소통이 가능한 조직 문화를 구축하도록 노력해야 한다. 넷째, 다른 교수자의 강의를 참관하고 건설적인 피드백을 주고받음으로서 팀티칭의 효과를 극대화한다. 다섯째, 다양한 팀티칭 상황을 충분히 역할 연습(role-play)해보도록 한다.

## 참고문헌


서울특별시교육청(2003). 재료시험. 서울: 녹원문화

신석균(1993). 팀티칭(Team Teaching)을 통한 건축설계교육의 사례분석, 대학발전세미나자료집. Vol.1993.

양영선(1999). 프로젝트 기반 가상수업에서의 협력적 교수 방안과 전략 연구. 교육정보미디어연구(구 교육정보방송연구). Vol.5 No.2.

이규훈(1993). 팀티칭(Team Teaching)을 통한 교육효과의 향상을 위한 사례연구, 대학발전세미나자료집. Vol.1993.

이수정·왕석순(2002). 초등학교 실과 교수·학습 방법연구. 한국교육과정평가원.

정문성(1994). 사회과 학업성취에 대한 협동학습의 효과 연구. 박사학위논문, 서울대학교.

(1995a). 열린교육에서의 협동학습. 열린 교실 연구, 3(1). 전국열린교실연구응용학회. 11-22.

(1995b). STAD 협농학습 모형의 보상 체제. 열린 교실 연구. 3(2), 전국열린교실연구응용학회. 103-112.

(2002). 협동학습의 이론과 실천. 교육과학사.

정인성·이옥화(2001). 대학의 웹 기반 가상수업 팀티칭 모형 개발 연구. 교육정보미디어연구(구 교육정보방송연구). Vol.7 No.2.

조은이(2001). 초등실과교육에서 자율적 협동학습이 학업 성취 및 태도에 미치는 효과. 석사학위논문. 인천교육대학교.

중앙기독초(역). 협동학습. 디모데.

최성락, 최유현(2003). 실과교육에서 Co-op Jigsaw 협동학습이 과제 수행 능력에 미치는 효과. 한국실과교육학회지17(3), 37-48.

최유현(2001). 실과교육학연구.

(2005). 기술교과교육학. 서울: 형설출판사.

한국산업인력관리공단(2000). 비파괴시험실기.

이한규(1999). 기술교과 교육에서 협동학습이 중학교 학생들의 학업성취와 파지에 미치는 효과. 서울대학교 석사학위 논문.

정문성(1994). 사회과 학업성취에 대한 협동학습의 효과 연구. 박사학위논문. 서울대학교.

정문성(1995a). 열린교육에서의 협동학습. 열린교실 연구, 3(1). 전국열린교실연구응용학회. 11-22.

정문성(1995b). STAD 협동학습 모형의 보상체제, 열린교실 연구, 3(2). 전국열린교실연구응용학회. 103-112.
정문성(1995b). STAD 협동학습 모형의 보상체제, 열린교실 연구, 3(2). 전국열린교실연구응용학회. 103-112.
정문성(2006). 협동학습의 이해와 실천. 서울 : 교육과학사.

중앙기독초(역)(1999). 협동학습(Kagan's Cooperative Learning). 서울 : 디모데.

최유현(1996). 열린 실과교육을 위한 협동적 문제해결 수업전략. 열린교실 연구, 4(2). 전국열린교실연구응용학회. 133-148.

최유현(2005). 기술교과교육학. 형설출판사.

Brewer, M. B. (1979). In-group bias in the minimal intergroup situation: A cognitive-motivational analysis. Psychological Bulletin, 86, 307-324.

De Vries, D., Edward K. J. & Wells, E. H.(1974). Teams-Games_Tournament in the Social Studies Classroom: Effects on Academic Achievement, Student Attitudes, Cognitive Beliefs, and Classroom Climate. Baltmore: Johns Hopkins University, Center for Social Organization of Schools.

De Vries, M. J. (1997). Science, Technology and Society : A Methodological Perspective. International Journal of Technology and Design Education. 7. 21-32.

Johnson, S. D. (1997). Learning Technological Concepts and Developing Intellectual Skills. International Journal of Technology and Design Education, 7. 161-180.

Johnson, D. W., & Johnson, R. T. (1999). Learning together and alone: Cooperation, competitition, and individualization. Boston: Allyn and Bacon.

Johnson, D. W., Johnson, R. T., Holubec, E. J. & Roy, P. (1984). Circles of Learning. Association for Supervision and Curriculum Development.

Kagan, S. (1994). Cooperative Learning. San Clemente: Kagan Cooperative Learming.

Slavin, E. R. (1989). School and Classroom Organazation, Hillsdale, NJ: Lawrence Erlbaum Associates, Publishers.

Slavin, E. R. (1990). Cooperative Learning : Theory, Research and Practice. Center for Research on Elementary and Middle Schools. The Johns Hopkins University.

Stahl, R. J., Meyer, J. R., & Stahl, N. N. (1994). Co-op Co-op: A student Interest-Based Cooperative Study/ Learning Stategy. In Cooperative Learning in Social Studies: A Handbook for Teachers, edited by R. J. Stahl, New York: Addison-Wesley Publishing Company, 276-305.

# Chapter Ⅳ
# 사고활용 기법과 전략

1. 확산적 사고기법
2. 수렴적 사고기법

## ◆ 배경과 동향

드 보노(De Bono)는 사고를 수직적 사고와 측면적(수평적)사고로 구분하고 있다. 이 두 가지 사고는 여러 가지 면에서 상이하지만, 그 기능 면에서의 차이가 가장 이해하기 쉬운 대조를 이룬다. 수직적 사고란 전통적인 논리적 사고를 말하는 것으로, 논리적 추리를 통해 아이디어나 주장의 옳고 그름을 판단하는 데 이용되는 사고이다. 이에 반해, 측면적 사고는 어떤 것을 증명하려 하지 않고 다만 어떤 상황이나 정보를 탐색하여 새로운 것을 생성하고 싶을 때 이용되는 사고이다. 예컨대, 수직적 사고자는 "이것이 최선의 방법이다."라는 말을 하지만, 측면적 사고자는 "이 방법 외에는 다른 방법이 없을지 살펴보자"라고 말한다. 따라서 수직적 사고에서는 '옳고', '그름'이 있을 수 있지만 측면적 사고에는 '틀린 것'이 있을 수 없다. 드 보노가 말하는 측면적(수평적) 사고가 창의적 사고를 잘 설명해 주는 것이라 할 수 있다(KICE 교수학습개발센터, 2007).

**사고 기법**이란 어떤 유형의 사고를 하기 위하여 우리가 의도적, 계획적으로 사용하는 사고의 절차, 또는 사고 도구라 말할 수 있다. 창의적 사고 기법이 의도하는 것은 바로 우리의 자연스런 창의성을 자극하고, 조절하고, 강화하고, 인도하고, 가속화하고, 필요할 때 이끌어냄으로써 우리가 원할 때는 언제나 참신한 지혜와 가치 있는 아이디어를 추출하여 사용할 수 있게 하는 것이다. 따라서 창의적 사고 기법이란 '창의적인 사고를 하기 위하여 우리가 의도적, 계획적으로 사용하는 사고의 절차, 또는 사고 도구'라고 정의할 수 있다(김영채, 1999).

창의성 기법이란 "크고 작은 사적·공적 문제들을 해결하거나 창의적인 태도를 갖기 위해 사용하는 일종의 창의성 훈련 도구"라고 할 수 있다. 지금까지 개발된 창의성 사고 기법은 300여 개 이상이 된다고 밝혀졌다(전경원, 2000).

세계적으로 가장 널리 알려진 브레인스토밍 기법을 비롯해, 강제결합법, 스캠퍼, 공상 · 상상기법 등 헤아릴 수 없을 정도로 많은데 이 모든 기법들도 산업체들을 중심으로 그들이 살아남기 위해 개발한 것이다.

이러한 사고기법을 사용할 때 중요한 것은 문제 해결의 장면의 목적이나 현재의 문제(과제)에 가장 적절한 기법을 선택하는 것이다. 다양한 문제를 해결하기 위하여서는 특정한 한가지의 기법만이 최선의 도움을 주는 것이 아니라 상황과 문제에 따라 적절한 기법을 선택해야 한다. 그러므로 다양한 사고기법을 교실 수업에 적용하기 전에 먼저 생각해야 할 일은 다음과 같다(경상북도교육청, 2002).

첫째, 각 사고기법의 특징과 목적을 먼저 생각해보고 학습 활동에 적절하게 재구성해야 한다.

둘째, 확산적인 사고와 수렴적인 사고를 병행할 수 있도록 유도해야 한다.

셋째, 어떠한 사고 기법이라도 교수자는 즉각적인 판단을 지양하고 학생들의 의견을 모두 수렴해야 하며 학생들이 충분히 생각할 시간을 주어야 한다.

## ◆ 창의적 사고 기법의 분류와 선택 준거

김영채(1999)는 창의적 사고 기법을 사용하는 목적과 시기, 집단의 구성 등 몇 가지 차원에서 분류하였다. 먼저 창의적인 아이디어를 생성하기 위한 확산적 사고 기법과 확산적 사고를 통해 얻은 아이디어를 정리하는 수렴적 사고 기법으로 나누었다. 확산적 사고기법은 다시 자유 연상법과 강제 연상법, 유추 발상법으로 구분하였고, 수렴적 사고 기법은 공간형 수렴법, 계열형 수렴법 등으로 구분하였다. 또한 확산적 사고와 수렴적 사고를 반복하여 문제를 해결하는 통합기법의 형태를 제시하였다.

그 다음으로 개인이 사용할 수 있는 기법과 집단이 사용하는 기법이 있다. 집단용 기법은 대개가 개인용으로 사용할 수 있지만 거꾸로 개인용을 집단에서 사용하기는 어려울 때가 많다. 이처럼 몇 가지의 기법들이 활용될 때 다음으로 중요한 것은 현재의 문제에 가장 적절한 기법을 선택하는 것이다.

# 1. 확산적 사고기법

### ◆ 배경과 동향

문제를 해결하기 위해서는 다양하고 많은 양의 아이디어를 생각해 내는 것이 좋다. 다양하고 많은 아이디어를 산출한 후 이것을 개선하고 발전시키면 문제를 해결할 수 있는 최적의 방법을 찾을 수 있게 된다. 이와 같이 최적의 아이디어를 효율적으로 제안하기 위한 창의적인 사고 방법을 확산적 사고기법이라고 한다.

## 가. 아이디어 생성을 위한 확산적 기법들

**표 Ⅳ-1** 확산적 아이디어 생성 기법들(김영채, 1999, 재구성)

| 대상 | 범 주 | 기 법 |
|---|---|---|
| 집단용 | 브레인스토밍 기법과 관련의 기법 | · 브레인스토밍 기법<br>· 브레인라이팅 기법<br>· 브레인라이팅 게시 기법<br>· Gordon – Little 브레인스토밍 기법 |
| | 결부법과 관련의 제 기법 | · 결부법 · 강제결합법<br>· 시네틱스 |
| | 형태 분석법과 관련의 제 기법 | · 형태분석법 · 속성열거법<br>· 체크리스트법<br>· 발견적 아이디어 생성기법<br>· 시퀀스 – 속성 수정 행렬법 |
| | Osborn의 질문 리스트와 SCAMPER | · 오스본의 질문리스트<br>· SCAMPER |
| | De Bono의 CoRT프로그램과 육색사고모자 | · PO진술 · 조합(Combination)<br>· 디딤돌(Steppins Stone)<br>· 무선적 투입(Random Input)<br>· 결점 제거법(Remove Faults)<br>· 육색사고모자(Six Thinking Hats) |

〈표 계속〉

<table>
<tr><th>대상</th><th>범 주</th><th>기 법</th></tr>
<tr><td rowspan="4">개인용</td><td>개인용 – 유추를 이용한 기법</td><td>· Einstein 기법<br>· '자연 속 유추' 기법<br>· '잡지 오리기' 기법<br>· '당신이 바로 제품' 기법<br>· '창의를 위한 SES등식' 기법</td></tr>
<tr><td>개인용 – 심상과 상상을 이용한 기법</td><td>· 회색상자 기법<br>· 소원 상상하기 기법<br>· 이미지 스트리밍 기법</td></tr>
<tr><td>개인용 – 연상을 이용한 기법</td><td>· 마인드 스토밍 · 자유 연상법<br>· '아이디어 이름 붙이기' 기법</td></tr>
<tr><td>개인용 – 제품명/상호 만들기</td><td>· 제품명/상호 만들기</td></tr>
<tr><td colspan="2">기 타</td><td>· 마인드 맵핑<br>· 통찰을 통한 아이디어 생성<br>· 컴퓨터 지원의 아이디어 생성</td></tr>
</table>

## 나. 확산적 아이디어 생성 기법의 선택

위에서 우리는 아이디어 생성을 위한 기법에는 적지 않은 수의 것이 있음을 볼 수 있었다. 그러면 이들 가운데서 어떤 것을 어떻게 선택하여 사용할 것인가? 그것은 현재의 문제를 해결하기 위하여 어떠한 성질의 아이디어, 즉 어떤 성질의 해결(책)을 얻고자 하느냐에 따라 달라질 수 있다. 생성해 내는 아이디어들은 성질에 따라 다음과 같은 4개의 범주로 나누어 볼 수 있다(김영채, 1999).

범주 1: 직접적인 것. 생성해 낸 아이디어는 진술한 문제에 직접적으로 대답해 주며 따라서 큰 변화는 없다.

범주 2: 보충적인 것. 생성해 낸 아이디어는 전통적인 아이디어들을 새롭게 사용, 적용 또는 개조한 것이며 흔히 '개선'이라 부를 수 있는 것이다.

범주 3: 수정적인 것. 생성해 낸 아이디어는 전통적인 아이디어를 구조적으로 수정 · 변화시킨 것이며 따라서 상당히 독창적이다.

범주 4: 혁신적인 것. 생성해 낸 아이디어는 전통적인 것과는 용도나 적용이 완전히 다른 것이다. 이것은 문제에 대한 시각이 완전히 바뀌어야 가능한 것이다.

다음 그림은 기대하는 아이디어가 '순응적－혁신적'의 연속선에 따라 다양한 아이디어 생성 기법들이 놓일 수 있는 위치를 보여주고 있다. 보다 보수적이고 순응적인 결과를 기대하면 '분석적 생성' 기법들이 더 유용하고 반면에 SCAMPER나 강제결합법 등은 보다 혁신적 아이디어를 요구할 때 사용할 수 있다.

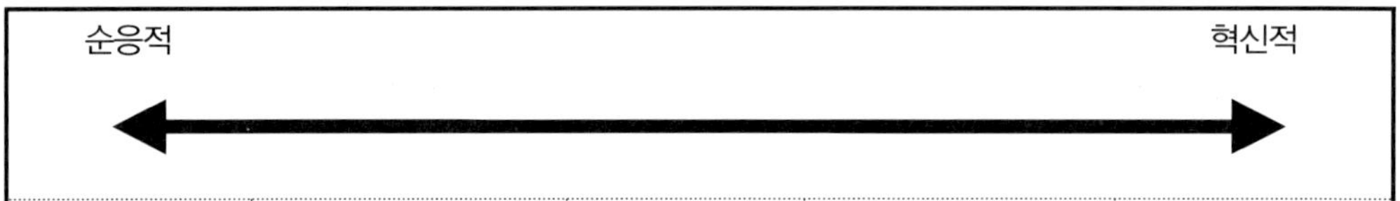


| 분석적 생성 | 브레인스토밍변형 | 브레인스토밍 | 아이체크리스트 | 강제결합법 |
|---|---|---|---|---|
| - 속성열거법<br>- 형태분석법 | - 브레인라이팅<br>- 브레인라이팅 게시기법 | | - Osborn의 질문법<br>- SCAMPER | - 관계강제법<br>- 감각적탐색기법<br>- Synetics |

**그림 Ⅳ-1** 확산적 사고 기법의 위치(김영채, 1999, 재구성)

## 1) 브레인스토밍(Brainstorming)

브레인스토밍은 창의적인 아이디어를 생산하기 위한 학습 도구이자 집단 회의기법으로 **알렉스 F. 오즈번**이 광고제작에 처음으로 시도하였다. 일정한 주제에 관하여 참가자가 자유스럽게 발언을 하고 아이디어를 제시하여 해결책을 찾아내려는 방법이다. 뇌(브레인)에서 폭풍(스톰)이 몰아치듯 발상하고 아이디어를 제시하는 회의 모습에서 이름이 유래되었다.

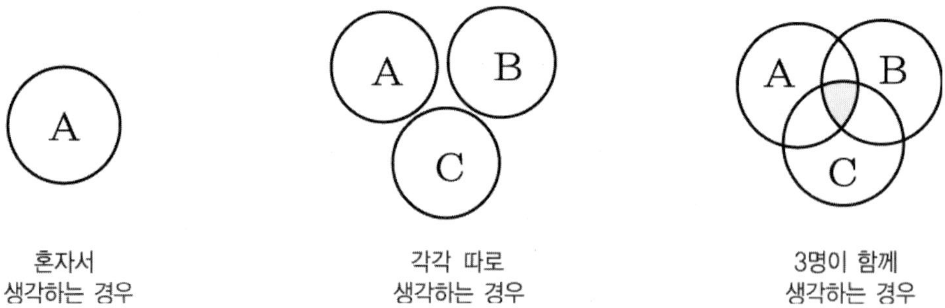


**그림 Ⅳ-2** 브레인스토밍 개념

가) 절차

문제의 확인
▼
집단의 구성(사회자, 기록자 선정)
▼
규칙 확인
▼
문제의 제시
▼
아이디어 산출
▼
아이디어 평가 및 선택

**그림 Ⅳ-3** 브레인스토밍 활용 절차

나) 진행 요령

① 주제는 구체적인 것을 선택한다. 알기 쉽고 구체적인 주제를 선택해야 다양한 아이디어를 낼 수 있다.('돈을 잃어버리지 않으려면', '지우개가 없어지지 않으려면')

② 참가자는 10명 내외로 하고, 주제와 다른 분야의 참가자도 포함시키는 것이 좋다.

③ 참가자에게 회의 주제나 문제에 대한 정보를 미리 알려주면 많은 양의 아이디어가 나올 수 있다.

④ 진행자는 회의 분위기를 잘 이끌 수 있는 사람으로 선택한다. 모든 참가자들을 편안하고 공정하게 대하고 주제의 방향이 벗어나지 않도록 4원칙을 확실히 지킬 수 있어야 한다.

⑤ 참가자 전원의 얼굴이 보이도록 책상과 의자를 배치한다. 원형이나 사각형 책상이 좋다.

⑥ 칠판이나 화이트보드 등을 준비하여 발표된 아이디어를 전부 기록하고, 요약한다.

⑦ 회의 시간은 30분에서 1시간 정도가 적당하다. 아이디어 내용은 가능한 한 서로의 아이디어가 조합되고 개선되는 방향으로 유도한다.

⑧ 편견이나 감정 없이 공정하게 아이디어를 평가한다. 현실성과 독창성을 고려하

고, 평가항목과 평가척을 만들어서 활용하는 것이 좋다.

⑨ 최종적으로 선정된 아이디어를 회의 참석자들에게 알려주고, 수정하거나 보완할 부분을 검토한다.

### 다) 규칙

브레인스토밍을 효과적으로 실천하기 위해서는 4가지 기본 규칙을 지켜야 한다. 이 4가지 규칙은 확산적 사고 기법의 기본적인 특징을 잘 나타내고 있다.

① 새로운 아이디어를 내놓는 것에만 전념하고 다른 사람의 아이디어에 대한 판단은 나중에 한다.

② 누구나 생각나는 대로 자유롭게 말하고 틀리는 것에 대한 두려움을 떨쳐내는 자신감을 갖는다.

③ 아이디어의 양이 많고 다양할수록 좋은 아이디어가 나오게 된다.

④ 서로 다른 아이디어를 결합하거나 개선시켜 더 좋은 아이디어로 발전시킨다.

그러므로 브레인스토밍에서는 어떠한 내용의 발언이라도 그에 대한 비판을 해서는 안되며, 오히려 자유분방하고 엉뚱하기까지 한 의견을 출발점으로 해서 아이디어를 전개시켜 나가도록 하고 있다. 회의에는 리더를 두고, 구성원 수는 10명 내외를 한도로 한다.

### 라) 활용상의 유의점

① 문제를 명확하게 알려야 한다. 막연해서는 안된다. 그리고 참가자 전원 아이디어를 내놓도록 유도한다.

② 항상 의견에 대한 가치 평가는 뒤로 미룬다.

③ 정리된 의견이 아니더라도 자유분방한 의견 자체를 존중한다.

④ 되도록 많은 의견을 모아 분석하고 채택한다.

⑤ 한 주제에 대하여 장시간을 진행하는 것은 효과가 없다

⑥ 진행자와 서기는 토의가 종료된 후에라도 또 다른 아이디어가 없는지를 확인한다.

⑦ 아이디어를 종합하는 과정에서 채택되지 못한 안건에 대해서도 재검토하도록 한다.

### 마) 적용 사례

▶ 주제: 컴퓨터 USB 응용 제품 개발하기

PC 본체에 마우스 · 키보드 · 스피커 등 주변기기를 연결하기 위해 개발된 USB의 활용도가 갈수록 커지고 있다. 앞으로 어떤 제품이 개발되면 많이 활용될 수 있을지 새로운 USB 응용 제품에 대한 아이디어를 생각해 보자. 4~6명씩 그룹을 만들어서 브레인스토밍을 해보세요.

① 예) 휴대용메모리, MP3플레이어, 무선인터넷모뎀, DMB수신장치

②

③

④

⑤

⑥

⑦

최종안:

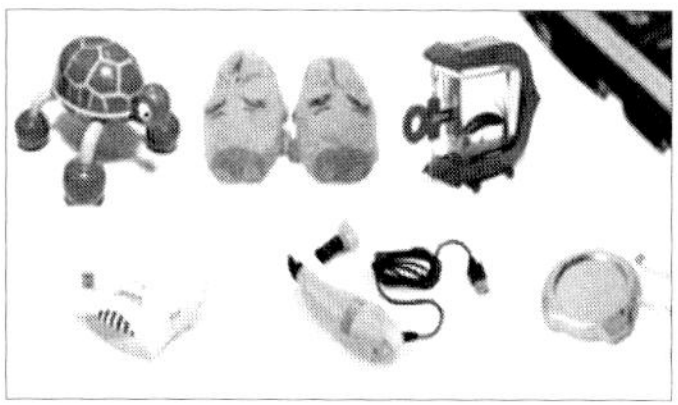

(다양한 USB 제품)

### 브레인스토밍 4원칙

- 판단 보류
- 자유 분방
- 질보다 양
- 결합 개선

### 2) 브레인라이팅(Brainwriting)

브레인라이팅은 브레인스토밍의 변형 기법으로서 브레인스토밍의 원리와 규칙을 적용하여 아이디어를 산출하되, 아이디어 창출 과정에서 침묵 속에서 개별적으로 아이디어를 창출하여 종이에 기록하고, 그것을 서로 돌려보며 아이디어를 추가해 나가는 사고 기법이다. 독일 프랑크푸르트의 Battelle Institute에서 개발하였다.

침묵 속에서 개별적으로 아이디어를 종이에 기록하게 하는 것은 개인의 사고 능력을 최고도로 발휘할 수 있게 하며 지배적인 개인들의 영향을 줄여 준다. 또 기록한 아이디어들을 서로 돌려본 후 아이디어를 추가하게 함으로써 모든 참가자들은 서로의 아이

디어를 공유할 수 있게 되며 산출된 아이디어를 더욱 발전적으로 확장하고 개선할 수 있게 된다.

주로 아이디어의 생성을 위한 확산적 상황에서 많이 쓰인다.

### 가) 절차

문제의 확인

▼

집단의 구성

▼

규칙 확인

▼

문제의 제시

▼

자신의 아이디어를 카드에 기록 – 제출

▼

다른 사람의 카드에 아이디어 추가 기록 – 제출(반복)

▼

아이디어 평가 및 선택

**그림 Ⅳ-4** 브레인라이팅 활용 절차

### 나) 진행 요령

① 팀원 각자는 브레인라이팅 시트를 1장씩 가지고, 예비 시트 1매는 책상의 가운데에 둔다.

② 브레인스토밍 4원칙을 그대로 준수한다(비판 엄금, 자유 분방, 질보다 양, 결합 개선).

③ 시작을 알리면 가로 칸(A-1, A-2, A-3)에 3가지 아이디어를 기입한다.

④ 3가지 아이디어를 기입하고, 그 시트를 책상 가운데에 있는 시트와 바꾼다.

⑤ 이미 기입되어 있는 3가지 아이디어의 아래 칸(B-1, B-2, B-3)에 새로운 아이디어 3가지를 써넣는다. 이미 기입되어 있는 아이디어와의 조합이나 추가 쪽으로 아이디어를 내가면 양질의 아이디어 발상에 유익하다.

⑥ 아이디어 발상을 멈추라는 지시가 있을 때까지 계속해서 시트를 바꾸면서 아이

디어를 써넣는다.

⑦ 아이디어 발상이 끝나면 토의를 통해 가장 좋은 아이디어를 고른다.

**표 Ⅳ-2** 브레인라이팅 시트(Brainwriting sheet)

문제 진술 :

| | A1 (아이디어 A) | A2 (아이디어 B) | A2 (아이디어 C) |
|---|---|---|---|
| 참가자 1 | B1 | B2 | B3 |
| 참가자 2 | C1 | C2 | C3 |
| 참가자 3 | D1 | D2 | D3 |
| ·<br>· | | | |

### 다) 규칙

① 비판엄금 – 창출된 어떤 아이디어도 비판하거나 평가해서는 안된다.

② 자유분방 – 자유 분방한 분위기 조성을 한다.

③ 질보다 양 – 아이디어가 많으면 많을수록 좋다.

④ 결함 개선(의견편승) – 아이디어의 결합과 조합을 통해 개선을 한다.

⑤ 절대 침묵 – 다른 사람의 아이디어 산출 작업을 방해하지 않는다.

### 라) 활용상의 유의점

① 학생들은 흔히 앞 사람이 기록한 아이디어를 읽어보지 않고 자기의 아이디어만 기록하는 경우가 있는데, 다른 사람의 카드에 아이디어를 추가할 때는 반드시 앞 사람이 기록한 아이디어를 읽어보고 자신의 생각을 기록하도록 지도한다.

② 아이디어 생성 속도나 기록 속도가 빨라 다른 학생의 카드를 기다리고 있을 경우를 대비해 여분의 카드를 1~2장 테이블 위에 마련해 둔다. 속도가 빠른 사람은 기다리는 동안 여분의 카드를 이용하여 아이디어를 기록한다.

**브레인라이팅은 언제 사용하면 효율적인가?**

- 내성적인 사람이 많을 경우
- 참석자가 너무 많을 경우
- 아이디어 공개발표가 어려울 경우
- 아이디어를 빠르게 생성하고자 할 경우

마) 적용 사례

▶ 사용 중 불편함을 느낀 정비용 공구를 선택하여 개선하기

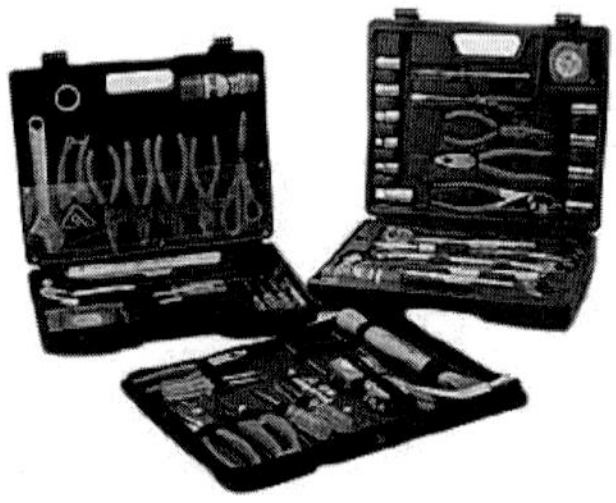

예) 소켓 렌치, 스패너, 플라이어, 드라이버, 니퍼, 롱 노우즈, 토크렌치 바이스 플라이어, 몽키 스패너 등

※ 여러 가지 정비용 공구 중 한 가지를 선택

▶ 선택한 정비용 공구의 불편함을 개선하기 위한 아이디어를 브레인라이팅 기법을 활용하여 기록해 보자.

| 문제 진술 : | | | |
|---|---|---|---|
| | 아이디어 A | 아이디어 B | 아이디어 C |
| 참가자 1 | | | |
| 참가자 2 | | | |
| 참가자 3 | | | |
| ·<br>· | | | |

### 3) 스캠퍼(SCAMPER)

스캠퍼 기법은 특정 대상이나 특정 문제에 7가지의 대표적인 질문을 활용하여 사고를 자극함으로써 새로운 아이디어를 얻는 것으로 밥 에벌러(Bob Eberle)가 오스본(Osborn)의 동사 체크리스트를 재조직하여 만든 사고 기법이다. 스캠퍼의 각 내용은 외우기도 쉽고 실생활에 많은 도움을 주기 때문에 창의성 함양에 널리 사용되어 왔다.

S · C · A · M · P · E · R는 대치하기(Substitute), 결합하기(Combine), 동화시키기(Adapt), 수정 · 확대 · 축소하기(Modify-Magnify-Minify), 용도 변경하기(Put to other uses), 제거하기(Eliminate), 재정리하기(Rearrange)의 첫 철자를 따서 기억하기 좋게 만든 약어로서 대상의 용도 개발, 품질 개선, 실용성 증진 등에 유용하다. 또한 주어진 질문의 패턴에 따라 사고를 전개시키므로 문제의식을 습관화 할 수 있다.

주로 아이디어의 생성을 위한 확산적 상황에서 많이 쓰인다.

표 Ⅳ-3 스캠퍼의 사고 유형

| 약 어 | 사고유형 | 질 문 내 용 |
|---|---|---|
| S | 대치하기(Substitute) | 다른 누구? 다른 무엇? 다른 성분? 다른 재료? 다른 에너지? 다른 장소? 다른 음성? |
| C | 결합하기(Combine) | 혼합하면? 단원을 조합하면? 목적을 합하면? 아이디어를 조합시키면? |
| A | 동화시키기(Adapt) | 번안하면? 각색을 하면? 이것과 비슷한 것은? 이것은 어떤 아이디어를 시사하는가? 과거의 것과 비슷한 것은? 베낄 수 있는 것은? 내가 흉내 낼 수 있는 사람은? |
| M | 수정 · 확대 · 축소하기 (Modify-Magnify-Minify) | 확대시키면? 빼면? 변형시키면? 의미, 색깔, 소리, 향기, 형태 등을 바꾸면? 빈도를 높이면? 더 강하게 하면? 더 길면? 생략하면? 간소화하면? 분리하면? 작게(가볍게, 쉽게, 짧게)하면? |
| P | 용도 변경하기 (Put to other uses) | (모양, 무게 또는 형태 등으로 보아) 다른 용도는? 수정하면? 맥락을 바꾸면? |
| E | 제거하기 (Eliminate) | 이것을 없애 버리면? 부품 수를 줄이면? 압축시키면? 낮추면? 더 가볍게 하면? 없어도 할 수 있는 것은? |
| R | 재정리하기 (Rearrange) | 거꾸로 하면? 반대로 하면? 역할을 바꾸면? 위치를 바꾸면? 다른 시퀀스는? 보조를 바꾸면? 원인과 결과를 바꾸어 보면? |

## 가) 절차

대상 선정

▼

스캠퍼 질문 적용

▼

아이디어 평가 및 선택

그림 Ⅳ-5 스캠퍼 절차

## 나) 진행 요령

① 활용 용도를 찾거나 개선, 변형하고자 하는 대상을 선정한다.

② 스캠퍼의 7가지 질문을 적용하여 아이디어 생성한다.

③ 산출된 아이디어에 대한 평가 작업을 거쳐 문제 해결에 적합한 아이디어를 선택한다.

## 다) 활용상의 유의점

① 스캠퍼의 질문은 약어의 철자 순서대로 할 필요는 없으며 아이디어의 흐름을 자극할 필요가 있을 때 선택적으로 사용할 수 있다.

② 스캠퍼 훈련 단계에서는 순서대로 질문에 답하게 하는 방법도 좋다.

**우리 생활에서 사례를 찾아보게 한다.**

① 결합한 예) 맥가이버 칼, 불 달린 볼펜, 뒤집어 입을 수 있는 옷
② 확대한 예) '아이가 커졌어요', '고릴라'라는 제목의 영화 등
③ 축소한 예) 휴대전화, 여행용 화장품, 소형 라디오, 이어폰 등
④ 제거한 예) 조끼, 무선 마우스

### 라) 적용 사례

▶ 많이 사용하는 물건을 스캠퍼 기법에 따라 개선해 보게 한다.

| 결함이 있는 선풍기의 기능 개선하기 위한 SCAMPER기법 활용 |
|---|

▼

S(대치) - 더 편리한 선풍기로 대체할 수 있을까?
C(결합) - 선풍기의 풍력 조절 기능과 온도 인식 자동화 시스템을 결합하면?
A(동화) - 다른 여러 제품들의 기능적인 아이디어가 현재 해결하려는 문제와 적합한가?
M(수정, 확대, 축소) - 풍향스위치를 센서를 통해 사용자의 거리에 따라 풍향을 조절할 수 있도록 변경한다면?
P(용도변경) - 선풍기를 여름철이 아닌 겨울철에 사용할 수 없을까?
E(제거) - 선풍기의 날개를 없애거나 다른 것으로 축소할 수 있을까?
R(재정리) - 선풍기를 360도 돌아가도록 설계가 되도록 재정렬할 수 있을까?

## 4) 기회의 원(Circle of opportunity)

미국의 전문 창의성 컨설턴트인 미켈코는 1991년 임의성을 이용해서 문제의 속성들을 선택하고, 선택된 속성들을 결합하여 자유 연상함으로써 아이디어를 얻는 기회의 원 기법을 개발했다. 이 기법은 속성 열거법과 다소 비슷하며, 소요 시간은 긴 편이지만 뜻밖의 많은 아이디어를 낼 수 있는 장점이 있다.

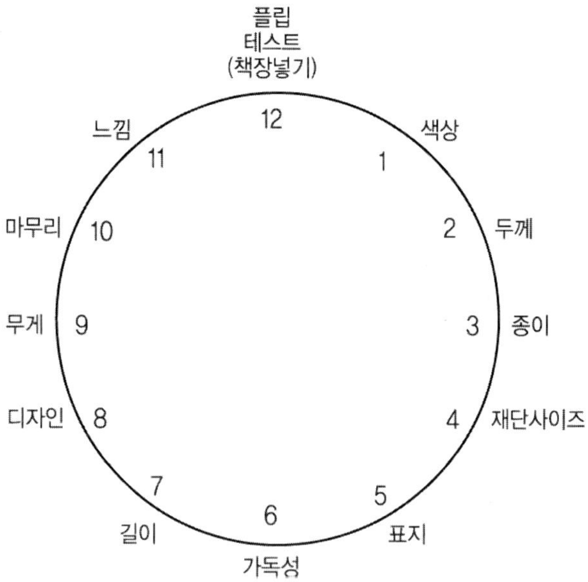


**그림 Ⅳ-6** 기회의 원

### 가) 절차 및 진행 요령

① 문제를 기술(정의)한다.(신제품 개발, 기존의 제품 개선 등)

② 원을 그리고 시계처럼 숫자를 1부터 12까지 적는다.

③ 문제의 속성 중 12개를 골라 원 바깥쪽 숫자 옆에 1개씩 적는다.

④ 주사위 한 개를 던져 해당 번호의 속성을 선택한다.

⑤ 한 쌍의 주사위를 던져 두 수의 합에 해당하는 다른 속성을 선택한다.

⑥ 각각의 속성에 대해 자유 연상 하고 나서 두 속성을 결합하여 다시 자유 연상 한다.

⑦ 연상의 결과가 문제 간에 어떤 연관성이 있는지 생각하면서 아이디어를 찾는다.

**비행기 광고 캠페인 문제의 속성**

- 특유의 속성 – 사람들, 비용, 여행, 공항 등
- 일반적 속성 – 많은 문제에 공통된 것으로 재료, 구조, 색상, 형태, 감촉, 소리, 맛, 냄새, 밀도, 제조, 기능, 홍보, 판매 등

기회의 원 기법은 다양한 문제에서 적용될 수 있고 뜻밖의 아이디어를 얻을 수 있다. 개인이 사용할 수도 있지만 방법이 재미있어 여러 명이 집단으로 아이디어를 낼 때 활용하면 더욱 효과적이다.

### 나) 적용 사례

▶ 서류 가방을 개선하는 문제

① 원을 그리고 12가지 속성을 적는다.
② 주사위를 한 개 던져 5번(안전), 두 개를 던져 10번(재료)이 나온다.
③ 이 속성들을 자유 연상한 결과 플라스틱, 숨김, 방탄 조끼, 경보음, 움직임 감지기, 비디오 카메라가 나온다.
④ 이 연상들로부터 다음과 같은 아이디어가 떠오른다.

↓

- 서류 가방 안에 보안 주머니를 숨겨 놓는다.
- 방탄 재료로 가방을 만든다.
- 다른 사람이 만지면 경보음과 움직임 감지기가 작동되게 된다.

↓

① 다시 주사위 한 개 던져 6번(덧대기), 두 개 던져 9번(색상)이 나온다.
② 이것들을 자유 연상하여 부드럽다, 스펀지, 주머니, 무지개를 얻는다.
③ 그리고 이 연상들로부터 다음과 같은 아이디어들을 얻는다.

↓

- 여러 가지 색상의 서류 가방
- 확장 파일 주머니의 파일별 색상 구분
- 보색으로 덧댄 손잡이
- 노트북 컴퓨터를 휴대할 때 사용하도록 보색으로 덧댄 구획, 컴퓨터를 휴대하지 않을 때는 이 구획을 제거하여 공간을 확보한다.

## 5) 입력-출력(Input-Output)

입력-출력 기법은 창의공학 프로그램으로 자동장치나 기계설계를 위해 미국의 GE사(General Electric)에 의해 개발된 창의성 기법이다. 어떤 문제에 대한 사물과 현상들의 인과관계를 도표처럼 나타내어 아이디어를 이끌어 낸다. 기법의 이름처럼 입력과 출력의 상태에서 조건을 만족시켜야 한다. 최초의 상태가 입력이 되고 최종 결과물이 출력의 상태가 되는데, 그 출력물을 이끌어내는 과정에서 판단을 계속하여 중간의 조건들을 만족시켜야 한다. 이 사고기법은 목표를 성취하는 데 필요한 새로운 방법을 발견할 수 있도록 도와주며 (1)입력, (2) 출력, (3)최소한의 요구사항(requirements) 또는 상세 설명서(specifications)로 구성되어 있다.

### 가) 절차 및 진행 요령

① 시스템의 입력(input), 바라는 출력(output) 그리고 최소한의 요구사항(requirements) 또는 상세 설명서(specifications)를 결정하기

② 주어진 최소한의 요구사항 또는 상세 설명서, 입력 그리고 희망하는 출력 사이의 차이를 연결하는 가교(bridging)를 만드는 방법에 대해서 브레인스토밍 하기

③ 해결책을 제안하기 위한 입력의 속성을 사용하기

④ 지속적으로 문제에 대해 다음과 같이 질문하기

⑤ 이 방법으로 산출된 다양한 아이디어를 평가하기

### 나) 적용 사례

(1) 밝은 태양이 비치는 동안 자동으로 방을 어둡게 하는 장치

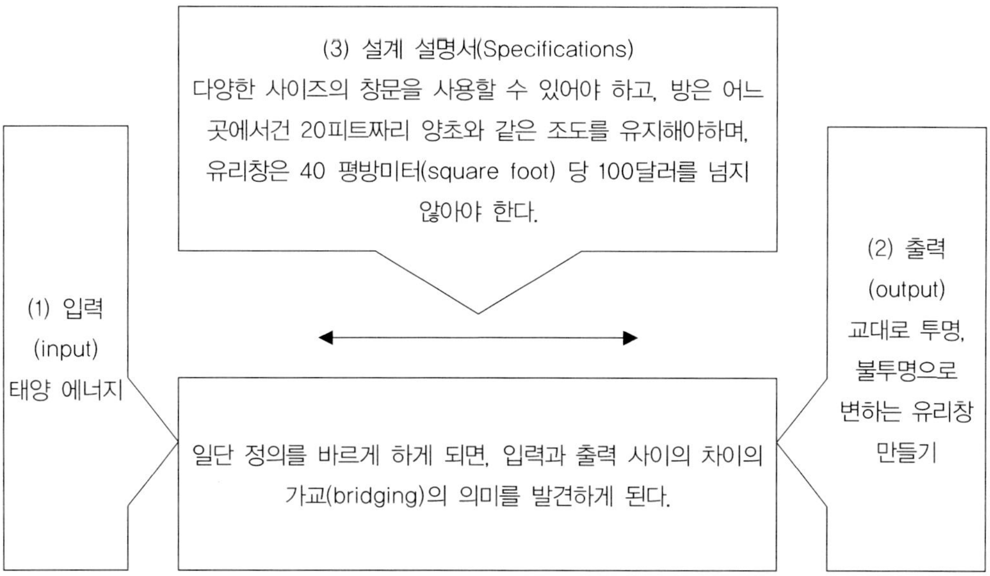


(2) GE사의 '자동점멸장치'

주제: 방의 전등이 방의 밝기에 따라 점멸하는 장치의 개발
INPUT – 방의 명암
OUTPUT – 자동 점멸 장치
제한 조건 – 가정용품이므로 3만 원 이하, 취급이 간단하고 안전

**1단계 – 어두워지면 어떤 일이 일어나는가?**

잠이 온다. 추워진다.

온도가 내려간다. 보이지 않는다.

무서움을 느낀다. 등

↓

**2단계 – 1단계에서 나온 것을 판단한다.**

모든 사람에게 적용할 수 없는 문제는 뺀다.

'온도가 내려간다', '빛이 적어진다' 선택

↓

**3단계 – 선택된 항목을 검증할 만한 방법을 찾는다.**

'온도가 내려간다' – 온도계를 보거나 물이 어는 것을 본다.

'빛이 적어진다' – 노출계나 감광 재료를 이용한다.

↓

**4단계 – 첫 번째 조건을 만족시키는지 알아본다.**

온도계는 반복 사용이 가능하다.

노출계나 감광 재료도 반복 사용이 가능하다.

↓

**5단계 – 첫 번째 조건(반복사용)을 만족시킬 만한 작용재료를 알아본다.**

온도계는 수은의 역할이 중요하다.

노출계는 광전지, 감광 재료는 유화카드뮴이 제격이다.

↓

**6단계 – 두 번째 조건(저렴한 가격)을 만족하는지 알아본다.**

수은은 일단 제외된다.

노출계의 광전지 역시 제외된다.

유화카드뮴이 두 번째 조건을 충족시켜 선택한다.

↓

**7단계 – 제품화가 쉬운가 알아본다.**

유화카드뮴의 제품화 가능이 어렵지 않다.

자동점멸장치의 재료로 유화카드뮴이 최종 선택되었다.

### 6) 유추와 은유

유추(analogy)와 은유(metaphor)는 문제의 본질을 정확히 파악하고 더 잘 이해하기 위한 효과적인 수단이 될 수 있다. 또한 이 두 가지는 문제를 명쾌히 해결해 줄 대안을 찾는 데에도 아주 유용하다. 여러분은 종종 앞에 놓은 문제와 그 밖의 어떤 것 사이에서 유추를 끌어내거나 그것을 은유적으로 표현함으로써 문제를 해할 뜻밖의 통찰력을 이끌어 낼 수 있다.

유추는 그림과 같이 본질적으로는 닮지 않았으나 어떤 유사성을 지닌 두 사물 간의 비교를 뜻한다. 이와 관련된 사례를 살펴보면, NASA가 60마일이나 되는 가느다란 밧줄로 우주 정거장에 붙들어 맬 위성을 설계할 때, 과학자들은 그것을 감아 들이는 동작이 계속 확장되는 호(弧)를 가진 진자(흔들 추)처럼 될 것이라는 점을 착안했다. 스탠퍼드 대학의 과학자 케인(Thomas Kane)은 그 위성에 장착되는 소형 전기 모터가 밧줄을 우주 정거장 쪽으로 되당겨 줄 것이라고 믿었다. 이러한 발상은 바로 '요요(yo-yo)'에서 유추해 낸 것이었다.

**그림 Ⅳ-7** 맷돌과 돌도끼

은유는 두 개의 상이한 사고 영역이 어떤 유사점에 의해 연계되는 말하기의 한 모습이다. 가장 넓은 의미에서 모든 은유는 단순한 유추이지만 모든 유추가 다 은유가 되는 건 아니다. 전형적으로 은유는 한 사물을 그 밖의 다른 어떤 것인 양 취급함으로써 통상적으로는 인식되지 않을 어떤 유사성을 짚어낸다. 예를 들면 "아이디어 가뭄", "찬바람이 뼛속까지 에인다(도려내다)", "길은 달빛의 리본이다."등이다. 은유는 창조적인 발상을 하는데 여러 가지로 유용하다. 일본 혼다사의 프로젝트 팀 리더인 와타나베 히루는 자기 팀의 놀란 만한 도전을 묘사하는 데에 다음과 같은 새로운 은유를 만들어 냈다. 그건 바로 "자동차 진화론"이었다. 그는 팀원들에게 끊임없이 이렇게 질문한다. "만약 자동차가 살아 있는 유기체처럼 진화한다면 어떻게 진화해야 하는가?" 이 같은 사고 과정은 결국 폭발적인 성공을 안겨준 혼다(Honda City)모델을 창조하도록 이끌었다.

### 가) 절차 및 진행 요령

① 주제선정하기

② 유추기법을 적용하기

- 유사성을 지닌 다른 사물을 유추하여 아이디어를 창출한다.

③ 은유기법을 적용하기

- " 아있다", "내가 선정한 주제이다.(나는 책꽂이다)"등 다른 것인양 취급하여 아이디어를 창출한다.

### 나) 적용 사례

**표 Ⅳ-4** 은유와 유추기법 적용사례

| 단 계 | 내 용 |
|---|---|
| 1. 주제선정 | 책꽂이 |
| 2. "유추"의 적용 〈유사성을 지닌 다른 사물을 유추하여 아이디어를 창출하고 선정된 주제와 비교 해보자.〉 | ① 칼을 안전하게 보관하는 칼꽂이 통을 응용하여 책을 안전하게 보관할 수 있다.<br>② 냉장고가 온도와 습도를 조절해 주듯이 책꽂이을 그렇게 만들 수 있지 않을까?<br>③ 커튼이 줄을 당기면 내려오이 움직이는 책꽂이를 만들 수 있지 않을까?<br>④ 의자속에도 책을 보관할 수 있지 않을까?<br>⑤ 안경통처럼 투명한 물체로 책을 보관할 수 있지 않을까?<br>⑥ 김치냉장고처럼 아래에서 꺼낼 순 없을까?<br>⑦ 자전거를 보관할 때 쓰는 자물쇠처럼 안전하게 보관할 수 있을 않을까?<br>⑧ 쓰레기통이 밟으면 열리듯이 손말고 발을 이용해서 책을 꺼낼 수 있게 할 수 있지 않을까? |
| 3. "은유"의 적용 〈"살아있다", "내가 선정한 주제이다."등 다른 것인양 취급하여 아이디어를 창출해보자.〉 | ① 책꽂이가 살아움직이면 어떨까?<br>② 책꽂이에 책을 보관할 수 없을 때는 어떻게 해야 하는가?<br>③ 책꽂이에 책만 꽂으면 음성으로 말해주는 기능은 없을까?<br>④ 책꽂이는 컴퓨터다<br>: 우리가 원하는 책을 눈으로 찾는 것이 아니라 검색을 하면 바로 찾아준다.<br>⑤ 책꽂이는 선풍기이다.<br>: 사람이 움직이는 것이 책꽂이가 움직여서 쉽게 찾는다.<br>⑥ 책꽂이는 트랜스포모이다.<br>: 책 크기에 따라 저절로 책꽂이가 변한다. 또는 집안 공간에 따라 책꽂이가 변한다. |

### 7) 초점기법

초점기법(Focused-objected technique)은 자유연상 기법과 강제결합(forced relationship) 기법의 두 가지 요소를 모두 포함한다.

이 두 기법의 차이점으로 강제결합 기법에서는 한 가지 아이디어가 신중한 검토를 거친 후에 선되지만 자유 연상은 무작위로 아이디어가 창출 된다는 것이다. 초점기법은 새로운 아이디어를 얻고자 하는 하나의 대상과 전혀 관계가 없을 것 같은 대상을 생각을 한 후 그 대상의 성질을 분석하거나 대상에 관련된 여러 가지 연상하면서 새로운 아이디어를 얻고자 하는 대상과 연관지어 내는 방법이다.

이와 같이 "전구"로부터의 연상을 "의자"의 디자인에 결부시켜 가는 과정이 마치 렌즈의 초점에 빛을 모을 때의 상태와 같다고 해서 초점기법이라 부른다.

강제결합(forced relationship)
직접적인 관계가 없는 두 사물이나 아이디어를 강제로 연관시킴으로써 새로운 아이디어를 창출하는 기법

### 가) 절차 및 진행 요령

① 변화시킬 제품이나 주제를 선정한다.

② 그것의 속성을 나열한 리스크를 작성한다.

③ 각 속성에 대해 떠오르는 단어를 자유 연상한다.

④ 각각의 자유 연상이 제품이나 주제를 변화시키거나 문제를 즉각 해결하는데 어떻게 작용될 수 있는지 체크한다.

### 나) 적용 사례

**표 Ⅳ-5** 초점기법의 적용사례

"책상과 리모컨"에서의 초점기법 적용사례

변화시킬 제품이나 주제 등의 문제거리를 선정하고 초점기법을 활용하여 아이디어를 창출해 보자.

**변화시킬 제품이나 주체 : 책상**

**1. 관계가 없을 것 같은 대상 : 리모콘**

| 관계가 없을 것 같은 대상의 성질 | 변화시킬 제품이나 주제 연상 |
|---|---|
| 버튼이 있다 | 버튼이 있는 책상은 만들 수 없을까 |
| 조작이 가능하다 | 조작 가능한 책상은 만들 수 없을까 |
| 여러 가지 기능이 있다 | 여러 가지 기능이 있는 책상은 만들 수 없을까 |
| 플라스틱 재료로 가볍다 | 가벼운 책상을 만들 수 없을까 |
| 부피가 작다 | 부피가 작은 책상을 만들 수 없을까 |
| 휴대 가능하다 | 휴대 가능한 책상을 만들 수 없을까 |
| 푹신한 버튼이 있다 | 푹신한 버튼을 가진 책상을 만들 수 없을까 |
| 빨간 불빛이 나온다 | 빨간 불빛이 나오는 책상을 만들 수 없을까 |

**2. 연상 작용을 통한 아이디어 창출**

① 리모콘

② 플라스틱 재질의 리모콘

③ 플라스틱은 가볍다.

④ 가벼우면 휴대 가능하다.

⑤ 휴대 가능하려면 부피가 작아야 한다.

⑥ 부피가 작으려면 접이식 형태 (예, 자전거)

⑦ 접이식 책상

## 2. 수렴적 사고기법

창의적인 아이디어를 생성한 후 우리가 개발하고 실천하기 위한 아이디어를 선택하는 것이 필요하다. 이를 위해 산출된 아이디어를 분류하고 평가하는 과정이 필요하며 이 과정에서 더 나은 아이디어로 발전하게 는데, 이와 같이 역할을 하는 것이 수렴적 사고기법이다. 확산적인 사고와 수렴적인 사고는 균형적으로 수행되어야 최적의 아이디어를 산출할 수 있다.

### 가. 수렴적 사고를 위한 기법들

**표 Ⅳ-6** 수렴적 사고를 위한 기법들(김영채, 1999, 재구성)

| 수렴적 사고를 위한 기법들 | |
|---|---|
| · 창의적 평가 | · 하이라이팅 기법 |
| · 역 브레인스토밍 | · ALU, PMI, P-P-C 대화기법 |
| · 평가 행렬법 | · 쌍비교 분석법 |
| · OPV | · C&S |

### 나. 수렴적 사고 기법의 선택

최선의 해결책을 찾아내는 일이 간단하고 자명할 수도 있다. 그러나 가능한 해결책들이 많이 생성되어 있는 경우 어느 것이 최선의 것인지가 그렇게 분명하지 아니할 수도 있다.

이제 생성해 놓은 유망한 대안들을 가려내고, 개발하고, 그리고 선택하기 위하여 사용할 수 있는 기법들을 정리해 보기로 한다. 이들 기법들은 그림 Ⅳ-8에서 볼 수 있는 바와 같이 주로 생성해 놓은 아이디어의 수가 몇 개 정도인가에 따라 적용할 수 있는 것이 달라진다. 그러나 하나가 아니라 몇 가지 기법을 차례대로 적용해 볼 필요가 있는 경우도 있을 것이다. 예컨대 평정 척도를 사용하여 몇 개의 그럴듯한 해결 대안을 골라낸 다음 예컨대 역 브레인스토밍 기법을 사용하여 보다 심도 있는 평가를 할 수도 있을 것이다. 어떤 경우는 역 브레인스토밍 대신에 하이라이팅 기법을 사용하는 것이 더 적절할 수도 있을 것이다. 물론 이러한 복잡한 방법을 사용하지 않고 최선의 해결 대안을 쉽게 발견해 낼 수 있는 경우도 있을 것이다(김영채, 1999).

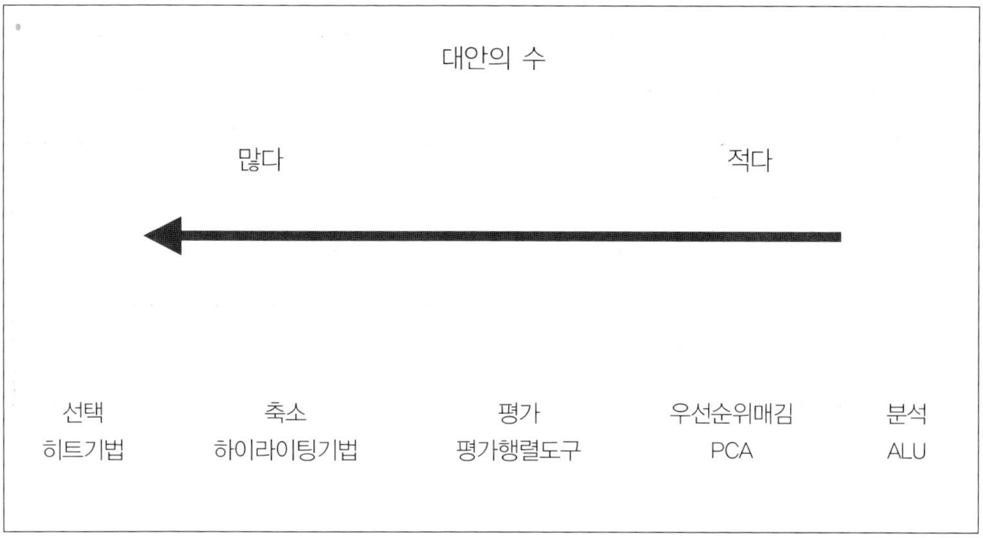


**그림 Ⅳ-8** 수렴적 사고 기법의 선택 모형

### 1) 하이라이팅(highlighting) 기법

생성된 아이디어들 중 괜찮다고 느껴지는 아이디어들을 골라 낸 다음, 공통적인 측면이나 요소에 따라 묶음(결집, clusters)을 만드는데, 이를 적중 영역(hot spots)이라 한다. 하이라이팅은 이러한 적중 영역을 문제해결에 적합한 형태로 재진술하는 기법이다.

하이라이팅 기법에서는 히트(대안들 가운데서 그럴 듯하고 괜찮다고 생각되는 대안)한 아이디어들을 관련된 것끼리 묶은 후 해결을 위한 '적중 영역(hot spots)'을 만들어 낸다. 그리고 이러한 적중 영역의 해결책을 필요하면 수정하고 발전시켜 더 나은 대안으로 만들어 간다.

이 기법은 아이디어들을 평가하고 선택하는 간단하면서도 가장 효과적인 방법이다. 이 기법을 사용하는데 특별한 훈련이 필요한 것도 아니다. 또한 이 기법은 끝이 열려져 있는 성질의 것이기 때문에 집단 장면에서 사용하면 많은 논의가 이루어질 수 있다.

### 가) 절차

생성된 아이디어에 차례대로 번호를 붙인다.

↓

아이디어를 차례로 음미, 재미있고 괜찮은 대안 선택( '히트 아이디어')
※ 아이디어의 실현 가능성은 고려하지 않아도 된다.

↓

적중 영역을 만들고 골라낸 아이디어를 적중 영역별로 분류한다.

↓

적중 영역을 검토하고 그 의미를 재진술한다.

↓

문제의 요구를 가장 잘 충족시키는 것으로 판단되는 적중 영역을 선택
※ 두 개 이상의 적중 영역을 조합하여 하나의 해결책을 만들어도 좋다.

**그림 Ⅳ-9** 하이라이팅 기법의 절차

### 나) 진행 요령

첫째, 아이디어들을 나열하고 차례대로 번호를 매긴다. 이 리스트를 음미해 보면서 재미있어 보이는 것에 표시를 한다('히트 아이디어'). 이때는 아이디어가 실현 가능한 것인지는 염두에 두지 않는다.

둘째, 서로 관련되어 있는 것 같이 보이는 히트 아이디어들을 같은 유목으로 결집시켜 '적중 영역'을 찾아낸다. 각 적중영역에 속하는 히트 아이디어들을 그 아래에서 나열한다.

셋째, 각 적중 영역을 검토해 보고 그것이 의미하는 것이 무엇인지를 재진술 한다. 검토하여 만든 재진술은 적중 영역의 히트 아이디어들이 가지고 있는 일반적 의미, 함의 또는 가능한 결과(효과)들이 같이 짜여 들어가는 것이어야 한다.

넷째, 문제의 요구를 가장 잘 만족시키는 것 같이 보이는 적중 영역 하나를 선택한다. 괜찮으면 몇 개의 적중 영역을 조합하여 하나의 해결책을 만들 수도 있다.

### 다) 적용사례

▶ 환경오염을 줄이기 위해 우리가 할 수 있는 방법 모색하기

| | |
|---|---|
| 1) 샴푸를 쓰지 말자 | 27) 분리수거를 하자 |
| 7) 자동차를 없애자 | 30) 담장을 자연 풍경으로 꾸미자 |
| 9) 재활용품을 사용하자 | 32) 비료를 쓰지 않는 무농약 농사를 짓자 |
| 10) 나무를 많이 심자 | 33) 일회용 용기 사용을 자제하자 |
| 14) 수도요 금을 올리자 | 41) 환경의 중요성을 반상회를 통해 알리자 |
| 19) 기름 값을 올리자 | 43) 남은 재료를 활용하는 퓨전요리를 활성화하자 |
| 21) 스님처럼 설거지 물을 마시자 | 50) 한 달에 한 번 자기 집 앞 청소를 하자 |
| 22) 공장을 없애고 옛날로 돌아가자 | |

※ 위는 57개의 대안 중 15개의 방법을 히트한 예이다.

재진술에 의해 선택된 해결책
환경오염을 줄이기 위해서 사회적인 면으로는 분리수거를 하고 재활용품을 사용하며 일회용 용기의 사용을 자제하는 한편, 예술 · 미학적인 면으로는 담장을 꾸미고 자기 집 앞을 청소하며 퓨전요리를 활성화하자.

## 2) ALU(Advantage, Limitation and Unique Qualities)

ALU기법은 강점(Advantage), 약점(Limitation) 그리고 독특한 특징(Unique Qualities)의 첫 단어로 만든 기본적인 수렴적 사고도구이다. 여러 가지 아이디어들을 분석하고, 다듬고, 발전시키기 위한 기법이다.

ALU기법은 한개 또는 몇 개의 대안을 가지고 있는데, 이들 모두가 가능해서 좀 더 깊이 있게 분석, 발전시킬 필요가 있을 때에 활용하기에 적합한 수렴기법이다.

이 기법은 매우 신기한 대안들을 생산적으로 발전시킬 수 있을 뿐만 아니라 흔한 것처럼 보이는 아이디어라 해서 쉽게 내던져 버리는 일이 없도록 하는 구조적인 접근법이다.

**표 Ⅳ-7** ALU기법의 의미

| 약어 | 영문 | 의미 |
|---|---|---|
| A | Advantage | 강점(이점, 장점), 긍정적인 면의 고려 |
| L | Limitation | '제한', '약점', '문제점', 개선이 필요한 영역 찾기 |
| U | Unique Qualities | '독특한 특성이나 기능성'의 확인 |

가) 절차

1단계: 강점, 이점, 장점 고려

↓

2단계: 제한, 개선이 필요한 영역 찾아냄

↓

3단계: 독특한 특성(unique qualities) 확인

↓

4단계: '제한' 극복

**그림 Ⅳ-10** ALU 기법의 절차

나) 진행 요령

첫째, 강점/이점, 장점을 고려한다. 강점을 먼저 고려하면 대안을 분석하는 일에 적극적으로 관여하게 되어 습관적인 회피현상을 방지할 수 있게 된다. 이 때 강점은 분명 적절한 것이어야지 사소한 것이거나 위장된 강점 같은 것이어서는 안 된다.

둘째, '제한' 또는 개선이 필요한 영역을 찾아낸다. 완벽한 대안이란 오히려 드물다. ALU는 대안이 가지고 있는 제한, 약점 또는 문제점들을 신중하게 고려한다. 그러나 그렇게 하는 목적은 대안을 잘라 버리기 위한 것이 아니라 약점을 극복하여 더욱 발전시키는 데 있기 때문에 약점을 '어떻게' 또는 '어떻게 하면'과 같은 의문형으로 진술한다.

셋째, 각 대안들이 가지고 있는 '독특한 특성'을 확인한다. 각 대안들의 새롭고 독특한 요소들을 의식적으로 고려함으로써 각 대안이 가지고 있는 유용하고 가치 있는 측면을 내버리지 않을 수 있다.

넷째, '제한'을 극복한다. 일단 제한(약점)을 확인해내면 그것을 극복하고 강화시킬 수 있는 방법을 개발해야 한다. 그래서 ALU 기법은 보다 새롭고 유용한 결과, 즉 보다 창의적인 문제 해결을 성취할 가능성이 커진다.

### 다) ALU 기법 사용 용지

| 강점 : 이 새로운 아이디어가 가지고 있는 '강점' 또는 '긍정적인 측면'들을 확인한다. |
|---|
| · |
| · |

| 제한 : 이 새로운 아이디어가 가지고 있는 '약점'이나 '염려'는 무엇인가? 그리고 이 아이디어를 더욱 발전시키기 위하여 가장 강한 제한들을 극복할 수 있는 아이디어들을 생성해 보라. |
|---|
| · |
| · |

| 독특한 특성 : 이 아이디어가 가지고 있는 새롭거나 독특한 특성들을 확인한다. 이 대안이 가지고 있는 새롭고 흥미로운 측면에 초점을 둔다(아이디어는 다른 아이디어가 갖고 있지 아니한 어떤 가능성이나 특성을 가지고 있는가?). |
|---|
| · |
| · |

### 라) 적용사례

▶ ALU 기법으로 공작기계 개선하기

| 문제: 우리가 사용하고 있는 공작계의 불편한 점을 확인해보고, 그 불편함을 해결할 수 있는 공작기계 개선 아이디어를 세 가지 정도 창출해보고, 그 아이디어를 ALU 기법을 사용하여 아이디어를 평가해 보자. |
|---|

| 내가 발명한 필기도구 | | |
|---|---|---|
| 구 분 | 불편한 점 | 개선한 아이디어 |
| 공작기계 1 | | |
| 공작기계 2 | | |
| 공작기계 3 | | |

| | 공작기계 1 | 공작기계 2 | 공작기계 3 |
|---|---|---|---|
| 강점 (Advantage) | •<br>•<br>• | •<br>•<br>• | •<br>•<br>• |
| 약점 (Limitation) | •<br>•<br>• | •<br>•<br>• | •<br>•<br>• |
| 독특한 특징 (Unique Qualities) | •<br>• | •<br>• | •<br>•<br>• |

▶ 가장 좋은 대안은?

### 3) 평가 행렬법

평가 행렬법(Evaluation Matrix)은 대안들의 수가 제법 되지만, 이 대안들을 미리 정해 놓은 준거에 따라 체계적으로 평가하기 위한 사고 방법이다. 평가하려는 아이디어들을 세로축에 나열하고 평가 준거를 가로축에 적어 행렬표를 만든 후, 각 준거를 기초로 모든 아이디어를 판정한다.

이 기법은 해결 대안을 평가하고 선택할 때뿐만 아니라 문제해결의 어떠한 단계에서도 사용할 수 있다. 예컨대, 관심영역 진술에서, 문제 진술에서, 그리고 행위단계에서 대안들을 평가할 때 사용할 수 있다. 그러나 체계적인 만큼 시간과 노력이 소요되는 단점이 있다.

**표 Ⅳ-8** 평가 행렬법 사용 양식

| 평가준거 / 아이디어 | C (비용) | A (수용가능성) | R (자원) | T (시간) | S (공간) |
|---|---|---|---|---|---|
| 1 | | | | | |
| 2 | | | | | |
| 3 | | | | | |
| 4 | | | | | |

#### 가) 절차

행렬표 준비

↓

행렬표 완성
(평정 척도에 따라 점수 부여)

↓

결과 해석

**그림 Ⅳ-11** 평가 행렬법의 절차

### 나) 진행 요령

① 행렬표를 준비한다.

아이디어나 준거의 순서 없이 아이디어는 왼쪽에, 준거는 윗부분에 나열한다.

② 행렬표를 완성한다.

평정척도에 따라 점수를 부여한다.

평정척도 예) 15점 / 수~가 / −1, 0, +1 / 부정적, 보통, 긍정적 등

③ 결과를 해석한다.

행렬표의 결과는 아이디어의 강점과 약점을 확인하는 데에만 이용한다. 어떤 준거에서는 점수가 낮은데 어떤 준거에서는 높은 점수로 평가되었다면 그 아이디어를 다듬어 발전시킬 방도를 연구하고 궁리해 봐야 한다.

### 다) 적용 사례

▶ 학교 공부를 보다 능률적으로 할 수 있는 방법에 대해서 생각해 보자.

| 평가준거 / 아이디어 | 학 습 | 건 강 | 인 성 | 환 경 | 총 계 |
|---|---|---|---|---|---|
| 점심 식사 후 30분간 수면 시간을 준다. | 8 | 10 | 9 | 6 | 33 |
| 남학생과 여학생이 짝이 되어 앉는다. | 7 | 8 | 10 | 9 | 34 |
| 능력별 이동수업을 실시한다. | 10 | 7 | 7 | 7 | 31 |
| 잘하는 학생과 못하는 학생을 짝지어 서로 가르쳐 주도록 한다. | 9 | 6 | 6 | 8 | 29 |
| 수업 시간을 10분 단축한다. | 6 | 9 | 8 | 5 | 28 |
| 교실 벽면을 다시 칠한다. | 5 | 5 | 5 | 10 | 25 |

• 단순히 평점 점수를 더하기 한 것을 사용하지 않는다.
• 점수가 낮다고 하여 '나쁜' 대안이라 단정하기는 어렵다.
• 점수의 범위가 큰 대안은 "어떻게 하면 …?"이라는 질문을 하여 그 대안을 더욱 개발시키고 강화시킬 수는 없는지를 찾아봐야 한다.
• 평정체제에 숫자사용이 부적절하다고 생각되면 서술적인(부정적, 긍정적) 척도를 사용할 수도 있다.

### 4) 쌍 비교 분석법(Paired Comparison Analysis, PCA)

쌍 비교 분석법은 여러 가지 산출된 아이디어, 또는 문제 해결을 위한 조건이나 기준 등을 한 쌍씩 비교·평가하여 좋은 것 또는 중요한 것의 우선순위를 결정하는 기법이다. 이 기법은 몇 개의 대안들을 우선순위, 또는 순서를 매길 때 적절하게 사용할 수 있는 기법이다. 예를 들어 몇 가지 문제 진술들 가운데서 어느 것을 먼저 다룰 것인지를 결정할 때, 또는 해결 대안들 가운데서 어느 것을 먼저 고려하여 분석하고 발전시킬 것인지를 결정하는 장면에서 PCA가 적합하다.

이 기법에서는 모든 대안들을 한 번에 한 쌍씩 비교해 보고 상대적인 중요성을 결정한다. 이런 식으로 모든 쌍들을 비교해 봄으로써 대안들의 상대적인 우선순위에 대한 감을 가질 수 있다. PCA는 개인적으로 사용할 수도 있고 집단에서 합의를 도출하기 위하여 사용할 수도 있다. 그리고 비교하려는 대안들은 같은 형태로 진술하는 것이 중요하다. 그리고 대안들은 서로 너무 가깝지 않게 특유해야 하지만, 그렇다고 너무 많은 것들을 지나치게 포괄적인 하나의 대안으로 묶는 것도 피해야 한다.

PCA는 다양한 상황에서 우선순위를 결정할 때 활용될 수 있다. PCA는 힘이 들고 시간이 걸린다. 그럼에도 불구하고 대안들이 모두 중요해서 우선순위를 매겨 사용할 필요가 있을 때 유용하게 사용할 수 있다. 그러나 행렬에 빠진 다른 유망한 대안이 있을 수도 있으며, 적용한 준거가 바뀌면 결과는 달라질 수 있음을 유의할 필요가 있다.

#### 가) 절차

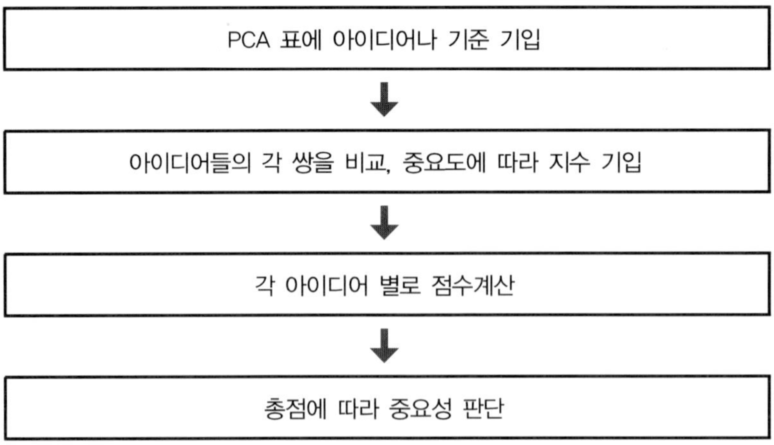


**그림 Ⅳ-12** 쌍비교 분석법의 절차

### 나) 진행 요령

① 먼저 PCA표에 아이디어나 기준들을 나열해야한다.

② 아이디어들을 하나씩 다른 모든 아이디어들과 차례로 쌍을 만들어 서로 비교한다. 이 때 더 중요한(좋은) 아이디어가 다른 것에 비해 어느 정도로 중요한가에 따라, 조금 중요하면 1점, 중요하면 2점, 매우 중요하면 3점을 부여한다. 점수 기록하는 방법은, 가령 A와 B를 비교해 볼 때 A가 B보다 매우 중요하다고 여겨지면 'A3'라고 상자 안에 써 넣으면 된다.

③ 모든 비교가 끝나면 각 아이디어별로 총점을 계산한다.

④ 마지막으로, 총점에 따라 중요성의 순서를 정한다.

### 다) 적용 사례

▶ 절삭 가공시 조건을 고려하여 절삭유를 선택하고자 할 때

**조건1: 피삭재의 재질**

| | 절삭유 | A | B | C | D | E | F | G | 점수계 |
|---|---|---|---|---|---|---|---|---|---|
| | A | | A2 | A2 | A2 | E1 | F1 | G2 | A=6 |
| 척 도 | B | | | C1 | B1 | E2 | F2 | G3 | B=1 |
| 1. 약간 좋다. | C | | | | C1 | E2 | F1 | G2 | C=2 |
| 2. 상당히 좋다. | D | | | | | E3 | F1 | G2 | D=0 |
| 3. 매우 더 좋다. | E | | | | | | E3 | E1 | E=12 |
| | F | | | | | | | G1 | F=5 |
| | G | | | | | | | | G=10 |

■ 결과해석

1. 피삭재의 재질 조건에서는 E의 우선순위가 가장 높은 것으로 나타났다. 계속해서 다른 조건에서도 우선순위가 가장 높은 것을 찾아내고, 종합적으로 가장 우선순위가 높은 절삭유를 찾아 선택한다.

## 조건2: 절삭속도

| | 절삭유 | A | B | C | D | E | F | G | 점수계 |
|---|---|---|---|---|---|---|---|---|---|
| 척 도<br>1. 약간 좋다.<br>2. 상당히 좋다.<br>3. 매우 더 좋다. | A | | A2 | A1 | A2 | E1 | F1 | G2 | A=5 |
| | B | | | C1 | B1 | E2 | F2 | G3 | B=1 |
| | C | | | | C1 | E2 | F2 | G2 | C=2 |
| | D | | | | | D2 | F1 | G2 | D=2 |
| | E | | | | | | E2 | E1 | E=8 |
| | F | | | | | | | G1 | F=6 |
| | G | | | | | | | | G=10 |

■ 결과해석

1. 절사속도 조건에서는 G의 우선순위가 가장 높은 것으로 나타났다. 계속해서 다른 조건에서도 우선순위가 가장 높은 것을 찾아내고, 종합적으로 가장 우선순위가 높은 절삭유를 찾아 선택한다.

## 조건3: 절삭칩의 배제 여부

| | 절삭유 | A | B | C | D | E | F | G | 점수계 |
|---|---|---|---|---|---|---|---|---|---|
| 척 도<br>1. 약간 좋다.<br>2. 상당히 좋다.<br>3. 매우 더 좋다. | A | | A2 | A1 | A2 | E1 | F1 | G2 | A=5 |
| | B | | | C1 | B2 | B2 | F2 | G1 | B=4 |
| | C | | | | C3 | E2 | F1 | G2 | C=4 |
| | D | | | | | E2 | F2 | G2 | D=0 |
| | E | | | | | | E3 | E1 | E=9 |
| | F | | | | | | | G1 | F=6 |
| | G | | | | | | | | G=8 |

■ 결과해석

1. 이송량 조건에서는 E의 우선순위가 가장 높은 것으로 나타났다. 계속해서 다른 조건에서도 우선순위가 가장 높은 것을 찾아내고, 종합 적으로 가장 우선순위가 높은 절삭유를 찾아 선택한다.

조건4: 절삭속도

| | 절삭유 | A | B | C | D | E | F | G | 점수계 |
|---|---|---|---|---|---|---|---|---|---|
| 척 도<br>1. 약간 좋다.<br>2. 상당히 좋다.<br>3. 매우 더 좋다. | A | | A1 | A1 | A2 | E1 | F1 | G2 | A=4 |
| | B | | | C1 | B1 | E2 | F2 | B1 | B=2 |
| | C | | | | C2 | E2 | F2 | G2 | C=3 |
| | D | | | | | D2 | F1 | G2 | D=2 |
| | E | | | | | | E2 | E1 | E=8 |
| | F | | | | | | | G1 | F=6 |
| | G | | | | | | | | G=7 |

■ 결과해석

1. 절삭속도 조건에서는 G의 우선순위가 가장 높은 것으로 나타났다. 계속해서 다른 조건에서도 우선순위가 가장 높은 것을 찾아내고, 종합 적으로 가장 우선순위가 높은 절삭유를 찾아 선택한다.

▶ 최종 결과: 4 조건에서 E의 우선순위가 가장 높게 나타나 절삭유로 선정한다.

| 절삭유 | 피삭재의 재질 | 절삭속도 | 절삭칩의 배제 여부 | 절삭속도 | 점수계 |
|---|---|---|---|---|---|
| A | 6 | 5 | 5 | 4 | 20 |
| B | 1 | 1 | 4 | 2 | 8 |
| C | 2 | 2 | 4 | 3 | 11 |
| D | 0 | 2 | 0 | 2 | 4 |
| **E** | **12** | 8 | **9** | **8** | **37** |
| F | 5 | 6 | 6 | 6 | 23 |
| G | 10 | **10** | 8 | 7 | 35 |

• 대안들의 상대적인 중요성을 아는 것이 목적이지, 어느 대안이 '이긴 것' 또는 '진 것'을 결정하는 것이 아님을 유의해야 한다.

### 5) 스크리닝 매트릭스(Screening Matrix)

스크리닝 매트릭스는 다양한 아이디어들을 아이디어의 질에 따라 분류하여 우선순위를 정하고 선택하여 활용하고자 할 때 사용하면 좋은 체계적인 수렴기법의 일종이다.

#### 가) 진행 요령

여러 가지의 프로그램 중에서 우수한 자료들을 선정할 때 스크리닝 매트릭스를 활용할 수 있다.

① 가로축은 자료의 참신성을 말하며 학습자의 창의적 사고를 풍부하게 유도하는 자료의 경우에는 왼쪽에 체크한다.
② 세로축은 자료의 풍부성으로 프로그램의 내용이 풍부하고 교육현장에 곧바로 적용할 수 있는 형태인지를 평가하여 매우 그렇다면 위쪽에 표현하면 된다.
③ A, B, C, D의 네 수준으로 나누어진 자료를 취사선택하여 활용하면 된다.

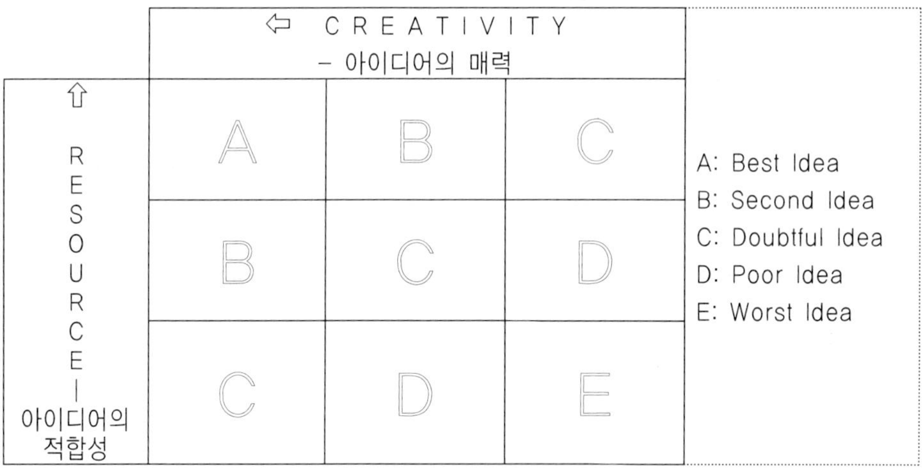


**그림 Ⅳ-13** 우수 자료 선정을 위한 스크리닝 매트릭스

#### 나) 적용 사례

▶ 제조기술 영역 학습 활동 선정을 위한 스크리닝 매트릭스

연구에서 분석된 47개의 제조기술 영역 학습 활동을 Screening Matrix를 통해 자료의 참신성 및 창의적 사고 풍부성과 자료의 풍부성 및 실현 가능성을 평가한 결과, A

등급 11개, B등급 14개, C등급 22개로 판정되어, A등급으로 판정된 11개의 학습 활동이 학습교재의 내용으로 선정되었다.

| | ⇦ C R E A T I V I T Y – 자료의 참신성<br>/학습자의 창의적 사고 풍부성 | | |
|---|---|---|---|
| ⇧<br>R<br>E<br>S<br>O<br>U<br>R<br>C<br>E<br>자료의<br>풍부성<br>/실현<br>가능성 | A<br>MT41 MT42 MT47 MT2<br>MT13 MT1 MT43 MT16<br>MT33 MT35 MT37 | B<br>MT3 MT4 MT19 MT31 MT32<br>MT40 MT44 | C<br>MT9 MT17 MT18 MT25 |
| | B<br>MT8 MT7 MT12 MT20<br>MT27 MT29 MT46 | C<br>MT15 MT14 MT5 MT6 MT21<br>MT23 MT24 MT26 MT30<br>M T 3 4<br>MT39 MT45 | D |
| | C<br>MT10 MT11 MT22 MT28<br>MT36 MT38 | D | E |

**그림 Ⅳ-14** 제조기술 영역 학습 활동 선정을 위한 Screening Matrix

### 6) P-P-C 기법

PPC란 Positive(긍정적인 면), Possibilities(발전 가능성), Concerns(염려스러운 점)를 뜻한다. 상대방이 제시하는 아이디어를 효과적으로 다루는 대화 요령으로 미심쩍은 생각이나 유보적인 아이디어를 다룰 때 유용한 대화 기법이다. 창의적인 아이디어를 다루는 대화에서 가장 중요한 것은 너무 일찍, 그리고 너무 지나치게 판단하지 않도록 한다.

활동형태로는 교사와 학생, 학생과 학생 간의 대화기법을 있다. 그 방법은 면담활동을 통해 이루어지며, 그 절차는 아래와 같다.

#### 가) 절차 및 진행 요령

① 학생은 자신의 발명 아이디어를 교사나 학생들에게 설명한다.

② 교사와 다른 학생들은 개선할 부분을 비평(criticize)해주고 평가한다.

- 긍정성(Positive) : 긍정적인 면을 나타내며, 그 아이디어에 대하여 좋다고 생각되는 것을 말함.
- 가능성(Possibilities) : 그 아이디어를 어떻게 적용하거나 확대시킬 수 있는지

등 발전가능성에 대해 언급함.

- 관련성(Concerns) : 그 아이디어에 대해 염려스러운 점을 직설적으로 확인한다.

③ 비평을 받는 학생은 기록 용지(PPC 대화 기법)에 내용을 기록한다.

### 나) 적용 사례

**표 Ⅳ-9** P-P-C기법의 사례

| 가. 생활에서 사용되는 물건에 대해 각자의 아이디어를 창출하여 보자.<br>(브레인스토밍, 유추와 은유, 초점 등 다양한 기법 사용) | |
|---|---|
| 참가자 1 | 하수구·싱크대 악취제거 및 벌레 퇴치용 거름 캡슐 |
| 참가자 2 | 멀티탭 전선 정리 상자 |
| 참가자 3 | 책쓰러짐 방지용 자석 연필 꽂이(이동식) |
| 참가자 4 | 내부 기울기를 이용한 거품 장지 호프잔 |
| 참가자 5 | 가방으로 사용할 수 있는 독서대(운반편리) |
| 참가자 6 | 줄을 이용하여 쓰레기 부피를 압축시키는 쓰레기통 |

**그림 Ⅳ-15** P-P-P 기법 진행 중 산출된 아이디어 스케치

| 나. P-P-C기법을 활용하여 각 참가자들이 창출한 아이디어에 대해 평가해보자.<br>(평가전에 각 아이디어에 대해 다른 참가자들에게 아이디어 창출배경을 설명한다. | |
|---|---|
| 참가자 1 | ① Positive(긍정성): 위생적이다. 캡슐 이용으로 장기간 사용이 가능하다. (약품)<br>② Possibilities(가능성): 화장실 및 집안 여러 곳에서 유용하게 이용 가능하다.<br>③ Concerns(관련성): 화학약품 이용으로 인한 환경오염 및 인체 유해성 |
| 참가자 2 | ① Positive(긍정성): 시각적으로 정돈된 모습 / 전선 꼬임으로 인한 화재 방지 / 쓰레기 재활용<br>② Possibilities(가능성): 정리 상자로만 이용하는 것이 아니라 책꽂이 등 다른 수납장과 결합하여 쓸 수 있다.<br>③ Concerns(관련성): 소량의 전선을 괜히 정리하여 쓸데없는 공간을 차지할 수 있다. |
| 참가자 3 | ① Positive(긍정성): 시각적으로 정돈됨 / 책꽂이 + 연필꽂이의 다용도성<br>② Possibilities(가능성): 공공 도서관 및 서점에서 책 분류대로 쓸 수 있고, 신관 도서를 홍보할 수 있는 사업성을 가진다. 수납장으로도 이용 가능 (옷, 양말)<br>③ Concerns(관련성): 자석 구입시 드는 비용과 자석으로 인한 전자제품 보관 위험, 책량에 따라 연필꽂이가 멀어질 수 있다. |
| 참가자 4 | ① Positive(긍정성): 잔을 기울일 때의 손목꺾임 방지, 설거지시 빗면을 이용해 편리하다.<br>② Possibilities(가능성): 위험 물질이나 약품을 빗면에 따라 조심스럽게 흘릴 수 있다. 설거지시 편리.<br>③ Concerns(관련성): 한 잔의 양이 줄어듦, 제작시 세밀한 작업이 필요하다. 잔을 끼워서 보관 못하므로 수납공간을 많이 차지한다. |

## 참고문헌

김영채(1999). 창의적 문제 해결. 교육과학사.

다카하시 마코토 편저, 조경덕 옮김(2003). 창조력 사전. 매일경제신문사.

이태훈(2002). 당신의 능력을 보여주세요. 가리온.

제임스 하긴스(2003). 필요할 때 꺼내 쓰는 결정적 아이디어 101. 비즈니스북스.

최유현(2003). 기술적 문제해결 과정에 나타난 사고활동의 분석과 그 계발 전략. 과학교육논총 15, 281-318.

최유현(2005). 기술교과교육학, 형설출판사.

최유현 외(2007). 발명교육이론. 특허청 발명진흥회.

경상북도교육청(2002). 장학자료'이제는 창의성교육이다'.

교육과정평가원 교수학습개발센터 http://classroom.re.kr/

창의넷(토탈창의사이버네트워크) http://www.tcnc.net/

# Chapter V
# 학습평가전략

1. 수행중심 평가 방법: 증거수집 방법
2. 포트폴리오 평가 모형과 전략
3. Rubrics의 개발 및 활용

## ◆ 배경과 동향

한국에 있는 한 예술학교의 대학 입시에서 있었던 일이다. 미술원 교수들이 모여서 미래 미술가로서의 자질과 잠재능력을 갖춘 학생들을 선발하기 위하여 고민을 하였다. 그러던 중에 교수들은 지금까지의 공통실기 과목에서 기본이 되는 석고 데생의 평가 방법을 혁신적으로 바꾸기로 했다. 즉 석고 상 대신 살아 있는 염소를 시험장에 놓고 그 염소를 데생하도록 하였다. 기존의 평가 방식에 맞추어 입시를 준비한 학생들은 매우 당황해 하였고, 시험장에서 당황해 하는 염소를 잘 표현한 학생들은 합격했을 것이다. 이러한 혁신적이고 기존의 평가의 반성에 기초한 평가방법은 전문가들만이 할 수 있는 평가 방법이었다.

공학교육에서의 평가도 마찬가지이다. 틀에 박힌 방법, 획일화된 잣대로 재는 평가보다는 교수자의 전문성에 기초하여 다양한 증거자료를 수집하는 행위야 말로 참 평가(authentic assessment)의 첫걸음이다.

이에 최근 교육의 장에서 활발하게 논의되고 있는 평가연구의 동향을 살펴보면, 새로운 평가방법에 대한 노력을 평가용어에서도 확인할 수 있다. 즉 대안평가(alternative assessment), 직접평가(direct assessment), 참평가(authentic assessment), 수행평가(performance assessment or performance-based assessment), 포트폴리오 평가(portfolio assessment), 과정 중심 평가(process-oriented assessment), 홀리스틱 평가(holistic assessment), 학습결과물 평가(outcome-based assessment) 등의 용어가 전통적 평가(traditional assessment)와 대비되는 개념으로 논의되고 있다. 이러한 평가용어에 담겨진 새로운 평가의 특징들은 기존의 평가의 반성에 기초한다고 볼 수 있다(최유현, 2005). 또한 이러한 용어들은 강조점이 약간 다르지만 전통적인 표준화된 성취검사의 대안이라는 점과 일상생활과 관련된 의미 있는 과제에 대하여 학습자의 수행을 직접 검사한다는 공통점이 있다.

다시 말해서 수행평가는 대안적인 평가 체제의 의미로, 단편적인 지식의 평가가 아니라, 종래의 평가체제를 정보화·세계화에 맞게 재구조화하기 위한 새로운 관점의 제시로서 포트폴리오법, 실기시험, 논술형 검사 등의 다양한 형태의 평가 방법을 포괄적으로 지칭하는 것이다. 이러한 방법들은 학습에 있어서 수동적인 수용보다는 자기 나름대로의 사고를 재구성하고 재창조해나가는 과정이다. 그리고, 공학에서 중요시하는 창의성이나 문제해결력 등의 고등사고기능을 파악하고 신장하기 위한 평가방법으로써 매우 중요하다.

사실 이러한 수행 평가 방법은 새로운 것이 아니라, 이미 오래전부터 도제제도에서 찾아볼 수 있으며, 실험·실습이나 예·체능의 평가에서도 볼 수 있다. 예를 들어, 장인이나 스승이 과제에 대하여 제자들을 면밀히 관찰하고, 평가하는 데에서 알 수 있다.

이런 수행평가의 개념은 우리나라에서 1990년대 초부터 도입되기 시작했으며, 1996년 국립교육평가원에서 백순근 등이 집필한 '수행평가이론과 실제'라는 책을 발간하면서 전국적으로 확산되었다.

이러한 새로운 평가 패러다임의 자리매김은 지금까지의 평가행위에 대한 반성에서 더욱 힘을 실어주고 있다. 그 반성의 실체는 지금까지의 공업교육을 비롯한 여러 교육의 평가가 중요한 실천적 능력(capability)보다는 앎(knowing)에 비중을 두었고, 그 앎도 지필평가에 의존하는 간접적이고, 확률적이고, 협상적인 평가로 인해 학습자들의 진정한 앎에 대한 평가가 제대로 이루어지지 않았다고 볼 수 있다. 아울러 유일한 평가목적이 등급을 매기기 위한 수단에 머물러 있었던 것은 평가의 본질에서 볼 때도 큰 과오라고 할 수 있다.

이러한 배경은 공학교육에서 적용할 수 있는 평가 방법(증거를 수집하는 방법)으로 교수자의 관찰(teacher observation), 학습자의 자기평가(pupil's self-assessment), 작품 숙고적 평가(considering product), 지필보고서(written reports), 검사 및 정리(tests and summaries), 그림 및 제도도면(diagram and drawings), 개념지도 그리기(concept mapping), 개별적 토의 및 면접(discussions and interviews with individual children), 학급 전체 혹은 집단토의(whole class or group discussions), 사진, 테이프, 비디오의 활용(use of photographs, tapes, video) 등을 활용할 수 있다(최유현, 2005).

이러한 대안적이고 사실적인 평가인 수행평가에 대한 특징은 다음과 같다.

첫째, 학습자의 강점과 자기 주도성을 강조한다. 수행평가는 학습자가 무엇을 '할 수 있는지'에 초점을 두면서 학습자들 스스로 창조하고, 산출하며, 행동하게 하는 것을 대전제로 한다. 체크리스트나 일화기록 등을 사용하여 작업완성 정도에 대해 꾸준히 기록하여 이를 자기 평가 및 반성에 사용하며, 평가방식이나 절차 자체를 개발하는 데에도 참여한다. 이와 같이 스스로의 수행을 선택하고 계획, 점검하여 평가에 이르는 과정은 자기결정력의 중요한 구성요소이기도 한다.

둘째, 과정 중심적이며 지속적인 특성으로 하나의 결과물이나 수행을 산출하는 전 과정을 포함된다. 과제가 완성되었을 때만이 아니라 학습을 증진시키기 위해 과정 중에도 평가를 지속적으로 실시하므로 종단적인 성격의 평가라고 할 수 있다(Glatthorn et al., 1998). 또한 최종 성과뿐만 아니라 최종 성과에 도달하는 과정에서 만들어진 진보 역시 평가하며, 학습자의 특성도 고려한다. 예를 들어, 포트폴리오 평가에는 학습자의 우수한 작품은 물론 예전에 비해 진보된 사항을 보여주는 사례도 포함된다.

셋째, 개방적인 의사소통과 협력이다. 무엇을 어떤 기준으로 진단, 평가하는지 교수자만이 아는 것이 아니라, 교수자는 물론 학습자와 부모 모두 사전에 진단·평가의 기준과 준거(criteria)가 무엇인지를 아는 것이 원칙하며, 다양한 환경에서의 자료 수집을 위해 상호협력이 필요하다.

넷째, 사실성(authentic)으로, 의미 있는 맥락 속에서 아동의 능력이 실제 발휘되는지를 점검한다. 따라서 실생활에 필요한 지식과 기술이 강조되는 의미 있는 수업 활동을 전개하며, 다양한 환경에서 아동의 수행을 직접적으로 정확하게 반영하는 작업 샘플을 수집한다.

다섯째, 보다 생성적인(generative) 지식, 즉 고차원적인 사고와 문제해결능력을 중시한다. 교수자가 제시하는 것에 단순히 반응하는 것만이 아니라 학습자들 스스로 직접 참여하며 자기 점검을 함으로써 배양되는 능력을 강조하는 것이다.

마지막으로 수업 및 진단·평가에서 교수자의 보다 적극적인 역할이 강조된다. 잠재적이고 비공식적으로 학습자의 수행 정보를 수집하던 예전의 관행을 보다 표면적으로 체계화하며 이를 통해 수업 개선을 도모하도록 격려하는 것이다.

이러한 수행평가의 특징은 전통적인 평가방법인 지필평가와는 다른 차별성을 가진 총체적이고, 혁신적인 방법으로 공학교육에 있어서 반드시 필요하고 적합한 방법이다.

하지만, 진술한 여러 가지 장점들에도 불구하고, 평가의 기준이나 준거가 명확하지 않다는 점은 수행평가의 제한점으로 지적되고 있다. 수행평가는 학습자들을 인위적인 등급이나 학습자들 간에 비교하는 것이 아니다. 특정 수행의 준거와 비교하는 것이 기본특성이다. 따라서 평가의 근거가 되는 수행 준거는 수행의 질을 판단하기 위해 특별히 학생의 수행이나 작품의 어떠한 측면을 중요시 하는지를 구체적으로 묘사해 준다. 수행준거를 측정 가능하게 척도화한 것이 채점기준이며, 채점준거, 채점지침, 루브릭 등 다양한 용어로 불리고 있다. 아래의 표는 기존에 행했던 전통적 평가방식과 새로운 대안적 평가인 수행평가 방식을 다양한 측면에서 비교하고 있다.

**표 V-1** 전통적 평가방식과 수행평가 방식의 비교

| 비교측면 | 전통적 평가방식 | 수행평가방식 |
|---|---|---|
| 평가대상(사고능력) | 암기하고 있는 지식의 양 | 비판적능력, 창의적 사고력 (고등사고능력) |
| 평가대상(지식유형) | 결과로서의 지식 | 과정으로서의 지식과 결과로서의 지식의 통합 |
| 평가방법 | 선택형 지필검사 | 다양한 통합적 방법 |
| 평가상황 | 인위적인 시험 상황 | 실제 상황이나 유사 모의상황 |
| 평가방법의 성격 | 간접적(검사위주) | 직접적(관찰위주) |

이 장에서는 수행중심 평가 방법을 위한 증거 수집 방법들을 살펴보고, 수행중심 평가의 다양한 방법 중 포트폴리오에 대해서 알아보기로 한다. 또한 평가의 근거가 되는 수행 준거를 척도화한 루브릭(Rubric)에 대해서 살펴보기로 한다.

# 1. 수행중심 평가 방법: 증거수집 방법

## 가. 이론

### 1) 공학교육에서의 평가 시행 절차

평가는 공학교육 활동에서 달성하고자 의도한 것이 어느 정도로 달성되었는가를 사정(assessing)하는 일이다. 평가의 과정에서 평가되는 내용이 강의 활동의 목표이자 학습 목표이기도 하다. 이런 의미에서 평가하고자 할 목표는 학습 목표와 일맥 상통하다고 볼 수 있다. 강의 장면에서 학습하여야 할 목표가 명확하지 않고 구체적이지 못하면 그러한 학습 목표에 대한 평가는 별 의미가 없게 된다. 결국, 평가의 과정에서 무엇보다 중요한 것은 공학교육 목적에 부합한 올바른 평가 목표를 설정하는 것이고 또 이러한 목표 설정을 위해서는 '무엇을 학습 목표로 삼을 것인가'를 결정하는 일이다. 그리고 나서 평가를 실시하며, 평가 결과를 해석하여 공학교육의 교수·학습에 피드백을 해주어야 한다. 한국교육과정평가원(1999)에서는 그림 V-1과 같이 일반적인 평가 절차를 제시하고 있다(p. 313). 또 다른 평가 방법으로 과제의 특성이나 평가 방법의 특성에 따라 특별히 평가 실시 기간을 별도로 두지 않고 강의가 진행되는 가운데 평가를 같이 실시하기도 한다.

상세화된 강의 목표는 평가 목표의 기준(성취기준)이 될 수 있다. 실제로, 평가를 실시할 때에는 평가 목적이나 상황, 또는 평가가 실시되는 시기에 따라 평가 목표가 달라지므로 평가 목표 기준으로부터 필요한 평가기준을 세울 수 있다. 선택한 평가 목표에 대하여 그 달성 여부를 판단하는 평가 도구를 선정하는 것이다. 여기서는 공학교육에서 권장하는 다양한 평가 기법을 적용하는 것이 좋다. 즉, 공학교육의 실험·실습의 과정에서 학생의 실험·실습 과정을 평가하기 위하여 관찰 체크리스트, 자기 평가서, 동료 평가서, 포트폴리오 등을 이용한 평가 기법을 활용할 수 있다. 서술형 지필 검사를 제작시 고려해야 할 사항은 전체 평가 문항의 수를 사전에 결정하여 평가 목표에 근거하여 이에 부합한 문항 위주로 제작해야 한다. 비중을 둔 평가 목표에 대하여 여러 개의 문항을 제작하는 경우에는 가급적 문제의 조건과 상황을 다양화하여 문제를 만드는 것이 좋다.

학기별 혹은 연간 '강의 및 평가 계획서'를 작성

↓

학기별 혹은 연간 '강의 및 평가 계획서'를 작성

↓

실제로 다양화·전문화·특성화된 강의를 진행

↓

성취기준을 얼마나 성취했는지, 그 성취정도를
파악하기 위한 '평가기준'을 명확히 함

↓

적절한 평가 전략과 방법을 결정하고 적절한 평가 도구를 제작
(모범답안 및 루브릭(rubrics) 작성 포함)

↓

실제로 다양화·전문화·특성화된 평가를 실시

↓

루브릭에 따라 채점을 하고, 그 결과를 보고

↓

평가의 결과를 교수·학습 활동에 피드백

**그림 V-1** 공학교육에서의 일반적인 평가 절차

평가 도구가 선정 또는 제작된 후에 평가가 실시되고, 그 결과를 토대로 학생들의 목표 달성도를 분석한다. 각 평가의 결과가 학생들에게 가능한 한 신속히 알려져서 결손 부분을 보충하게 하여야 하며, 교수자는 강의 계획과 진행의 수정을 위한 참고 자료로 활용하여야 한다. 총괄 평가는 그 결과를 학생들에게 알려주는 것이 좋고, 성취도 결과는 여러 단계로 구분하여 제시하는 것이 좋다.

## 나. 특징

### 1) 수행 중심 평가의 기본방향

McMillan(1997)은 **수행 중심 평가에서의 장점과 제한점**을 표 V-2와 같이 제시하였다(최유현, 2005, 재인용).

**표 V-2** 수행 중심 평가의 장점과 한계

| 수행 중심 평가의 장점 | 수행 중심 평가의 한계 |
|---|---|
| · 실제적 과제(authentic)를 다룬다.<br>· 학습과 통합(intergrated with instruction)시킬 수 있다.<br>· 수행과제에 몰입(engaging)한다.<br>· 정답이 하나가 아니다(no single correct answer).<br>· 구체적 기준(specific criteria)이 있다. | · 신뢰도(reliability)의 문제<br>· 과제의 대표성(sampling) 문제<br>· 시간(time) 부족 문제 |

여기서 수행 중심 평가의 장점을 보면, 실제적이고 참된 과제를 제시한다는 점, 학습과 통합되어 있다는 점, 실제적 과제로 인한 학습자들의 과제 몰입을 증대시키고, 정답이 여러 대안이 나오게 하여 풍부한 사고를 가능하게 하며, 구체적은 기준을 제시하여 보다 명확한 과제 수행의 안내와 객관적 평가 과제를 지향하고 있다는 것이다.

이러한 장점은 한편으로는 수행 중심 평가가 기본적으로 갖추어야 할 기본적인 전제로서 시사하고 있다고 볼 수 있다. 한편, 수행평가의 제한점으로 제시한 과제의 신뢰도, 대표성, 시간문제 등은 한계로만 머물 것이 아니라 수행 중심 평가의 성공을 위한 기본 방향의 의미를 갖는다고 볼 수 있다. 즉 수행 중심 평가의 제한점을 극복하는 대안을 검토해야 할 것이다.

첫 번째로 수행 과제의 신뢰도 문제는 수행 중심 평가의 구체적 평가기준은 물론이고, 채점 기준(rubrics)을 보다 명확하게 제시할 필요가 있다.

두 번째의 과제의 대표성 문제는 제시한 수행 과제가 보다 포괄적이고 교육목표와 내용의 핵심적 과제를 제시할 필요가 있다. 이는 결국 좋은 수행 과제를 설계할 필요가 있다.

마지막으로 수행 과제를 해결할 시간적 문제는 기본적으로 학습과 통합을 통하여 강의와 평가가 분리되는 데서 오는 시간적 부담을 최소화해야 한다.

따라서 공학교육 수행 중심 평가에서도 기본적인 전제조건은 '학습과 통합한 수행

평가의 적용', '좋은 수행과제의 설계', '명확한 채점기준(rubrics)의 명세화'를 평가 설계 단계에서 기본적으로 충족시켜야 할 것이다.

### 2) 학습과 통합한 수행평가의 적용

수행 중심의 평가는 그 특성상 수행 중심의 학습과 같이 논의될 수 있다. 학습과 평가를 통합한 접근을 보인 Marzano, Pickering & McTighe(1993)의 연구는 학습모형의 단계를 활용한 수행평가 전략의 연구이다. 그들은 학습을 다섯 단계로 설정하고 그 단계에 다른 수행 평가 전략을 제시하였다. 그들이 제시한 학습의 다섯 단계는 그림 Ⅴ-2와 같다.

이들 다섯 단계는 그림 Ⅴ-2에서와 같이 각각 독립적으로 작용하는 것이 아니고 서로 주어진 상황 속에서 서로 상호작용하고 있음을 알 수 있다. 따라서 가장 효과적인 학습은 학습의 단계로 불리우는 사고의 다섯 가지 구별된 유형의 상호작용의 생산물이다.

생산적인 마음가짐

학습에 대한 긍정적인 태도와 인식

**그림 Ⅴ-2** 학습의 다섯 단계(dimentions of learning)

수행 중심 평가와 학습의 다섯 단계에서 고려될 수 있는 다섯 가지 학습 표준인 '복잡한 사고표준, 정보처리 표준, 효과적인 의사소통 표준, 협동과 협력의 표준, 마음의 습관표준'을 제시하였다. 이 학습 표준을 기초로 하여 수행 과제를 구성하는 방법을 여섯 단계로 구조화하였다. Marzano, Pickering & McTighe(1993)가 제시한 학습을 고려한 수행평가의 전략은 수행평가를 학습의 다섯 가지 차원과 관련하여 접근한 점과 과제에 포함된 내용 표준을 중심으로 구조화한 점이 특징이다.

### 3) 좋은 수행과제의 설계

좋은 수행평가의 과제(task)는 보다 가치 있는 과제(essential, authentic, rich, engaging, active, feasible, equitable, open)의 선정으로 의미 있고 능동적인 수업을 조장하여야 한다. 그래서 수행 중심의 평가과제 작성을 위한 체크 리스트도 제시된다.[5] 표 V-3은 수행과제의 좋은 준거를 제시하고 있다(McMillan, 1997).

**표 V-3** 수행과제의 준거

| 좋은 과제 | 좋은 과제의 의미 | 좋지 않은 과제 |
|---|---|---|
| Essential<br>(핵심적인) | · 과제는 교육과정의 핵심에 맞는다.<br>· 과제는 "주요 개념"을 나타낸다. | vs. Tangential<br>(주제를 벗어난) |
| Authentic<br>(실제적인) | · 과제는 학습에 적합한 과정을 사용한다.<br>· 학생은 과제의 결과에 가치를 둔다. | vs. Contrived<br>(인위적인) |
| Rich<br>(사고가 풍부한) | · 과제는 또 다른 문제들을 발생시킨다.<br>· 과제는 다른 문제들을 제기한다.<br>· 과제는 많은 가능성을 가진다. | vs. Superficial<br>(피상적인) |
| Engaging<br>(과제에 몰입하는) | · 과제는 사고력이 촉진된다.<br>· 과제해결을 지속적으로 이끄는 흥미 있는 과제이다. | vs. Uninteresting<br>(흥미 없는) |
| Active<br>(역동적인) | · 학생은 수행자이고 의사결정자이다.<br>· 학생은 다른 학생들과 상호작용한다.<br>· 학생은 의미를 구성하고 깊은 이해를 한다. | vs. Passive<br>(수동적인) |

〈표 계속〉

5) ① 과제가 학습내용과 기능에 본질적으로 통합되어 있는가? ② 다양한 학습목표가 담겨 있는가? ③ 과제가 정말 실제적 가치를 지니는가? ④ 과제가 가르쳐질 수 있는가? ⑤ 과제가 실현 가능한 것인가? ⑥ 다양한 해결방법이 가능한가? ⑦ 과제가 도전적이고 지적 자극을 줄 수 있는가? ⑧ 채점의 준거가 포함되어 있는가?(McMillan, 1997: 216).

| 좋은 과제 | 좋은 과제의 의미 | 좋지 않은 과제 |
|---|---|---|
| Feasible<br>(실현 가능한) | · 과제는 학교수업시간과 숙제시간에 이루어진다.<br>· 과제는 발달과정상 학생들에게 적합하다.<br>· 과제는 안전하다. | vs. Infeasible<br>(실현 불가능한) |
| Equitable<br>(균형 잡힌) | · 과제는 여러 가지 방식으로 생각을 발달시킨다.<br>· 과제는 긍정적인 태도에 기여한다. | vs. Inequitable<br>(균형을 갖추지 않은) |
| Open<br>(열린) | · 과제의 정답은 한 개 이상이다.<br>· 과제의 접근방식은 다각적이고, 모든 학생이 접근하도록 만든다. | vs. Closed<br>(닫힌) |

#### 4) 명확한 채점 기준의 명세화(루브릭: rubrics)의 활용

수행 중심 평가에서는 평가 준거, 평가 기준, 채점 명세기준 등을 명확하게 진술해야 한다. 많은 수행평가 도구에서 평가 기준은 있지만 채점 기준(rubrics)이 없는 것이 발견된다. 이러한 경우 주어진 평가 기준에 대하여 A, B, C를 평가자가 주관적으로 판단할 수밖에 없다. 그러나 제대로 된 채점 기준은 A, B, C의 해당하는 증거들을 명확히 규정하여 객관화된 판단을 보장한다. 이는 흔히 수행평가의 객관성의 단점을 보완해 주는 의미와 학습자의 학습 활동의 방향과 수준을 제시해 주는 역할도 한다.

한지영(2004)은 기술과 교육 평가에서 학습자 중심의 루브릭이 학습과정 및 학업성취에 미치는 영향의 박사학위논문을 수행하였다. 즉, 교사·학생 간 협상에 의해 개발된 학습자 중심 루브릭 집단이 일방적으로 루브릭을 제시한 집단에 비하여 학습동기의 주의집중, 만족감에 영향을 주었으며, 학업성취에도 긍정적인 영향을 미쳤음을 밝혔다.

#### 5) 인간 이해에 초점을 둔 수행 중심 평가철학 인식

수행 중심 평가 철학의 이해에 바탕을 둔다. 그 단적인 예로 수행평가가 기존의 등급화된 평가(인간 규정)보다는 학습자의 학습 활동 및 수행 행동 이해(인간 이해)의 철학이 우세함에도 불구하고 등급화된 평가를 전제로 한 수행평가의 논의가 여러 가지 한계를 드러내고 있다. 이는 기존의 평가의 목적을 그대로 두고 수행평가 방법만 도입하는 데서 비롯된 것이며, 현장에서 자리잡는 데 이러한 편견이 앞서기 때문이다. 물론 등급화된 평가를 완전히 배제하자는 뜻은 더욱 아니다. 평가의 목적이 근거하여 적절한 방법이 교사의 수준에서 다양하게 전략화 되어야 할 것이다. 또한 평가 결과를 어떻게 활용할 것인가의 물음도 평가 설계단계에서 매우 중요한 일이다. 아울러 평가 결과의 'Feedback(학습한 행위의 반성과 수정)'과 'Feedforward(앞으로 학습할 활동의 개선점)'의 의미를 고려할 필요도 있다.

### 6) 일반화 가능성을 높이기 위한 수행평가 모형의 설계 절차의 적용

공학교육에서의 수행 중심 평가는 수행평가 과제의 확인(학습 및 평가목적, 수행과제의 설정 등), 수행 중심 평가 설계(평가방법 설계, 평가지침 및 기준, 채점기준 명세화, 평가자료 개발, 평가결과의 활용 계획 등), 수행 중심 평가의 실행, 수행 중심 평가 과정의 반성 등의 단계를 고려할 수 있을 것이다. 그러나 각각의 절차에서의 다양성은 열어두어야 한다. 예컨대, 평가 방법의 설계 단계에서는 수행평가에서 의도하는 맥락적·지속적·직접적·실제적이고 가치 있는 증거자료를 수집하는 방법이 다양하기 때문에 그 가능성은 교수자의 실천적 단계에서 가치 있는 전략이 나올 수 있을 것이다.

### 7) 강의실에서의 실현 가능성에 대한 충분한 고려

수행 중심 평가 전략의 한계는 대부분이 '평가 실현 가능성'의 문제이다. 특히 교수자의 관찰, 면담 등의 방법이 학생수가 많은 강의실에서 동시성을 가지고 관찰할 수 있는가의 문제이다. 이 경우 강의실 상황에 적합한 녹화·녹음 등의 관찰을 고려한다든지, 가능하다면 계획된 학생들을 순서대로 몇 명씩 한다든지 등의 실현 가능한 관찰, 면담 계획이 모색되어야 할 것이다.

### 8) 수행 중심 평가 방법의 다차원적 접근

수행 중심 평가의 유형은 학자마다 다소 다른 접근을 한다. 크게 두 가지 관점에서 유형화하고 있다. 하나는 여러 가지 대안적인 평가방법 가운데 한 가지가 수행 중심 평가 전략이라는 관점이고, 다른 한 가지는 여러 가지 대안적 평가를 총괄하는 개념으로서의 수행 중심 평가 관점이다.

Carter(1995)는 대안 평가를 논의하면서 수행 평가 전략을 논술형 평가(written

assessments; journal writing & open-ended problems), 포트폴리오 평가(portfolio assessments), 면접평가(interview assessments)로 분류하고 있다. 그리고 이명숙(1997)은 새로운 학습 평가의 대안으로 수행평가(performance assessment), 참평가(authentic assessment), 포트폴리오 평가(portfolio assessment)로 분류하고 있다.

대안 평가는 학생이 아는 것 혹은 학생이 할 수 있는 것을 알아내는 방법이며, 학생의 학습과 수업의 성장을 보여 주는 방법이다. 이는 수업목표에 대한 실제 진전을 나타내는 활동에 기초하고, 강의실과 실생활 상황에서의 과제를 반영하기 때문에 참 평가이다. 이는 교수자의 관찰, 수행 중심 평가, 그리고 학생의 자기 평가를 포함할 수 있다. 참 평가는 표준화 검사가 아닌 실제 생활 경험을 사용하는 수행을 측정해야 한다는 믿음이며, 이는 관찰, 토의 포트폴리오, 자기 평가, 협동 평가, 그리고 전통적 지필검사 등을 포함한다. 수행평가는 대안 평가의 한 유형으로, 새로운 문제 해결 혹은 구체적인 과제의 완성에서 미리 획득한 지식을 사용하는 학습자의 구체적인 기술과 능력을 측정하려는 체계적인 시도이다. 평가 설계와 해석의 판단보다는 수업 과제의 수행을 반영한다. 포트폴리오 평가는 계속적인 학생 작업의 기록을 이용하여 학생 능력의 발달에 대한 깊이와 폭을 다양한 형태로 보여 준다. 따라서 포트폴리오는 학생 작업에 대한 목적적이고 체계적인 수집이며, 구체적인 수업 목표 달성의 반영이며, 학생의 사고와 자기 감독의 요소를 갖추고 있다(이명숙, 1997, pp. 47-49).

한편, 최호성(1997)은 참 평가의 전형으로 수행평가를 단답형 수행평가 과제(단답식 개방형 과제, 개선된 선다형 과제, 개념지도 작성), 사건 혹은 사태형(event task) 수행과제, 장기적 복합과제로 분류하였다. 그리고 Aschbacher(1991)는 수행평가를 전통적으로 사용되어 온 표준화 검사, 지필검사, 다선형 검사 사용의 부적절성을 지각하여 이에서 벗어나려는 사람들에 의해 많이 사용되고 있는 용어로 정의하고, 구조화된 반응(constructed response), 짧은 답하기, 개방형, 에세이 질문들이 포함되고, 그리고 시도해 보이기, 포트폴리오, 연구 계획, 연극과 같은 수행 과제도 포함한다고 주장하고 있다(이명숙, 1997, p. 49에서 재인용).

백순근(1997)은 수행평가 기법들은 새롭게 개발되었다기보다는 과거에도 있었던 것이지만, 학습에 있어서 기존의 권위나 가치관에 대한 수동적인 수용보다는 자기 나름의 세계를 재창조하는 과정 중심의 인지심리학을 근거로 하여 창조적 문제해결력 등 고등 사고기능을 파악하고 신장하기 위한 학습 평가의 기법으로 각광받고 있다고 전제하고, 수행평가는 통제된 상황 하에서 이루어진 전통적인 교수·학습평가의 방식과는 달리 실제적인(통제되거나 강요된 상황이 아니라 자연스러운) 상황을 강조하기 때문에 지행일치를 조장하게 되고 전인교육을 강조하게 된다고 전제하면서, 현재 널리 사용되고 있는 수행평가의 종류로 서술형(주관식) 검사, 논술형 검사, 구술시험, 찬반 토론법, 실기시험, 실험·실습법, 면접법, 관찰법, 연구보고서, 포트폴리오 등을 제시하였다.

또한 McTighe & Ferrare(1996)는 수행평가를 선택형 문항(selected response items), 구조화된 문항, 결과물(products), 수행행동(performances), 과정 중심(process-focused) 등으로 분류하였다. 이들의 수행평가 분류 방식은 평가 대상 또는 영역에 따라 체계적인 분류를 하고 있다고 판단된다.

McTighe & Ferrare(1996)의 분류 방식인 선택형 문항, 구조화된 문항은 구조화된 반응 문항으로 통합하고, 결과물과 수행 행동을 참고로 하여 공학교육의 성격에 맞추어 공학교육 수행 중심 평가 유형을 평가 시기, 평가 주체, 평가 대상에 따라 구조화하면 다음과 같다.

**표 V-4** 수행평가 방법의 구조화

| 평가변인 | 평가항목 | 평가방법 |
|---|---|---|
| 1. 평가 시기 | □ 수업 전 평가<br>□ 수업과정 평가<br>□ 수업 후 평가 | |
| 2. 평가 주체 | □ 학습자<br>□ 동료 학습자<br>□ 교사<br>□ 기타 | |
| 3. 평가 대상 | □ 구조화된 반응문항<br>(constructed responses) | □ 논술형<br>□ 서술형<br>□ 완성형<br>□ 기타 |
| | □ 학습 결과물<br>(student's products) | □ 포트폴리오<br>□ 실습 보고서<br>□ 학습활동 보고서<br>□ 문제해결 활동지<br>□ 프로젝트 보고서<br>□ 견학 보고서<br>□ 작품 |

〈표 계속〉

| 평가변인 | 평가항목 | 평가방법 |
|---|---|---|
| 3. 평가 대상 | □ 학습 결과물<br>(student's products) | □ 설계도 · 구상도<br>□ 개념지도<br>□ 자기평가 보고서<br>□ 관찰록<br>□ 녹음자료<br>□ 녹화자료<br>□ 기타 |
| | □ 학습자 수행행동<br>(student's performances) | □ 시범<br>□ 학습활동<br>□ 실기/실험<br>□ 논쟁<br>□ 기타 |
| | □ 대면과정<br>(interviews and discussions) | □ 구두 질문<br>□ 관찰<br>□ 면접<br>□ 전체 토론<br>□ 과정 진술<br>□ 기타 |

## 다. 절차

Hibbard(1996: 6) 등은 '수행 중심 학습과 평가'의 지침서에서 수행 중심 학습과 평가는 지식, 기능, 일의 습관의 획득 및 적용은 학습자에게 의미 있고 관련지을 수 있는 수행 과제를 통하여 전략화 되어야 한다고 주장하였다. 그러나 수행 중심 학습 및 평가는 전통적인 개념－기능 수업을 확장하여 접근되어야 하며 균형을 이루어야 한다고 보고 있다. 즉 균형이란 전통적으로 알고 있는 것(Do you know it?)과 수행 중심의 학습 및 평가의 실제로 알고 있는 것을 활용할 수 있는 것(Can you use it?)과의 균형을 의미한다고 보았다. 이러한 수행적 접근을 위한 학습의 사이클을 그림 Ⅴ-3과 같이 제시하였다(Hibbard 외, 1996: 20).

1. 수행대상, 목적, 과제의 진술
2. 정보의 접근과 수집
3. 정보의 처리
4. 결과의 생산
5. 결과의 보급
6. 자기평가 자료의 수집(self-assessment)
7. 자기평가(self-evaluation)
8. 자기조정(self-regulation)

**그림 Ⅴ-3** 수행적 접근을 위한 학습의 사이클

그리고 수행 중심 학습과 평가과제 및 평가 리스트를 개발하기 위한 순서도를 그림 Ⅴ-4와 같이 제안하였다(Hibbard 외, 1996: 47).

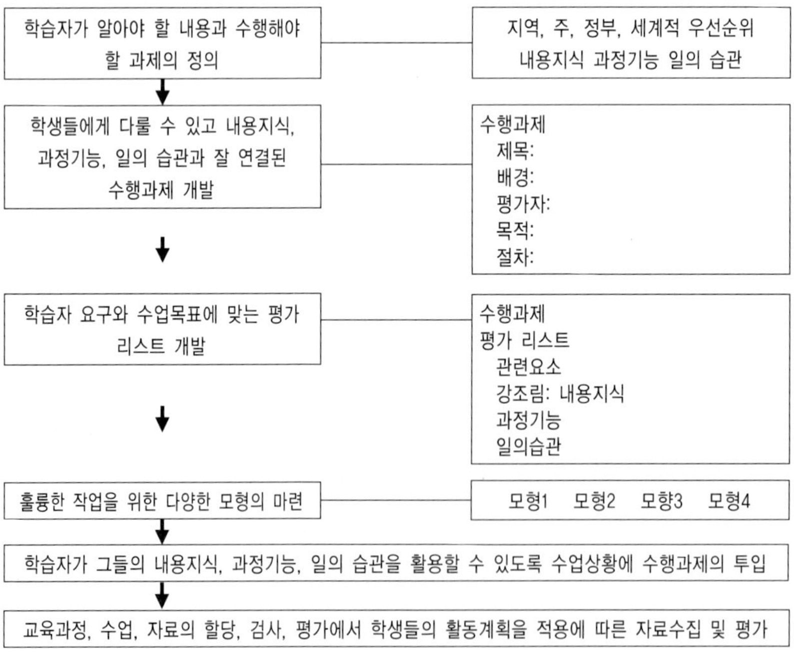


**그림 Ⅴ-4** 수행 중심 학습 및 평가과제 개발을 위한 모형

이 모형은 지역, 국가의 우선순위에 따라 내용 지식(content knowledge), 과정 기능(process skills), 일의 습관(work habits)을 중심으로 수행 과제를 구조화하고, 수행 과제 평가 리스트를 모형화하여 수업상황에 투입하여 자료수집 및 평가를 하는 것으로 되어 있다. 이 모형은 수행 과제를 내용지식, 과정기능, 일의 습관과 관련지어 접근한 것으로 학습과 평가를 적절히 통합한 모형으로 볼 수 있으나 실제로 학습 및 평가의 설계 상황에서는 구체적 안내가 뒷받침되지 못하였다.

Marzano, Pickering & McTighe(1993)와 Hibbard(1996) 등의 수행평가 모형은 다른 많은 수행평가의 모형과 달리 학습을 구체적으로 고려한 점이 매우 의미 있게 접근되었다고 할 수 있다. 그러나 이들 모형들은 학습 및 평가의 통합모형으로 설정하기에는 구체성과 수월성의 측면에서 보다 보완될 필요가 있다고 판단된다.

## 라. 모형

### 1) 수행 중심 평가모형과 전략

수행평가는 결과 지향적인 평가(product-oriented assessment)보다 과정 지향적인 평가(process-oriented assessment)를 강조하여 수업과 평가의 통합적인 접근을 시도하고 있다. 지금까지의 평가는 학습과 평가는 별개의 작업으로, 즉 학습이 끝나고 평가가 이어지는 결과 지향적인 평가가 주를 이루고 있다고 볼 수 있다. 특히 질적 평가에서는 교육의 '결과(product)'뿐만 아니라 교육의 '과정(process)'을 매우 중시한다. 즉 학생들의 명명적(命名的) 지식(무엇에 대해 아는 것: knowing what)의 수준뿐만 아니라, 절차적 지식(어떻게 하는지 아는 것: knowing how)의 수준을 파악하는 것도 매우 중시되고 있다. 즉 학생들이 인지적으로 아는 것도 중요하지만, 아는 것을 실제로 적용할 수 있는지의 여부를 파악하는 것도 중요하다고 볼 수 있다.

학습 및 평가를 통합한 수행 중심 수업전략의 모형을 설정하기 전에 다음의 문제들을 면밀히 검토해야 한다.

첫째, 학습과 평가를 통합한 모형은 수행평가 철학이 스며들어야 한다.

둘째, 한 모형에 학습과 평가가 동시에 포함된 기본모형이 구안되어야 한다. 가장 이상적인 수행평가는 학습과 평가가 통합되는 전략이다.

셋째, 평가 준거, 평가 기준, 채점 기준 등이 명확하게 진술될 수 있도록 구체적인 전략이 반영되어야 한다.

이러한 기본방향을 반영하고, 수행평가 모형 연구들을 기초로 하여 학습과 평가를 통합한 모형을 기본모형과 하위모형으로 분류하여 구안하였다. 이는 학습과 평가를 전체적으로 고려하고, 구체적으로 학습전략과 평가전략을 하위모형에서 구안하는 것이다.

그리고 기본모형의 하위모형은 학습모형인 개별적 · 협동적 문제해결 모형과 수행평가 절차 모형을 최유현의 문제해결 수업모형(1997)과 수행평가 절차모형(1998)을 적용하여, 최유현(1999)은 다음과 같은 학습과 평가를 통합한 기술과 수행평가 모형을 구안하였다.

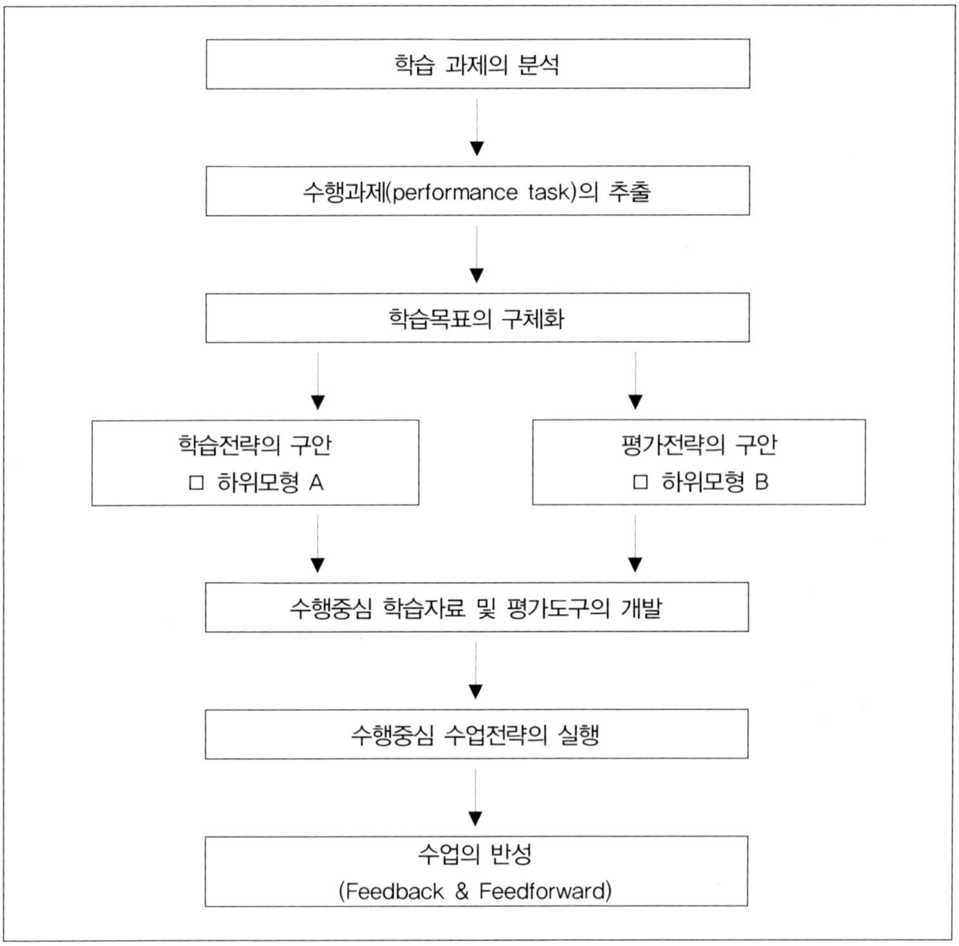


**그림 V-5** 기본모형: 학습 및 평가를 통합한 수행 중심 수업 기본 모형

**표 Ⅴ-5** 하위모형 A: 학습구조와 절차모형

| ◇ 학습구조의 전략화: 개별구조, 협동구조 | | |
|---|---|---|
| ◇ 학습절차의 간략화: 문제해결적 접근 | | |
| 절차 | 탐구적 문제해결 활동단계 | 공작적 문제해결 활동단계 |
| 문제확인 단계 | A: 문제를 이해하고 기록하기 | |
| 정보수집 단계 | B: 참고자료를 모으기 | |
| 계획 단계 | C: 해결방안을 생각해 보기 | |
| | C1: 문제해결을 생각하기<br>C2: 좋은 방안을 고르기<br>C3: 방안을 자세히 기록하기 | Ca: 문제해결을 생각하기<br>Cb: 제품모양을 제도하기<br>Cc: 재료목록 및 작업순서를 기록하기 |
| 문제해결 단계 | D: 생각한 대로 해보기 | D: 생각한 대로 만들기 |
| 반성 및 평가 단계 | E: 각 단계와 결과를 평가하고 반성하기 | E: 각 단계와 작품을 평가하고 반성하기 |

■ 단계 1: 수행평가 과제 확인단계

▷ 수행평가 목적, 활용, 평가 참여자, 평가 대상자 등의 진술
- 수행평가 목적의 진술
- 수행평가 결과의 활용기본 계획
- 평가 참여자
- 평가대상 선정(개인, 집단)

▷ 평가할 내용과 수행과제의 구체화
- 수행평가 내용(단원)이나 기능의 구체적 진술
- 평가할 수행과제를 구조화

▼

■ 단계 2: 수행평가 설계단계

▷ 수행평가 방법 설계: 수행평가 방법 설계모형(하위모형 1)
- 수행평가 방법 선정 – 평가시기, 평가주체, 평가자료
- 수행평가 방법의 구체화

▷ 수행평가 지침 및 기준의 명세화
- 수행평가 지침의 마련
- 채점기준의 명세화(rubrics)

▷ 수행평가 자료개발
- 평가에 사용되는 자료의 나열
- 평가자료의 개발

▷ 평가장소, 시기 결정
- 평가실시 장소
- 평가실시 시기

▷ 평가결과의 의사소통 및 활용방법을 구안: 평가활용 모형(하위모형 2)
- 의사소통 · 피드백 방법
- 평가결과 활용방법

**그림 Ⅴ-6** 하위모형 B: 학습평가 모형

**표 V-6** 하위모형 1: 단계 2의 수행평가 방법 설계를 위한 하위 모형

| 평가변인 | 평가항목 | 평가방법 |
|---|---|---|
| 1. 수행평가 시기 | □ 수업 전 평가<br>□ 수업과정 평가<br>□ 수업 후 평가 | |
| 2. 수행평가 주체 | □ 학습자<br>□ 동료 학습자<br>□ 교사<br>□ 기타 | |
| 3. 수행평가 대상 | □ 구조화된 반응문항<br>(constructed responses) | □ 논술형<br>□ 서술형<br>□ 완성형<br>□ 기타 |
| | □ 학습 결과물<br>(student's products) | □ 포트폴리오<br>□ 실습 보고서<br>□ 학습활동 보고서<br>□ 문제해결 활동지<br>□ 프로젝트 보고서<br>□ 견학 보고서<br>□ 작품<br>□ 설계도 · 구상도<br>□ 개념지도<br>□ 자기평가 보고서<br>□ 관찰록<br>□ 녹음자료<br>□ 녹화자료<br>□ 기타 |
| | □ 학습자 수행행동<br>(student's performances) | □ 시범<br>□ 학습활동<br>□ 실기 · 실험<br>□ 논쟁<br>□ 기타 |
| | □ 대면과정<br>(interviews and discussions) | □ 구두질문<br>□ 관찰<br>□ 면접<br>□ 전체 토론<br>□ 과정 진술<br>□ 기타 |

**표 V-7** 평가 하위모형 2: 단계 2의 평가결과 판단 및 활용계획을 위한 하위모형

| 평가결과의 의사소통·피드백 방법 | 평가의 활용 |
|---|---|
| □ 서술 □ 진척도 □ 논평 □ 보고서<br>□ 점수 - 백분위 점수 - 총점<br>□ 게시 □ 전시 □ 통지표 □ 회의<br>□ 기타 | □ 학습자의 공학적 행동특성 이해<br>□ 학습자 생애지도<br>□ 학습자 잠재능력 계발<br>□ 학습자의 정의와 수준 결정<br>□ 학생들에게 피드백<br>□ 교사의 수업정보와 반성<br>□ 학생의 관심, 노력, 동기유발<br>□ 지식과 기능적용 연습<br>□ 프로그램 효과 측정<br>□ 기타 |

## 마. 모형 적용 방법

### 1) 증거수집방법(평가방법)

공학교육에서 현재 널리 사용되고 있는 평가 방법으로는 출석과 얼굴 확인, 지필평가, 보고서, 발표, 토론, 실험, 실습 등의 다양한 평가 방법이 있다. 교수자는 학생들을 평가하기 위한 증거를 다양한 곳에서부터 수집할 수 있는데, 이러한 방법들을 증거수집방법이라 말할 수 있다. 여기서는 공학교육에서 교수자가 활용할 수 있는 다양한 평가방법 중 수행중심 평가 전략에 중점을 둔 여러 가지 형태의 평가방법을 서술하고자 한다. 앞으로 서술될 방법들은 새롭게 개발되었다기보다는 과거에도 있었던 것이지만, 학습에 있어서 기존의 권위나 가치관에 대해 수동적으로 수용하기 보다는 자기 나름의 세계를 재창조해 가는 과정을 강조하는 방법이라 할 수 있다. 또한, 근래의 인지심리학을 근거로 하여 창의성이나 문제 해결력 등 고등 사고기능을 파악하고 신장하기 위한 수행중심 평가 전략으로 각광받고 있다고 할 수 있다.

이러한 증거수집방법에 대한 구분은 상호 배타적이라기보다는 상호 보완적인 것이며, 교수 · 학습의 과정을 개선하고 개별 학생에게 지도·조언하고 충고하기 위한 목적으로 사용되기만 한다면 어떠한 평가 방법도 증거수집방법에 포함될 수 있다.

### 가) 서술형 및 논술형 평가

서술형 평가란 흔히 주관식 평가라고 하는 것으로 문제의 답을 선택하는 것이 아니라 학생들이 직접 서술(구성)하는 방법이다. 질문의 형태에 있어서 종래에는 단편적인 지식을 묻는 것이 대부분이었으나, 최근에는 창의성 등 고등 사고기능을 묻는 것이 대부분이다. 논술형 평가도 일종의 서술형 평가이기는 하지만 개인 나름의 생각이나 주장을 창의적이고 논리적이면서도 설득력 있게 조직하여 작성해야 함을 강조한다는 점에서 일반 서술형과 구별하기도 한다. 대체로 논술형 평가에서는 서술된 내용의 깊이와 넓이뿐만 아니라 글을 조직하고 구성하는 능력을 동시에 평가하게 된다.

참고로 서술형 및 논술형 평가 문항을 작성하는 일반적인 절차는 다음과 같다.

① 공학교육의 하위 내용 영역별로 서술형 및 논술형 평가에 적절한 평가 목표를 추출한다. 평가목표를 추출할 때, 평가 영역과 평가할 내용 및 인지적 행동 영역 요소를 선정하여야 한다.

② 문제 상황을 설정하여 문항의 체계 및 발문을 구상한다. 단독 과제형과 자료 제시형 중에서 평가하려는 목표를 기초로 해서 어떤 문제 상황이 가장 적절한가를 결정한다. 단독 과제형이란 구체적인 문제 상황이 주어지지 않고 어떤 특정 영역의 내용을 쓰게 하는 것이다. 자료 제시형이란 구체적인 사실적 자료를 제시해 주고 그것을 비평하거나 그 자료에서 어떤 합리적인 결론을 끌어내도록 요구하는 것과 같은 문제 유형이다.

문항을 작성할 때는 평가 대상 학생의 학문적 혹은 정서적 배경을 적절히 고려한다. 이것은 학생들의 반응이 어디에서부터 시작하여 대답할 것인가를 예상하여 문제 작성 과정에 반영하는 것이다. 학생들이 어떤 정보나 자료를 어느 정도 활용하여 어떤 수준에서부터 대답하여야 할 것인가를 가능한 한 명확하게 하여 문항을 작성한다.

③ 모범답안을 작성한다. 서술형과 논술형 평가의 경우 적어도 2명 이상의 출제진이 각자 나름대로 예비적인 모범답안을 작성한 후, 토론 및 협의를 통해서 최종적인 모범답안을 작성한다. 출제자가 모범답안을 작성하거나 작성 후 검토과정에서 앞서 제작한 검사 문항 자체를 수정·보완해야 하는 경우가 많이 발생하기 때문에 최종 문항을 인쇄하기 전에 반드시 모범 답안의 작성 과정을 거쳐야 한다. 흔히 서술형이나 논술형 평가의 출제자들이 모범답안 작성을 꺼리는 경우가 많이 있다. 그

러나 출제자들이 모범답안을 작성하지 않고 채점 기준표를 만들면 채점 기준표가 애매모호해 지는 경우가 많기 때문에, 결과적으로는 채점의 객관성과 신뢰성을 낮추는 중요한 요인이 된다. 따라서 서술형이나 논술형 평가를 제작할 경우에는 반드시 모범답안을 작성한 후 채점 기준표를 완성하도록 해야 한다. 또한 모범답안이 여러 가지가 될 수 있는 경우에는(용어 또는 아이디어 등) 가급적 가능한 경우를 모두 나열하도록 해야 한다.

④ 채점 기준표를 작성한다. 문항별로 모범답안에 근거하여 채점 기준표를 작성함에 있어서 채점 요소의 대 항목과 소 항목을 결정하고 각각에 대한 배점을 한다. 배점에 있어서는 요소의 비중에 따라 배점을 차등화 하여 채점 기준을 상세화한다. 서술형 및 논술형 평가의 채점 기준 작성 방식으로는 ㉠ 사례 나열 방식, ㉡ 감점 조건 제시 방식, ㉢ 요소별 배점 방식 등이 있다. 사례 나열 방식은 부분 점수를 받을 수 있는 가능한 모든 답안의 예를 구체적으로 제시하고, 각각에 대한 득점을 명시하는 형태이다. 감점 조건 제시 방식은 감점을 당하게 되어 있는 답안 상의 미비점을 구체적으로 명시하고, 그에 대한 감점 값을 명시하는 형태이다. 요소별 배점 방식은 정답 혹은 모범 답안을 구성하고 있는 채점 요소 각각에 대하여 배점을 명시하는 방법이다.

아울러 서술형 및 논술형 평가 문항을 제작할 때의 유의점은 다음과 같다.

① 서술형 및 논술형 평가 문항은 선다형의 문항을 통해서 잴 수 없는 사고력, 추리력, 종합력, 비판력, 분석력, 응용력, 표현력, 창의력 등과 같은 고등 사고기능을 쉽게 측정할 수 있다. 따라서 이러한 고등 사고기능을 측정하기에 적절한 문항을 제작하여야 한다. 또한 특정 공학교육 내용에 대한 성취도를 평가하기 위한 경우를 제외하고, 일반적인 논술능력을 파악하기 위해서는 매우 특수한 분야의 지식이나 경험이 있어야만 응답할 수 있는 문항은 피하는 것이 바람직하다.

② 구체적인 목적을 평가할 수 있도록 문항을 구조화시키고 제한성을 갖도록 출제해야 한다. 문항이 일반적이고 모호하지 않도록 문항이 요구하는 영역을 규정하고 제한하며, 이것을 잘 구조화시켜야 한다. 구조를 제한하면 첫째, 문항이 현실적인 상황과 관련되고, 둘째, 응답해야 할 과제가 분명해지며, 셋째, 적당히 추측해서 아무렇게나 쓸 위험을 방지할 수 있다.

③ 서술형이나 논술형 평가를 선발·분류·배치하기 위한 선발형 평가에 사용할 경

우에는 여러 문항 중에서 선택하여 응답하게 하는 것을 지양해야 한다. 여러 문항 중에서 선택하여 응답하게 하는 것은 응답자에게 자유스러움과 융통성을 주어 바람직하게 보이나, 이는 학생들이 서로 다른 조건하에서 검사를 치르는 상황을 초래하므로 평가의 기준이 달리 설정된다고 할 수 있다. 아울러 여러 개의 서술형 및 논술형 평가 문항을 같은 수준의 문항 난이도에 의하여 제작하기가 어려우므로 경쟁이 심한 선발 고사에서는 문항을 선택하게 되는 상황을 지양하고 모든 응답자가 같은 문항에 답할 수 있도록 하는 것이 바람직하다. 그러나 선발형 평가가 아닌, 교수·학습 활동을 개선하기 위한 충고형 평가에서는 다양한 문항 중에 학생의 흥미나 관심에 따라 문항을 선택하게 함으로써 개별 학생을 이해하고 파악하는 데 참고로 할 수도 있다.

아울러 서울대학교 종합교육연구원 국어교육연구소에서 시행하는 논술경시 대회에서 사용하는 평가 기준표는 표 V-8과 같다.

**표 V-8** 논술경시 대회의 평가 기준표(예시)

| | 논술 능력의 구성요소(100%) | | |
|---|---|---|---|
| | 내용(40%) | 표현(30%) | 논리(30%) |
| 평가 항목 | ① 문제의 파악<br>② 사실의 이해<br>③ 해결의 능력<br>④ 사고의 합리성과 타당성 | ① 어휘의 정확성과 풍부성<br>② 문장의 정확성과 효용성<br>③ 글의 단위성과 유기성 | ① 논리의 일관성<br>② 논거 제시의 적합성<br>③ 논증 방식의 타당성 |

### 나) 구술시험

구술시험은 종이와 붓이 발명되기 전부터 시행되어 오던 가장 오래된 수행평가의 한 형태로서, 학생으로 하여금 특정 교육 내용이나 주제에 대해서 자신의 의견이나 생각을 발표하도록 하여 학생의 준비도, 이해력, 표현력, 판단력, 의사소통능력 등을 직접 평가하기 위한 방법이다. 구술시험은 학생들이 대학이나 대학원을 졸업하기 위해서 졸업시험이나 논문심사의 한 과정으로 거쳐야 하는 관문처럼 생각하는 시험의 한 형태이지만, 어느 단계에서도 쉽게 사용할 수 있다. 교수자는 표 V-9와 같은 평가 기준표를 이용하여 특정 학생의 준비도, 이해력, 표현력, 판단력, 의사소통능력 등을 평가할 수 있을 것이다. 참고로 표 V-9에서 평가 상황에 따라 각 평가 요소들 간의 가중치를 다르게 줄 수도 있을 것이다. 주제나 질문을 사전에 미리 알려주는 경우도 있지만, 특별한 내용영역만 알려주고 난 다음, 구술시험을 시행할 때 평가자가 그 내용영역에 관련 있는 주제나 질문을 제시하고 학생이 답변하는 형식을 취할 수도 있다.

**표 V-9** 구술시험을 위한 평가 기준표(예시)

| 평가 요소* | 점수** | | | 비고 |
|---|---|---|---|---|
| | 상 | 중 | 하 | |
| 준비도<br>(구술시험을 위해 관련 자료 등 준비를 제대로 하였는가?) | 3 | 2 | 1 | |
| 이해력<br>(질의한 내용을 제대로 이해하고 발표하는가?) | 3 | 2 | 1 | |
| 조직력<br>(발표할 내용을 제대로 조직하여 체계적으로 발표하는가?) | 3 | 2 | 1 | |
| 표현력<br>(자신의 의견을 제대로 표현하는가?) | 3 | 2 | 1 | |
| 판단력<br>(주어진 시간 안에 적절히 발표하는가?) | 3 | 2 | 1 | |
| 의사소통 능력<br>(다른 사람들의 시선을 끌면서 설득력 있게 발표하는가?) | 3 | 2 | 1 | |
| 발표 태도<br>(다른 사람들 앞에서의 발표 태도는 바람직한가?) | 3 | 2 | 1 | |
| 계 | | | | |

* 평가 요소간 가중치를 다르게 줄 수도 있음.
** 상·중·하 수준에 대해 그 내용을 구체적으로 진술하는 것이 바람직함.

### 다) 토론법

토론법이란 교수·학습 활동과 평가 활동을 통합적으로 수행하는 대표적인 방법으로, 특정 주제에 대해 학생들이 서로 토론하는 것을 보고 평가하는 것이다. 특히 수행중심 평가 전략에서는 찬·반 토론법을 많이 사용하는데, 찬·반 토론법이란 사회적으로나 개인적으로 서로 다른 의견을 제시할 수 있는 토론 주제를 가지고, 개인별로 찬·반 토론을 하도록 하거나 집단으로 나누어 집단별 찬·반 토론을 하도록 한 다음, 찬성과 반대 의견을 토론하기 위해 사전에 준비한 자료의 다양성이나 충실성, 그리고 토론 내용의 충실성과 논리성, 반대 의견을 존중하는 태도, 토론 진행 방법 등을 총체적으로 평가하는 방법이다. 아울러 이러한 찬·반 토론의 과정을 자세히 관찰함으로써 토론 진행 과정에서 지도력을 발휘하여 토론을 이끌어 가는 사람, 당당하게 자기주장을 피력하는 사람, 남의 의견을 차분히 듣고 모두의 의견을 집약하는 능력을 발휘하는 사람, 또는 상대방에게 의견을 자유스럽게 제시하도록 한 후 결론은 자기 의견대로 끌고 가는 사람 등등 여러 가지 유형의 성격도 파악할 수 있다. 이러한 찬·반 토론법은 논술형 평가와 구술시험을 통해 얻을 수 있는 정보를 모두 얻을 수 있는 장점이 있는 반면, 학생 수가 많은 경우 개별 학생들이 충분히 발언할 기회를 갖지 못하는 단점도 있다. 이러한 찬·반 토론법을 시행할 때에도 구술시험과 비슷하게 표 V-10과 같은 평가 기준표를 이용하여 특정 학생의 준비도, 이해력, 조직력, 표현력, 판단력, 의사소통 능력, 토론 태도 등을 평가할 수 있다.

**표 V-10** 찬·반 토론법을 위한 평가 기준표(예시)

| 평가 요소* | 점수** | | | 비고 |
|---|---|---|---|---|
| | 상 | 중 | 하 | |
| 준비도<br>(찬·반 토론을 위해 관련 자료 등 준비를 제대로 하였는가?) | 3 | 2 | 1 | |
| 이해력<br>(토론할 내용을 제대로 이해하고 의견을 발표하는가?) | 3 | 2 | 1 | |
| 조직력<br>(토론할 내용을 제대로 조직하여 체계적으로 발표하는가?) | 3 | 2 | 1 | |
| 표현력<br>(자신의 의견을 제대로 표현하는가?) | 3 | 2 | 1 | |
| 판단력<br>(상대편이 발표한 내용의 핵심을 제대로 파악하고 대응하는가?) | 3 | 2 | 1 | |
| 의사소통 능력<br>(다른 사람들의 시선을 끌면서 설득력 있게 발표하는가?) | 3 | 2 | 1 | |
| 토론 태도<br>(상대방의 의견을 존중하면서 토론을 진행하는가?) | 3 | 2 | 1 | |
| 계 | | | | |

* 평가 요소간 가중치를 다르게 줄 수도 있음.
** 상·중·하 수준에 대해 그 내용을 구체적으로 진술하는 것이 바람직함.

수강생 전체 또는 집단토론이 개인적인 면담보다 시간이 덜 걸린다 하더라도 각각의 학생들의 성취도를 확인하고, 그들이 발견한 것을 잊기 전에 기록하는 것은 어렵다. 소극적이거나 능력이 부족한 학생들에게 보고서를 작성하게 하는 것은 그들의 이해 정도를 평가하는 유용한 방법이다. 질문과 대답의 과정 속에서 몇몇의 학생들은 모든 것을 대답하려고 노력하고 다른 학생들은 부끄러워서, 몰라서, 조소가 두려워서 전혀 대답하려 하지 않을 것이다.

교수자는 대부분 질문에 빨리 대답하기 바란다. 그러나 질문한 후에 대답을 하도록 여유를 주지 않으면, 학생이 짧게 대답할 뿐만 아니라, 높은 수준의 사고 활동보다 단지 기억된 정보에 의존하게 된다. 연구자들은 만약 교수자가 질문 후 기다리는 시간을 길게 하려는 훈련을 받는다면 학생들의 대답의 길이는 늘어나고, 자발적인 대답의 수도 늘어난다고 하였다. 학생들은 더 완전하게 대답하고, 증거를 추리하는 진술도 가능하게 된다. 또한 학생들은 스스로 더 많은 질문을 요청하고 서로간의 상호작용도 늘어갈 것이다.

### 라) 실기시험

종래의 실기시험과 수행중심 평가 전략에서 말하는 실기시험의 차이는 시험을 치르는 상황이 통제되거나 강요된 상황인가, 아니면 자연스러운 상황인가의 차이에 기인한다. 종래의 실기시험에서는 평가가 이루어지는 상황이 통제되거나 강요되는 경우가 대부분이다. 그러나 수행중심 평가 전략의 실기시험에서는 통제되거나 강요되는 상황이 아니라 자연스러운 상황에서 여러 번 관찰하여 실제 수행 능력을 평가하는 것이다.

수행중심 평가 전략을 위한 실기시험에서는 가능한 한 교수·학습활동과 평가활동을 분리하지 않고 강의 시간에 자연스러운 상황 하에서 평가하는 것이 바람직하고, 수행 과정 중에서 나타나는 학생들 간의 상호작용을 적극적으로 장려하기도 한다.

### 마) 실험·실습법

실험·실습법은 자연과학 및 공학 분야에서 많이 사용하는 것으로, 예를 들어 어떤 과제에 대해서 학생들로 하여금 직접 실험·실습을 하게 한 후 그 결과보고서를 제출하게 한다. 이 때 개인 단위로 실험·실습을 하게 할 수도 있고 팀을 구성하여 공동 작업을 하게 할 수도 있다. 평가자는 학생들의 실험·실습과정을 직접 관찰함과 아울러 제출된 결과 보고서를 동시에 고려하여 평가하게 된다. 이러한 방법은 실험·실습을 위한 기자재의 조작적인 능력뿐만 아니라, 지식을 적용하는 능력이나 문제해결 과정을 포괄적이면서도 종합적으로 평가할 수 있다. 표 Ⅴ-11은 한국교육개발원(1993)에서 자연과학 분야의 실험 능력을 평가하기 위한 준거로 ① 계획 및 고안, ② 조작기능 및 실험 수행, ③ 관찰 및 기록, ④ 자료해석 및 실험, ⑤ 책임, 창의 및 습관을 제안하고 각각에 대한 평가기준을 제시한 것이다.

**표 V-11** 자연과학 분야의 실험능력의 평가 기준표(예시)

| 영역 | 준거 | 배점 |
|---|---|---|
| 1. 계획 및 고안 | - 조사를 위한 좋은 계획을 제시할 수 있음.<br>- 계획이 분명하고, 간소하고, 완벽함.<br>- 실험 계획을 비판적으로 논의할 수 있음. | 9~10점 |
| | - 좋은 계획을 잘 제시하지만, 약간의 수정이 필요함.<br>- 문제에 대한 전체적인 접근 방법을 이해함. | 7~8점 |
| | - 계획은 괜찮으나, 약간의 도움이 필요함.<br>- 문제에 대한 접근이 비판적이지 못함. | 5~6점 |
| | - 계획이 좋지 않고 비능률적이며, 많은 수정이 필요함.<br>- 중요한 제한 조건과 변인을 고려하지 않음. | 3~4점 |
| | - 문제에 접근하는 방법이 거의 없음.<br>- 많은 도움이 필요함. | 1~2점 |
| | - 전혀 계획을 세우지 못하거나 고안하지 못함. | 0점 |
| 2. 조작기능 및 실험수행 | - 실험의 전 과정을 수행할 수 있는 좋은 능력을 보임.<br>- 기구의 정밀도에 대한 이해가 뛰어남.<br>- 시간을 합리적으로 운영하며, 독창적으로 시간을 조절하여 효율적으로 실험을 수행함. | 9~10점 |
| | - 일반적인 실험 수행 능력은 좋으나, 특정 능력이 부족함.<br>- 기구와 재료를 조작 및 수정할 수 있음. | 7~8점 |
| | - 기구의 정밀도에 대한 이해가 없음.<br>- 실험 계획을 실행하는 데 도움이 필요함. | 5~6점 |
| | - 기구를 조작하는 데 주의력이 약간 부족함.<br>- 중요한 실험 단계를 수행하지 못함.<br>- 시간 조절을 하지 못함. | 3~4점 |
| | - 기구를 조작하는 데 주의력이 부족함.<br>- 기구의 정밀도를 벗어난 수치를 기록함.<br>- 실험 계획을 실행하는 데 많은 도움이 필요함. | 1~2점 |
| | - 전혀 실험을 수행하지 못함. | 0점 |
| 3. 관찰 및 기록 | - 세목별로 바르게 관찰하고, 예상하지 못한 결과를 기록함.<br>- 오차와 부정확한 측정치도 무시하지 않음.<br>- 모든 유용한 정보를 알맞은 형태로 기록함. | 9~10점 |
| | - 데이터 제시가 좋으나, 오차에 대한 주의가 부족함.<br>- 표현은 좋으나 정확성이 부족함. | 7~8점 |
| | - 충분한 데이터를 제시함.<br>- 중요한 자료가 약간 누락됨. | 5~6점 |
| | - 데이터 제시가 빈약함<br>- 중요한 자료가 많이 누락됨. | 3~4점 |
| | - 데이터 제시가 아주 빈약하고, 극히 일부 데이터만 제시함.<br>- 관찰이 부정확함.<br>- 다른 학생의 데이터를 기록함. | 1~2점 |
| | - 관찰 및 기록을 전혀 못함. | 0점 |

〈표 계속〉

| 영역 | 준거 | 배점 |
|---|---|---|
| 4. 자료해석 및 실험 | - 데이터 해석, 오차와 실험 한계의 인식이 좋음.<br>- 질적 및 양적 일반화 능력이 좋음.<br>- 데이터로부터 추리하는 능력, 설명하는 능력 및 실제 경험을 특수한 문제와 결부시키는 능력이 뛰어남. | 9~10점 |
| | - 데이터 해석 방법 및 오차의 분석 방법을 충분히 이해함.<br>- 계산 방법이 좋으나, 가끔 사소한 잘못이 나타남. | 7~8점 |
| | - 데이터의 조작과 계산에 약간의 도움이 필요함. | 5~6점 |
| | - 데이터의 이해가 약간 부족함.<br>- 데이터의 조작과 계산에 어려움을 겪음.<br>- 결과 해석 및 적용에 도움이 요구됨. | 3~4점 |
| | - 데이터에 대한 이해가 부족하고 많은 도움이 요구됨. | 1~2점 |
| | - 데이터 해석능력과 일반화 능력이 전혀 없음. | 0점 |
| 5. 책임, 창의 및 습관 | - 거의 감독을 받지 않고 일을 할 수 있는 자신감이 있음.<br>- 팀의 일원으로 뿐만 아니라 혼자서도 일을 할 수 있음. | 9~10점 |
| | - 맡겨진 일을 책임 있게 열심히 수행함.<br>- 다른 사람의 입장을 고려함. | 7~8점 |
| | - 일은 비교적 잘 수행하지만, 열의와 솔선수범이 부족함. | 5~6점 |
| | - 일에 대한 인내심이 부족함. | 3~4점 |
| | - 다른 사람의 입장을 고려하지 않음.<br>- 계속 감독해야만 일을 수행함.<br>- 팀의 일원으로 일할 때 다른 사람의 역할에만 의존함.<br>- 가끔 어리석은 행동을 함. | 1~2점 |
| | - 책임감, 솔선수범 및 인내심이 전혀 없음. | 0점 |
| 계 | | |

### 바) 면접법

면접법이란 평가자와 학생이 서로 대화를 통해서 얻고자 하는 자료나 정보를 수집하여 평가하는 방법이다. 즉 평가자가 학생과 직접 대면하여 평가자가 질문하고 학생이 대답하는 과정을 통해 지필식 시험이나 서류만으로는 알 수 없는 사항들을 알아보고 그것을 평가하는 방법이다. 흔히 앞에서 설명한 구술시험도 평가자와 학생이 대면하여 질문하고 대답하는 과정을 거치나, 구술시험은 주로 인지적인 영역을 중심으로 한 강의성취도를 평가하기 위한 방법이라고 한다면, 면접법은 주로 정의적인 영역이나 신체적인 영역에 대한 것을 평가하기 위한 방법이라고 할 수 있다. 면접하는 방법은 한 명의 평가자와 한 명의 학생이 일 대 일로 하는 면접, 여러 명의 평가자와 한 명의 학생이 하는 다수 대 일로 하는 면접, 반대로 일 대 다수가 하는 면접, 마지막으로 다수 대 다수가

하는 면접 등이 있다. 면접법의 장점은 보다 심도 깊은 정보를 얻을 수 있으며, 사전에 예상할 수 없었던 정보나 자료를 얻을 수 있으며, 진행상 융통성을 발휘할 수 있는 것 등이다. 특히 최근에는 여러 직장에서 신입사원을 선발할 때, 열린 면접이라고 하여 평가자와 응시자가 함께 어울려 식사도 하고 운동도 하고 회의도 하면서 자연스러운 상태에서 응시자의 사회성이나 창의력, 조직 적응력 등을 평가하기도 한다.

참고로 일반적으로 신입사원을 선발하기 위해 시행하는 면접에서 사용하고 있는 평가 기준표를 제시하면 표 V-12와 같다.

**표 V-12** 면접법을 위한 평가 기준표(예시)

| 평가 요소* | 세부 요소 | 점수** | | | |
|---|---|---|---|---|---|
| | | 상(3점) | 중(2점) | 하(1점) | 비고 |
| 용모, 태도, 건강 | - 외모, 인상, 복장<br>- 태도(인사성, 안정감, 활발성 등)<br>- 건강미(나이, 젊음, 혈색, 체형 등) | | | | |
| 전문 지식 | - 전공 지식<br>- 외국어 구사 능력<br>- 일반 상식 | | | | |
| 성실성 | - 가치관, 생활태도<br>- 학교 생활<br>- 가정환경 및 친구관계 | | | | |
| 조직적응력 | - 사고방식의 긍정성<br>- 적극성, 리더쉽, 협조성<br>- 희망하는 직무 | | | | |
| 창의력 | - 문제의식<br>- 유연한 사고, 독창적인 아이디어 제공<br>- 종합적 판단 | | | | |
| 발전가능성 | - 관심분야에 대한 열정<br>- 장래 발전 가능성<br>- 기업 발전에 공헌할 가능성 | | | | |
| 계 | | | | | |

* 평가요소간 가중치를 다르게 줄 수도 있음.
** 상·중·하 수준에 대해 그 내용을 구체적으로 진술하는 것이 바람직함.

아울러 표 V-13은 서울에 있는 ㅇㅇ대학교 사범대학에서 신입생 선발을 위한 면접

시험에서 사용한 평가요소의 일부분이며, 흔히 사용하는 질문 문항의 예는 다음과 같다.

① 자신의 장·단점에 대해 간단히 말해 보시오.
② 사범대학을 지원한 이유를 간단히 말해 보시오.
③ 특별히 잘하는 과목이나 특별히 흥미를 가지고 있는 과목은 무엇입니까?
④ 대학에 입학한다면, 어떤 동아리 활동에 참여하고 싶습니까? 그 이유는 무엇입니까?
⑤ 졸업 후, 교사가 된다면 어떠한 일을 가장 먼저 하고 싶습니까?
⑥ 취미나 특기가 무엇입니까?
⑦ 최근에 감명 깊게 읽은 책이 있습니까? 그 내용은 무엇이고 특별히 어떤 점에 감명을 받았습니까?
⑧ 우리나라 교육문제 중에 가장 심각한 것이 무엇이라고 생각하십니까? 그 문제를 어떻게 해결하는 것이 바람직하다고 생각하십니까?

**표 V-13** 면접시험의 평가 요소(예시)

| 응답 내용의 분석 | 행동 관찰 | 비고 |
|---|---|---|
| - 교직에 대한 태도<br>- 인간(학생)에 대한 태도<br>- 사범대학 지망 동기<br>- 각과 전공에 대한 교직 적성<br>(흥미, 동기, 능력 등) | - 정서 안정성<br>- 언어구사 능력<br>- 예절, 용모 및 기타 | |

면접은 학생들의 기능, 개념, 지식, 느낌, 태도, 행동과 이들 이면에 있는 것들까지 모든 정보를 모을 수 있는 기회를 제공한다. 이러한 방법의 가장 큰 한계점은 한 번에 몇몇의 학생들을 면접할 지라도 많은 시간이 필요하다는 것이다. 구조화된 것(structured), 구조화되지 못한 것(unstructured), 또는 서로 조합된 것까지 활용할 수 있다. 면접에는 다음 세 종류의 방법이 있다.

- 구조화되거나 표준화된 면접(structured or standard interview) : 미리 순서에 따라 일련의 질문이 결정되어 있는 것이다.
- 과제 중심 면접(focused interview) : 이 면접은 독특한 주제나 화제를 중심으로

이루어지는 집중면담의 형태이다. 공학교육에서 학생의 능력발달을 평가하는 가장 일반적인 질문 방법이다. 집중면담에서는 학생의 지식과 이해력을 체계적으로 표현하도록 이끌 수 있는 많은 핵심 질문을 찾는 것이 필요하다.

- 대화식 면접(conversational interview) : 이 면접은 강의실이나 실험실 같은 곳의 편안한 상황에서 수업활동의 한 영역으로 특별한 주제 없이 이루어진다.

면접의 효율성을 높이기 위해서는 학생의 생각을 충분히 표현할 수 있다는 분위기를 느끼게 한다. 그렇지 않으면 그들이 생각하는 것보다 교수자가 듣기를 원하는 대답을 하려고 할 것이다 그러므로 교수자는 의견과 규칙을 강압하지 않는 범위 내에서 안정, 흥미, 그리고 주의를 끌 수 있도록 배려하여야 한다. 사용할 질문 혹은 말은 학생들에게 익숙한 용어이어야 한다. 학생들은 또한 그들의 대답을 생각해낼 시간이 필요하다. 그렇지 않으면 학생은 교수자에게 솔직하고 정직한 대답을 하지 못할 것이다.

### 사) 관찰법(observation)

관찰법은 학생을 이해하고 평가하기 위한 가장 보편적인 방법 중의 하나이다. 교수자들은 늘 학생들을 접하고 있으며 개별 학생 단위로나 집단 단위로나 항상 관찰하게 된다. 예컨대 학생들 간의 사회적 관계 구조를 파악하기 위해 한 집단 내에서 개인간 또는 소집단간의 역동적 관계를 집중적으로 관찰할 수 있다. 객관적이고 정확한 관찰을 하기 위해서는 관찰 대상을 있는 그대로 기술하는 일화기록법이나, 체크리스트(check list)나 평정 척도 등을 이용하기도 하고, 경우에 따라서는 비디오(video) 녹화를 한 후 분석하기도 한다.

공학교육에서 교수자의 관찰은 학생의 목표달성을 위한 증거수집의 방법 중에서 가장 중요하다. 관찰에는 구체화되지 않은 개방된 관찰에서(open, non-specific observation), 중요 항목의 관찰(focused observation), 체계적인 관찰(systematic observation) 등의 세 가지의 중요한 형태가 있다.

- 구체화되지 않은 개방된 관찰(open, non-specific)에서 교수자는 학생의 행동과 반응을 보고, 관찰된 내용을 기록한다. 이러한 접근에는 많은 한계점이 발견된다. 즉 교수자가 기대하는 수준이 학생을 공정하게 평가하는 데 영향을 줄 수 있다는 것이다.
- 체계적인 관찰(systematic observation)은 구체적으로 정의된 평가영역에 따라 계

획이 세워지고 시간간격을 두고 행동을 기록하는 활동을 포함한다. 이 방법은 매우 명백하며, 양적인 평가의 자료를 만들 수 있지만, 시간을 낭비하며, 단지 교수과정으로부터 분리된 평가활동일 경우 효과적이다.

- 중요 항목의 관찰(focused observation)은 비교적 객관적이며, 교수과정과 통합되어 운영할 수 있는 관찰의 방법으로 교수자에게 가장 적당하다. 이 방법은 융통성이 있으며, 정상적인 학습활동에 방해를 주지 않고 많은 준비와 기록이 필요치 않다는 장점을 가지고 있다. 이러한 방법은 자주 사용할 수 있으며, 학생의 요구에 근접한 평가이고, 끊임없이 피드백을 제공할 수도 있다. 특히 학생들은 자신이 평가받고 있다는 사실을 굳이 깨닫지 않아도 된다.

관찰은 보통 교수법의 대부분에서 실행할 수 있지만, 관찰이 교수자의 주요 목적일 때, 5~10분 정도의 짧은 시간에 접근하기도 한다. 만약 교수자의 관찰 활동이 학생이 더욱 많이 배우도록 도와준다는 것을 인다면, 학생은 이러한 관찰에 잘 적응할 수 있다.

### 아) 자기 평가 및 동료 평가 보고서법

자기평가(self-evaluation) 보고서법이란 특정 주제나 교수·학습 영역에 대하여 자기 스스로 학습 과정이나 학습 결과에 대한 자세한 평가 보고서를 작성·제출하도록 하여 평가하는 것이다. 예컨대 어떤 교육프로그램을 이수한 후, 그 프로그램을 이수하면서 자기 스스로의 학습 과정이나 학습 결과에 대해 평가 보고서를 작성·제출하도록 함으로써 학생들로 하여금 자신의 준비도, 학습동기, 성실성, 만족도, 다른 학생과의 관계, 성취수준 등에 대해 스스로 생각하고 반성할 수 있는 기회를 제공할 뿐만 아니라, 교수자로 하여금 그들이 시행한 해당 학생에 대한 관찰이나 수시로 시행한 평가가 타당하였는지를 비교·분석해 볼 수 있는 기회를 제공하게 된다. 이와 유사하게 동료 학생들이 상대방을 서로 평가하도록 하는 동료평가(peer-evaluation) 보고서법을 이용하여 학생들을 평가할 수도 있다.

참고로 특정한 주제에 대해서 연구를 수행하도록 한 후, 개별 학생들에게 표 V-14와 같은 자기평가 보고서를 작성하여 제출하게 함으로써 평가할 수 있다.

**표 V-14** 자기평가 보고서 평가 기준표(예시)

| 평가 요소 | 평가 관점 | 점수 | | | 비고 |
|---|---|---|---|---|---|
| | | 그렇다 | 보통이다 | 아니다 | |
| 준비도 및 성실성 | 선정한 연구 주제에 대한 보고서를 작성하기 위하여 충분한 시간과 노력을 부여하였는가? | 3 | 2 | 1 | |
| 학습동기 | 이 연구를 수행하는 것이 나 자신에게 꼭 필요한 것이었는가? | 3 | 2 | 1 | |
| 성취감 및 만족도 | 이 연구를 통해서 많은 것을 배우게 되었으며, 연구 결과에 대해 스스로 만족스러운가? | 3 | 2 | 1 | |
| 다른 학생과의 관계 | 이 연구를 수행하는 과정에서 다른 학생들과 상호 토론을 하거나 협력 학습을 하였는가? | 3 | 2 | 1 | |
| 자료 수집 | 관련되는 자료나 정보를 만족할 만큼 다양하고 충분하게 수집하였는가? | 3 | 2 | 1 | |
| 자료 분석 및 종합 | 수집한 자료나 정보를 분석하거나 종합한 것에 대해 스스로 만족하는가? | 3 | 2 | 1 | |
| 보고서 작성 방법 | 보고서 작성법에 맞도록 보고서를 작성하였는가? | 3 | 2 | 1 | |
| 계 | | | | | |

* 평가요소간 가중치를 다르게 줄 수도 있음.

### 자) 연구보고서법

연구보고서법이란 여러 가지 연구 주제 중에서 학생의 능력이나 흥미에 적합한 주제를 선택하되, 그 주제에 대해서 자기 나름대로 자료를 수집하고 분석·종합하여 연구보고서를 작성·제출하도록 하여 평가하는 것이다. 이 때 연구의 주제나 범위에 따라 개인적으로 할 수도 있고, 관심 있는 학생들이 함께 모여서 단체로 할 수도 있다. 이러한 연구보고서법은 흔히 프로젝트(project)법이라고도 하며, 학생들은 연구를 수행하고 보고서를 작성하는 과정에서 연구하는 방법, 각종 정보를 수집하는 방법, 다양한 자료를 종합하고 분석하는 방법, 보고서 작성법 등을 익히게 될 것이며, 연구보고서 발표회나 학생들 간 연구보고서의 상호 교환을 통해 많은 것을 배우게 된다. 흔히 사용하는 현장 교육 연구보고서의 평가 기준표는 표 V-15와 같다.

**표 V-15** 현장 교육 연구 보고서 평가 기준표(예시)

| 평가 요소 | 평가 관점 | 배점(%) |
|---|---|---|
| 현장 공헌도 | 1. 연구 주제가 현장 교육의 필요에 부합하는가?<br>2. 선정된 주제가 현장 교육에서 얼마나 중요한 것인가?<br>3. 연구 결과를 교육 현장의 일반 상황에서 얼마나 쉽게 활용할 수 있는가? | 30% |
| 연구 내용 | 1. 선정된 내용이 현장 교육 발전에 얼마나 도움이 되는 것인가?<br>2. 연구 문제의 배경에 관한 이론적 실제적 연구가 충분히 포괄적인가?<br>3. 연구의 가설(가정 또는 실행목표)이 현장의 실태나 이론과 관련지어 얼마나 논리적으로 도출되는가? | 30% |
| 연구 방법 | 1. 선택된 연구 방법이 연구의 문제, 설정된 가설의 성질을 고려해 볼 때 얼마나 적절한가?<br>2. 연구의 도구, 자료, 분석 방법이 얼마나 신뢰로운 것인가? | 20% |
| 창의성 | 1. 연구 문제의 선정과 문제해결을 위한 접근 방식이 얼마나 참신한가?<br>2. 연구의 결과가 교육 현장에서 얼마나 새로운 것인가? | 20% |
| 계 | | 100% |

### 차) 작품의 숙고적 평가(considering product)

계획 활동 과정에서의 계획안, 스케치, 도표와 최종 작품은 교수자가 알맞은 수준에서 학생의 작업을 평가하도록 도와준다. 특히 작품의 숙고적 평가는 다른 학생들과 비교하여 서열을 매기는 평가와는 달리 개별 학생들의 작품 자체에 담겨 있는 평가정보를 얻는 방법이다. 개인적인 작품은 과제에 의해 요구되어질 때, 각 학생은 아주 쉽게 평가될 수 있다. 중요한 문제는 한 학생이 다른 학생을 모방할 수도 있고, 또는 그들 자신이 창조하지 않고 다른 사람의 생각을 의지할 수 있다는 것이다. 이 문제는 개인 또는 집단에 의한 평가에 의한 계속적인 관찰로서 해결될 수 있다. 관찰과 자기평가에 더하여 교수자는 과제 후에 작성된 보고서, 개인적 면담 또는 수강생 전체 토론을 통하여 학생들이 학습한 내용을 평가할 수 있다.

### 카) 그림 및 제도도면(diagram and drawings)

학생들이 학습 활동하는 동안 만들어진 제도도면과 그림도 평가에 사용될 수 있다. 학생들에게 공장을 방문한 후 그림을 위계를 가지도록 체계적으로 나열시키거나 그리게 할 수 있다. 과제해결을 시작하기 전에 위의 그림들은 학생의 이해도를 평가하기 위해서 가장 가치 있는 방법이 될 수 있고, 수업의 토론에 자극제가 될 수 있으며, 이러한 과제의 세부적인 계획을 세울 수 있고 정보를 의식적으로 분류할 수 있다.

### 타) 개념지도 작성법(concept mapping)

최근에는 학생들의 관념 이해력과 관계성 파악능력을 확인하기 위해서 개념지도 작성법이라는 새로운 평가도구들이 활용되고 있다. 개념지도는 학생들이 개념 및 개념간 관련성에 대한 자신의 이해정도를 표현하기 위해서 스스로 만들어 낸 정보의 묶음을 가리킨다. 개념지도는 종이의 중앙에 핵심개념을 적어 넣고 그 개념과 관련있다고 생각되는 개념틀을 선이나 단어로써 연결하여 하나의 관념망을 그려간 것이다.

개념지도 작성법은 작문능력이 뛰어나지 못하거나 학습능력에 차이가 있는 공학교육 학생들이 한데 어우러져 있는 강의실에서 특히 유용한 평가도구이다. 또한 이 방법은 시간이 지남에 따라 개념들간의 관계에 대한 학생의 이해가 어떻게 변화해 가고 있는지를 평가해 보는 데에도 유용하다. 요즈음 개념지도 작성법은 그 응용범위가 넓어 사고력 중심의 두뇌 개발 프로그램인 마인드 맵(mind-map)에까지 널리 이용되고 있다.

### 파) 사진, 녹음자료, 비디오의 활용(use of photographs, tapes, video)

학습활동 동안에 찍은 사진은 개인과 전체의 토의에 도움을 주었던 기술 또는 과정을 재생하는 데 도움을 준다. 학생들에게 사진을 통하여 그들이 하고 있는 것과 다른 사람이 하고 있는 것에 대하여 토의하도록 요구한다면, 이런 활동은 학생들의 논평에 도움을 주고, 그들의 활동을 상기시켜 주고, 적당한 기술을 적용하는 이유와 그것의 적용시 필요한 지식을 알게 하는 데 도움을 준다. 그러나 필름과 현상비가 비싸고, 과정을 지연시킬 수 있고, 사진을 동시에 모든 학생에게 제시하기 어려운 문제점도 있다.

한편, 녹음자료는 비용이 저렴하지만, 비교적 강의실의 한 부분에 놓을 수 있다. 그러나 재생하고 녹음하는 데 다소 시간이 소비되고, 사용의 빈도가 높지 않으며, 초임교수에게 시간적인 압박감을 준다. 만약 학습자의 목소리를 잘 알아듣지 못한다면 종종 녹음내용을 구별하기 어렵다. 그러나 녹음자료는 반복적인 분석이 가능하고, 더 많은 관찰에 유용한 자료를 제공한다. 녹음자료는 그들 자신들의 활동을 평가하고 협동 작업시의 기술을 발전시키는 데 도움을 준다.

같은 방법으로 비디오에 학습활동을 담는 것은 교수자의 교수활동 반성과 학생의 평가에 도움을 준다. 비디오 녹화는 소리와 화면이 나타난다는 장점이 있다. 그러나 구입비가 비싸고, 비디오카메라의 보관 문제 등의 단점이 있다.

#### 하) 포트폴리오법

포트폴리오(portfolio)법이란 자신이 쓰거나 만든 작품을 지속적이면서도 체계적으로 모아 둔 개인별 작품집 혹은 서류철을 이용한 평가 방법이라 할 수 있다. 예를 들어 어떤 건축가 지망생이 자신의 작품이나 설계도를 순서대로 차곡차곡 모아 둠으로써 자기 자신의 변화·발전 과정을 스스로 파악할 수 있도록 하고, 그 작품집을 이용하여 다른 사람들에게 쉽게 평가를 받을 수 있게 하는 것과 유사한 것이다. 학생들은 자신이 제작한 포트폴리오를 통해 자기 자신의 변화 과정을 알 수 있고, 자신의 강점이나 약점, 성실성 여부, 잠재 가능성 등을 스스로 인식할 수 있으며, 교수자들은 학생들의 과거와 현재의 상태를 쉽게 파악할 수 있을 뿐만 아니라 앞으로의 발전 방향에 대한 조언을 쉽게 할 수 있다. 이 평가 방법은 단편적인 영역에 대해 일회적으로 평가하지 않고, 학생 개개인의 변화·발달과정을 종합적으로 평가하기 위해 전체적이면서도 지속적으로 평가하는 것을 강조하는 것으로 수행중심 평가 전략의 대표적인 방법 중 하나로 각광받고 있다. 포트폴리오법에 관해서는 이후의 질에서 구체적으로 다루도록 할 것이다.

# 2. 포트폴리오 평가 모형과 전략

## 가. 포트폴리오 평가의 개념

학습자들의 직접적인 수행행동을 평가하기 위해서는 계속적이고, 분석적이며, 개별적이어야 할 것이다. 이에 '수행평가'라는 용어는 대안적인 평가, 실제 상황에서의 평가, 직접적인 평가, 실기시험, 포트폴리오법, 과정(중심)평가 등이 가지는 주요 특성들을 모두 포괄하는 의미로 사용하고 있다. 이런 수행평가의 여러 방법 중 대표적인 평가 기법으로서 포트폴리오 평가를 들 수 있다. 포트폴리오를 이용한 평가방법은 단편적인 영역에 대해 한 차례의 평가로 그치지 않고, 학습자 개개인의 변화와 발달 과정을 종합적이고 지속적으로 평가하는 것을 강조한다. 이 방법은 학습자가 쓰거나 만든 작품집이나 서류철 등을 이용하여 결과물 뿐만 아니라, 결과물이 나오게 되는 과정도 함께 고려하여 평가하는 방법이다. 다시 말해, 포트폴리오는 학습자 자신이 만든 과제물, 연구보고서, 실습결과보고서, 사진이나 그림 등 여러 가지 서류들을 모아 놓은 작품집을 말한다.

포트폴리오의 어원은 '서류를 옮긴다(carry sheets)'는 의미로 학습자 자신의 능력을 프로젝트, 작품이나 서류철 등으로 옮겨 표현한 것으로, 형태는 증명서, 이력서 등의 서류, 사진 그림, 컴퓨터 디스켓이나 비디오테이프 등 다양하다(류창열, 2006). 이러한 포트폴리오의 구성물에는 아이디어, 스케치와 제도, 재료와 과정(Process)의 시험, 토의 내용의 기록, 느낌이나 소감, 자기평가 등 다양하다. 평가에서 이러한 다양한 증거 자료를 이용하면 오판의 소지를 줄여 줄 뿐만 아니라 시험 점수 자체보다 훨씬 더 많은 자료를 제공해 준다(백순근, 1977).

포트폴리오 평가의 개념에 대해 최유현(2005)은 학습자들의 개인적 진척도와 성장과정, 수업 프로그램 등의 평가목적을 실현하기 위하여 학습자들이 주어진 기간 동안에 쓰기 자료, 각종 보고서, 작품, 녹음·녹화자료, 그림, 저작물, 평가자료 등의 다양한 내용물을 적절한 물리적 구조에 체계적이며, 지속적이고, 의도적으로 문서화하거나 자료화하여 교수자와 학습자 모두가 성찰적으로 평가하는 전략이라고 설명하였다.

다음의 비교를 통하여 포트폴리오의 의미를 구체적으로 생각해보자.

| Portfolio | Folder |
|---|---|
| ■ 대표적이고 지속적으로 개선할 수 있는 내용을 선택하여 증거자료로 삼고 이것을 수집하는데 최상의 표본들을 수집한다. | ■ 표본들은 정확한 기준에 의하여 선택된 것이 아니다. |
| ■ 증거자료에는 학습자의 반성적 진술을 포함한다. | ■ 표본들은 학습자의 반성을 포함하지 않을 수도 있다. |
| ■ 표본은 교수자와 학습자의 의견과 학습자의 목표 설정이 포함된다. | ■ 표본에 일반적으로 보통 학습자들의 의견과 목표가 포함되지 않는다. |

여기에서 학습평가로써 포트폴리오는 기본적으로 정확한 표준 선택 기준, 학습자의 반성과 성찰, 교수자－학습자의 대화가 중요하게 반영되어야 함을 알 수 있다.

포트폴리오는 어떤 화가 지망생이 유명한 화가에게 지속적으로 지도를 받으면서 자신의 작품을 그린 순서대로 차곡차곡 모아 둠으로써 자기 자신의 변화, 발전과정을 스스로 파악할 수 있도록 하고, 그 작품집을 이용하여 자기의 스승뿐만 아니라 다른 사람들에게도 쉽게 평가를 받을 수 있게 하는 것과 유사한 것이다. 그림뿐만 아니라 사진이나 시, 소설 등도 작품집을 이용하여 평가할 수 있으며, 글짓기한 것이나 교과 과제물, 연구 보고서나 실험·실습의 결과보고서 등을 정리한 자료집을 이용하여 평가할 수도 있다.

학습의 과정 및 결과로서의 포트폴리오(portfolio)는 평가전략인 동시에 역동적인 수업전략이다. 포트폴리오 학습과제 수행을 통하여 학습자들은 수업 및 평가과정에 적극적이고 능동적으로 참여하고, 그들의 학습행위에 대한 반성의 기회를 갖는다는 점에서 의의가 크다.

교육에서의 포트폴리오의 개념을 구성하는 요인은 자료의 출처가 학습자들의 아이디어, 흥미, 능력에 근거하여 자발적인 수행 및 반성에서 찾을 수 있고, 의도되는 계획이 전제되어야 함을 알 수 있다. 포트폴리오 평가의 가장 큰 장점은 '자기평가'에 있다. 포트폴리오 평가는 학습자들에게 그들의 학습활동에 책임감을 갖게 하고, 소유의식, 자긍심, 자아존중을 격려하게 된다(Hart, 1994). 이는 네보 교수가 '대화를 통한 평가(dialogue evaluation)'를 주창하였다. 이는 대화를 통한 평가가 역설적 표현으로 들릴 수 있다. 대부분의 사람들이 평가를 일방적 과정으로 보고 있는데 평가를 쌍방적 과정으로 개념화하고 있다. 대화를 통한 평가의 핵심은 한 마디로 말하자면, 모든 교육적 평가를 바라보는 시각 자체가 평가자의 일방적 판단으로부터 평가자와 평가대상자 간의 대화로 바뀌어야 한다는 것이다. 즉 학습자들은 자신이 제작한 포트폴리오를 통해 자기 자신의 변화과정을 알 수 있고 자신의 장점이나 약점, 성실성 여부, 잠재 가능성 등을 스스로 인식할 수 있으며, 교수자들은 학습자들의 과거와 현재의 상태를 쉽게 파악할 수 있을 뿐만 아니라 앞으로의 발전방향에 대한 조언을 쉽게 할 수 있다. 공학 교육에서는 다른 교육 분야와는 달리 지식의 이해정도 뿐만 아니라, 사고력, 판단력, 공작능력, 문제해결 능력, 관찰력 등이 강조되기 때문에 실험 · 실습활동이 중요시된다. 따라서 공학교육에서의 학습자의 평가는 다른 교과와는 달리 지식의 이해 정도를 평가할 뿐만 아니라, 실습 능력, 기계와 도구를 다루는 능력, 일에 대한 긍정적이고 적극적인 태도, 문제해결능력 등을 균형있게 평가하는 것이 바람직하다. 또한 일의 결과뿐 아니라, 계획 및 진행 과정에 대한 계속적인 평가가 이루어져야 한다.

**포트폴리오(Portfolio)의 개념**

학습자들의 개인적 진척도와 성장과정, 수업 프로그램 등의 평가목적을 실현하기 위하여 주어진 기간 동안에 쓰기 자료, 각종 보고서, 작품, 녹음·녹화자료, 그림, 저작물, 평가자료 등의 다양한 내용물을 적절한 물리적 구조에 체계적이며, 지속적이고, 의도적으로 문서화하거나 자료화하여 교수자와 학습자 모두가 성찰적으로 평가하는 전략(최유현, 2005)

## 나. 포트폴리오 평가 유형

경영, 미술, 체육, 과학 등의 여러 분야의 다양한 포트폴리오 중에서 공학교육에서는 프로젝트 포트폴리오와 과정 포트폴리오가 의미가 있다. 이 중에서 프로젝트 포트폴리오는 한 가지 프로젝트를 완성하는 데 투입된 노력의 내용을 모은 자료집이다. 이 자료집에는 프로젝트에 대한 구상, 설계도 및 제작과정, 완성된 작품과 그에 대한 해석 등의 내용이 포함된다. 학습자들이 공학교육에서 여러 가지 프로젝트를 해결하려면 새로운 지식이 필요하다. 이 새로운 지식은 문제해결을 위한 정보로 활용되고, 설계기록, 설계 문제를 해결하는 데 필요한 연구부분과 함께 자료집에 포함된다.

다른 하나인 과정 포트폴리오는 일정하게 주어진 시간 동안에 이수하는 과정해서 얻어진 기록을 모은 작품집이다. 즉, 과제를 해결하는 과정에서 학습자들의 지식, 기능, 태도 등의 자료에 대한 기록들이다. 여기에는 학습자들의 일정 기간 동안에 걸쳐 만들어진 것이기 때문에 학습자의 자료난 작품이 발달 단계별로 모아지게 된다(류창열, 2006). 이러한 경우에 전체 과정을 통틀어서 완성하는 프로젝트를 대상으로 할 수 있고, 전체과정 내에서 부분적 내용을 완성하는 프로젝트를 대상으로 하는 경우도 있다.

## 다. 포트폴리오 평가방법의 특징

포트폴리오 평가방법이 지니고 있는 특징에 관해 많은 연구자들이 다양하게 설명하고 있다.

첫째, 포트폴리오 평가는 평가자체가 학습자의 학습을 촉진하는 도구로서 교수활동에 조정, 통합, 적용된다는 것이다. 즉 포트폴리오 자체가 평가의 자료 혹은 방법으로 이해되기 보다는 수업과 평가를 통합하는 기능을 한다. 따라서 포트폴리오를 활용하는 수업에서는 평가와 수업이 따로 분리되어지지 않고, 평가가 학습자의 성취정도를 파악하는 역할뿐만이 아니고 수업의 전개, 학습의 기능까지도 담당한다.

둘째, 포트폴리오의 수집물들은 학습의 성과물, 성취 결과뿐만 아니라 시작부터 학습과정들을 종합적으로 보여준다. 전통적인 평가에서는 주로 총괄평가에 주안점을 두고, 학습자의 학습결과에 대한 결론을 내려온 것에 반해, 포트폴리오에서는 학습 시작단계에서부터 발전, 최종의 단계에 이르기까지의 포괄적인 과정을 평가대상으로 삼는다.

셋째, 포트폴리오는 단순한 작품모음이 아니라 교수자와 학습자가 함께 세운 목표에 따라 수집된 것들이다. 과거에도 교수자들은 어떤 형태로든 학습자의 학습 진전이나 성취를 나타내 주는 성과물을 수집해 왔다. 그러나 이러한 수집은 포트폴리오라고 하지 않는다. 왜냐하면 그러한 수집은 목적이나 체계 없이 모아진 것에 불과하기 때문이다. 따라서 포트폴리오는 학습자나 교수자 혹은 학습자와 교수자의 협의 아래 설정된 목표를 이루어가지 위해 수집된 성과물을 포함하는 특성을 갖고 있다.

넷째, 포트폴리오 평가방법은 학습자들에게 선택의 기회를 제공하는 평가법이다. 학습자들은 학습과정 중 그들이 세운 목적을 이루기 위해 포트폴리오에 포함될 항목과 구성 방법을 정하거나, 여러 개의 항목 중 자신에게 적합한 것을 선택할 수 있다. 이러한 특성 때문에 포트폴리오 평가 방법은 학습자를 학습의 주체자로서 적극적으로 참여하게 하며 자신의 학습에 책임을 질 수 있도록 도울 수 있다.

다섯째, 포트폴리오 평가방법은 학습자와 교수자에게 자기반성의 기회를 제공함으로써 반성적 사고(reflective thinking)를 하도록 돕는다. 반성적 사고란 과거의 경험, 생각, 주제에 대한 진지한 생각의 과정으로서 학습에 대한 통찰력을 제공하며 지적 성장을 유도하고, 다음 행동을 설계하도록 촉진시킨다. 따라서 이러한 반성적 사고를 통해 학습자가 좀 더 적극적인 수업의 주체로 수업에 참여할 수 있게 된다. 또한 교수자들에게는 자신의 교수에 대한 평가 근거의 매개체가 된다.

하지만 포트폴리오는 교수자가 개별학습내용과 상황에 적합하게 실제 평가도구를 개발하고, 적용하는 평가 과정과 절차가 이전의 전통적인 평가보다 훨씬 많은 시간과 노력이 필요하다는 점이 문제점으로 지적된다. 이러한 특성은 교수자에게 체계적인 고찰과 과정의 평가가 주기적으로 수행되어야 하기 때문에 과중한 업무 부담을 안겨 줄 수도 있다.

또한, 포트폴리오 평가법의 타당도와 신뢰도로서 포트폴리오 평가를 학교현장에 도입하기 위해서는 평가 방법 및 결과에 신뢰도에 관한 증거가 제시되어야 한다. 포트폴리오 평가법은 질적 평가이기 때문에 표준화 검사처럼 신뢰도와 타당도를 수치로 나타내는 데에 어려움이 있다. 따라서 타당한 척도로 이 평가법의 결과를 합리적으로 그리고 객관적으로 설명하는 작업이 부가적으로 요구된다.

## 라. 포트폴리오 평가를 위한 수업모형

최유현(2005)은 포트폴리오 평가의 절차를 다음과 같이 구안하였다. 기본단계는 포트폴리오 설계하기, 포트폴리오 구성하기, 포트폴리오 성찰하기의 세 단계로 구분하여 구체적인 절차를 제시하고 있다. 특히 각각의 단계에서 실제적 적용을 위해 필요한 양식들도 함께 제시하고 있다.

| 기본 단계 | 포트폴리오 활용 수업 절차 | 활용 양식 |
|---|---|---|
| 포트폴리오의 계획과 설계하기 (D) | D1. 수업 주제의 분석<br>D2. 수업 목표의 결정<br>D3. 포트폴리오 물리적 구조의 확인 (바인더, 폴더, 파일 등)<br>D4. 포트폴리오 자료 내용 요소의 결정<br>D5. 포트폴리오 양식과 체크리스트 개발<br>D6. 학습자 자기 반성적 지침과 채점기준의 결정<br>D7. 학습자들과 검토 | • 포트폴리오 설계 체크리스트<br>• 포트폴리오 실행 체크리스트<br>• 포트폴리오 자기 반성 체크리스트 |
| 포트폴리오 구성하기 (C) | C1. 포트폴리오 자료 내용의 선정과 작성<br>C2. 학습자들의 내용의 자기 반성적 평가/수업 에세이 기록<br>C3. 포트폴리오를 통한 동료 학습자 회의<br>C4. 포트폴리오를 통한 교수자 – 학습자 회의 | • 주제별 양식(주제 단위로 작성)<br>1. 포트폴리오 구성 설계안<br>2. 포트폴리오 자기 반성 및 대화록(수업 에세이) |
| 포트폴리오 성찰 (R) | R1. 교수자의 포트폴리오 평가<br>R2. 포트폴리오 피드백 | • 포트폴리오 루브릭 (교수자용 채점 기준표) |

## 마. 포트폴리오 평가 수업 모형에 따른 예시

포트폴리오 평가를 위한 수업 모형에 따라서 '기계공작실습' 과목을 적용하여 그 내용을 살펴보면 다음과 같다.

### 1) 포트폴리오의 계획과 설계하기

☞ 포트폴리오가 공학도로서 성공적인 진로를 위하여 기술과 확신을 얻게 해준다는 것을 설명한다.

☞ 교수자는 학습자에게 자기 반성적 지침과 채점기준에 대하여 설명한다.

- 학습목표가 주제에 맞게 표현되었는가?
- 포트폴리오 조직이 체계적인가?
- 포트폴리오 조직이 잘 구조화 되었는가?
- 포트폴리오 요소간에 관련성이 있는가?
- 자료를 담기 위한 물리적 구조(바인더, 폴더 등)가 있는가?

☞ 포트폴리오의 계획과 설계하기에 포함된 내용을 학습자와 함께 검토한다.

### 2) 포트폴리오 구성하기

- 학습자들의 포트폴리오 자료가 다양한가?
- 학습자들의 포트폴리오 자료가 목적에 비추어 적절한가?
- 학습자들의 포트폴리오 자료에 대한 실행이 계획과 일치하는가?
- 포트폴리오의 실행된 내용 중 자기 반성의 평가가 포함되어 있는가?
- 포트폴리오를 구성하는 과정에서 반성의 증거가 발견 되었는가?
- 포트폴리오를 구성하는 과정에서 수정의 증거가 발견 되었는가?

### 3) 포트폴리오 성찰하기

- 포트폴리오 제작 수행과정의 성취와 반성을 잘 이해하고 있는가?

☞ 평가 기준에 의해 포트폴리오를 평가하고, 앞으로 학습할 활동의 개선을 위하여 학습자에게 피드백을 해준다.

☞ 포트폴리오의 활용도에 대하여 설명해 준다.

## 부 록: 포트폴리오 활용 양식

□ 포트폴리오 설계 체크리스트

1. 학습 목표가 명확한가?
2. 포트폴리오의 활용 목적이 명확한가?
3. 자료를 정확히 담을 물리적 구조가 있는가?
4. 자료의 내용물을 정확하게 선정할 절차가 있는가?
5. 자료 내용의 특성이 목적과 어울리는가?
6. 학습자들의 자기 평가 안내와 질문이 명확한가?
7. 채점 기준이 설정되었는가?

□ 포트폴리오를 활용하고 실행하기 위한 체크리스트

1. 포트폴리오의 내용과 그것이 어떻게 활용되는지를 알고 있는가?
2. 학습자들이 포트폴리오가 왜 중요한지를 알고 있는가?
3. 학습자들이 자신의 과제에 책임감을 갖고 자료 선정에 참여하는가?
4. 학습자들의 자료가 너무 많지 않으면서 충분한가?
5. 포함해야 할 내용 테이블이 있는가?
6. 구체적인 자기 평가 질문이 마련되어 있는가?
7. 내용 완성을 체크할 체크리스트가 있는가?
8. 개별 항목에 따라 채점 기준이 있는가? 그리고 내용이 명확한가?
9. 개별화된 교수자 작성 논평이 마련되어 있는가?
10. 학습자 - 교수자 대화가 포함되어 있는가?

□ 포트폴리오 자기반성 체크리스트

1. 내가 수행한 학습 활동을 구체적으로 설명할 수 있는가?
2. 학습 활동 가운데 가장 좋았던 내용은 무엇인가?
3. 다음에는 무슨 주제에 관심을 갖고 있는가?
4. 내가 구성한 포트폴리오에서 배운 것이 무엇인가?
5. 시간이 주어진다면 어떻게 자료를 구성할 것인가?
6. 선정된 자료에서 가장 큰 장점과 단점은 무엇인가?
7. 포트폴리오를 수행하는 데 겪은 문제나 장애가 무엇인가?
   그리고 나중에 다시 한다면 어떻게 극복할 것인가?
8. 이 포트폴리오가 가장 좋은 작품인가? 왜 그런가? 왜 그렇지 않은가?
9. 앞으로 도전할 과제에서는 무엇을 할 것인가?
10. 선정된 자료에 얼마나 만족하는가? 왜 그런가?

□ 포트폴리오 구성 설계안

| ■ 포트폴리오 구성 설계안 | OO대학교 기계공학과<br>학번:<br>성명: |
|---|---|

| 과목 | 기계공작실습 | 학습 일시 | 00. 00. 00 | 수업 구분 | 온라인( )<br>오프라인(●) |
|---|---|---|---|---|---|
| 학습 주제 | 로켓 발사대 만들기 | | | | |
| 학습 목표 | 1. 엔드 밀 위치를 조정하여 육면체와 홈을 가공할 수 있다.<br>2. V블록을 이용하여 테이퍼 45° 부분을 가공할 수 있다.<br>3. 기계 조립과 선반으로 가공된 제품을 조립할 수 있다. | | | | |
| 주요 개념 (Key Words) | · 엔드밀<br>· V블록<br>· 테이퍼<br>· 선반 | | | | |
| 수행 과제 | 로켓 발사대 가공 및 조립하기 | | | | |
| 포트폴리오 자료 목록 | 1. 제작 계획도(도면)<br>2. 작업일지<br>3. 자기 평가지<br>4. 작품 또는 작품 사진 | | | | |

□ 포트폴리오 자기반성 및 대화록

## 1 포트폴리오 자기 반성 및 대화록

<table>
<tr><td rowspan="8">수업의 내용에 대한 자기 평가</td><td colspan="6">수업에 대한 자기 평가</td></tr>
<tr><td></td><td>매우 그렇다</td><td>그렇다</td><td>보통이다</td><td>그렇지 않다</td><td>전혀 그렇지 않다</td></tr>
<tr><td>1. 나는 수업에 대한 준비가 잘 되었다.</td><td></td><td>●</td><td></td><td></td><td></td></tr>
<tr><td>2. 나는 수업 내용과 활동에 잘 참여하였다.</td><td>●</td><td></td><td></td><td></td><td></td></tr>
<tr><td>3. 나는 오늘 수업이 흥미 있었다.</td><td>●</td><td></td><td></td><td></td><td></td></tr>
<tr><td>4. 나는 오늘 수업이 교육적으로 유용하였다.</td><td></td><td></td><td>●</td><td></td><td></td></tr>
<tr><td>5. 나는 수업에 적절한 포트폴리오를 구성하였다.</td><td></td><td></td><td>●</td><td></td><td></td></tr>
<tr><td>6. 나는 의미 있는 수업의 성찰을 하였다.</td><td></td><td></td><td></td><td>●</td><td></td></tr>
<tr><td>동료와의 대화</td><td colspan="6">· 힘든 점<br>· 작업일지 작성 기한 및 요령</td></tr>
<tr><td>교수자와의 대화</td><td colspan="6">· 작업 준비 및 작업 시 유의사항을 잘 지키기<br>· 작업 후 정리, 정돈하기<br>· V블록은 정밀도가 중요하므로 측정기처럼 소중히 다루기<br>· 커터 교환시 반드시 테이블 위에 목재를 받친다.<br>· 기계 윤활면에 칩 및 먼지 들어가지 않게 주의하기</td></tr>
<tr><td>종합 성찰</td><td colspan="6">작업 시 유의사항을 잘 지켜, 안전사고에 유의하며, 작업 후는 항상 깔끔히 정리 정돈하여야 기계의 수명을 늘일 수 있고, 다음 수업 시 신속히 수업을 진행할 수 있다. 힘들고 손이 많이 가는 작업일수록 집중하여야 정밀도가 높은 제품이 될 수 있다.</td></tr>
<tr><td>앞으로의 도전과제</td><td colspan="6">창의적인 로켓 발사대,<br>생활에서 느끼는 불편함을 편리함으로 바꿔 줄 수 있는 발명품</td></tr>
</table>

## 2 학습 내용 정리 - 마인드맵(작업순서와 그림)

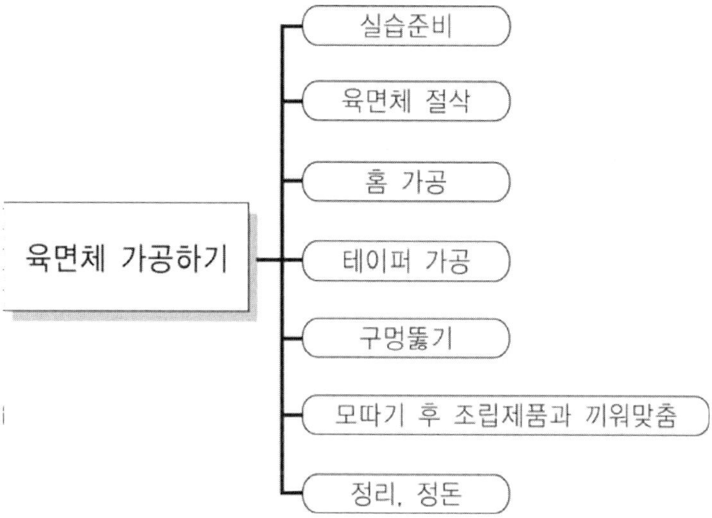


## 3 수업에세이
## (수업의 흥미거리, 새로운 학습 경험, 교육적 유용성, 느낀 점, 의문점, 성찰거리 등)

수업을 하는 동안 손에 익숙하지 않아 많은 어려움이 있었지만, 여러 번의 시행착오를 거쳐 로켓 발사대를 만들어 기분이 좋았다. 중·고등학교 때의 간단한 실습과는 달리 10주에 걸쳐 수업을 하니 결과물에 대한 충분한 검토와 실습이 이루어질 수 있었다. 다만, 줄 작업으로 하는 정밀 절삭 가공은 힘이 들었다.

또한, 매일 쓰는 작업일지로 인해 그날의 행동을 다시 한번 반추(反芻)할 수 있었고, 다음 실습의 작업들을 이미지 트레이닝(image training)할 수 있었다.

## 4 [선택] 정보 나눔 자료 - 학습 후 관련 정보 검색 자료

한국 산업 안전 공단 http://www.kosha.or.kr

에듀넷 전국 교육용 소프트웨어 공모전 http://www2.edunet4u.net/contest

한국공학교육연구센터 http://www.koreaeerc.or.kr/

□ 평가 기준 및 채점 기준 명세화 – 교수자평가

| 평가기준 | 채점기준 명세화 | | 체크 리스트 | 의견 |
|---|---|---|---|---|
| | 등급 | 채점기준 | | |
| 변화과정 (change over time) | A(Strong) | • 포트폴리오를 제작하는 과정에서의 반성 및 수정의 증거가 3개의 이상에서 명백히 발견된다. | | |
| | B(Developing) | • 포트폴리오를 제작하는 과정에서의 반성 및 수정의 증거자료가 한두 개 발견된다. | | |
| | C(Not yet) | • 포트폴리오를 제작하는 과정에서의 반성 및 수정의 증거자료가 나타나지 않는다. | | |
| 포트폴리오의 다양성 (diversity) | A(Strong) | • 학습자들의 포트폴리오 자료가 다양하고 포트폴리오 목적에 비추어 매우 적절하다. | | |
| | B(Developing) | • 학습자들의 포트폴리오 자료가 다양하지만 자료의 성격이 불분명하다. | | |
| | C(Not yet) | • 자료가 3개 이내 정도로 빈약하다. | | |
| 문제해결의 증거 (problem solving) | A(Strong) | • 포트폴리오 자료에 대한 문제를 잘 확인하고, 계획을 잘하며, 그 실행이 계획과 일치하고, 자기 반성의 평가가 포함되었고 충실하다. | | |
| | B(Developing) | • 포트폴리오 자료에 대한 문제해결과정의 보이는 증거는 그 과정이 충실하지 못하다. | | |
| | C(Not yet) | • 포트폴리오 자료에 대한 문제해결과정의 증거가 나타나지 않는다. | | |
| 포트폴리오 조직·구조화 (organization, format and structure) | A(Strong) | • 포트폴리오 조직이 체계적이고, 잘 구조화되었으며, 자료간의 관련성이 뛰어나다. | | |
| | B(Developing) | • 포트폴리오 조직과 구조화 노력이 있지만, 자료의 결과가 덜 구조화되었다. | | |
| | C(Not yet) | • 포트폴리오 조직이 비체계적이고, 잘 구조화되지 못하였다. | | |
| 자기 반성 (self-reflection) | A(Strong) | • 포트폴리오 제작 수행과정의 성취와 반성을 잘 이해하고 있으며, 수업전략의 개선점이 발견된다. | | |
| | B(Developing) | • 포트폴리오 제작과정에 대한 반성의 노력은 보이지만 그 증거가 불충분하다. | | |
| | C(Not yet) | • 포트폴리오 제작과정에 대한 반성이 발견되지 않는다. | | |
| 계 | A(Strong) | | | 총점 |
| | B(Developing) | | | |
| | C(Not yet) | | | |
| 총 평 | | | | |

## 3. Rubrics의 개발 및 활용

일반적으로 수행이란 구체적인 상황 하에서 실제로 말하거나, 듣거나, 쓰거나, 그리거나, 만들거나, 행동하는 과정이나 그 결과를 의미하며, 교육 현장에서 기존의 교육평가 체제의 새로운 대안으로 제시되고 있는 수행평가란 '학생 스스로가 자신의 지식이나 기능을 나타낼 수 있도록 답을 작성(구성)하거나, 발표하거나, 산출물을 만들거나, 행동으로 나타내도록 요구하는 평가 방식'이라고 정의할 수 있다(백순근, 1998, p. 34).

한지영(2006)은 수행평가와 관련된 선행연구를 분석한 결과, 수행평가가 가지고 있는 많은 장점에도 불구하고, 채점기준의 상세화 및 평가 항목 설정의 어려움, 교수자의 주관적 판단에 의한 성취 정도의 판단으로 인한 평가 과정의 객관성과 투명성 확보 문제, 그리고 시행의 번거로움과 시간 소요, 선택형 검사에 비해 실시하기가 어려움, 인적·물적 자원이 많이 소요됨, 많은 교수·학습 목표를 포괄하여 평가하기 어려운 점 등 해결해야 할 많은 문제점과 단점들이 있기 때문에, 학습자 중심 루브릭을 적용한 수행평가 방법을 추천하고 있다. 아울러 수행평가의 타당성, 신뢰성, 비교가능성, 공정성 등의 확보를 위한 대안으로 루브릭을 적용한 수행평가 방법을 제안하고 있다.

공학에서 이루어지는 교육은 다른 학문과는 달리 지식만을 강조하지 않는다. 공학교육에서 학생들은 실험이나 실습 등과 같은 실천적인 활동, 즉 '수행(遂行: performance)'을 통해 공학적 지식을 보다 효율적으로 배울 수 있고, 공학적 기능을 익힐 수 있으며, 이 모든 과정을 수행함으로써 긍정적인 태도를 얻게 된다. 따라서 공학에서의 교육적 목적 달성 여부를 평가하는 전략은 수행중심(performance-based)으로 이루어져야 하는데, 그 중 하나로 사용할 수 있는 방법이 루브릭(rubrics)이다.

### 가. 이론

#### 1) 루브릭의 개요

루브릭은 교육 현장에 참 평가, 사실 평가 등으로 다양하게 불리는 수행평가가 강조되면서 학생의 수행을 정확하고 효율적으로 평가할 도구로서 주목을 받게 되었다. 루브릭(rubric)이란 "붉은 색 표시(red marks)"를 뜻하는 라틴어에서 유래된 용어로, 교육기준을 토대로 과제를 평가하는 준거(criterion)와 다양한 수행의 질이나 수준의 단계(scales)가 상세하게 제시된 평가 도구를 의미한다(Montgomery, 2000, 이은정, 2007, p. 32에서 재인용). 즉, 학습 내용이나 수행 과제와 관련하여 학생들이 주의를 기울여야 할 "중요 사항(what counts)"이 무엇인지를 '붉은 색 표시'처럼 확실하게 알려주는 채점 도구라는 뜻에서 채점 루브릭(scoring rubric)으로 불리기도 한다.

루브릭은 과제 수행에 대한 기대사항이 무엇인지를 1~2쪽 분량으로 일목 요연하게 보여주는 평가 준거 모음이라 할 수 있다. 따라서 기본적으로 포함되어야 할 요소들로 첫째, 과제나 학습 활동과 관련된 중요한 영역이나 특성(description of the dimentions), 둘째, 수행 수준을 나타내는 성취기준(standards), 셋째, 각 영역을 평정하는 수치나 척도(scale of values), 넷째, 각 수준에 대한 구체적인 지표(indicators)를 들 수 있다(〈표 V-16〉 참조). 이때의 채점 척도는 Likert식 척도를 사용하여 수행을 양적 지표로 나타내는 수리적 척도와 특정 활동의 다양한 학습 수준을 서술형식으로 묘사한 질적 척도로 구분될 수 있으며, 대개 두 가지 척도를 혼합하여 사용한다. 이처럼 수행 과제에 대해 명확하게 제시된 평가 준거와 각 수행 수준에 대한 상세한 지표를 통해 학생의 학습 과정과 진보 결과를 보다 객관적으로 평가할 수 있는 점은 루브릭의 가장 큰 장점으로 평가되고 있다. 이러한 장점은 수행평가의 맹점, 즉, 평가 준거가 명확하지 않으며 이에 따른 객관적인 평가와 결과에 대한 의사소통이 어려운 점을 보완하는 도구로서 각광을 받게 된 이유이기도 하다(이은정, 2007).

**표 V-16** 루브릭의 구성 요소[6](작문 루브릭의 예)

| 척도 / 영역 | 3(우수) | 2(평균) | 1(저조) |
|---|---|---|---|
| 좋은 의견 | · 분명한 메시지와 글의 목적이 충분한 정보와 함께 포함됨 | · 메시지가 약하며, 글의 목적에 대한 충분한 정보가 결여됨 | · 분명한 메시지가 전혀 없으며, 글의 목적에 대한 정보가 심각하게 결여됨 |

〈표 계속〉

6) Pemberton, J. B., Rademacher, J. A., Tyler-Wood, T., & Cereijo, M. V. (2006). Aligning assessments with state curriculum standards and teaching strategies, Intervention in School and Clinic, 41(5), p. 288.

| 영역 \ 척도 | 3(우수) | 2(평균) | 1(저조) |
|---|---|---|---|
| 좋은 구조 | · 흥미있는 내용을 시작하는 첫 문장을 사용<br>· 모든 내용이 서로 연결됨<br>· 내용을 쉽게 따라갈 수 있음<br>· 끝마무리가 이치에 맞으며, 독자가 생각하게 만듦 | · 첫 문장이 약함<br>· 대부분의 내용이 서로 연결됨<br>· 내용을 따라가기가 다소 어려움<br>· 끝마무리가 약함 | · 흥미있는 내용에 대한 첫 문장이 없음<br>· 내용이 전혀 연결되지 않음<br>· 내용을 따라가기가 어려움<br>· 끝마무리가 이치에 맞지 않음 |
| 독창적인 목소리 | · 글쓴이가 자신의 메시지를 전달하는 것으로 느껴짐 | · 글쓴이의 메시지가 부분적으로 전달됨 | · 글쓴이가 자신의 메시지를 전달하는 느낌이 들지 않음 |
| 매끄러운 진행 | · 소리를 내어 따라 읽기가 쉬움.<br>· 차별화된 방식으로 문장을 시작함. | · 소리를 내어 따라 읽기가 다수 쉬움<br>· 몇몇 문장만이 차별화된 방식으로 시작됨 | · 소리를 내어 따라 읽기가 어려움<br>· 다양한 방식으로 문장이 시작되지 않음 |
| 정확한 문장 규칙 | · 정확한 절차, 문장 부호, 대문자를 사용함<br>· 읽기 쉽게 편집 작업을 함 | · 몇몇 철자, 문장 부호, 대문자 사용에 오류가 있음<br>· 편집 작업이 매끄럽지 못함 | · 다수의 철자, 문장 부호, 대문자 사용 오류가 있음<br>· 읽기 쉽게 편집 작업이 안 되어 있음 |

최근 들어, 루브릭을 사용하여 사전에 결정된 준거를 토대로 학생의 학습 과정과 진보를 평가하는 평가적 목적 이외에 교수적 목적으로 루브릭을 사용하는 것의 유용성 또한 부각되기 시작하였다. 과제가 종료된 후 수행 작품을 객관적으로 평가하는 도구로서만 루브릭을 사용하는 것이 아니라 교수가 진행되는 과정에도 적극적으로 투입하여 학생들과 함께 활용하는 것을 강조하는 것이다. 즉, 학생의 진보에 대해 구체적인 정보가 담긴 피드백(invormative feedback)을 주고 이후 최종 작품에 대해 세부적인 평가를 가능하게 하며, 이러한 과정을 통해 평가 뿐 아니라 학생의 학습과 기술 발달을 지원하는 교수의 도구로 사용할 수 있다는 점에서 '교수적' 루브릭(instructional rubric)으로 명명되고 있다(Andrade, 2005, 이은정, 2007에서 재인용). 교수적 루브릭을 통해 학생들의 학습 지원이 가능한 이유 중 하나로 Andrade(2000)는 교수적 루브릭의 다음과 같은 특징을 지적하고 있다. 첫째, 학생이 이해할 수 있는 용어로 작성된다. 둘째, 학생의 수행이나 작

품에서 흔히 발견되는 취약점과 이러한 취약점을 방지할 수 있는 방법을 잘 드러낸다. 셋째, 학생이 진보 중인 자신의 작품을 평가하는 데 사용함으로써 수정, 보완하는 지침의 역할을 한다. 넷째, 적절한 학년 수준의 교육기준을 토대로 하여 학생의 발달적 준비 정도에 민감하다.

## 나. 특징

### 1) 루브릭의 종류 및 특징

일반적으로 루브릭은 총체적(holistic) 혹은 분석적(analytical trait) 루브릭, 과제적(task specific) 혹은 일반적(general) 루브릭으로 분류할 수 있다(Arter J. & McTighe J., 2001, p. 17). 총체적 루브릭은 과제에 대한 전반적 인상을 토대로 총점을 산출하고, 분석적 루브릭은 과제의 여러 요소들에 대한 각각의 점수를 합산하여 최종 점수를 부여한다. 루브릭의 유형 및 특성은 다음의 표 V-17과 같이 제시할 수 있다(최유현 외, 2007, p. 301).

**표 V-17** 루브릭의 유형 및 특성

| 분석적 루브릭 | 총체적 루브릭 |
|---|---|
| · 활동의 각 부분을 따로 분리한 후 각 점수를 모두 합산하여 전체 평가 점수를 도출<br>· 보다 절차 중심적<br>· 각 영역 내 및 영역 간의 수행을 차별화함<br>· 학생의 학습을 지원하기 위한 구체적인 피드백을 제공하는 데 사용 | · 활동의 각 부분이 아닌 전체적 측면으로 평가<br>· 보다 결과 중심적<br>· 활동의 구성요소들 간의 연관이 매우 높을 때 사용<br>· 학습 결과물의 질을 가장 잘 나타내는 수행(혹은 평가) 수준을 선정<br>· 지역, 혹은 국가 수준의 교육기준과 관련된 포괄적 평가에 가장 빈번하게 사용 |

총체적 루브릭을 사용하면 학생의 수행에 대한 전반적 특성을 특정 학생 집단의 수행과 비교하여 신속하게 파악할 수 있으나, 특정 교육과정의 성과와 관련하여 학생의 수행이 어느 정도에 도달하였는지를 알기 어렵다는 제한점이 있다. 이는 총체적 루브릭이 비교적 규준참조 검사의 성격을 지니고 있음을 나타낸다. 반면, 분석적 루브릭은 척도내의 각 점수가 의미하는 수행 수준을 사전에 명확하게 결정한 후 이에 따라 학생의 수행

을 평가하는 것으로 학생의 수행을 교육과정 성과와 직접적으로 연결시키는 준거 참조 평가를 실시하기에 유용하다는 점에서 본래의 채점 루브릭 특성에 가깝다고 볼 수 있다.

총체적, 분석적 루브릭의 특징 및 장단점은 다음의 그림 V-7과 같다(Arter J. & McTighe J., 2001, p. 25).

결과물 (product) | 수행 (performance)

이러한 결과물이나 수행결과에 대해 채점 방법을 선택하시오.

총체적 혹은 분석적 특성을 선택

| 총체적 | |
|---|---|
| 5 | |
| 4 | ✔ |
| 3 | |
| 2 | |
| 1 | |

| | 분석적 | | | |
|---|---|---|---|---|
| | 특성 1 | 특성 2 | 특성 3 | 득성 4 |
| 5 | | ✔ | | |
| 4 | ✔ | | | |
| 3 | | ✔ | ✔ | |
| 2 | | | | |
| 1 | | | | |

**총체적**

**정의:** 전체 결과나 수행결과를 평가하는 것

**사용하는 경우:**

· 전체적인 상태나 성취결과를 빨리 알아보는 경우
· 질을 정밀하게 진술하는 방법을 아는 것보다 채점 속도가 더 중요한 경우
· 질을 규정하는데 있어 단 한 가지 차원만으로도 충분할 만큼 간단한 결과물이나 수행결과일 경우

**단점:**

· 두 명의 학생들이 상당히 다른 이유로 같은 점수를 받을 수 있다.
· 강점과 약점을 진술하고 수업을 계획하는 데 효과적이지 않을 수 있다.
· 학생들이 이용하기에 유용하지 않다.

**분석적**

**정의:** 결과물이나 수행결과에 대해 몇 개의 점수나 등급으로 나타낸다. 각각의 점수는 수행결과나 결과의 특성, 그리고 중요한 차원을 나타낸다.

**사용하는 경우:**

· 수업 계획 – 상대적인 장점과 약점을 보여주는 경우
· 학생들에게 결과물이나 수행결과의 질, 성격을 가르쳐야 하는 경우 – 그들이 상세한 것을 요구하는 경우
· 학생들이나 학부모들에게 상세한 피드백을 주어야 하는 경우
· 질을 상세하게 규정하는 방법을 아는 것이 속도보다 더 중요한 경우
· 몇 가지 차원으로 되어 있는 복잡한 기술, 결과물, 수행결과가 명료하게 되도록 요구하는 경우

**단점:**

· 채점이 느리다.
· 배우는데 시간이 더 걸린다.

**그림 V-7** 총체적 또는 분석적 루브릭의 특징

다음으로, 과제적 루브릭과 일반적 루브릭의 특성을 비교하여 제시하면 그림 V-8과 같다(Arter J. & McTighe J., 2001, p. 30).

다음과 같은 과제(결과물이나 수행결과)에 대해 채점 방법을 선택하시오.

| 과제 1 | 과제 2 | 과제 3 | …… | 과제 N | |
|---|---|---|---|---|---|
| ⬇ | ⬇ | ⬇ | | ⬇ | |
| 루브릭 1 | 루브릭 2 | 루브릭 3 | …… | 루브릭 N | = 과제적 |

➡ 모든 과제에 대해 같은 루브릭인 경우 = 일반적

**정의:** 유사한 수행결과를 가져오는 과제인 경우 루브릭을 사용한다.

**사용하는 경우:**

· 추론, 기술, 그리고 결과물을 정의하고 평가하는 경우

· 학생들에게 질의 성격을 이해시키고 과제를 다음 과제에 일반화시키기 위해 수업진행상 이용하고자 하는 경우

· 학생들이 같은 과제를 정확하게 할 수 없는 경우; 학생들이 특별한 기술이나 결과물에 대해 능력을 보여주기 위해 어떤 증거를 선택해야 하는지 결정하는 경우

· 교수자들이 다른 수업이나 평가에서 다른 작품을 판단할 경우 일관성을 가지고자 노력하는 경우

**단점:**

· 배우기에 시간이 더 많이 걸린다; 그러나 루브릭을 배운다는 것은 기술을 배우는 것이기 때문에 장점일 수도 있다.

· 오직 하나의 목표를 빨리 평가해야 하는 경우 채점에 시간이 많이 걸린다.

· 때론 특정 정보의 지식을 평가할 때, 과제 중심적인 특성이 추가되어야 한다.

**정의:** 각 수행결과 과제 각각에 대해 루브릭이 있고, 하나의 과제에 대한 루브릭은 다른 것에 대해서 사용될 수 없다.

**사용하는 경우:**

· 지식을 평가하는 경우 – 사실, 방정식, 방법, 절차

· 점수를 획득하는 데 걸리는 속도가 채점을 하는 것을 통해 생각하는 것보다 더 중요한 경우

· 채점의 일관성이 가장 중요한 경우

**단점:**

· 정답이 누설될 수 있기 때문에 학생들에게 미리 보여줄 수 없다.

· 각 과제에 대한 새로운 루브릭을 개발해야 한다; 이러한 것은 시간이 걸리고 포트폴리오와 같이 가능하지 않을 수도 있다.

· 채점 가이드에 없는 "옳은" 정답이 때때로 빠질 수 있다.

· 일반적으로 특별한 과제에 대해 어떤 질이 유사한지 진술하는 경우 질의 성질을 규명하는데 도움이 되지 않는다.

**그림 V-8** 과제적 혹은 일반적 루브릭의 특징

## 다. 절차

### 1) 루브릭의 개발

Steft-Mabry(2004)는 루브릭을 개발할 때에는 교수자가 평가하는데 모든 중요한 요소 또는 차원을 고려하고, 루브릭을 설명하는 평점을 가진 척도를 포함해야 하며, 평점은 기대된 수행의 범위를 포함해야 하고, 명백하고, 포괄적이고, 기술적이어야 한다고 주장하였다. 또한, 루브릭의 궁극적인 목적은 학생 수행을 향상시키는 것으로 학생과 학부모에게 분명하게 전달되어야 한다. 즉, 바람직한 목적을 진술하여, 기대를 명확하게 표시하고 중요한 정보를 제시하고, 과제의 복잡성을 전달하고 계획적인 학습에 초점을 맞추는 것 등의 특징을 고려해야 한다.

Arter(2000)는 복잡한 학생들의 산출물과 수행을 위해 일반적 루브릭을 개발하는 방법은 학생들의 수행 샘플을 모아서 등급 설정의 원인을 적어 분류하고, 뷰류 원인을 작품의 중요한 차원이나 특성으로 함께 묶어서, 각 특성에 대해 가치중립적인 정의를 쓰고, 각 특성에 맞는 점수를 나타내는 학생들의 수행 샘플을 찾아서 수행 준거를 더 좋게 만들어야 한다고 제안하였다. 이와 같은 접근은 학습목표가 주로 비판적 사고, 작문, 수학적 문제해결, 읽기 유창성, 미술 비평 등과 같은 상황에 적용될 때 유용한 것이어서 모든 루브릭이 위와 같이 개발될 필요가 있는 것은 아니라고도 지적하였다.

Kist(2001)는 루브릭은 평가가 시작되기 전에 개발되어야 하며, 작업을 한 후에 루브릭을 개발하는 것은 공정하지 않다고 주장한다. 또한 분석적 루브릭은 개발하는 과정을 다음과 같은 단계로 제시하였다. 첫 번째는 바람직한 특성을 목록화하는 것이다. 즉, "당신은 당신의 학생들이 무엇을 할 수 있게 되기를 원하는가?"라는 질문에 부합해야 하며, 교육과정의 목적에 기초해야 한다. 두 번째 단계는 각 특성을 "우수함", "평균 이상", "평균 이하"처럼 판단하기 위해 관찰하는 것이다. 마지막 단계는 각 준거에 가중치를 부여하는 것이다.

이상과 같이 살펴본 결과 루브릭을 개발할 때 학생들을 참여하도록 하여 학생들에게 정확하게 전달되도록 하고, 준거와 수행 수준을 정확하게 기술하도록 하는 것이 필요하다(윤진향 외, 2006, p. 35).

### 2) 루브릭의 개발 절차

Goodrich(1996, p. 15)는 루브릭의 개발을 위하여 다음과 같은 7단계를 제시하였다.

- 1단계: 잘한 학생의 작품과 그렇지 못한 학생들의 작품을 보고, 잘한 것과 못한 것의 특징을 확인한다.
- 2단계: 모델에 대한 충분한 논의와 여러 자료를 참고하여 작품의 질을 평가하기 위한 목록을 만든다.
- 3단계: 가장 잘한 작품과 가장 못한 작품의 질에 대해 기술하고, 학생의 발달수준이나 관찰했던 기억을 토대로 중간 수준의 기준을 서술한다.
- 4단계: 학생에게 직접 모델을 제시하고 이 모델의 잘된 점과 잘못된 점을 확인하게 한다.
- 5단계: 학생에게 4단계에서 제시한 모델과 동일한 과제를 스스로 하게 한다. 학생은 이미 모델을 보았기 때문에, 모델의 잘한 점과 잘못한 점을 생각하면서 과제에 임하게 된다. 과제를 수행하는 동안 학생은 자기평가와 동료평가를 함으로써 스스로 루브릭을 형성하게 된다.
- 6단계: 학생에게 자신과 동료들의 피드백을 기초로 자신의 과제를 수정할 수 있는 시간을 제공한다.
- 7단계: 교수자는 학생이 자기평가나 동료평가를 했던 것과 같은 방식으로 루브릭을 통해 학생의 과제를 평가한다.

이러한 7단계를 거쳐 형성된 루브릭은 교수자와 학생들의 상호작용 결과이다. 이를 통해 활동의 목표를 보다 분명하게 설정할 수 있고, 활동에서 중요한 점이 무엇인지 알게 된다. 또한, 자신의 수행 수준을 인식하게 하여 한층 더 나은 방향으로 개선해 나가도록 도와준다(변윤희 외, 2005, pp. 273-274 재인용). 다시 말해 루브릭은, 교육의 목표를 교수자와 학생이 모두 명확하게 인식하게 하며, 수업이나 활동을 통하여 평가가 바로 이루어질 수 있기 때문에 매우 유용하다.

## 라. 모형 도식

### 1) 학습자 중심 루브릭의 개발 모형

한지영(2004)은 Taggart와 Wood(2001)가 제시한 루브릭 개발 절차(그림 Ⅴ-9)를 토대로 하여 이를 우리나라의 교육 현실에 맞게 수정하여 그림 Ⅴ-10과 같이 학습자 중심 루브릭의 개발 모형을 고안하였다.

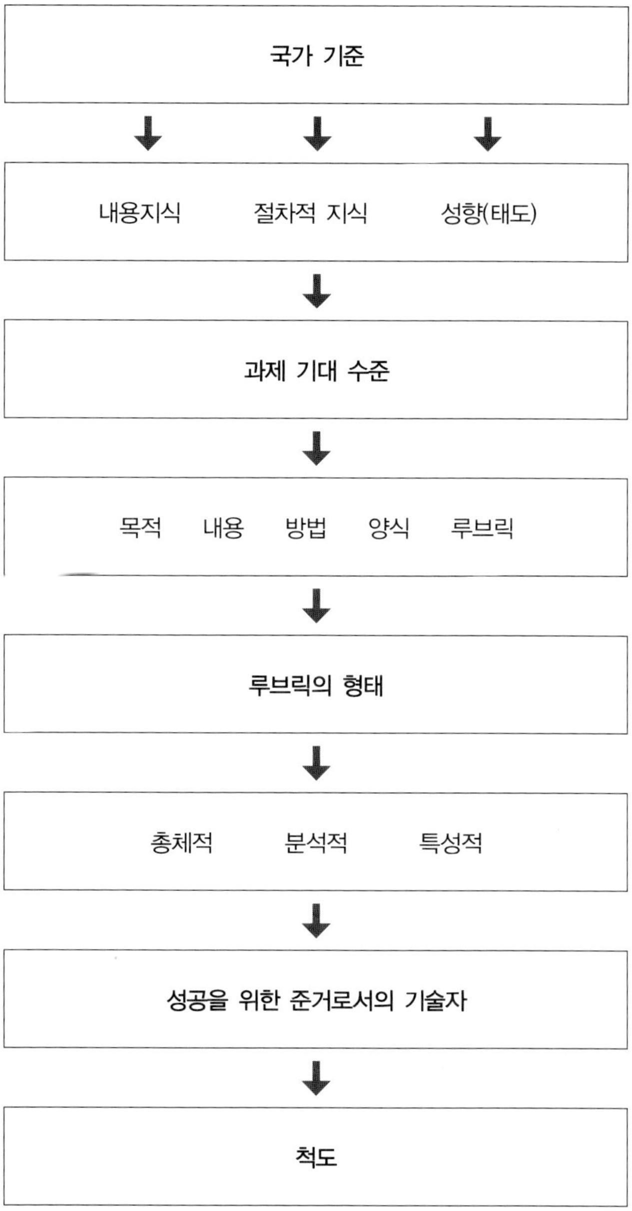


**그림 V-9** 루브릭을 개발하기 위한 플로우 차트(Taggart & Wood, 2001)

또한, Ainsworth와 Christinson(1998)이 학습자 중심 루브릭(Student Generated Rubrics)에서 제시한 교수자-학생간 협상 방법을 재구성하여 학습자 중심 루브릭의 개발 모형을 고안하였는데, 이는 그림 V-10과 같다.

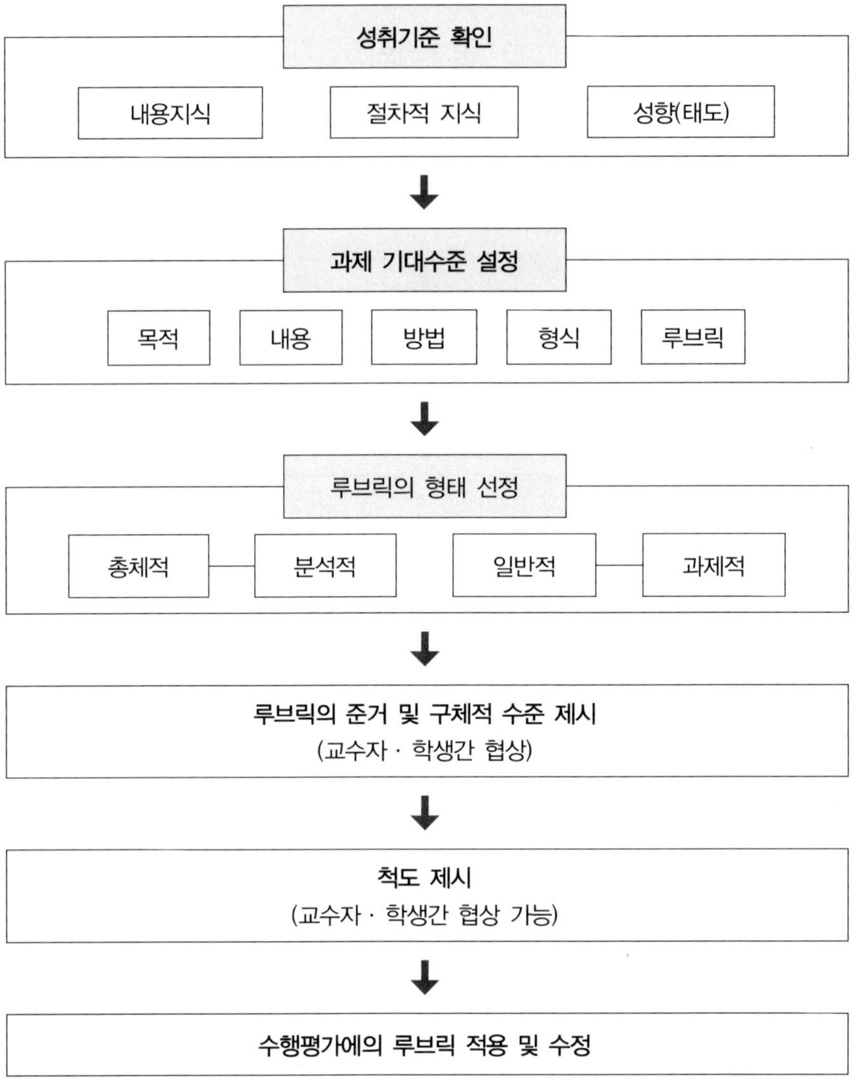


**그림 V-10** 학습자 중심 루브릭의 개발 모형(한지영, 2004, p. 110)

모든 루브릭은 평가하고자 하는 내용의 성취기준, 과제 기대수준, 그리고 이러한 것에 적합한 루브릭의 형태 선정, 평가하고자 하는 준거 및 준거에 대한 구체적인 수준, 척도를 포함하고 있어야 한다. 다시 말하면 루브릭은 학생들이 무엇을 알아야 하고 무엇을 할 수 있는지를 규정해야 한다. 루브릭 개발 절차에 대해 좀더 구체적으로 단계별로 제시하면 다음과 같다.

### 가) 성취기준 확인

평가하고자 하는 과제의 성취기준을 확인해야 한다. 공학 교육에 있어서의 성취기준은 교육과정의 중영역을 바탕으로 기준을 개발하는데, 내용 측면에서 공학적 지식, 기능, 태도 등을 망라하여 제시하고 있다. 따라서 이 연구의 적용을 위한 수행과제인 '로봇팔 만들기'는 기술적 지식 면에서는 '여러 가지 기계의 구조와 운동이 복합적으로 작용하는 기구의 이해'를, 기술적 기능 측면에서는 '로봇팔 제작 능력, 아이디어 개발, 설계한 로봇팔 응용작품 스케치'를, 기술적 태도 면에서는 '로봇팔 만들기 수행에 있어서의 안전수칙 준수, 적극적인 태도를 통한 기술에 대한 올바른 가치 함양' 등을 성취기준으로 선정할 수 있다.

### 나) 과제 기대수준 설정

수행평가가 참평가로서의 기능을 하기 위해서는 학생이 평가 목표를 분명히 인식하고 자신의 평가 결과를 객관적으로 검토할 수 있도록 과제 기대수준을 분명히 인식하여야 하고, 다양한 준거와 기준이 사전에 공개되어야 한다(McMillan, 1997; Wiggins, 1993). 과제 기대수준을 설정하기 위해서는 평가의 목적, 내용, 방법, 형식, 루브릭 개발 여부의 5가지를 고려해야 한다.

첫째, 평가의 목적이 결정되어져야 한다. 평가에는 총괄적(summative), 형성적(formative), 평가적(evaluative), 그리고 교육적(educative) 평가가 있다(Hodson, 1992). 총괄평가는 과정의 마지막 단계에서 학생들의 성취 정도를 평가하기 위한 것이고, 형성평가는 과정 중에 학생들의 장점과 약점을 진단하기 위한 것이며, 평가적 평가는 계획된 교육과정의 효과에 대한 정보를 교수자에게 제공하기 위한 것이다. 마지막으로 교육적 평가는 학생들이 교과에 대해 이해하는 방법을 알도록 해 주기 위해 학습을 촉진하고 향상시키기 위한 평가로써 학습의 일부이지 부가적인 것이 아니다.

둘째, 평가의 내용이 결정되어야 한다. 즉, 수행평가를 통해 학생들이 어느 정도의 수준까지 도달하기를 바라는지 교수자가 학생들에게 기대하는 수행 수준에 대해 교수자 나름대로의 기준안을 가지고 있어야 한다. 이러한 평가 내용을 결정할 때에는 한국교육과정평가원(2000)에서 제시한 평가기준 내용과 상·중·하 수준을 참고할 수 있다. 그러나 이는 국가에서 평가활동에 적용할 수 있도록 표준으로 제시한 기준이기 때문에 학생들의 교과에 대한 흥미, 적성, 수준 등을 고려하여 교수자가 평가의 내용을 수준과 함께 제시해야 한다.

셋째, 포트폴리오, 지필검사, 수행중심 평가, 컴퓨터 시뮬레이션 그리고 면접법과 같은 평가 방법이 결정되어야 한다.

넷째, 그룹평가, 동료평가 혹은 자기평가와 같은 평가 양식이 결정되어야 한다.

다섯째, 학습에서 성공을 위한 기술자(descriptor)와 척도가 포함된 루브릭이 개발되어야 한다. 학생들은 그들이 판단되는 준거와 기준을 알아야만 하기 때문이다.

#### 다) 루브릭의 형태 선정

총체적 – 분석적, 일반적 – 과제적 루브릭과 같이 루브릭의 형태를 선정할 때에는 이미 설정된 평가의 목적과 기준의 수와 형태, 학생들의 수 등을 복합적으로 고려하여야 한다.

#### 라) 루브릭의 준거 및 구체적 수준 제시

교수자와 학생들은 수행의 유창성 수준을 구체적으로 서술하기 위해 브레인스토밍할 필요가 있다. 개개 학생들이 할 수 있는 것을 구체적으로 관찰 가능하고 평가 가능한 행동으로 진술해야 하는데 이에는 두 가지의 방법이 있을 수 있다. 즉, 상·중·하 수준의 수행 척도를 제시하는 지시어(indicators)를 학생들의 작품을 통해 구체화할 수 있고, 또 다른 방법은 행정가, 교수자, 그리고 학생들간에 대화나 브레인스토밍을 함으로써 높은 수준의 수행 기술자(descriptor)와 성공을 위한 준거를 만든다.

#### 마) 척도 제시

루브릭을 구성하는 마지막 단계는 수행을 적절하게 반영할 척도를 결정하는 것이다. 척도는 각 항목이나 수행과제를 위한 채점의 범위인데 학생들을 위해서는 성공, 실패와 같이 두 가지 수준으로 제시할 수도 있지만 보통의 경우에는 세 가지나 그 이상의 수준으로 구성된 척도를 이용한다.

## 마. 모형 적용 사례

### 1) 기초 기계요소를 이용한 로봇팔 만들기 프로젝트[7]

7) 한지영(2004). 기술과 교육 평가에서 학습자 중심 루브릭이 학습과정 및 학업성취에 미치는 영향. 서울대학교 박사학위논문. p. 65의 내용을 참고하여 제시함.

**표 V-18** 기초 기계요소를 이용한 「로봇팔 만들기」 루브릭

<table>
<tr><th>준거</th><th>준거 수준</th><th>척도</th></tr>
<tr><td rowspan="5">실습 태도</td><td>다음의 항목들 중 5가지 이상을 만족하는 경우</td><td>A</td></tr>
<tr><td>다음의 항목들 중 4가지 이상을 만족하는 경우</td><td>B</td></tr>
<tr><td>다음의 항목들 중 3가지 이상을 만족하는 경우</td><td>C</td></tr>
<tr><td>다음의 항목들 중 2가지 이하만을 만족하는 경우</td><td>D</td></tr>
<tr><td colspan="2">· 실습시간에 과제 수행에 집중한다.<br>· 실습 재료나 공구를 가지고 장난치지 않는다.<br>· 실습 후 재료와 공구의 정리 정돈을 잘 한다.<br>· 실습 중 다른 학생과 실습 외 잡담을 하지 않는다.<br>· 실습 중 모르는 부분에 대해 교수자나 친구에게 질문을 한다.<br>· 재료나 공구의 부주의한 사용으로 자신과 다른 학생을 다치지 않게 한다.</td></tr>
<tr><td rowspan="4">마름질</td><td>정해진 수치대로 마름질하고 절단면이 매끄럽고 깔끔함.</td><td>A</td></tr>
<tr><td>정해진 수치대로 마름질하였거나, 절단면이 매끄럽고 깔끔한 편임.</td><td>B</td></tr>
<tr><td>정해진 수치대로 마름질하지 않고, 절단면이 거침.</td><td>C</td></tr>
<tr><td>정해진 수치대로 마름질하지 않고 부품의 일부가 잘려져 나감.</td><td>D</td></tr>
<tr><td rowspan="5">조립 하기</td><td>조립상태가 견고하고, 조립된 부품들의 위치가 4가지 이상 정확함.</td><td>A</td></tr>
<tr><td>조립상태가 견고하고, 조립된 부품들의 위치가 3가지 정확함.</td><td>B</td></tr>
<tr><td>조립상태가 견고하거나, 조립된 부품들의 위치가 2가지 정확함.</td><td>C</td></tr>
<tr><td>조립상태가 견고하지 못하고, 조립된 부품들의 위치가 1가지 이하로 정확함.</td><td>D</td></tr>
<tr><td colspan="2">· 평가할 조립된 부품들의 위치: 로봇팔 위치, 지지대, 주사기1, 주사기2, 튜브(철사)</td></tr>
<tr><td rowspan="5">완성 작품 및 마무리</td><td>로봇팔이 정상적으로 작동되고 로봇팔이 벌어질 때와 닫힐 때의 간격이 일정하며, 마무리가 3가지 측면에서 깔끔함.</td><td>A</td></tr>
<tr><td>로봇팔이 정상적으로 작동되고 로봇팔이 벌어질 때와 닫힐 때의 간격이 일정하거나, 마무리가 2가지 측면에서 깔끔함.</td><td>B</td></tr>
<tr><td>로봇팔이 정상적으로 작동되거나 로봇팔이 벌어질 때와 닫힐 때의 간격이 일정하며, 마무리가 1가지 측면에서 깔끔함.</td><td>C</td></tr>
<tr><td>로봇팔이 정상적으로 작동되지 않고 로봇팔이 벌어질 때와 닫힐 때의 간격이 일정하지 않으며, 모든 측면에서 마무리가 깔끔하지 못함.</td><td>D</td></tr>
<tr><td colspan="2">· 평가할 마무리 측면: 글루건의 처리, 구상도 종이의 처리, 철사와 튜브의 이음 부분 상태</td></tr>
</table>

〈표 계속〉

| 준거 | 준거 수준 | 척도 |
| --- | --- | --- |
| 응용 작품 구상 | 독창적인 아이디어를 제시하고, 작품으로 실현 가능성이 높음. | A |
| | 독창적인 아이디어를 제시했으나, 작품으로의 실현 가능성이 낮음. | B |
| | 아이디어는 독창적이지 않으나, 작품으로의 실현 가능성이 높음. | C |
| | 아이디어가 독창적이지 않고, 작품으로 실현되기 어려움. | D |
| 주사기의 응용 및 스케치 | 주사기를 응용작품에 제대로 적용하고, 구상 스케치가 정교함. | A |
| | 주사기를 응용작품에 제대로 적용하였으나, 구상 스케치가 정교하지 못함. | B |
| | 주사기를 응용작품에 제대로 적용하지 못했으나, 구상 스케치는 정교함. | C |
| | 주사기를 응용작품에 제대로 적용하지 못하고, 구상 스케치도 정교하지 못함. | D |

## 2) 물추진 자동차 제작 프로젝트[8)]

### 가) 물추진 자동차 제작 프로젝트의 개요

<u>물추진 자동차 제작 프로젝트 개요</u>

풍선에 공기를 불어 넣은 후 손을 떼면 풍선은 움직이기 시작한다. 로켓의 원리도 풍선의 움직임과 같이 설명할 수 있으며, 이는 작용, 반작용의 원리 때문이다.

물추진 자동차는 작용, 반작용의 원리를 이용하여 플라스틱 PET병을 이용하여 제작하며, PET병의 연료통에 물과 압축된 공기를 넣고 물과 압축된 공기가 분출되는 작용과 이에 대한 반작용의 힘에 의해 자동차가 발사되어 굴러가게 된다. 물추진 자동차의 제작은 재료의 준비, 제작 원리, 제작 과정이 과학적 원리와 기술적 수단을 응용하는 것을 바탕으로 한다.

이 프로젝트에서는 창의적인 설계를 통하여 자동차의 디자인 및 각 부품들의 모양, 크기가 잘 이루어져 좋은 기능을 발휘할 수 있는 물추진 자동차를 창의적으로 설계하여 제작한다.

<u>프로젝트 과제</u>

플라스틱 PET병을 활용하여, 물과 공기 압력의 추진력을 동력원으로 사용하는 물추진 자동차를 제작한다.

제작된 물추진 자동차의 성능은 물추진 자동차 발사의 방향으로 일직선으로 가장 멀리 이동한 거리로 평가한다.

이를 위하여, 제작할 때는 자동차의 모양, 크기, 디자인 등을 고려해야 한다.

〈계속〉

8) 이창훈·김기수(2007). 공학입문자를 위한 창의공학설계. 한티미디어. pp. 108-118의 내용을 참고하여 제시함.

### 소요 재료 및 공구

| 구분 | 내용 및 규격 |
|---|---|
| 재료 | 1.5L PET병 10개(연료 탱크, 바퀴, 몸체 제작), 자동차 축용 철사나 나무(φ 5 × 400mm) 2개, 스티로폼(또는 고무) 캡, 마찰 고무 밴드(타이어 미끄러짐 방지), 칼라 절연 테이프(다양한 색상), 바퀴 고정 휠, 글루건 심 등 |
| 공구 | 커트칼, 가위, 롱 노즈 플라이어(또는 펜치), 송곳, 발사대, 압축 펌프, 전기 인두, 둥근 줄, 드릴 머신, 드릴, 글루건 등 |

**그림 V-11** 물추진 자동차 프로젝트의 개요

#### 나) 물추진 자동차 제작 프로젝트를 위한 총체적 루브릭(rubrics)[9)]

(1) 평가 반영 비율

| 영역 | 성능 평가 | 제품 평가 | 태도 평가 | 포트폴리오 평가 | 합계 |
|---|---|---|---|---|---|
| 배점 | 30 | 50 | 10 | 10 | 100 |
| 점수 | | | | | |

(2) 성능 평가(30점)

| 영역 | 상위 20% | 중상위 20% | 중위 20% | 중하위 20% | 하위 20% |
|---|---|---|---|---|---|
| 배점 | 30 | 25 | 20 | 15 | 10 |
| 점수 | | | | | |

(3) 제품 평가(50점)

| 영역 | 평가 항목 | 평가 점수 | |
|---|---|---|---|
| 기능성 (20) | · 물과 공기의 압력을 사용하여 작동되는 자동차가 완성되었는가? | · 완벽하게 작동된다. | 20 |
| | | · 원활하게 작동하는 편이다. | 18 |
| | | · 작동이 원활하지 못하다. | 16 |
| | | · 전혀 작동되지 않는다. | 14 |
| | | · 일부 완성하지 못했다. | 12 |
| | | · 전혀 완성하지 못했다. | 10 |

〈표 계속〉

〈계속〉

9) 이창훈·김기수(2007). 공학입문자를 위한 창의공학설계. 한티미디어. pp. 108-118의 내용을 참고하여 제시함.

| 영역 | 평가 항목 | 평가 점수 | |
|---|---|---|---|
| 견고성 (10) | · 완성된 자동차가 튼튼하고 견고하게 제작되었는가? | · 견고하고 튼튼하게 제작되었다. | 10 |
| | | · 튼튼하기는 하지만 구조적으로 부족하다. | 8 |
| | | · 견고하지 못하지만, 모양은 유지하고 있다. | 6 |
| | | · 완전한 구조를 갖추지 못했다. | 4 |
| 심미성 (10) | · 자동차에 사용된 재료가 적당하고 저렴하게 사용되었는가? | · 누구나 갖고 싶도록 아름답게 제작하였다. | 10 |
| | | · 예쁜 모양을 시도하였으나 조금 부족하다. | 8 |
| | | · 일반적인 자동차의 모양과 구조를 이룬다. | 6 |
| | | · 아름다운 모양을 시도했으나 미완성이다. | |
| 경제성 (10) | · 자동차의 모양이 보기 좋은가? | · 주어진 재료를 아끼고 최소로 사용하였다. | 10 |
| | | · 재료는 적게 사용하였으나 구조에 부족함이 있다. | 8 |
| | | · 주어진 재료를 모두 사용하였다. | 6 |
| | | · 재료가 부족하여 더 지급 받아 사용하였다. | 4 |
| 합 계 | | | |

(4) 태도 평가(10점)

| | | |
|---|---|---|
| 참여도(3) | 흥미를 보이며, 문제를 정확하게 인식하고 스스로 작업한다. | 3 |
| | 문제 해결을 하려고 하며 다소 어려움이 있다. | 2 |
| | 흥미가 없고, 문제 해결에서 빗나간다. | 1 |
| 학습과 지식(2) | 지식과 학습을 관련시키고, 지식의 전달과 표현을 잘 한다. | 2 |
| | 정보를 찾을 수 있고, 요구한 지식을 찾을 수 있다. | 1 |
| | 무엇을 찾아야 할지 모르고, 지식 전달이 잘 안 된다. | 0 |
| 과정(3) | 적합한 전략을 찾아 도전하고 변화와 창의성이 돋보인다. | 3 |
| | 문제 해결 과정이 불확실하고, 좌절하지만 도움을 구한다. | 2 |
| | 문제를 잘 잊고, 포기하며, 의욕이 없다. | 1 |
| 표현 정도(2) | 과정과 생각을 조직적으로 완벽하게 전달한다. | 2 |
| | 몇 가지를 설명할 줄 알지만 조직적인 표현이 부족하다. | 1 |
| | 문제와 과정을 전달하는데 어려움이 많고 부정확하다. | 0 |
| 합 계 | | |

(5) 포트폴리오 평가(10점)

| | |
|---|---|
| · 조직적이고 계획적으로 정리되어 있어 수업 과정을 모두 파악할 수 있다. | 10 |
| · 정리는 깔끔하게 되어 있으나 수업 과정의 기록이 조금은 부족하다. | 8 |
| · 깔끔하기는 하지만 수업 과정의 기록이 미흡하다. | 6 |
| · 수업 과정의 내용을 기록하지 않았다. | 4 |
| · 수업 과정을 기록하지 않았고, 관리 상태도 미흡하다. | 2 |
| 합 계 | |

**그림 V-12** 물추진 자동차 제작 프로젝트 루브릭(rubrics)

## 바. 모형 적용 양식

공학교육에서 활용할 수 있는 다양한 루브릭 양식을 다음과 같이 제시하였다.

### 1) 서술형 평가 방법의 일반적 루브릭 양식10)

루브릭은 이용자에게 명확하게 이해되고 해석될 수 있도록 평이한 언어로 각 수준을 기술하여 사용하기 쉽도록 구성되어야 한다. 루브릭이 잘 만들어져야만 수행 수준과 특징을 세밀하고 정확하게 규명하고 평가할 수 있다는 측면에서 루브릭의 제작은 평가의 성공적 수행을 위한 중요한 전략이 될 수 있다.

**표 V-19** 서술평 평가 방법의 루브릭 양식

| 단계 / 준거 | beginning | developing | accomplished | excmplary | score |
|---|---|---|---|---|---|
| | 1 | 2 | 3 | 4 | |
| 증거나 예시의 사용 | 답에 근거가 제시되어 있지 않다. | 답이 몇몇 부적절한 예나 자료, 증거에 의해 뒷받침되어 있다. | 답이 부분적으로 증거나 자료에 의해 뒷받침되어있거나 기술된 개념의 몇몇 적절한 예를 통해 근거가 제시되어 있다. | 답이 기술된 개념의 예를 통해 적절하게 근거가 제시되어 있거나 증거나 자료에 의해 뒷받침되어 있다. | |

10) 일반적으로 네 단계를 갖으나 더 많은 단계로 세분화될 수 있다. 그러나 단계가 너무 많으면 단계 사이를 적절하게 차별화시키기가 힘들다. 또한 다른 평가자간 일치를 이끌어 내기도 힘들다. 그래서 매우 빈약한 단계로부터 가장 뛰어난 단계까지의 범위를 적절하게 포함할 수 있도록 하는 것이 좋다. 왼쪽에서 오른쪽으로 읽어가는 학생들의 습관을 이용하여 가장 높은 단계를 먼저 기술함으로써 학생의 도전의식을 자극하기도 한다.

### 2) 실습법의 과제적 루브릭 양식[11)]

**표 V-20** 조별 수행과제 채점을 위한 루브릭 작성 양식

<table>
<tr><th colspan="3">평가항목</th><th>평 가 요 소</th><th>척도</th></tr>
<tr><td rowspan="6">실습보고서</td><td colspan="2" rowspan="3">재료 선정</td><td></td><td>A</td></tr>
<tr><td></td><td>B</td></tr>
<tr><td></td><td>C</td></tr>
<tr><td colspan="2" rowspan="3">창의적 구상</td><td></td><td>A</td></tr>
<tr><td></td><td>B</td></tr>
<tr><td></td><td>C</td></tr>
<tr><td rowspan="12">실습과정</td><td rowspan="9">실습과정</td><td rowspan="3">준비 하기</td><td></td><td>A</td></tr>
<tr><td></td><td>B</td></tr>
<tr><td></td><td>C</td></tr>
<tr><td rowspan="3">만들기</td><td></td><td>A</td></tr>
<tr><td></td><td>B</td></tr>
<tr><td></td><td>C</td></tr>
<tr><td rowspan="3">완성 및 마무리</td><td></td><td>A</td></tr>
<tr><td></td><td>B</td></tr>
<tr><td></td><td>C</td></tr>
<tr><td colspan="2" rowspan="3">실습 태도</td><td></td><td>A</td></tr>
<tr><td></td><td>B</td></tr>
<tr><td></td><td>C</td></tr>
<tr><td colspan="3">계</td><td></td><td></td></tr>
</table>

11) 범선화(2007). 중학교 가정교과 수행평가를 위한 루브릭(rubric) 개발: 실험, 실습법, 연구보고서법에 적용. 한국교원대학교 교육대학원 석사학위논문. p. 106의 내용을 참고하여 수정 제시함.

### 3) 조사법의 과제적 루브릭 양식[12)]

**표 V-21** 조별 수행과제 채점을 위한 루브릭 양식

| 수행문제 | |
|---|---|
| 과제수행 조건 | 1) 과제 수행기간:<br>2) 보고서 규격:<br>3) 자료수집 방법:<br>4) 보고서 작성<br>- 보고서에 들어갈 사항(예)<br>① 수행문제와 관련된 내용<br>② 수행문제의 현황 및 쟁점<br>③ 수행문제에 관한 해결방안 모색 |

| 평가항목 | 평 가 요 소 | 척도 |
|---|---|---|
| 조사내용 | | A |
| | | B |
| | | C |
| 조사방법 | | A |
| | | B |
| | | C |
| 보고서 결과 | | A |
| | | B |
| | | C |
| 계 | | |

12) 범선화(2007). 중학교 가정교과 수행평가를 위한 루브릭(rubric) 개발: 실험, 실습법, 연구보고서법에 적용. 한국교원대학교 교육대학원 석사학위논문. p. 110의 내용을 참고하여 수정 제시함.

### 4) 학생 작품 평가의 분석적 루브릭 양식[13)]

**표 V-22** 학생 작품 평가의 분석적 루브릭 양식

| 평가준거 | 평가 항목 | 평가 점수 | |
|---|---|---|---|
| 기능성 | | | A |
| | | | B |
| | | | C |
| | | | D |
| | | | E |
| | | | F |
| 견고성 | | | A |
| | | | B |
| | | | C |
| | | | D |
| 심미성 | | | A |
| | | | B |
| | | | C |
| | | | D |
| 경제성 | | | A |
| | | | B |
| | | | C |
| | | | D |
| 독창성 | | | A |
| | | | B |
| | | | C |
| | | | D |
| 합　　계 | | | |

13) 이창훈·김기수(2007). 공학입문자를 위한 창의공학설계. 한티미디어. pp. 108-118의 내용을 참고하여 제시함.

### 5) 귀납적 사고법의 수업 전개 과정에 따른 일반적 루브릭 양식[14)]

**표 V-23** 귀납적 사고법의 수업 전개 과정에 따른 일반적 루브릭 양식

| 수행단계 / 전개과정 | 미흡함 | 부분적인 목표 달성 | 목표 달성 | 우수함 |
|---|---|---|---|---|
| 문제 인식 | | | | |
| 관계 탐색 | | | | |
| 개념 발견 | | | | |
| 개념 적용 | | | | |
| 정리 및 발전 | | | | |

14) 조선미(2004). 미술과 수행평가를 위한 루브릭(rubric) 활용 방안 연구. 한국교원대학교 대학원 석사학위논문. p. 75를 참고하여 제시함.

## 6) 문제중심학습의 전개 과정에 따른 일반적 루브릭[15)]

**표 V-24** 문제중심학습의 전개 과정에 따른 일반적 루브릭

| 수행단계 / 전개과정 | 미흡함 | 부분적인 목표 달성 | 목표 달성 | 우수함 |
|---|---|---|---|---|
| 문제 제시 | | | | |
| 마지막 제출할 과제물 소개 | | | | |
| 역할 분담 | | | | |
| 문제의 해결안에 대해 깊이 사고 | | | | |
| 학습과제 규명 및 분담 | | | | |
| 학습자료 선정 | | | | |
| 문제 추구 | | | | |
| 학습자료 종합 및 의견교류 | | | | |
| 주어진 문제에 대한 새로운 접근시도 | | | | |
| 결과제시 및 발표 | | | | |
| 문제결론과 해결 이후 | | | | |

15) 조선미(2004). 미술과 수행평가를 위한 루브릭(rubric) 활용 방안 연구. 한국교원대학교 대학원 석사학위논문. p. 80을 참고하여 제시함.

### 7) 교수자와 학생에 의한 루브릭 양식[16)]

**표 V-25** 교수자와 학생에 의한 루브릭 양식

| 평가준거 \ 사전학습 \ 평가단계 | | 하(미흡함) | 중(목표달성) | 상(우수함) | 자기 평가 | 동료 평가 | 교사 평가 |
|---|---|---|---|---|---|---|---|
| 학습문제 이해 | | | | | | | |
| 문제추구를 위한 노력 | | | | | | | |
| 이해를 통한 표현 | | | | | | | |
| 정리 및 반성 | | | | | | | |

16) 조선미(2004). 미술과 수행평가를 위한 루브릭(rubric) 활용 방안 연구. 한국교원대학교 대학원 석사학위논문. p. 101을 참고하여 제시함.

## 참고문헌

김경자(1999). 초등학교 수행평가의 의미와 그 개혁 전략: 미국 사례를 중심으로. 초등교육연구, 13(1).

남승권·최완식(2005). 정보기술단원 평가에서 분석적 루브릭이 적용이 학습자의 자기주도 학습력에 미치는 영향. 대한공업교육학회지, 30(1).

류창열(2006). 기술교육원론. 충남대학교 출판부.

박은이(2004). 영재 프로그램 평가 rubric 고안과 대학 부설 영재 프로그램 평가. 서울대학교 대학원 석사학위논문.

백순근(1977). 수행평가의 이론적 기초. 한국교육평가연구회 학술세미나 논문집, 3-42.

______(1998). 수행평가의 이론과 실제. 원미사.

범선화(2007). 중학교 가정교과 수행평가를 위한 루브릭(rubric) 개발: 실험, 실습법, 연구보고서법에 적용. 한국교원대학교 교육대학원 석사학위논문.

변윤희·현은자(2005). 유아 창의성 평가를 위한 루브릭 개발 연구: 그림책을 활용한 유아예술교육 프로그램을 중심으로. 유아교육연구, 25(5).

윤진향·이상혁(2006). 공업계고등학교'전산감기' 수행 평가에서 학생 참여 루브릭이 학습동기와 학업 성취에 미치는 영향. 한국기술교육학회지 2006년 특집호.

이은정(2007). 일반 교육과정 접근을 위한 교수적 루브릭의 적용이 초등학교 장애 학생의 수업 참여 행동과 통합학급 학생들의 국어과 학습목표 수행 수준에 미치는 영향. 이화여자대학교 대학원 박사학위논문.

이창훈·김기수(2007). 공학입문자를 위한 창의공학설계. 한티미디어.

조선미(2004). 미술과 수행평가를 위한 루브릭(rubric) 활용 방안 연구. 한국교원대학교 대학원 석사학위논문.

최유현(2005). 기술교과교육학. 형설출판사.

최택영·최혜정(2001). 수학과 수행평가 절차 모형 연구. 한국학교수학회논문집, 4(1).

한건우·이은경·이재희·이영준(2006). 학습자 중심 루브릭을 적용한 수행평가가 학습동기와 학업성취도에 미치는 영향. 한국컴퓨터교육학회 논문지, 9(4).

한국교육과정평가원(1999). 국가 교육과정에 근거한 평가 기준 및 도구 개발 연구. 한국교육과정평가원 연구보고서 RRE 99-4-3.

한국발명진흥회(2007). 발명교육이론. 한국발명진흥회.

한지영(2004). 기술과 교육 평가에서 학습자 중심 루브릭이 학습과정 및 학업성취에 미치는 영향. 서울대학교 대학원 박사학위논문.

한지영·이용환(2004). 기술과 수행평가에서 학습자 중심 루브릭의 개발 모형과 적용. 직업교육연구, 23(2).

한지영(2006). 기술과 수행평가에서 학습자 중심 루브릭이 채점 결과의 신뢰도에 미치는 영향. 직업교육연구, 25(3).

Ainsworth L. & Christinson J.(1998). *Student-Generated RUBRICS: An Assessment Model to Help All Students Succeed.* Dale Seymour Publications.

Arter J. & McTighe J.(2000). *Scoring Rubrics in the Classroom.* Corwin Press, INC.

Germaine L. Taggart, Sandra J. Phifer, Judy A.(2001). *Rubrics A Handbook for Construction and Use.* A ScarecrowEducation Book.

Hart, Diane(1994). *Authentic Assessment: A Handbook for Educators.* Addison-Wesly Publishing Company.

Pemberton, J. B., Rademacher, J. A., Tyler-Wood, T., & Cereijo, M. V.(2006). Aligning assessments with state curriculum standards and teaching strategies, *Intervention in School and Clinic, 41*(5).

# 찾아보기